国家社科基金项目（18BGL204）结题成果

中央高校基本科研业务费专项资金资助

浙江大学文科精品力作出版资助计划资助

我国市域
行政区划改革
的风险及防范研究

Research on

Risks and Prevention

of Municipal Administrative Division

Reforms in China

吴金群 等◎著

ZHEJIANG UNIVERSITY PRESS
浙江大学出版社
·杭州·

图书在版编目（CIP）数据

我国市域行政区划改革的风险及防范研究 / 吴金群
等著. -- 杭州：浙江大学出版社，2024.12. -- ISBN
978-7-308-25884-5

Ⅰ. K928.2

中国国家版本馆 CIP 数据核字第 202548P0W1 号

我国市域行政区划改革的风险及防范研究
WOGUO SHIYU XINGZHENGQUHUA GAIGE DE FENGXIAN
JI FANGFAN YANJIU

吴金群　等著

策划编辑	陈佩钰
责任编辑	葛　超
责任校对	金　璐
封面设计	雷建军
出版发行	浙江大学出版社
	（杭州市天目山路 148 号　邮政编码 310007）
	（网址：http://www.zjupress.com）
排　　版	浙江大千时代文化传媒有限公司
印　　刷	杭州捷派印务有限公司
开　　本	710mm×1000mm　1/16
印　　张	22.5
字　　数	370 千
版 印 次	2024 年 12 月第 1 版　2024 年 12 月第 1 次印刷
书　　号	ISBN 978-7-308-25884-5
定　　价	98.00 元

前　言

一、市域行政区划改革的最新动态

在全球化背景下,国家之间的竞争越来越呈现为大都市区之间的竞争。县(市)改区、区县(市)合并、区界重组、撤县设市、切块设市、市县合治或分治等行政区划改革,已成为进一步提升区域综合竞争力的重要手段。所谓市域,是指地级及以上城市管辖的全部行政区域。由于我国特殊的市管县体制及相应制度安排,在地域范围、资源配置能力、公共服务水平等诸多方面,市域既不同于由县和县级市构成的县域,也不同于主要由城市化地区构成的城市建制本身。近几年来,我国市域行政区划改革具有四个典型的特点:

1.通过财政省管县和行政市管县的协调并举,在活跃县域经济的同时,强化中心城市的统筹作用。除了西藏和新疆,全国其他省区都已开展了财政省管县改革(市县分治)。不过在行政体制上,除海南之外的所有省区依然保留市管县体制(市县合治)。如果说财政省管县意在搞活县域经济,那么行政市管县主要是为强化中心城市。

2.以县(市)改区与区界重组为主导,增加市辖区数量或调整其规模,优化中心城市空间结构。2022年底,我国地级市总数为393个,市辖区总数为977个。在2013—2022年,我国新增市辖区的数量为117个,相关改革285次,县(市)改区与区界重组的占比分别为46%和49%。这些改革旨在扩大中心城市规模,并持续优化空间结构。

3.深入推进新型城镇化建设,将具备条件的县和特大镇有序设置为市,推动大中小城市协调发展。根据《国家新型城镇化规划(2014—2020年)》和国务院《深入推进新型城镇化的若干意见》，撤县设市模式有序重启。在2016—2022年，我国撤县设市41个，撤镇设市1个（浙江龙港），大中小城市和小城镇协调发展取得了新的进展。

4. 通过乡镇街道撤并或改设，精简机构，理顺职能，实现基层治理体系和治理能力现代化。2022年底，我国乡镇一级行政区划数为38602个，机构改革和职能转变更加到位，基层治理水平明显提升。国家发展和改革委员会《2020年新型城镇化建设和城乡融合发展重点任务》提出："全面完成各省（区、市）设镇设街道标准制定工作，合理推进'乡改镇''乡（镇）改街道'和乡镇撤并。"后续工作已更加规范。

二、市域行政区划改革的主要风险

根据第七次全国人口普查数据，2020年我国常住人口城镇化率达到63.89%。伴随着城市规模的不断扩大，部分城市的行政区划改革从粗放式扩张阶段进入精细化提升阶段。然而，由于信息不对称、地区差异大和利益关系错综复杂等，当前市域行政区划改革还隐藏着五大风险。

1. 经济绩效不确定。绩效不确定包括两个方面：第一，在实践中，市域行政区划改革对地方经济发展的实际影响不确定；第二，在理论上，学界对市域行政区划改革影响经济绩效的程度、方向、机制等的研究结果尚不明确。例如，省管县改革对市和县的影响大不相同，县（市）改区不一定持续推动区域发展，乡镇撤并则会导致公共服务半径过大。同时，由于行政区划改革的复杂性、绩效定义的模糊、测量指标的分歧、评估方法的争议等，学界对改革绩效的研究也并未达成共识。

2. 公众参与不充分。我国《行政区划管理条例》规定，要进行"专家论证、征集社会公众意见"。2019年11月，习近平总书记在上海考察时强调："人民民主是一种全过程的民主。"[①]然而，在行政区划改革中，有关单位因过于担心信息泄露可能导致的后果，基本屏蔽了普通群众的合法参与和意见表达。征

---

① 习近平.坚持和完善人民代表大会制度 保障人民当家做主.求是，2024(4).

集公众意见沦为形式主义的内部流程,全过程人民民主无法保证,"众人的事情"做不到"由众人商量"。

3.社会秩序不稳定。部分行政区划改革重经济绩效、轻群众意愿,难以兼顾不同地区的发展需求,引发了一系列的社会抗争。在区县(市)合并或县(市)改区过程中,被撤县(市)行政等级、自主决策权和资源调配权下降,易引发地方抗争,如湖南洪江、浙江黄岩、湖北大冶等。作为稀缺政治资源的政府驻地的搬迁,也会引发被迁出地区群众的不满,导致群体性事件,如甘肃陇南、宁夏海原、贵州三穗等。

4.历史文化不延续。行政区划改革快速推进了城市化进程,但可能产生城市建筑趋同化、城市景观商品化、传统文化空间消亡,以及历史遗产原真性受到破坏等风险。在县(市)改区和区界重组后的城市更新或扩容中,部分具有民族特色和历史记忆的古老村落、古城墙、古城门和牌楼被拆除。另外,不当的政区更名会遮蔽政区历史传统和文化遗产,导致历史文脉断裂、居民归属感缺失、原真性被破坏。

5.生态保护不全面。新时代,"绿水青山就是金山银山"的理念深入人心,行政区划改革对生态环境的影响已引起一定的重视。比如,特别强调行政区划调整须与流域的保护相结合。但是,当前县(市)改区后污染企业搬迁及产生的"负外部性"、区界重组后大气或水体污染防治的"相互扯皮"、政府驻地搬迁后开发新区新城可能带来的自然性生态风险和开发性生态风险等,尚未引起足够关注。

三、防范化解市域行政区划改革风险的建议

作为国家权力和行政体制的空间投影,市域行政区划改革是重塑空间治理格局、推进国家治理体系和治理能力现代化的重要基础。为防范前述五大风险,可以从"全流程"和应急管理"5R"理论的视角,优化我国市域行政区划改革。

1.在改革前,统筹协调各方利益关系,充分评估改革风险。行政区划改革是涉及经济、政治、社会、文化、生态的全方位系统工程,关乎政府、社会、市场各主体的利益。因而,需要在改革前完善相关法律制度,充分听取领导、专

家和群众等各方的意见,科学评估各类风险发生的可能性和危害,预防或削减风险(reduction)。提前做好一系列准备工作(readiness),比如制订应急响应计划、建立预警系统、完善新闻和信息发布机制、开展应急沟通和公众教育、进行模拟演练等。

2. 在改革中,渐进有序推进改革进程,降低区划调整对社会的冲击。县(市)改区、区县(市)合并、区界重组、市县合治或分治、政府驻地搬迁等行政区划改革,会重塑区域经济社会发展的格局,但要完成"区域共同体"的建构需要一个过程。一方面,尊重政区的历史文化传承,重构以地缘关系为主的交往场域,增强群众对行政区划改革的心理认同与归属感。另一方面,设置体制转轨过渡期,渐进推动民生改善和产业腾退,协调社会与经济的平衡发展。一旦改革风险显现,就根据应急预案作出及时反应(response)。

3. 在改革后,科学全面评估改革绩效,形成高效的反馈修正机制。建立健全决策跟踪反馈和责任追究制度,审慎权衡决策收益与风险,实现决策权和决策责任相统一。兼顾公平与效率,定期评估行政区划改革的成效。对不合理的改革举措,及时进行反馈和修正。出现严重经济、政治、社会、文化、生态问题的区域,酌情考虑"逆向改革"。反馈修正之后,行政区划改革可以从风险状态恢复(recovery)。同时,从法律制度、管理体制、机制流程和主体能力入手,加强行政区划改革的韧性建设(resilience),推动市域治理现代化的加快实现。

目　录

第一章　市域行政区划及其改革实践

随着城市化进程的不断加快,人口、资本、信息、物流等生产要素越来越向城市集中,使得"市域"逐渐取代"县域"成为推动国家治理体系与治理能力现代化的重要空间尺度。随着国家发展战略与城市发展方针的演变,作为推动与优化我国城市发展与城市治理的一种刚性尺度工具,市域行政区划的改革模式呈现出多样化的特征,其改革实践在时空分布上则呈现出阶段性与规律性的特点。进入新型城镇化时期后,地级市的行政区划改革朝着市县合治与市县分治的混合管理模式发展,市辖区的行政区划改革朝着规模扩张与结构优化同步进行的方向发展,县级市的行政区划改革则朝着加快建设中小城市的方向发展。

第一节　城市、城市化和市域

一、城市

亚里士多德认为,当若干村庄联合成一个完整社区,它大得足以或几乎完全能自给自足时,(城市)国家就形成了。它起源于生活的基本需要,继续存在则是为了生活更美好(庞兹,2015:7)。在西方国家,城市有 urban、city、municipality 等不同的说法。在百科全书里,urban 通常是指与乡村不同的地理区域或带有城市生活方式特征的地理区域。city 通常是指地域范围相对较大且人口密集度较高的居住地,是人口稠密的城市中心(urban center)。municipality 通常是指有法人地位与自治权利的城市自治体。但 city 在不同的国家有不同的含义。在英国,city 原来是指有主教驻所的城镇,后来是指人口稠密或重要的居住点。在美国,city 是指在法律上设立的自治市(municipality)。而在加拿大,city 是指等级较高的自治市(municipality)。

世界上最早的城市出现于公元前 4000 年的美索不达米亚(今伊拉克全境、叙利亚东北部、土耳其东南部及伊朗西南部),其显著的特征是具有权力结构的等级层次与社会经济的差异化结构(克拉克,2019:22)。而在古希腊城邦国家时代,城市作为一种城市地区的管理体制和组织体系已经萌芽,它是以城市内部自由人的自由结合为基础,由居民通过民主程序建立的自治体,自治权利具有一定的保障(刘君德、范今朝,2015:23)。

但在中国,先有地域实体层面的"城市",后来才有制度层面的"城市"。从起源来看,中国最早的城市大约出现于公元前 3000 年(克拉克,2019:69),而"城市"一词最早出现于战国时期。《韩非子·爱吕》:"是故大臣之禄虽大,不得藉威城市。"这里的"城"是指都邑四周用作防御的墙垣;"市"是指生产商品与进行商品交换、商业活动的地区。此时"城市"主要是指地域实体层面的城市,其显著的特征是城墙。进入 20 世纪以后,"城市"才逐渐有组织、政治、法律等"制度"层面的含义。1909 年,清政府在推行新政改革的过程中颁布了《城镇乡地方自治章程》,模仿西方国家,在地方层面正式引入具有"地方自治"内涵的"城镇乡"制(刘君德、范今朝,2015:23-24)。1911 年江苏省发布了《江苏暂行市乡制》,1921 年北洋政府颁布《市自治制》及《市自治制实行细则》,1926 年广州市政府颁布《广州市暂行条例》,这些制度的建立使得"城镇乡"制逐渐演变出"市制",同时也开启了中国市制建立的实质性进程(刘君德、范今朝,2015:23-24;涂文学,2017)。

中华人民共和国成立后,我国在政区层面以法律形式对"城市"作了界定,并在沿用民国市制的基础上建立新的市制。一方面,国家通过宪法、地方组织法、城市规划法等法律法规对市进行了分类,确定了市的隶属关系与行政等级。1954 年,新中国颁布的第一部宪法第五十三条规定:"全国分为省、自治区、直辖市;省、自治区分为自治州、县、自治县、市;县、自治县分为乡、民族乡、镇。直辖市和较大的市分为区。自治州分为县、自治县、市。"这一规定在此后修正的宪法中得以沿用。实际上,这就是把"市"分为直辖市、省(自治区)辖市、自治州辖市,并确立各种"市"的行政隶属关系。1979 年《中华人民共和国地方各级人民代表大会与地方各级人民政府组织法》(以下简称《地方组织法》)对直辖市、市(包括设区的市与不设区的市)、镇设立人民代表大会以及行政组织作了规定。1989年出台的《中华人民共和国城市规划法》(以下简称《城市规划法》)规定"城市"是指国家按行政建制设立的直辖市、市、镇,因而在法律层面我国的"城市"范畴包括了"镇"。但根据2007年出台的《中华人民共和国城乡规划法》(以下简称《城乡规划法》),城乡规划包括城镇体系规划、城市规划、镇规划、乡规划和村庄规划。这又表明城市与镇属于两个不同的建制与体系(吴金群、廖超超等,2018:41)。另一方面,我国的市制在经历了市制的萌芽与诞生(1949年以前)、工业化曲折发展中市制平稳与曲折发展(1949—1978年)、快速城镇化进程中市制步入正轨与加速发展(1979—2011年)三个阶段的演变后,已进入新时代市制的优化与创新发展阶段(熊竞,2020c)。

　　城市的内涵非常广泛,要给"城市"下一个定义并不容易。但在中国的治理情境中,"城市"通常是指国家设立的"建制市"。因而,本研究将"城市"界定为"建制市",它是指"具有城市形态且经国家法定程序确定为市的行政区划类型",即"行政区划视角下的城市"(李一飞、王开泳,2019),包括直辖市、地级市、县级市三种类型。从建制市的法律规定与管理实践两个方面的特征来看,可将建制市分为不同的类型,如表1.1所示。通过比较可知,法律层面的建制市分类更加强调建制市的制度属性,行政区划管理实践中的建制市分类更加强调建制市的工具属性。同时,在行政区划管理实践中一些建制市分类(如副地级市)在法律法规中并没有依据。

表 1.1　不同分类视角的建制市内涵

分类视角		类型	内涵
法律规定	宪法视角下建制市的分类	直辖市	根据宪法规定,直辖市为中央政府直辖的省级行政建制
		市	根据宪法规定,市可从两个角度进行分类:一是按照隶属关系和层级,一部分市由省(区)管辖,与省直接管辖的县、自治县、自治州平行,另一部分市由自治州管辖,与自治州管辖的县、自治县和较大的市管辖的区(县)平行。二是按照行政区域划分,一部分为较大的市,管辖区(县),另一部分不是较大的市,不管辖区(县)

续表

分类视角		类型	内涵
法律规定	宪法相关法律对城市建制的规定和分类	设区的市	根据《地方组织法》第五条第一款、《中华人民共和国立法法》（以下简称《立法法》）第七十二条第二款，指设立市辖区的市
		不设区的市	根据《地方组织法》第五条第一款，指不设立市辖区的市
		国务院批准的较大的市	根据《立法法》第七十二条第六款，特指2015年修改《立法法》之前的一个时间段内为赋予部分城市立法权由国务院批准的较大的市
		设区、县的市	根据《中华人民共和国民族区域自治法》（以下简称《民族区域自治法》）第四条第二款，指设立市辖区或县的市
行政区划管理实践	按照区域划分	设区、县的市	由于管理实践中存在市代管市的情况，设区（县）的市指存在设区、设县、代管县级市三种情况中一种或一种以上情况的市
		不设区、县的市	既不设区，也不设县，同时也不代管县级市的市
	按照上级管理主体和隶属关系	直辖市	直辖市为中央政府直辖的省级行政建制
		省（区）辖市	按宪法规定，除了直辖市和自治州辖市，其他所有的市在法律上都由省（区）管辖，但由于市与市之间代管关系的存在，省（区）辖市的情况相对复杂：从管辖性质看，包括省（区）直接管辖的（简称"省管市"），及由省（区）管辖但由其他市代管的（简称"市管市"）；从行政级别看，包括地级的、县级的，介于省级和地级之间的，以及介于地级和县级之间的；从下辖政区看，包括设区（县）的及不设区（县）的
		自治州辖市	指自治州人民政府管辖的县级市
		地区辖市	指地区行政公署管理的县级市
	按照行政级别	省级市	即直辖市
		副省级市	包括计划单列市和部分重要的省会城市。副省级市在区域划分上属于设区（县）的市，在隶属关系上属于省管市。在行政区划管理实践中，此类市被列入地级市的范畴

续表

分类视角		类型	内涵
行政区划管理实践	按照行政级别	地级市	从区域划分看,地级市的行政级别高于县级和乡级。地级市既有设区(县)的市,也有不设区(县)的市
		副地级市	现行法律对城市行政级别没有具体规定,有些地方自行将一些国家层面明确的县级市确定为副地级市,这类市通常是一些规模较大、地位比较重要的不设区(县)的市。特别是一些由省(区)直接管辖的县级市,为方便管理,同时也为解决领导干部上升和交流等问题,省(区)通常会将其提高"半个"级别,确定为副地级
		县级市	从区域划分来看,县级市与区、县同级,其均为不设区(县)的市。从隶属关系看,由于县级市的行政级别次于省级和地级,因而县级市中既有省管市,也有市管市、自治州辖市、地区辖市

资料来源:李一飞、王开泳(2019)。

中华人民共和国成立后,中央政府通过制定五年规划,从国家层面确立城市发展的总体路线、方针、政策,这些方针和政策给我国城市发展带来了不同的影响(方创琳,2014a),如表 1.2 所示。从我国城市发展的方针政策的演变及其影响来看,在 2000 年之前我国城市发展的政策方针波动性较大,主要强调"控制大城市规模,积极或合理发展小城市与小城镇",2000 年之后我国的城市发展政策变得相对稳定,主要是强调"大中小城市与小城镇协调发展"。

表 1.2　1949 年以来我国城市发展总体方针

年份	政策文件	主要政策主张
1953—1957	"一五"计划纲要	项目带动,自由迁徙,稳步前进
1958—1962	"二五"计划纲要	调整、巩固、充实、提高
1966—1975	"三五"与"四五"计划纲要	控制大城市规模,搞小城市
1976—1980	"五五"计划纲要	严格控制大城市规模,合理发展中等城市和小城市

续表

年份	政策文件	主要政策主张
1978	全国第三次城市工作会议	控制大城市规模,多搞小城镇
1980	全国城市规划工作会议纪要	控制大城市规模,合理发展中等城市,积极发展小城市
1981—1985	"六五"计划纲要	严格控制大城市规模,积极发展小城镇
1986—1990	"七五"计划纲要	严格控制大城市规模,合理发展中等城市和小城市
1990	城市规划法	严格控制大城市规模,合理发展中等城市和小城市
1991—1995	"八五"计划纲要	通过开发区建设拉动大城市发展
1996—2000	"九五"计划纲要	严格控制大城市规模,突出发展小城镇
2001—2005	"十五"计划纲要	大中小城市和小城镇协调发展
2006—2010	"十一五"规划纲要	以城市群为主体,大中小城市和小城镇协调发展
2011—2015	"十二五"规划纲要	城市群与大中小城市和小城镇协调发展
2016—2020	"十三五"规划纲要	大中小城市和小城镇合理分布与协调发展,加快城市群建设与中小城市和特色镇发展
2021—2035	"十四五"规划和2035年远景目标纲要	推进以人为核心的新型城镇化战略,以城市群、都市圈为依托,促进大中小城市和小城镇协调联动、特色化发展,推进以县城为重要载体的城镇化建设

资料来源:根据方创琳(2014a)的研究以及公开资料整理而成。

以城区常住人口为标准,我国将城市分为超大城市(城区常住人口在1000万人以上)、特大城市(城区常住人口在500万—1000万人)、大城市(城区常住人口在100万—500万人,包括Ⅰ型大城市与Ⅱ型大城市)、中等城市(城区常住人口在50万—100万人)、小城市(城区常住人口在50万人以下,包括Ⅰ型小城市与Ⅱ型小城市)等7个不同规模等级[①]。放眼全球,根据联合国发布的《2018年世界城市化趋势》(*World Urbanization Prospects:The*

---

① 国务院.关于调整城市规模划分标准的通知(国发〔2014〕51号).(2014-11-20) [2021-03-25]. http://www.gov.cn/zhengce/content/2014-11/20/content_9225.htm.

2018 Revision）①统计数据，在1970年，全球人口超过1000万人的超大城市与人口在500万—1000万人之间的特大城市还寥寥无几，而人口在100万—500万人之间的大城市较多。到了2018年，全球人口超过1000万人的超大城市与人口在500万—1000万人之间的特大城市大大增加，而人口在100万—500万人之间的大城市则成倍增加。可见，在过去近50年全球城市人口集聚的规模越来越大，城市治理面临的挑战也日益严峻。

二、城市化

"城市化"（urbanization）一般是指人口、非农产业向城市集聚，以及城市文明、城市地域向乡村推进的过程。而且，一个国家的城市化进程从属于该国经济社会发展的总过程（宁越敏，2012）。根据Our World in Data的统计数据②，在过去半个多世纪里（1960—2021年），全球城市化进程都在不断加快，一些城市化率低于20%的地区都跃入了40%—60%的区间，一些发达国家的城市化率从60%—80%的区间跃入了80%—100%的区间，并且随着发达国家的城市化进程的完成，亚洲与非洲成为目前城市化进程发展最快的区域。

不过，不同学科或学者对城市化的概念界定存在一些差异。比如人口学认为，"城市化是农村人口转化为城市人口的过程"；地理学认为，"城市化是农村地域向城市地域转化和集中的过程"；社会学认为，"城市化是农村社区的生产、生活方式向城市社区的生产、生活方式转化的过程"（周加来，2001）。刘志军（2004）认为国内学者对"城市化"的界定大致经历了"从传统型定义到现代型定义，再发展到后现代型定义的过程"。其中，传统型的城市化是指"随着产业经济向城镇的集中而发生的农村人口向城镇转移的过程"，现代型的城市化在"强调人口转移、职业转移和产业集中的同时，突出了生活方式和都市文明的扩散过程"，后现代型的城市化则"强调和突出了生活方式的转变和都市文明的渗透这些深层的内涵，甚至对传统型城市化定义中所强调的人口、地域、生产要素等集中的必要性提出了质疑"。Seto等（2013：4）则认为城

---

① UNDESA. World Urbanization Prospects：The 2018 Revision，Online Edition. (2018-05-16)［2021-10-15］. https://www. un. org/development/desa/publications/2018-revision-of-world-urbanization-prospects. html.

② Ritchie H，Samborska V and Roser M. Urbanization. ［2024-02-22］. https://ourworldindata. org/urbanization.

市化过程本身是一个多维过程,但它主要通过人口城市化与土地城市化等过程来体现,并且具有规模、速度与地理变化三个方面的特征。

国内学者对于"城市化"与"城镇化"是否等同也存在争议。有些学者将Urbanization译为"城镇化",并将"城镇化"等同于"城市化"(陆大道,2007;李强等,2012)。有些学者则认为,"城市化"包括了"城镇化",因而"城镇化"不等同于"城市化"(冯云廷,2000;冯兰瑞,2001;周加来,2001)。比如周加来(2001)认为,城市化在质的方面是指"城市的先进生产力、现代文明不断向农村传播与扩散,最终达到城乡共享的过程",在量的方面是指"农村的地域不断地转化为城市地域,表现为城市地域的扩大和城市数量的增加;农村人口不断转化为城市人口,表现为城市人口规模的扩大和人口密度的增加";而城镇化是指"农村地域向城市地域转化的过程",它是农村城市化的一种途径选择。总体来说,学者们关于城市化与城镇化的争议焦点主要在于推动城市化发展的方式,城市化更加强调通过"城市生产力向农村的扩散"来推动,城镇化则更加强调通过"农村就地向城市转化"来推动。

在实践中,使用"城市化"还是"城镇化"也存在争议。虽然在政府的文件中"城市化"与"城镇化"两个术语都有出现,但总体上以"城镇化"这一概念为主①。国家发展和改革委员会城市和小城镇改革发展中心原主任曾表示,政府决策层之所以选择使用"城镇化"这一术语,一方面是"根据中国城镇并存的现实条件,如果一开始就使用'城市化'的概念,那么按照等级化行政体制的特点,'城市化'就会被理解为发展城市,设市城市会通过行政手段把大部分优质资源集中在各级中心城市,而与农村接壤,并且与农民联系最为紧密的建制镇将会被严重忽视";另一方面,使用"城镇化"这一术语也是为了说明中国的城市化路径是"大中小城市和小城镇协调发展"②。

在我国的实践中,城市化不仅包括非农产业在城镇集聚、乡村人口向城镇集中的过程,也包括非农产业在乡村集聚、乡村人口就地集聚形成新城镇的过程。同时,为了与国际接轨,本书并不严格区分"城镇化"与"城市化"两个概念,而是在同等意义上使用它们。一般来说,衡量城市化总体状况主要

---

① 可对比每五年制定的国民经济与社会发展计划纲要和规划纲要。

② 参见李铁. 中国未来应推进"城镇化"还是"城市化". (2012-10-17)[2021-04-08]. http://www.ccud.org.cn/article/23840.html.

包括数量、速度、质量、特征等四个方面的指标(简新华、曾卫,2016)。从数量指标来看,早在1851年英国的城市化水平已超过50%,欧洲和北美的发达国家城市化水平在20世纪50年代也相继超过了50%(周加来,2001),而2011年末我国城市化率才首次超过50%,这表明我国城市化进程远落后于欧美发达国家。从整体上来看,在1949—2022年间我国城市化率低于世界较发达地区的平均城市化率,但两者之间的差距在1995年之后开始逐渐缩小。同时,2006年末我国城市化率首次超过世界欠发达地区的平均城市化率,2012年末我国城市化率首次超过世界平均城市化率,并且世界欠发达地区的平均城市化率、世界平均城市化率与我国的城市化率之间的差距逐渐加大(见图1.1)。截至2022年末,我国总人口为141175万人,城镇常住人口为92071万人[①],城市化率为65.22%,这意味着我国已经进入城市化加速发展的中后期,社会形态将由"乡村主导型社会"("县域社会""乡土中国")逐渐转变为"城市主导型社会"("市域社会""城市中国")。

[①]　国家统计局. 中华人民共和国2022年国民经济和社会发展统计公报.(2023-02-28)[2024-02-22]. https://www.stats.gov.cn/sj/zxfb/202302/t20230228_1919011.html.

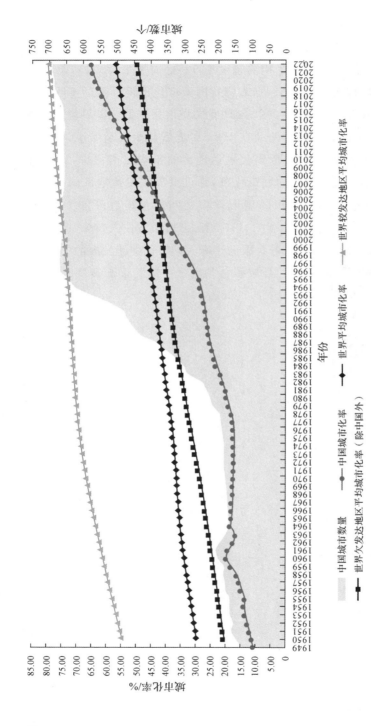

图1.1 1949—2022年中国与世界其他地区城市化率

资料来源：中国城市化率是根据国家统计局网站公布的每年城镇常住人口、乡村常住人口／（城镇常住人口＋乡村常住人口）计算而得，1978—2022年的数据来自国家统计局发布的《新中国六十五年数据》，其中1949—1977年的数据根据国家统计局发布的《新中国六十五年数据》计算得到的。城市化率＝城镇常住人口／（城镇常住人口＋乡村常住人口）。中国城市数量是指中国大陆地区的直辖市、地级市、县级市的总数。世界平均城市化率、世界欠发达地区平均城市化率（除中国外）（less developed regions）、世界较发达地区平均城市化率（more developed regions），世界欠发达地区平均城市化率（除中国外）来自联合国经济和社会事务部公布的《2018年世界城市化趋势》（World Urbanization Prospects:The 2018 Revision）中的File 21: Annual Percentage of Population at Mid-Year Residing in Urban Areas by Region, Subregion, Country and Area, 1950—2050。世界较发达地区平均城市化率、世界平均城市化率、世界欠发达地区平均城市化率（除中国外）是根据上述数据，来自中国大陆地区的年度数据。世界平均城市化率、世界欠发达地区平均城市化率（除中国外）是预估估数据，来自Mid-Year Residing in Urban Areas by Region, Subregion, Country and Area, 1950—2050.

结合我国城市化发展过程中的重大事件及城镇化发展的数量指标与速度指标的特征(如图 1.1 所示),我国自 1949 年以来城市化建设的历程大致可分为 6 个阶段[①]。

(1)起步发展阶段(1949—1957 年)。这一阶段城市化率保持较快增长,城市数量也保持稳定增长,城市化建设进程开始起步。新中国成立初期,我国城市化率仅为 10.64%,全国共有 129 个城市(其中直辖市 12 个,地级市 56 个,县级市 61 个)。到 1957 年末,城市化率提升至 15.39%,全国共有 176 个城市(其中直辖市 3 个,地级市 92 个,县级市 81 个)。在这一阶段,随着"一五"计划"156 重点工程"的启动和推进,我国出现了一批新兴工矿业城市,如纺织机械工业城市榆次,煤炭新城鸡西、双鸭山、焦作、平顶山、鹤壁等,钢铁新城马鞍山,石油新城玉门等,同时也对武汉、太原、洛阳、成都等老城市进行了扩建改造,大批农业劳动力转移到城市工业部门[②],城市人口和城市数量都持续增长。

(2)波动发展阶段(1958—1965 年)。相对上一阶段,这一阶段城市化率与城市数量表现出大幅度波动的特征,城市化建设波动发展。从整体来看,1965 年末我国城市化率为 17.98%,相比 1958 年初的城市化率(15.39%)增加了 2.59 个百分点。同时,1965 年末我国共有城市 168 个(其中直辖市 2 个,地级市 76 个,县级市 90 个),相比 1958 年初城市数量(176 个)减少 8 个,年均减少 1 个。分阶段来看,城市化率与城市数量表现出波动的特征。在 1958—1961 年城市数量大幅度增加,城市化率有所提升,而在 1962—1964 年城市数量开始大幅度减少,城市化率有所降低,1965 年城市数量与城市化率则保持相对稳定。这主要是由于我国在 1958—1960 年开展"大跃进"运动,城市建设也大幅度推进。但在 1961—1963 年我国对国民经济进行了全面调整,一大批新设置的市退回县建制,一部分地级市降为县级市,加之户籍政策严格控制人口流动,因而城市数量减少,城市化率下降。到了 1964 年,"三线"建

[①]　以下关于我国 1949 年以来城市化建设的历程的阶段划分所用到的数据来源同图 1.1。

[②]　中国政府网. 新中国 60 年:城市社会经济发展日新月异. (2009-09-22)[2021-01-15]. http://www.gov.cn/test/2009-09/22/content_1423371.htm.

设开始启动,中西部地区城市数量和城镇人口有所增加①,因此,城市数量与城市化率又有所回升。

(3)停滞发展阶段(1966—1978年)。相对上一阶段,这一阶段城市化率基本没有变化,城市数量缓慢增加,城市化建设处于停滞状态。1978年末,我国城市化为17.92%,相比1966年初(17.98%)基本没有变化。1978年末,全国共有193个城市(其中直辖市3个,地级市98个,县级市92个),只比1966年初(168个)增加25个,年均增加约2个。这一阶段我国正处于"文革"时期,国民经济发展处于停滞状态,城市化进程也相应地处于停滞状态。

(4)恢复发展阶段(1979—1991年)。相对上一阶段,这一阶段城市化率稳步提升,城市数量快速增加,城市化进程开始逐步恢复。1991年末,我国城市化率为26.94%,相比1979年初(17.92%)提升约9.02个百分点。1991年末,全国共有479个城市(其中直辖市3个,地级市187个,县级市289个),相比1979年初(193个)增加286个,年均增加22个。在这一阶段,1978年党的十一届三中全会决定将党的工作重心转移到经济建设上来,改革的重点也从农村转向了城市,同时国家允许发展乡镇企业,并在沿海地区开放建立各类经济开发区,使得国民经济逐步恢复。我国自1982年开始大力推行市领导县体制,广泛开展了地市合并、撤地设市、县(市)升级为地级市等改革,再加上诸多的撤县设市改革,使得城市建设加快,城市数量快速增加。

(5)快速发展阶段(1992—2011年)。相对上一阶段,这一阶段城市化率快速提升,城市数量稳步增加,城市化建设加速推进。2011年末,城市化率为51.83%,相比1992年初(26.94%)提升了24.89个百分点。2011年末,全国共有657个城市(其中直辖市4个,地级市284个,县级市369个),相比1992年初(479个)增加178个,年均增加约9个。1992年,党的十四大确立了建立社会主义市场经济体制的总体目标与基本框架,而作为区域经济社会发展中心的城市,其发展受到前所未有的重视。因而,在1992—1996年,城市数量年均增加约30个。直到1997年,由于县改市带来城市虚假化以及耕地资源占用问题,中共中央、国务院发布《关于进一步加强土地管理切实保护耕地的通

---

① 国家统计局城市司.城镇化水平不断提升 城市发展阔步前进——新中国成立70周年经济社会发展成就系列报告之十七.(2019-08-15)[2021-01-25]. http://www.gov.cn/shuju/2019-08/15/content_5421382.htm.

知》(中发〔1997〕11号),决定冻结县改市的审批。一方面,新设县级市被暂停;另一方面,一些地方通过县(市)改区实现城市化转型。因而,县级市数自1998年开始减少。但在国民经济快速发展的带动下,城市的规模不断扩大,城市化仍然加速推进。此外,2002年党的十六大首次提出要"走中国特色的城镇化道路",标志着我国开始总结反思以往城市化建设过程中的经验与问题,并探索适合中国国情的城市化发展道路。

(6)提质发展阶段(2012年至今)。这一阶段城市化率继续保持快速增长,城市数量缓慢增加,但城镇化发展战略从"走中国特色的城镇化道路"升级为"走中国特色新型城镇化道路"。2022年末,城市化率为65.22%,比2012年初(51.83%)提高了13.39个百分点。2022年末,全国共有691个城市(其中直辖市4个,地级市293个,县级市394个),相比2012年初(657个)增加34个。在这一阶段,由于国民经济发展较快,城市化率仍保持快速提升,但由于全国大部分地区已经改为地级市,而县改市又没有完全重启,城市数增加相对缓慢。2012年,党的十八大提出"走中国特色新型城镇化道路",从此新型城镇化建设便成为各级政府的中心任务之一。2013年,首次召开的中央城镇化工作会议明确了推进城镇化的指导思想、主要目标、基本原则、重点任务,并从人口市民化、土地利用效率、资金保障机制、空间布局、城镇建设水平、城镇化管理等6个方面提出了推进城镇化的主要任务。紧接着,中共中央、国务院在2014年编制了《国家新型城镇化规划(2014—2020年)》,并且从2016年开始国家发展和改革委员会每年制定新型城镇化建设的重点任务安排。尽管新型城镇化道路正处于探索之中,但根据已有研究及官方文件,可以将新型城镇化与传统城镇化的区别总结为6个方面(见表1.3)。由于这一阶段我国城市化建设更加注重城市功能与规模的优化与提升、大中小城市的合理分布与协调发展,以及城市群与都市圈同步推进,城镇化建设进入以人为本的"提质增速"新阶段。

表 1.3　传统城镇化与新型城镇化之间的区别

特征	传统城镇化	新型城镇化
发展理念	注重规模扩张,以土地扩张为核心的城镇化,土地的城镇化快于人口的城镇化	由规模扩张向内涵提升转变,以人为核心的城镇化,注重保护农民利益,与农业现代化相辅相成
发展道路	以摊大饼、高消耗、城市要素供给不可持续为特征	以人为本、"四化"同步、优化布局、生态文明、文化传承的中国特色新型城镇化道路
发展模式	政府主导,市场引导	市场主导,政府引导
发展动力	通过工业化带动城镇化发展	城镇化与工业化、信息化和农业现代化同步发展
发展方式	粗放式发展,粗放型城镇	集约化发展,集约型城镇
基础设施	更重视圈地扩容、建楼盖房、修路架桥等硬件基础设施,重"城"轻"市"	更加重视教育、医疗、文体、社会保障、保障性住房等公共服务类软件基础设施,推动户籍、土地、财政、投融资等领域的配套改革

资料来源:根据吴江等(2009),黄桂婵、胡卫东(2013),文贯中、柴毅(2015),简新华、曾卫(2016)的研究,以及《国家新型城镇化规划(2014—2020年)》《中华人民共和国国民经济和社会发展第十四个五年规划和2035年远景目标纲要》等整理而成。

　　随着城市化的发展,城市区域出现了城市、都市区、都市圈、都市带、大都市连绵带、城市群等具有不同结构的空间组织。其中,城市群作为国家新型工业化和新型城镇化发展到较高阶段的产物,已逐渐成为支撑全国经济增长、促进区域协调发展以及参与全球竞争与国际分工的全新地域单元(方创琳,2014b)。在经济全球化、信息化、新型工业化、快速交通、政策支持和知识经济驱动下,城市群在理论上遵循着城市—都市区—都市圈—大都市圈—城市群的演化路径(Fang,2017),如图1.2所示。在政府的指导文件中,都市圈一般是指"城市群内部以超大特大城市或辐射带动功能强的大城市为中心、以1小时通勤圈为基本范围的城镇化空间形态"①。为了提高都市圈的竞争

①　国家发展改革委. 关于培育发展现代化都市圈的指导意见(发改规划〔2019〕328号). (2019-02-19)〔2021-03-25〕. http://www.gov.cn/xinwen/2019-02/21/content_5367465.htm.

力与促进区域一体化发展,部分地方政府如南京、徐州早在 2002 年就制定了都市圈发展规划,但 2021 年以来国家发展和改革委员会先后批准的《南京都市圈发展规划》《福州都市圈发展规划》《成都都市圈发展规划》《长株潭都市圈发展规划》,使都市圈的规划发展从地方战略层面上升到了国家战略层面。

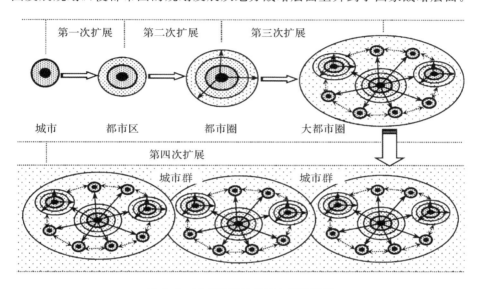

图 1.2　城市群演化的四个扩张阶段

资料来源:Fang(2017)。

三、市域

"市域"在中国是一个行政区划的概念,是 20 世纪 80 年代实行市领导县体制的结果(顾元,2020)。它通常是指地级及以上建制市所管辖的行政区域。与"市域"相对应的一个概念是"县域",即县级政区(县和县级市)所管辖的行政区域。在 20 世纪 80 年代之前,我国实行的是市县分治的管理体制,即省辖市与县分别由省级政府与地区行政公署管理。此时,我国的城市采用的是城市型建制,"市域"主要是指直辖市与省辖市所管辖的行政区域。1982 年开始,我国在全国范围内通过地市合并、撤地设市、县(市)升格等方式推行市领导县体制改革。自此,我国城市管理体制从"市县分治"转向了"市县合治",建立了广域型城市建制。此时,"市域"的地域范围也发生了变化,既包括直辖市、地级市所辖的城区,也包括直辖市、地级市下辖的县(市)和乡(镇)。尽管大部分学者从行政区划层面来界定"市域",但学界对"市域"地域空间范围的理解依然有所不同。总体上,学界大致有如下四种观点。

第一种观点认为,"市域"是指直辖市与地级市行政管辖的地域范围(中国城市规划设计研究院《市域规划编制方法与理论研究》课题组,1992:5;方叶林等,2013;董光龙、张红旗,2016;李琬等,2018)。如中国城市规划设计研究院《市域规划编制方法与理论研究》课题组(1992:5)指出,"市域规划的地域范围是:直辖市和地级市的行政管辖的区域(包括市辖区、县、县级市、镇、乡等)"。陈一新(2018)提出了"市域社会治理现代化"这一新概念,尽管他并未对"市域"作出明确的界定,但关于推行市域社会治理现代化的政策文本对"市域"的论述更接近第一种观点。2019 年 12 月,全国市域社会治理现代化工作会议在北京召开,根据中国法院网刊发的《全国市域社会治理现代化工作会议发言摘登》①,山东省、甘肃省、天津市滨海新区、福建省厦门市、湖北省武汉市、云南省曲靖市等六地开展市域社会治理试点的地域范围包括了市、市辖区、县(市)、乡(镇、街道)、村(社区)。2020 年 1 月,陈一新(2020)在《以新思路新方式开展市域社会治理现代化试点》的讲话中,提到"所有的副省级市、地级市和自治州以及地(盟)、新疆生产建设兵团师市、直辖市下辖的区(县)"均可申请市域社会治理现代化试点。

第二种观点认为,"市域"是指地级市行政管辖的地域范围,包括地级市下辖的市辖区与县(市),但不包括直辖市管辖的行政区域(李王鸣、江勇,2012;徐汉明,2020;杨磊、许晓东,2020)。如杨磊和许晓东(2020)认为,"市域"是以设区的市(包括地级市、计划单列市和副省级城市)为主体,既包含县(区)、乡镇(街道)等基础单元,又有行政村、村民小组(自然村)和城市网格、社区、小区、楼栋等微型单元。

第三种观点认为,"市域"是指设区的城市区域。如陈成文等(2020)认为,"市域范围"所指的就是设区的城市区域,既包括城市行政区域的城市社区,又包括城市所辖区行政区域的城镇社区和农村社区。

第四种观点认为,应该从相关行动者的经济活动和生计空间方面来理解"市域"。如成伯清(2019)认为,"市域"是"包含一定乡村在内的自成一体的空间体系,聚集了一定规模的人群,内部形成了相对完整的分工和交换体系,

---

① 中国法院网. 全国市域社会治理现代化工作会议发言摘登. (2019-12-04)[2022-02-22]. https://www.chinacourt.org/article/detail/2019/12/id/4705093.shtml.

同时也在全球分工体系中居于特定的位置"。

在本书中,"市域"包括了直辖市和地级市管辖的所有行政区域。在英语中,通常用"city proper"或"city limits"来指行政区划意义上的市域,它指城市行政区划边界以内包含的区域(a city proper is the geographical area contained within city limits)。UN Habitat(2009)将"city proper"定义为"包含历史市中心的单一政治管辖区"(the city proper is the single political jurisdiction which contains the historical city centre.)。它主要是一个人口统计学的用语,通常用于统计居住在城市行政区划边界以内的人口数。但是,"city proper"强调城市行政区划边界内的城区范围,如地级市所辖的城区范围而不包括地级市管辖的县(市)域。它与本书所界定的"市域"有本质的区别。产生这种区别的根源在于我国实行广域型市制,而西方发达国家大都实行狭域型市制。

在我国行政区划体系中,与地级市处于相同政区等级的还有地区、盟、自治州。地区的行政级别与地级市、自治州、盟相同,其管理机构为省(区)设立的派出机关——地区行政公署。盟,是内蒙古自治区设立的地级行政区,为了保留内蒙古自治区的传统民族地区建制而将"盟"作为地区的代称,其管理机构为内蒙古自治区的派出机关——盟行政公署。自治州,是我国在少数民族地区设立的地级民族自治地方,其管理机构为自治州人民政府。地级市,是我国设立的由省、自治区管辖的二级政区,行政级别与地区、自治州、盟相同,其管理机构为地级市人民政府。由于地区、盟、自治州都不是建制市,同时也不在建制市的管辖范围内,因而它们都不在市域的范围内。

第二节　我国市域行政区划的类型特征和设置标准

一、市域行政区划的类型

"行政区划"(administrative division)指根据行政管理和政治统治的需要,遵循有关的法律规定,充分考虑经济联系、地理条件、民族分布、历史传统、风俗习惯、地区差异和人口密度等客观因素,将国家的领土划分成若干层次、大小不同的行政区域系统,并在各个区域设置相应的地方国家权力机关和行政机关,建立政府公共管理网络,为社会生活和社会交往明确空间定位。行政区划改革主要包括建制变更、界线调整、驻地迁移、隶属变化、等级变更、名称改变等6种类型(浦善新,2006:1)。截至2022年底,全国共有省级行政区划数34个,直辖市4个,地级行政区划数333个(地级市293个,自治州30个,地区7个,盟3个),县级行政区划数2843个(市辖区977个,县级市394个,县1301个,自治县117个,旗49个,自治旗3个,林区1个,特区1个),乡级行政区划数38602个①。

从市域的内涵可知,市域行政区划的类型包括直辖市、地级市、市辖区、县级市、县、乡、镇、街道。从覆盖的范围来看,市域几乎涵盖了我国大部分类型的政区及大部分管辖区域。从政区本身特征来看,每种类型的行政区划在管理层级、管理体制、行政等级等方面都具有自身的特色,具体如表1.4所示。

表1.4　市域行政区划的类型汇总

法定名称	具体情况
直辖市	北京市、天津市、上海市、重庆市,其市委书记与市长一般为省部级,但书记常高配。
地级市	按行政级别分为:①副省级市:哈尔滨、长春、沈阳、济南、南京、杭州、广州、武汉、成都、西安、大连、青岛、宁波、厦门、深圳,其中大连、青岛、宁波、厦门、深圳保留计划单列体制;实行省辖市体制,其行政级别比地级市高"半级",享有省级经济管理权限,其市委书记和市长为副省级;无宪法依据,是行政区划管理实践中形成的一种政区。②一般地级市:除副省级城市以外的地级市。
	按经济体制分为:①经济特区"市":深圳、珠海、厦门、汕头,其中深圳和厦门是副省级市,珠海和汕头的行政级别为地厅级;②其他地级市:除以上4个实行特殊经济体制以外的地级市。
	按是否享有立法权力分为:①享有立法权的较大的市;②不享有立法权的地级市。2000年实施的《立法法》赋予广义"较大的市",即27个省和自治区人民政府所在地的市、4个经济特区所在地的市和18个经国务院批准的较大的市以地方立法权。2015年《立法法》修改赋予所有设区市一定的立法权。

---

① 民政部.中华人民共和国行政区划统计表(截至二〇二二年十二月三十一日).[2023-02-22].http://xzqh.mca.gov.cn/statistics/2022.html.

法定名称	具体情况
地级市	按是否设区分为：①设区的市：法律常用术语，是指设有市辖区的建制市，包括绝大多数的地级市（一般不包括直辖市）；设区的市的人大代表由下级区、县、市人大间接选举产生；设区的市（地级市）的市委书记和市长，一般为厅局级干部，但实践中也常有"高配"情况；如果是副省级设区的市，则市委书记和市长为副省级干部。②不设区的市：指没有设立市辖区的建制市，不设区的市的人大代表由选区的选民直接投票选举产生，当前只有中山、东莞、儋州、嘉峪关4个地级市不设区。
市辖区	按隶属关系可分为：①直辖市辖区：上海浦东新区、天津滨海新区的行政级别为副省级；一般的直辖市辖区为正厅级；②副省级或地级市辖区：副省级市辖区比一般地级市辖区高"半级"，为副厅级，一般地级市辖区为县处级；③地区（盟）下辖区：地区（盟）行政公署是省（区）人民政府的派出机关，一般不辖城区，唯有黑龙江省大兴安岭地区例外，下辖加格达奇、松岭、新林、呼中4个区，但加格达奇区和松岭区在地理上属于内蒙古自治区呼伦贝尔市鄂伦春自治旗。
县级市	按隶属关系分为：①省（区）直辖的县级市：宪法规定省（区）分为自治州、县、自治县、市，县级市一般由省（区）委托地级市代管，由省（区）直辖的较少，主要包括海南省直辖的文昌、琼海、万宁、五指山、东方5市，新疆维吾尔自治区（新疆生产建设兵团）直辖的石河子、阿拉尔、图木舒克、五家渠、北屯、铁门关、双河、可克达拉、昆玉、胡杨河、新星、白杨12市，还有河南的济源市以及湖北的仙桃、天门和潜江3个市（部分县级市，干部可能"高配"到副厅甚至正厅级）；②自治州下辖县级市：宪法规定自治州可以分为县、自治县、市，自治州是在少数民族聚居地区建立的民族自治地方，其享有自治权，但其所辖的县级市不享有自治权；③地区（盟）代管县级市：地区（盟）行政公署是省（区）人民政府的派出机关，受省（区）政府委托管理县级市；④地级市代管的县级市：全国大部分县级市都由地级市代管，因为没有市管市的宪法和法律依据，所以由省级政府委托地级市代管县级市。
县	按隶属关系可分为：①省（区）直辖的县：如海南省直辖的定安县、屯昌县等；②直辖市下辖的县：如重庆市下辖的城口县；③自治州下辖县：如湖南省湘西土家族苗族自治州下辖的凤凰县；④地区（盟）下辖县：如阿里地区下辖的普兰县；⑤一般地级市下辖县：如温州市下辖的平阳县。
	按财政体制可分为：①财政省管的县：指在财政体制方面实行省管的县，实行财政省管的县还可能实行部分人事省管或部分行政省管或两者的组合；②非财政省管的县：财政省管县以外的县，即保留财政市管的县，计划单列市下辖县一般为非财政省管的县。

续表

法定名称	具体情况
镇	按行政管理体制可分为:①重点镇或中心镇:全国重点镇是当地县域经济的中心,承担着加快城镇化进程和带动周围农村地区发展的任务;各省份也有自定的各类重点镇或中心镇;在行政管理体制上,将处这一定位的建制镇赋予其超过一般建制镇的管理权限;个别重点镇实现了撤镇设市。②一般镇:设置镇建制的普通行政区。
	按隶属关系可分为:①区县(市)辖镇,一般情况下镇为市辖区与县(市)下辖的政区;②地级市辖镇,一般是不设区的地级市辖镇,如中山、东莞、儋州、嘉峪关下辖的镇。
街道	按照街道办设置的主体,可将街道办分为三类:①市辖区设置的街道办:《地方组织法》第六十八条规定,市辖区、不设区的市的人民政府,经上一级人民政府批准,可以设立若干街道办事处,作为其派出机关;道办可以作为市辖区的派出机关,市—区—街道办,形成"两级政府,三级管理"体制。②不设区的市设置的街道办:县级市和极少数不设区的地级市设置街道办作为派出机关,形成市—街道办"一级政府,两级管理"的体制。③县政府设置的街道办:根据《地方组织法》第六十八条的规定,县政府无权设置街道办,但实践中大量存在,如浙江省磐安县的安文街道、新渥街道。
乡	一般指设置乡建制的政区,可分为:①市辖区辖乡;②县辖乡;③县级市辖乡。

资料来源:在吴金群、廖超超等(2018)的基础上更新和补充而成。

二、市域行政区划的特征

基于表 1.4,可以发现市域行政区划在政区层级方面表现出多层次性与等级性的特征,在政区类型方面表现出多样性的特征,在管理体制方面表现出灵活性的特征。

(一)政区的多层次性

西方国家的地方行政区划大都划分州(省)—县、市两个层级,我国地方行政区划的层级划分为省(自治区、直辖市)—地级市(地区、盟、自治州)—县(市)—乡(镇、街道)四个层级。因为市域行政区划的范围基本涵盖了这四个层级,所以市域行政区划的设置表现出多层次性。但类型相同的政区有可能处于不同的层级系统之中。例如"县级市"这一政区,既有省(区)直辖的县级市,又有自治州下辖的县级市,还有地区(盟)下辖的县级市、地级市代管的县级市等不同类型。因此,县级市可能处于省(区)—县级市—乡(镇、街道)或省(区)—地级市—县级市(如温州市下辖的龙港市)三层制中,也可能处于省(区)—地级市—县级市—乡(镇、街道)四层制中,还有可能处在自治区—自治州—地区—县级市—乡镇(如新疆维吾尔自治区哈萨克自治州塔城地区下辖的塔城市、乌苏市、沙湾市)五层制中。市辖区也是如此,一般的市辖区可能处于地级市—市辖区—乡(镇、街道)三层制中,也可能处于地区—市辖区—乡(镇、街道)三层制中(如黑龙江省大兴安岭地区下辖加格达奇、松岭、新林、呼中 4 个市辖区)。

(二)政区的等级性

政区的级别包括政区的行政级别、政区主政官员的行政级别两个方面。从政区等级来看,不同类型的政区具有不同的行政等级。按政区等级从高到低,市域的行政区划可以排列为直辖市(省级政区)、地级市(地级政区)、市辖区与县(市)(县级政区)、街道与乡镇(乡级政区)。由于政区等级不同,其政府组织相应地享有不同行政权力。如直辖市享有省级行政权力,地级市享有地级行政权力。一般来说,政区等级相同的政区享有相同的行政权力。但是,等级相同政区的行政级别可能不同。如地级市与副省级城市的政区等级相同,但副省级城市的行政级别比地级市高"半级"。并且,政区等级相同的政区,其建制类型与政区组织的权力地位也不相同。比如,市辖区与县(市)同为县级政区,但市辖区、县级市是城市型政区,而县则是地域型政区。同时,市辖区政府在土地、规划、财政等领域没有独立的支配权,而县(市)政府是相对独立和完整的政府主体,在土地、规划、财政等领域享有较大的支配权。正因为政区类型不同,从县改为市辖区或县级市,其政区等级虽然没有发生变化,但其享有的权力地位会发生变化。类似的还有乡、镇、街道之间的区别。乡、镇、街道同为乡级政区,但乡是非城市型建制,镇是城市型建制。乡在农业发展方面拥有更多权限,镇在工业与服务业发展以及建设用地方面拥有更多权限。镇与街道同为城市型建制,但街道办事处是区(市)政府的派出机关,镇政府则是一级完整的政府主体,两者享有不同的权力地位。

从政区主政官员的行政级别来看,不同层级政区的主政官员行政级别不同,同层级政区的主政官员行政级别也可能不同。由于市域的行政区划从高到低本身具有行政等级性,因而其主政官员也具有不同的行政级别。一般而言,直辖市的主政官员为省部级,地级市的主政官员为地厅级,区县(市)的主政官员为县处级,街道与乡(镇)的主政官员为科级。通常情况下,同层级政区主政官员的行政级别应该相同,但实践中存在个别政区主政领导"高配"或政区本身行政层级不同的情况,导致同级别政区的主政官员行政级别有所差异。例如:在推行省管县改革过程中,部分省将试点县(市)的主政官员"高配"为副厅级,使得试点县(市)主政官员的行政级别高于非试点县(市)。又如:直辖市下辖的区、县(市)的主政官员行政级别高于副省级城市与地级市市辖区的主政官员,副省级城市市辖区的主政官员行政级别通常又会高于一般地级市市辖区的主政官员。

(三)政区类型的多样性

从政区类型来看,市域涵盖了我国大多数类型的政区。按照设置目的与功能分类,行政区划可以分为一般地域型建制、民族区域型建制、城镇型建制、特殊型建制(田穗生等,2005:64-65)。根据这种分类,市域行政区划既包括直辖市、地级市、市辖区、县级市、镇、街道等城镇型建制,又包括县、乡等一般地域型建制。从政区的特征来看,每种类型的政区又可以细分为多种类型。例如:政区层级为地级的市可以分为副省级市和一般地级市,还可以分为设区的地级市与不设区的地级市;从行政隶属关系看,县级市可以分为省(区)直辖的县级市、自治州下辖县级市、地区(盟)下辖县级市、地级市代管的县级市;县则可以分为省(区)直辖的县、直辖市下辖的县、地区(盟)下辖的县、自治州下辖的县、一般地级市下辖的县等;市辖区可分为直辖市市辖区、副省级或地级市市辖区、地区(盟)下辖区、县级市代管市辖区等四种;镇可分为重点/中心镇与一般镇两种;街道可分为市辖区设置的街道、不设区的市设置的街道、县政府设置的街道等。从政区等级来看,市域行政区划既包括高等级的省级政区,如直辖市;又包括中间等级的地级政区,如地级市;还包括低等级的县级政区与乡级政区,如县(市)与乡(镇、街道)。这种分类显示了每种类型的政区在层级、等级以及权力配置等方面的多样性,进而使市域行政区划改革的模式也具有多样性。

(四)管理体制的灵活性

管理体制的灵活性,主要表现为国家可根据需要灵活地对各类政区实行不同的经济体制、政治体制及行政管理体制。比如,作为地级政区的市有副省级市、经济特区市、较大的市之分,又有设区的地级市与不设区的地级市之分。副省级市的设置,是通过赋予地级市省级经济管理权力来提高其经济发展效率,并促使其更好地发挥中心城市的辐射作用(史宇鹏、周黎安,2007)。经济特区市实行特殊经济政策和经济体制,以减免关税等优惠措施为手段,通过创造良好的投资环境,鼓励外商投资,引进先进技术和科学管理方法,以推动外向型经济与经济技术的发展。设置较大的市,则是通过赋予其立法权力来增强地级市在地方治理中的自主性。在行政建制上,这些市都是地级市,但国家通过在经济、政治、行政等方面实行灵活的管理体制,使得不同的地级市能够基于其自身的条件在全球经济竞争与地方治理中扮演不同的角色,进而增强一统体制之下国家治理体系的弹性与效率。又如县级市,有些县级市由省(区)直辖,有些县级市则由地级市代管,有些县级市由地区代管,还有些县级市则实行省管县与市管县的混合管理体制(即在人事、行政、财政等方面实行交错的管理体制)。与地级市一样,对县级市实行不同的管理体制,也是为了在一统体制之下因地制宜地提高国家治理体系的弹性与效率。

三、市域行政区划设置的标准

市域行政区划设置的标准包括直辖市、地级市、县级市、县、市辖区、乡镇与街道等的设置标准,目前其设置情况如表 1.5 所示。其中,直辖市、县、乡、市辖区没有相应的设置标准。就地级市而言,最新的标准是民政部于 1999 年发布的《民政部关于调整地区建制有关问题的通知》,该通知规定了该标准仅适用于地区建制调整过程中"撤地改市"的情形。而 2000 年以来我国大部分地区已经改为地级市,加之未来地级市的增设将主要通过县(市)升格或切块设市来实现,因而该设市标准已经不再适应当今经济社会发展与国家治理的要求。就市辖区而言,制定设区标准的要求已于 2014 年发布的《国家新型城镇化规划(2014—2020 年)》(中发〔2014〕4 号)中提上议程,但正式的设区标准还没有出台。就乡镇、街道的设置标准而言,由于《2020 年新型城镇化建设和城乡融合发展重点任务》(发改规划〔2020〕532 号)与《民政部办公厅关于开展 2020 年民政重点工作综合评估的通知》(民办函〔2020〕50 号)都明确规定 2020 年底前要全面完成各省(区、市)设镇设街道标准制定工作,并将镇、街道设立标准报国务院备案。因此,2020 年以来各省(区、市)陆续出台了镇与街道的设置标准。

表 1.5　市域行政区划的设置标准

政区	相关文件及主要内容
直辖市	未制定相关标准。
地级市	1950 年,政务院印发《关于统一全国各级人民政府党派群众团体员额暂行编制(草案)》:"凡重要港口、工商业发达、大的矿区、而人口在五万以上者(郊区农村除外),得呈请中央人民政府政务院批准设市。"
	1952 年,政务院颁布的《关于调整机构、紧缩编制的决定》(政务院政财字第53 号):"凡人口在九万以下,一般不设市。"
	1955 年,国务院全体会议通过的《国务院关于设置市、镇建制的决定》:"市是属于省、自治区、自治州领导的行政单位。聚居人口十万以上的城镇,可以设置市的建制。聚居人口不足十万的城镇,必须是重要工业基地、省级地方国家机关所在地、规模较大的物资集散地或者边远地区的重要城镇,并确有必要时方可设置市的建制。市的郊区不宜过大。工矿基地,规模较大、聚居人口较多,由省领导的,可设置市的建制。"
	1983 年,民政部制定内部执行的设市标准,未公开发布。
	1986 年,国务院批转《民政部关于调整设市标准和市领导县条件的报告》:"非农业人口六万以上,年国民生产总值二亿元以上,已成为该地经济中心的镇,可以设置市的建制。少数民族地区和边远地区的重要城镇、重要工矿科研基地、著名风景名胜区、交通枢纽、边境口岸,虽然非农业人口不足六万、年国民生产总值不足二亿元,如确有必要,也可设置市的建制。""总人口五十万以下的县,县人民政府驻地所在镇的非农业人口十万以上、常住人口中农业人口不超过 40%、年国民生产总值三亿元以上,可以设市撤县。设市撤县后,原由县管辖的乡、镇由市管辖。总人口五十万以上的县,县人民政府驻地所在镇的非农业人口一般在十二万以上、年国民生产总值四亿元以上,可以设市撤县。自治州人民政府或地区(盟)行政公署驻地所在镇,非农业人口虽然不足十万、年国民生产总值不足三亿元,如确有必要,也可以设市撤县。"
	1993 年,国务院批转民政部《关于调整设市标准报告》的通知:"市区从事非农产业的人口二十五万人以上,其中市政府驻地具有非农业户口的从事非农产业的人口二十万人以上;工农业总产值三十亿元以上,其中工业产值占 80%以上;国内生产总值在二十五亿元以上;第三产业发达,产值超过第一产业,在国内生产总值中的比例达 35%以上;地方本级预算内财政收入二亿元以上,已成为若干市县范围内中心城市的县级市,方可升格为地级市。"

政区	相关文件及主要内容
地级市	1999 年,民政部发布《民政部关于调整地区建制有关问题的通知》:"地区所在的县级市从事非农产业的人口不低于 15 万人(人口密度 50 人/平方千米以下的不低于 12 万人),市政府驻地具有非农业户口的人口不低于 12 万人(人口密度 50 人/平方千米以下的不低于 10 万);国内生产总值不低于 25 亿元,其中第三产业产值在国内生产总值中的比重不低于 30%。财政总收入不低于 1.5 亿元。"
	2019 年,民政部通过《行政区划管理条例实施办法》,该办法第四条规定:"市、市辖区设立标准的内容应当包括:人口规模结构、经济社会发展水平、资源环境承载能力、国土空间开发利用状况、基础设施建设状况和基本公共服务能力等。"
市辖区	1955 年,国务院发布《关于设置市、镇建制的决定》:"人口在二十万以上的市,如确有分设区的必要,可以设置市辖区;人口在二十万以下的市,一般不应设市辖区;已经设了的,除具有特殊情况,经省人民委员会或自治区机关审查批准保留者外,均应撤销,分别设立街道办事处,作为市人民委员会的派出机关。需要设市辖区的,也不应多设。"
	2014 年,民政部发布《市辖区设置标准(征求意见稿)》,规定了可以设区的政区、人口规模与设置市辖区个数之间的匹配关系、市辖区规模等方面的要求,并规定了与市区连片的地区切块设区的标准以及郊县(市)县(市)改区的标准。
	2017 年,国务院通过《行政区划管理条例》,该条例第十一条规定:"市、市辖区的设立标准,由国务院民政部门会同国务院其他有关部门拟订,报国务院批准。"
	2019 年,民政部通过《行政区划管理条例实施办法》,该办法第四条规定:"市、市辖区设立标准的内容应当包括:人口规模结构、经济社会发展水平、资源环境承载能力、国土空间开发利用状况、基础设施建设状况和基本公共服务能力等。"

续表

政区	相关文件及主要内容
县级市	1955 年,国务院全体会议通过《国务院关于设置市、镇建制的决定》:"聚居人口十万以上的城镇,可以设置市的建制。聚居人口不足十万的城镇,必须是重要工业基地、省级地方国家机关所在地、规模较大的物资集散地或者边远地区的重要城镇,并确有必要时方可设置市的建制。"
	1955 年,国务院发布《国务院关于设置市、镇建制的决定》:"聚居人口十万以上的城镇,可以设置市的建制。聚居人口不足十万的城镇,必须是重要工业基地、省级地方国家机关所在地、规模较大的物资集散地或者边远地区的重要城镇,并确有必要时方可设置市的建制。"
	1983 年,民政部制定内部执行的设市标准,未公开发布。
	1993 年,国务院批转民政部《关于调整设市标准的报告》,该报告主要对县级市和地级市的设置标准作了区分,从县域非农业人口密度、基础设施覆盖率及经济发展水平三个方面分别规定了设立县级市的指标体系。
	2016 年,民政部出台内部执行的《设立县级市标准》和《设立县级市申报审核程序》,从城区常住人口、人均地区生产总值或人均地方本级一般公共财政预算收入、公共供水普及率、城镇常住人口低收入家庭住房保障、城镇常住人口基本公共就业服务、高中阶段毛入学率、每千常住人口医疗卫生机构床位数、每千常住人口执业(助理)医师数、每千名老人拥有养老床位数、公共图书馆、文化馆、综合文化站、体育健身设施等方面规定了县级市设立的标准。
	2019 年,民政部通过《行政区划管理条例实施办法》,该办法第四条规定:"市、市辖区设立标准的内容应当包括:人口规模结构、经济社会发展水平、资源环境承载能力、国土空间开发利用状况、基础设施建设状况和基本公共服务能力等。"
县	未制定相关标准。
乡	1993 年,国务院发布的《民族乡行政工作条例》规定:"少数民族人口占全乡总人口 30% 以上的乡,可以按照规定申请设立民族乡;特殊情况的,可以略低于这个比例。"

续表

政区	相关文件及主要内容
镇与街道	1963 年,中共中央、国务院制发的《关于调整市镇建制,缩小城市郊区的指示》规定:"聚居人口在 3000 人以上,其中非农业人口占 70％以上或者聚居人口在 2500 人以上但不足 3000 人,其中非农业人口占 85％以上的地区,可以设置镇的建制。"
	1965 年,《国务院关于划分城乡标准的规定》指出:"常住人口在 2000 人以上,其中 50％的居民为非农业人口的居民区或者常住人口不足 2000 人,但在 1000 人以上,而且其中非农业人口超过 75％的地区,可以设置镇的建制。"
	1983 年,中共中央、国务院发布《关于实行政社分开建立乡政府的通知》:"在建乡中,要重视集镇建设,对具有一定条件的集镇,可以成立镇政府,以促进农村经济、文化事业的发展。"
	1984 年,国务院批转的《民政部关于调整建镇标准的报告的通知》规定:"凡县级地方国家机关所在地,均应设置镇的建制;总人口在二万以下的乡,乡政府驻地非农业人口超过二千的,可以建镇;总人口在二万以上的乡,乡政府驻地非农业人口占全乡人口 10％以上的,也可以建镇;少数民族地区、人口稀少的边远地区、山区和小型工矿区、小港口、风景旅游、边境口岸等地,非农业人口虽不足二千,如确有必要,也可设置镇的建制;凡具备建镇条件的乡,撤乡建镇后,实行镇管村的体制;暂时不具备设镇条件的集镇,应在乡人民政府中配备专人加以管理。"
	2002 年,国务院发布《关于暂停撤乡设镇工作的通知》,要求停止执行 1984 年的建制镇设置标准。
	2015 年,《河北省民政厅关于撤乡设镇和撤镇设街道办事处的指导意见(试行)》《中共湖南省委湖南省人民政府关于开展乡镇区划调整改革工作的意见》(湘发〔2015〕15 号)等规定了人口规模、经济基础、行政区域面积、基础设施建设等方面的标准。

续表

政区	相关文件及主要内容
镇与街道	2017年,浙江省发布《浙江省民政厅关于乡镇(街道)行政区划调整的指导意见(试行)》,规定了乡镇与街道办事处的设置标准,制定了乡镇行政区划调整指导标准测评体系表,指标包括约束性指标、一般性指标与特殊性指标三个方面,其中一般性指标包括经济水平、基础设施、调整方向、辖区、政府驻地、建成区等六个方面的要求;街道办事处设置的标准包括人口、管辖面积、市政基础设施、公共服务设施、城市化率等方面的指标。
	2017年,国务院通过《行政区划管理条例》,该条例第十一条规定:"镇、街道的设立标准,由省、自治区、直辖市人民政府民政部门会同本级人民政府其他有关部门拟订,报省、自治区、直辖市人民政府批准;批准设立标准时,同时报送国务院备案。"
	2019年,民政部通过《行政区划管理条例实施办法》,该办法第四条规定:"拟订镇、街道设立标准,应当充分考虑本省、自治区、直辖市经济社会和城镇化发展水平、城镇体系和乡镇布局、人口规模和资源环境等情况。"
	2020—2021年,江苏、河南、湖南、重庆、山东、北京、浙江、黑龙江、广西、甘肃等多个省(区、市)相继出台镇、街道的设立标准,主要对辖区的人口、面积、经济发展、基础设施和公共服务标准等指标以及设镇与街道的审批程序作了详细规定。

资料来源:在吴金群、廖超超等(2018:108-113,170-172,212-215,246-251)以及公开资料基础上进行更新和补充而成。

第三节　我国市域行政区划改革的实践探索

一、市域行政区划改革的模式

一方面,市域的范围涵盖了直辖市、地级市、市辖区、县级市、县、乡镇、街道等政区类型;另一方面,本书所指的行政区划包括建制变更、界线调整、驻地迁移、隶属变化、等级变更、名称改变等6种类型(浦善新,2006:1)。因此,市域行政区划改革模式就包括了直辖市、地级市、市辖区、县级市、县、乡镇、街道等政区在建制变更、界线调整、驻地迁移、隶属变化、等级变更、名称改变方面的调整模式。市域行政区划改革的主要模式,可以参见表1.6。

表 1.6　市域行政区划改革的主要模式

政区	行政区划改革的主要模式
直辖市	①地级市升格：将地级市升格为直辖市。1967 年,天津市从河北省分离,恢复为直辖市;1997 年,重庆市、万县市、涪陵市和黔江地区从四川省分离,组建重庆直辖市。
	②驻地迁移：人民政府驻地的迁移。
	③名称改变：政区的名称、简称及排列顺序的改变。
地级市	①撤地设市：撤销作为省、自治区人民政府派出机关的地区行政公署,设立地级市,并将原地区所辖的县(市)划由新设的地级市管辖。
	②地市合并：撤销作为省、自治区人民政府派出机关的地区行政公署,将其所辖县(市)划入邻近的原无行政隶属关系的一个或几个地级市领导。
	③市县(市)分治：地级市与县(市)分别由省级政府直接管理,采取"省—地级市、县(市)"的两级权力结构,包括地区管理体制下的市县(市)分治与省管县体制下的市县(市)分治。
	④市县合治：采取"省—地级市—县(市)"的三级权力结构,由地级市对城区和所属县(市)进行统一管理,即市管县体制下的市县(市)合治。
	⑤县(市)升格：把县(市)升格为地级市或撤销县(市)设立地级市。
	⑥切块设市：以县域某一经济较发达的工矿区或旅游区为中心,同时从邻近县(市)中切出部分行政区域组合成一个地级市,或基于政治需要将部分具有军事战略意义的区域组合成地级市(如三沙市)。
	⑦驻地迁移：人民政府驻地的迁移。
	⑧名称改变：政区的名称、简称及排列顺序的改变。
市辖区	①县(市)改区：直辖市或地级市将所辖的县(市)改为市辖区。
	②区县(市)合并：市辖区与周边县(市)合并进而设立新的市辖区。
	③切块设区：把城市化水平较高、经济发展速度较快的区域划出设立市辖区,主要包括从县(市)切块设区和国企工业区转设为区两种类型。

续表

政区	行政区划改革的主要模式
市辖区	④区界重组:以市辖区为主体的行政区划调整。包括五种情形:a.对一个或几个市辖区进行较大范围的合并或拆分;b.将原属于县(市)的部分乡镇划归市域内中心城市的市辖区管辖,或者在市辖区之间进行行政辖区的局部微调;c.从市辖区切出部分行政区域,同时从周边县(市)切出部分行政区域,通过行政区域的组合设立新的市辖区;d.将原属于地级市的两个及以上的市辖区进行合并,组成直辖市的市辖区;e.将原属于某个地级市的市辖区改为另一个地级市的市辖区。
	⑤驻地迁移:人民政府驻地的迁移。
	⑥名称改变:政区的名称、简称及排列顺序的改变。
县级市	①切块设市:以县城或县(市)中心以外的重要工矿区、交通枢纽、风景名胜区、边境口岸及其近郊为区域设置市,与原来的县(市)分割为两个县级行政区。
	②撤县设市:撤销整个县设立县级市,或以某一个县为主体同时撤销邻近县(市)或行政管理区设立县级市。
	③县级市的边界重组:县级市通过行政兼并,将周边县(市)或其部分行政区域并入管辖范围,或者县级市的部分行政区域划归周边县(市、区)管辖。
	④驻地迁移:人民政府驻地的迁移。
	⑤名称改变:政区的名称、简称及排列顺序的改变。
县	①切块设县:从省辖市、县(市)切出部分行政区域设立县,或者撤销某县(市),将其所辖行政区域切分为几块分别设立县。
	②撤县设自治县:撤销县设立自治县。
	③撤自治县设县:撤销自治县设立县。
	④县边界重组:撤销某个县(市)并将其行政区域划入另一县的管辖范围,或以某一县为主体,将其周边县(市)的部分行政区域划入该县。
	⑤驻地迁移:人民政府驻地的迁移。
	⑥名称改变:政区的名称、简称及排列顺序的改变。

续表

政区	行政区划改革的主要模式
镇	①切块设镇:在原有乡(公社)、镇的地域空间范围内按照一定的尺度标准划出部分地域组建新的建制镇。
	②撤乡设镇:将原有乡(公社)整体重组或重构为建制镇的空间生产方式,包含了公社改镇与乡改镇两种类型。
	③乡镇撤并:将两个或两个以上乡(公社)、镇的整体或部分行政区域合并为新的建制镇。
	④镇与街道的边界重组:将镇的部分行政区域划转给街道管辖或将街道的部分行政区域划转给镇管辖。
	⑤驻地迁移:人民政府驻地的迁移。
	⑥名称改变:政区的名称、简称及排列顺序的改变。
乡	①切块设乡:在原有公社(乡)的地域空间范围内按照一定的尺度标准划出部分地域组建新的建制乡。
	②乡乡合并:将两个或两个以上乡(公社)的整体行政区域合并为新的建制乡。
	③乡界重组:以某一乡为主体,将其周边乡的部分行政区域划入该乡的管辖范围。
	④驻地迁移:人民政府驻地的迁移。
	⑤名称改变:政区的名称、简称及排列顺序的改变。
街道	①乡镇改街道:将原来的乡镇政府(人民公社)改为街道办事处。
	②街道重组:在一定空间范围内,对街道这一地域组织进行拆分、合并、区界调整,甚至撤销等区划调整。
	③驻地迁移:街道办事处驻地的迁移。
	④名称改变:政区的名称、简称及排列顺序的改变。

续表

政区	行政区划改革的主要模式
逆向调整	①直辖市降格：将直辖市降格为省辖市。1952年，南京直辖市降为省辖市；1954年，重庆、广州、沈阳、长春、哈尔滨、西安、武汉、旅大、鞍山、抚顺、本溪等11个直辖市降为省辖市；1958年，天津直辖市降为省辖市。
	②撤地级市设地区：撤销地级市，以原地级市所辖区域或部分区域设立地区。
	③撤地级市设市辖区：撤销地级市，在原地级市行政区域设立市辖区。
	④地级市降格为县级市：地级市降格为县级市。
	⑤地级市切块设县（市）：从地级市所辖区域切出部分行政区域设立县（市）。
	⑥撤销市辖区并入县（市）：撤销市辖区，将原市辖区所辖行政区域并入周边县（市）。
	⑦撤区设县（市）：撤销市辖区，在原市辖区行政区域设立县或县级市。
	⑧撤县级市设镇：撤销县级市，在原县级市行政区域设立建制镇。1963年，湖南撤销津市市，将津市行政区域划归澧县，从7月1日起，津市市改为津市镇。1962年，湖南撤销岳阳市，恢复为岳阳县城关镇（1960年，湖南省析出岳阳县城关镇、城陵矶镇设立岳阳市，由岳阳县代管）。
	⑨街道改乡镇：撤销街道建制，将原街道改为乡或镇。
	⑩街道并入乡镇：撤销街道建制，将原街道行政区域并入乡或镇。
	⑪镇（街道）切块设乡：从镇（街道）辖区中切出部分行政区域设立乡。
	⑫镇（街道）切块归乡：将镇（街道）的部分辖区划归周边的乡管辖。

资料来源：在吴金群、廖超超等（2018）基础上更新补充而得。

二、市域行政区划改革的实践探索

本书统计了全国层面以直辖市、地级市、市辖区、县级市为主体的除驻地迁移与名称改革之外的其他行政区划改革模式的实践情况。所使用的统计数据均根据国家统计局、民政部以及行政区划网公开的资料整理而得，改革的时间以国务院、省（自治区、直辖市）政府批准改革的正式文件发布时间为准。如果正式文件发布1年之内并没有开展相应的行政区划改革，则以实践中的行政区划改革时间为准；如果正式文件发布后，该地区在实践中并未进行相应的行政区划改革,则不纳入统计案例。需要说明的是,选择以直辖市、地级市、市辖区、县级市为主体进行研究,一方面是考虑到这几种政区的行政区划改革对于市域治理和经济社会发展的影响较大;另一方面则是考虑到数据的可获得性,比如1978—2020年全国层面乡镇街道行政区划改革的数据难以获取。

(一)直辖市的行政区划改革

我国现有四个直辖市,即北京、上海、天津、重庆。这四个城市于1949年被确立为直辖市。其中,天津于1958年降格为省辖市,后于1967年恢复为直辖市;重庆市于1954年降格为省辖市,于1997年重组为直辖市。截至2022年,国家还没有出台直辖市设立的标准。从空间分布来看,北京、天津、上海均位于东部地区,重庆位于西部地区。从地理位置来看,天津与上海是国际性大港口,重庆是长江上游水运枢纽。从政治经济地位来看,北京是全国的政治与文化中心,北京、天津、上海、重庆都是超大城市与国家中心城市。总的来说,直辖市的设立并没有规律,主要是基于国家稳定与国家发展战略。如重庆市的设立,一方面是出于地方管理与政权巩固的需要,将四川省的庞大人口与土地划分为两个政区,另一方面则是受当时长江开发战略、西部大开发战略的影响。此外,这四个直辖市自设立以来政区名称没有发生过变化。除了新成立的重庆直辖市,其他三个直辖市的政府驻地都曾进行过搬迁。特别是在2019年,北京市政府的驻地由东城区正义路2号搬迁至通州区运河东大街57号,对北京的城市空间布局和市域治理产生了比较大的影响。

(二)地级市行政区划改革的时空分布规律与阶段性特征

如图1.3所示,以地级市数量变化为主线,结合地级市行政区划调整的模式及行政区划改革的关键性事件,可以将1978—2022年地级市行政区划改革历程大致分为三个阶段。地级市行政区划改革频次的空间分布参见图1.4[①]。

---

①　本节以撤地设市、地市合并、县(市)升格、切块设市产生的地级市的数量作为改革频次。数据来源:(1)地级市数据:国家统计局公布的政区数据统计。(2)行政区划改革频次数据:根据行政区划网、中央政府门户网站及国家统计局、民政部官方网站公布的数据整理而得。

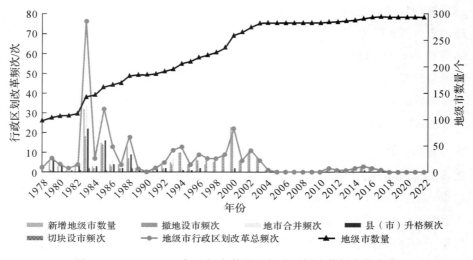

图 1.3 1978—2022 年地级市数量及行政区划改革频次的变化

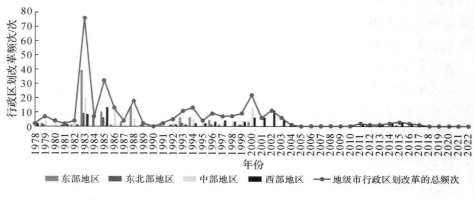

图 1.4 1978—2022 年地级市行政区划改革频次的空间分布

1. 1978—1982 年:以县(市)升格为主导模式的市县(市)分治

从地级市数量变化来看,地级市数量缓慢增加。这一阶段,地级市共增加
15 个,年均增加 3 个。这是因为改革开放前我国刚经历了"文革",政府一方面
号召知识青年上山下乡,另一方面搞"三线"建设,大量资金、设备、技术力量"靠
山、分散、进洞",建成的新城市很少,老城市无力发展,城市体系处于长期停滞不
前的状态(顾朝林等,1998)。因此,改革开放初期中国城市化发展面临严重困
难。加之 1976—1985 年执行"控制大城市规模,多搞小城镇"的城市发展方针
(方创琳,2014a),导致新建城市较少且新建城市中县级市居多。

从行政区划改革的频次分布来看,县(市)升格为这一阶段行政区划改革的主导模式。1978—1982 年,地级市行政区划改革共 19 次,年均调整约 4 次,撤地设市、地市合并、县(市)升格、切块设市频次依次为 1 次、3 次、13 次、2 次,县(市)升格为地级市的频次最高。另外,这一时期我国实行地区行署管理体制,市县(市)分治模式是当时行政区划管理的主导模式。

从地区分布来看,行政区划改革主要发生在中部地区。在这一阶段,东部、东北部、中部、西部地区行政区划调整案例占比依次为 21%、5%、53%、21%。其中,撤地设市主要发生在东北地区,地市合并主要发生在西部地区,县(市)升格主要发生在中部地区,切块设市主要发生在东部与西部地区。

2. 1983—2003 年:以撤地设市为主导模式的市县(市)合治

从数量变化来看,地级市数量快速增加。在这一阶段,地级市共增加 170 个,年均增加约 8 个,相比上一阶段其增速加快。这一阶段地级市的快速增加主要有 3 个方面的原因:首先,中央政府的政策驱动。1982 年,中央政府由上而下地推行市管县体制改革,并在 1983 年的党政机关改革中提出通过地市合并扩大大中城市郊区、切块设市、县市(镇)合并、县(市)升格、把周围的一个或两三个县划归市领导及其他适当办法来实行市领导县体制。因此,全国掀起了设立地级市的浪潮,促成了 1983 年地级市数量增长及撤地设市、地市合并、县(市)升格的第一次高峰。1999 年,中央政府在地方政府机构改革意见中提出要通过地市合并、撤地设市来实行市领导县体制,促成了 2000 年地级市数量增长及撤地设市的第二次高峰。其次,设市标准的降低。一方面,1986 年颁布的设市标准在 1955 年颁布的设市标准基础上将"聚居人口十万以上"改为"非农业人口六万以上";另一方面,1999 年颁布的撤地设市标准又在 1993 年颁布的设市标准基础上降低了人口规模和经济发展指标两个方面的要求,为设立地级市提供了有利的条件。最后,经济发展为城市建设提供了人力、物力及财力。随着东部沿海开放战略、社会主义市场经济体制改革及西部大开发战略的推进,社会生产力不断得到释放,东部沿海地区乡镇企业和民营经济蓬勃发展,农村剩余劳动力大量转移到城镇从事非农业生产活动,国民经济快速增长,推动了城市的快速发展。

从行政区划改革的频次分布来看,撤地设市为这一时期行政区划改革的主导模式。在这一阶段,行政区划改革共 264 次,年均改革约 13 次,撤地设市、地市合并、县（市）升格、切块设市频次依次为 135 次、56 次、68 次、5 次。另外，这一时期着力改革地区行署管理体制、实行市管县体制，因而市县（市）合治是这一阶段行政区划管理的主导模式。

从地区分布来看，行政区划改革主要发生在东部地区。在这一阶段，东部、东北部、中部、西部地区行政区划改革案例占比依次为 34％、11％、29％、26％，其中，撤地设市主要发生在中部、西部地区，地市合并主要发生在东部、中部地区，县（市）升格与切块设市主要发生在东部地区。

3. 2004—2016 年：以市县（市）分治为主导模式的市县（市）合治与分治混合

从地级市数量变化来看，其保持相对稳定。从 2004 年到 2016 年我国共增加 11 个地级市，年均增加的地级市不到 1 个，相比上一阶段地级市数量保持相对稳定。这是由于地级市主要通过撤地设市、地市合并而来，在前一阶段东部、东北部、中部地区已经通过撤地设市、地市合并撤销了大部分地区行署，这一阶段主要是将西部的少量地区行署通过撤地设市改为地级市。

从行政区划改革的频次分布来看，撤地设市为这一时期行政区划改革的主导模式。在这一阶段，撤地设市、地市合并、县（市）升格、切块设市发生频次依次为 10 次、0 次、1 次、1 次，撤地设市的频次最高。此外，从 2004 年起，在"海南方向"与"浙江经验"的影响及中央政策的驱动下，大部分省、自治区陆续开展扩权改革，党政"一把手"人事省管县、财政省管县等市县（市）分治改革，探索省管县体制（吴金群，2017：100-102）。2016 年初，内蒙古自治区启动了对 22 个旗县的省管县财政改革试点①，至此，全国只有西藏和新疆未进行市县分治的改革。可见，这一阶段在以市县合治为主导模式的情形下，市县分治模式出现了回潮的趋势。从地区分布来看，这一阶段东部地区与西部地区行政区划改革案例占比分别为 17％和 83％。其中，撤地设市全部发生在西部地区，县（市）升格与切块设市全部发生在东部地区。

4. 2017—2022 年：市县合治模式稳居主导地位，市县分治模式徘徊发展

在这一阶段，地级市数量增加了 1 个，即 2017 年西藏自治区撤销那曲地区和那曲县，设立地级那曲市。同时，地级市数又减少 1 个，即 2018 年山东省

---

① 中国新闻网. 内蒙古 22 个旗县开展"省直管县"财政改革试点.（2016-01-24）［2018-11-18］. http://chinanews.com/cj/2016/01-24/7730196.shtml.

撤销地级莱芜市,原莱芜的市辖区调整为济南市莱芜区和钢城区。因此,这一阶段相比 2016 年末地级市数量(293 个)没有发生变化。此外,这一阶段只发生了 1 例撤地设市,即撤销那曲地区和那曲县,设立地级那曲市。截至2022 年末,全国只剩下 7 个地区尚未改成地级市且只有西藏与新疆尚未进行市县分治改革。但是,这一阶段的市县分治模式开始徘徊发展,主要表现在以下三个方面。

首先,从中央政府的政策层面来看,中央不再鼓励扩大省管县改革试点范围,而是更加强调调整优化省直管县财政改革,并更重视地级市在区域治理中的统筹协调作用。在 2005—2013 年,中央政府出台了一系列的政策来推动省管县改革(吴金群,2016)。2017 年,党的十九大报告只提到"赋予省级及以下政府更多自主权"及"在省市县对职能相近的党政机关探索合并设立或合署办公",没有提及省管县改革。直到 2022 年,国务院办公厅发布《关于进一步推进省以下财政体制改革工作的指导意见》,提出"推进省直管县财政改革。按照突出重点、利于发展、管理有效等要求,因地制宜逐步调整优化省直管县财政改革实施范围和方式。"①这表明,中央政府不再鼓励进一步扩大省直管县改革试点范围,而是要对省直管县财政改革进行调整优化。与此同时,随着市域治理现代化的提出,地级市的地位受到更多的重视。2018 年,多地提出要建立"市级负责统筹协调,县级负责整体推进,乡(镇、街道)负责固本强基,村(社区)负责落细落小"的共建共治共享社会治理工作体系②。并且,陈一新(2020)在《以新思路新方式开展市域社会治理现代化试点》中强调,所有副省级市、地级市和自治州以及地(盟)、新疆生产建设兵团师市、直辖市下辖的区(县)均可申请市域社会治理现代化试点。这意味着地级市在推进市域治理现代化中将扮演越来越重要的角色。

其次,从政府改革的实践层面来看,在中央不再鼓励扩大市县分治改革的背景下,有些地方缩小了市县分治改革的试点范围,有些地方则继续扩大

①　国务院办公厅. 关于进一步推进省以下财政体制改革工作的指导意见(国办发〔2022〕20 号). (2022-06-13)[2024-02-23]. https://www.gov.cn/zhengce/content/2022-06/13/content_5695477.htm.

②　中国法院网. 全国市域社会治理现代化工作会议发言摘登. (2019-12-04)[2022-02-22]. https://www.chinacourt.org/article/detail/2019/12/id/4705093.shtml.

市县分治改革的试点范围,增加了市县分治改革走向的不确定性。如河北省、辽宁省、河南省、广西壮族自治区取消了部分市县分治改革试点。2015 年 9 月,河北省宣布新增的实行扩权改革和财政省直管县体制的迁安市、宁晋县、涿州市等 8 个试点县(市)在试点半年后不再开展试点工作,重新划归所在设区市管理,但 2013 年试点的定州、辛集两市继续深化省直管县(市)体制改革试点工作。2016 年,辽宁省决定取消对绥中县和昌图县实行省直管县财政管理体制①。2017 年 9 月,河南省决定从 2014 年 1 月 1 日起实行全面省管县体制的巩义市、兰考县、汝州市等 10 个县(市),于 2018 年 1 月 1 日起结束省管县体制,但仍保留了这 10 个县(市)的财政省管县体制与扩权改革②,并决定继续深化"省直管县"改革③。2017 年,广西壮族自治区将"全部县由自治区财政直管改为部分自治区直管和部分设区市直管",并"对经济辐射能力较强的南宁市、柳州市以及纳入北部湾城市群规划的北海市、钦州市和防城港市,全部实行市管县,以增强城市统筹发展能力"④。自 2019 年以来,山东省、河南省则继续扩大市县分治改革的试点范围。2019 年,山东省进一步扩大了财政省管县的试点范围⑤,将原来 2009 年确定的 20 个财政省管县(市)扩大到 41 个县(市),并进一步扩大 41 个财政直管县(市)和 9 个经济发达县(市)在有关计划、规划、资金、项目等交通运输管理方面的事项,由县(市)直报省

---

① 辽宁省财政厅.辽宁省人民政府办公厅关于取消对绥中县和昌图县实行的省直管县财政管理体制的通知(辽政办发〔2016〕147 号).(2020-12-10)〔2021-02-15〕.https://czt. ln. gov. cn/czf/zfxxgk/fdzfgknr/lzyj/szfgfxwj/6C2E4CE786AF4DF8A36AEF447F937E05/P020201126543749450813. pdf.

② 该信息通过信息公开申请获取。

③ 河南省委、省政府.关于深化省直管县管理体制改革完善省直管县管理体制的意见(豫发〔2018〕3 号).(2018-04-21)〔2020-12-20〕.https://www. waizi. org. cn/policy/33829. html.

④ 广西壮族自治区人民政府办公厅.广西壮族自治区人民政府办公厅关于改革完善自治区对县财政体制促进县域经济发展的实施意见(桂政办发〔2017〕96 号).(2017-07-21)〔2021-02-15〕.www. gxzf. gov. cn/zwgk/zfwj/20170721-634913. shtml.

⑤ 山东省人民政府办公厅.山东省人民政府关于深化省以下财政管理体制改革的实施意见(鲁政发〔2019〕2 号).(2019-01-17)〔2021-02-15〕.http://zwfw. sd. gov. cn/art/2019/1/17/art_1684_2231. html.

级审核或审批①。2020 年,河南省委、省政府决定将 156 项省辖市级经济社会管理权限赋予长葛市、孟州市、新安县、舞钢市、新郑市、林州市、灵宝市、临颍县、淇县等 9 个践行县域治理"三起来"的示范县(市)②。

最后,从城市发展的战略来看,做大做强"中心城市"仍然是这一阶段许多中心城市发展的主线。一方面,在行政区划改革实践中实行财政省管的县(市)被更多地改为市辖区;另一方面,各个地方推行的强省会战略也更加强调了中心城市对周边区域的辐射带动作用。因此,市县合治模式仍旧是地级市行政区划管理的主导模式。

(三)市辖区行政区划改革的时空分布规律与阶段性特征

如图 1.5 所示,以市辖区数量变化为主线,结合市辖区行政区划调整的模式及行政区划改革中的关键性事件,可以将 1978—2022 年的市辖区行政区划改革历程大致分为五个阶段③。市辖区行政区划改革频次的空间分布参见图 1.6。

1. 1978—1985 年:以切块设区为主导模式的市辖区数量扩张

从市辖区数量变化来看,市辖区数量快速增加。在这一阶段,市辖区共增加 203 个,年均增加约 25 个。其中,1980 年(增加 83 个)和 1984 年(增加 43 个)是这一阶段市辖区数量增加最多的两个年份。前一个高峰是由于许多在成立之初没有设置市辖区的地级市纷纷设区。后一个高峰主要是因为从 1982 年开始中央自上而下推行市管县体制改革,促使地方通过撤地设市、地市合并、县(市)升格增设了较多的地级市,带动了市辖区数量的增加;同时,1983 年的政府机构改革主张通过扩大大中城市郊区来带动周边县(市)的发展(中国农村综合改革研究中心,2017a),促使地方通过切块设区及区界重组增设了许多市辖区。

---

① 齐鲁网. 山东出台措施深化扩权强县改革促进县域经济高质量发展. (2019-08-22)[2021-02-15]. http://news.iqilu.com/shandong/yaowen/2019/0822/4335779.shtml.

② 河南省人民政府办公厅. 河南省人民政府办公厅关于赋予长葛市等 9 个践行县域治理"三起来"示范县(市)部分省辖市级经济社会管理权限的通知. (2020-09-22)[2021-02-15]. https://m.henan.gov.cn/2020/09-22/1814382.html.

③ 本节以县(市)改区、区县合并、切块设区、区界重组产生的市辖区数为行政区划改革的频次。数据来源:根据行政区划网、中央政府门户网站及国家统计局、民政部官方网站公布的数据整理而得。

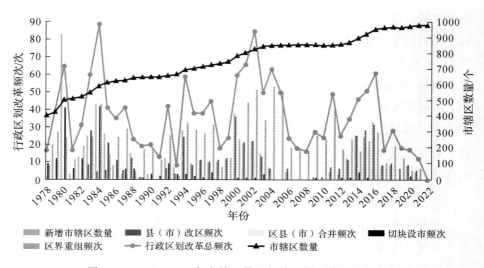

图 1.5 1978—2022 年市辖区数及行政区划改革频次的变化

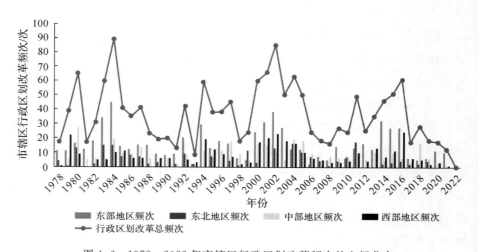

图 1.6 1978—2022 年市辖区行政区划改革频次的空间分布

从改革的频次分布来看,切块设区是这一阶段市辖区行政区划改革的主导模式。在这一阶段,行政区划调整共 359 次,年均调整约 45 次,其中县(市)改区、区县(市)合并、切块设区、区界重组的频次依次为 17 次、1 次、171 次、170 次。这一阶段的大部分新增市辖区是通过切块产生的,少量新增市辖区是通过区界重组产生的。需要注意的是,区界重组的频次远大于因此净增的市辖区数,因为不少区界重组并没有改变市辖区的数量。同时,由于统计方法的差异,区界重组实际发生的次数要少于区界重组产生的新市辖区数(即频次)。比如,1982年杭州市将西湖区的部分行政区域划归下城区(1次),产生了新的西湖区与新的下城区(2个)。

从地区分布来看,市辖区行政区划改革主要发生在东部地区。在这一阶段,东部、东北部、中部、西部地区行政区划改革频次占比依次为45%、16%、22%、18%。其中,县(市)改区主要分布在西部地区,区(县)合并、切块设区及区界重组主要分布在东部地区。

2. 1986—1993年:以区界重组为主导模式的市辖区结构调整

从市辖区数量变化来看,市辖区数量缓慢增加。在这一阶段,市辖区共增加48个,年均增加约6个。相比上一阶段,市辖区的数量增加较为缓慢。这主要是因为大量的县选择撤县设市来推动城市化建设,县(市)改区的数量较少。

从行政区划改革的频次分布来看,区界重组是这一阶段市辖区行政区划改革的主导模式。行政区划调整共201次,年均调整约25次。其中,县(市)改区、区县(市)合并、切块设区、区界重组的频次分别为27次、4次、41次、129次。由于这一阶段区界重组频次较高且通过区界重组合并了较多的市辖区,因此新增的市辖区数量较少,主要以市辖区的结构调整为主。

从地区分布来看,这一阶段市辖区结构调整主要发生在东部地区。东部、东北部、中部、西部地区行政区划改革频次占比依次为45%、16%、23%、16%。而且,县(市)改区、区县(市)合并、切块设区、区界重组等都主要发生在东部地区。

3. 1994—2003年:以县(市)改区为主导模式的市辖区数量扩张

从市辖区数量变化来看,市辖区数量快速增加。在这一阶段,市辖区共增加176个,年均增加约18个。相比上一阶段,市辖区的数量增加较快。其中,1994年(增加28个)与2000年(增加38个)是这一阶段市辖区数量增加最多的两年。1993年政府工作报告要求推进地市合并以精简机构,1999年中共中央、国务院《关于地方政府机构改革的意见》要求推进地市合并、撤地设市以实行市管县体制,并降低了地改市过程中的设市标准,使1994年与2000年的地级市数量增加较快,并带动了市辖区数量的较快增长。此外,由于1997年国务院决定暂停审批撤县设市,一些县转而通过县(市)改区来实现城市化转型,促使市辖区数量进一步增加。

从行政区划改革的频次分布来看,县(市)改区为这一阶段市辖区行政区划改革的主导模式。基于行政区划网及民政部的公开资料的统计数据,这一阶段行政区划调整共 483 次,年均调整约 48 次。其中,县(市)改区、区县(市)合并、切块设区、区界重组的频次依次为 168 次、11 次、16 次、288 次。由于频次按照调整后的市辖区数量计算,区界重组实际发生的次数要少于频次。也就是说,区界重组一次,就会产生 2 个或 2 个以上的新市辖区(频次),并且,新增的市辖区主要通过县(市)改区产生。综上,本阶段属于以县(市)改区为主导模式的市辖区数量扩张。

从地区分布来看,市辖区行政区划改革主要发生在东部地区。在这一阶段,东部、东北部、中部、西部地区行政区划改革频次占比依次为 43%、8%、23%、26%。其中,县(市)改区主要发生在东部与西部地区,区县(市)合并、切块设区、区界重组主要发生在东部地区。

4. 2004—2012 年:以区界重组为主导模式的市辖区结构调整

从市辖区数量变化来看,市辖区数量保持相对稳定。在这一阶段,市辖区共增加 15 个,年均增加仅约 2 个。其主要原因在于:一方面,地级市数量保持相对稳定,大部分地级市也已通过第一阶段的切块设区与第三阶段的县(市)改区完成了首次设区;另一方面,市辖区行政区划调整从以县(市)改区、外延扩张型区界重组为主导的数量和规模扩张阶段过渡到以内部重组型区界重组为主导的空间结构优化阶段,因此新设的市辖区较少。

从行政区划改革的频次分布来看,区界重组是这一阶段市辖区行政区划改革的主导模式。在这一阶段,行政区划改革共 296 次,年均改革约 33 次。其中,县(市)改区、区县(市)合并、切块设区、区界重组的频次依次为 27 次、8 次、2 次、259 次。区界重组频次远远高于其他 3 种模式,并且主要为内部重组型区界重组。

从地区分布来看,市辖区行政区划改革频次在各个地区的分布相对均衡。在这一阶段,东部、东北部、中部、西部地区行政区划改革案例占比依次为 29%、22%、28%、21%。其中,县(市)改区、区县合并、切块设区主要发生在西部地区,区界重组主要发生在东部地区。

5. 2013—2022 年:县(市)改区与区界重组并驾齐驱的数量扩张与结构调整

从市辖区数量变化来看,市辖区数量快速增加。在这一阶段,市辖区共增加 117 个,年均增加约 12 个。其中,2016 年是这一阶段市辖区数量增加最多的一年(33 个),且主要通过县(市)改区而产生。这可能有两个方面的原因:一方面,2014 年 12 月,国家发展和改革委员会发布《国家新型城镇化综合试点方案》后,许多省份提出通过县(市)改区以优化区域中心城市布局并扩大中心城市发展空间,并将其作为国家新型城镇化试点的重点内容。另一方面,2016 年 5 月,民政部制定了新的撤县设市标准,地级市政府可能担心县改为市后再改区更加困难,因而加快了县(市)改区的进程。

从行政区划改革的频次来看,县(市)改区与区界重组为这一阶段市辖区行政区划改革的主导模式。市辖区行政区划改革频次共 285 次,年均约 29 次。其中,县(市)改区、区县(市)合并、切块设区、区界重组的频次依次为 131 次、7 次、8 次、139 次。这一阶段通过县(市)改区和切块设区增加了 139 个市辖区,增速较快。同时,区界重组的频次与县(市)改区、区县(市)合并、切块设区的总频次不相上下,这表明市辖区在数量扩张的同时,也注重结构或空间上的优化调整。

从地区分布来看,市辖区行政区划改革主要发生在东部地区。在这一阶段,东部、东北部、中部、西部地区行政区划改革频次占比依次为 47%、6%、22%、25%。其中,县(市)改区主要发生在东部地区与西部地区,区县(市)合并、切块设区、区界重组主要发生在东部地区。

(四)县级市行政区划改革的时空分布规律与阶段性特征

如图 1.7 所示,以县级市数量变化为主线,结合县级市行政区划改革的模式及行政区划改革中的关键性事件,可以将 1978—2022 年的县级市行政区划改革历程大致分为四个阶段①。县级市行政区划改革频次的空间分布参见图 1.8。

---

① 本节以切块设市、撤县设市、县级市边界重组产生的县级市数量作为行政区划改革的频次。数据来源:根据行政区划网、中央政府门户网站及国家统计局、民政部官方网站公布的数据整理而得。

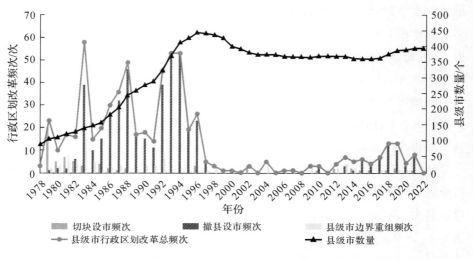

图 1.7　1978—2022 年县级市数量及行政区划改革频次的变化

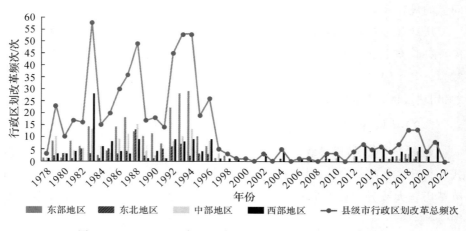

图 1.8　1978—2022 年县级市行政区划改革频次的空间分布

1. 1978—1982 年：以切块设市为主导模式的县级市数量扩张

从数量变化来看，县级市开始缓慢增加。这一阶段县级市数量共增加 40 个，年均增加 8 个。"文革"时期我国的城市建设基本停滞，在改革开放以后逐步恢复，县级市的建设与发展也重新活跃。1980 年，我国提出了"控制大城市规模，合理发展中等城市，积极发展小城市"的城市发展方针，驱动了县级市的建设与发展。

从行政区划改革的频次分布来看,切块设市是这一阶段县级市行政区划改革的主导模式。县级市行政区划改革共 69 次,年均改革约 14 次。其中,切块设市、撤县设市、县级市边界重组的频次依次为 39 次、11 次、19 次,切块设市的频次最高。

从地区分布来看,县级市行政区划改革主要发生在东部与中部地区。在这一阶段,东部、东北部、中部、西部地区行政区划改革频次的占比依次为 35%、16%、33%、16%。其中,切块设市主要发生在东部地区与中部地区,撤县设市主要发生在东部地区与西部地区,县级市边界重组主要发生在东部地区。

2. 1983—1997 年:以撤县设市为主导模式的县级市数量扩张

从数量变化来看,县级市数量快速增加。在这一阶段,县级市共增加 312 个,年均增加约 21 个。相比上一阶段,县级市增加速度较快。其中,1993 年与 1994 年新设县级市数达到顶峰(各 53 个)。1993 年民政部再次调整了设市标准,对地级市与县级市的设置标准首次作出区分,在一定程度上加速了县级市的设立。

从改革频次来看,撤县设市是这一阶段县级市行政区划改革的主导模式。行政区划改革共 458 次,年均改革约 31 次。其中,切块设市、撤县设市、县级市边界重组的频次依次为 15 次、401 次、42 次。可见,撤县设市的频次最高。1983 年,民政部提出了内部掌握执行的设市标准,推动了撤县设市的发展。1986 年,民政部修改设市标准,对少数民族地区、边远地区的城镇及具有特殊经济/政治/军事/文化地位的城镇放宽"切块设市"的标准,并提出新的撤县设市标准,促使西部地区的设市数也较快增长。

从地区分布来看,县级市行政区划改革主要发生在东部地区。在这一阶段,东部、东北部、中部、西部地区的改革频次占比依次为 41%、13%、24%、23%。其中,切块设市主要发生在西部地区,撤县设市主要发生在东部地区,县级市边界重组主要发生在中部地区。可见,这一阶段东部地区与西部地区侧重于县级市数量的扩张,而中部地区则侧重于对县级市进行空间优化和结构调整。

3. 1998—2015 年:以边界重组为主导模式的县级市结构调整

从数量变化来看,县级市数量缓慢减少。在这一阶段,县级市共减少 81 个,年均减少约 5 个。这一方面是因为前期撤县设市审批过于宽松,导致县市边界模糊、有名无实、虚假城市化等诸多问题,民政部在 1997 年决定暂停撤县设市审批,从 1998 年开始,我国撤县设市的频次多年为零,直到 2010 年才开始出现少量撤县设市;另一方面是由于撤县设市暂停以后,快速城镇化主要依靠现有城市的规模扩张,一些大城市纷纷通过县(市)改区来扩大城市规模,导致县级市数量减少(魏后凯、白联磊,2015)。撤县设市暂停也导致我国城市发展出现时间、空间上的"双重断层",加剧了大中城市快速发展、小城市发展相对迟缓的分化倾向(范楠楠、虞阳,2017)。

从频次分布来看,边界重组为县级市行政区划改革的主导模式。在这一阶段,行政区划改革共 43 次,年均改革约 2 次。其中,切块设市、撤县设市、县级市边界重组的频次分别为 9 次、11 次、23 次,县级市边界重组的频次最高。尽管撤县设市暂停审批,但有些县级市通过外延拓展将周边县的行政区域划入县级市,从而扩大县级市的空间规模,有些则通过边界重组调整了县级市之间的行政区域,从而优化县级市的空间结构。

从地区分布来看,县级市行政区划改革主要发生在西部地区。在这一阶段,东部、东北部、中部、西部地区行政区划改革频次占比依次为 5%、12%、9%、74%,西部地区县级市行政区划改革频次最高。其中,切块设市、撤县设市、县级市边界重组的案例都主要分布在西部地区。

4. 2016—2022 年:以撤县设市为主导模式的县级市设置重启

从数量变化来看,县级市数量缓慢增加。在这一阶段,县级市共增加 33 个,年均增加约 5 个。其中,2018 年和 2019 年的县级市数量增长最多,各有 12 个,2022 年没有新设的县级市。在这一阶段,撤县设市与切块设市共产生 46 个县级市,但有 13 个县级市通过县(市)改区变成了市辖区,因而县级市总共新增了 33 个。

从改革频次来看,撤县设市是县级市行政区划改革的主导模式。在这一阶段,行政区划改革共 49 次,年均改革约 7 次。其中,切块设市 5 次,撤县设市 41 次,县级市边界重组 3 次,撤县设市发生的频次最高。

从地区分布来看,县级市行政区划改革主要发生在西部地区。在这一阶段,东部、东北部、中部、西部地区行政区划改革频次占比依次为 12%、8%、22%、57%,西部地区改革频次最高。其中,切块设市、撤县设市、县级市边界重组都主要发生在西部地区。

2013 年,中共中央发布《关于全面深化改革若干重大问题的决定》,指出"具备行政区划改革条件的县可有序改市"。2014 年,中共中央、国务院印发《国家新型城镇化规划(2014—2020 年)》,提出"对具备行政区划改革条件的县可有序改市,把有条件的县城和重点镇发展成为中小城市"。2015 年,实践中撤县设市的案例(5 例)相对于 2014 年(1 例)开始突然增加,并且 5 例中有 4 例分布在西部地区。这说明撤县设市在实践中开始重启,但主要是"为了促进个别地区发展而给予一定的特殊政策照顾"(范逢春,周淼然,2021)。2016 年 5 月,民政部出台了内部掌握执行的《设立县级市标准》和《设立县级市申报审核程序》,为启动设立县级市提供了正式的制度保障,标志着撤县设市正式重启。在 2017—2019 年,撤县的案例大幅度增加且在地区分布上也更加均衡。但 2020 年撤县设市案例数仅为 3 例,这一方面是因为新冠疫情的影响,另一方面是由于地方政府的注意力集中于精准扶贫,行政区划改革暂时放缓。可以预见的是,撤县设市将是未来县级市行政区划改革的主导模式。

(五)市域行政区划的逆向调整

所谓逆向调整,是指与该政区之前的,或者与国内主流行政区划调整反方向的调整(范今朝等,2011)。例如,在地级市层面,"县市升格"是行政区划正向调整,与之调整方向相反的"地级市降格为县(市)"则为逆向调整。在市辖区层面,"县(市)改区""从县(市)切块设区"是行政区划调整的正向调整,"撤区设县(市)""从市辖区切块设县(市)"则为逆向调整。其他层级政区的逆向调整以此类推。与"逆向调整"存在相似之处的是"市制回调",但两者又有所不同。市制回调是指为实现特定功能,将广义的城市建制(市、市辖区、街道)调整为非城市建制,或者减少其城市要素(如级别、名称、城市职责等)的改革举措,具体可以分为恢复型、螺旋型、职责型和通名型等四种类型(何李,2016)。在调整方向上,市制回调更强调从城市型建制调整为非城市型建制,而逆向调整更强调行政区划改革的方向与当前大多数行政区划改革的方向相反,既包括从城市型建制调整为非城市型建制,也包括从高等级城市型建制调整为低等级或相同等级的城市型建制,还包括从城市型建制所辖行政区域中划出部分行政区域设立新的城市型建制或非城市型建制。因此,逆向调整的范围包括了市制回调。从行政区划改革的模式来看,1978 年以来的逆向调整可以分为撤地级市设地区、撤地级市设市辖区、地级市降格为县级市、地级市切块设县(市)、撤销市辖区并入县(市)、撤区设县(市)、街道改乡镇、街道并入乡镇、镇(街道)切块设乡、镇(街道)切块归乡等 10 种类型,如表 1.7 所示。

表 1.7　1978 年以来逆向调整的模式和案例

改革模式	案例
①撤地级市设地区	1983 年 3 月,四川省撤销宜宾地区行政公署,并将宜宾市、泸州市改为省辖市。将原宜宾地区的宜宾、南溪、高县、珙县、兴文、筠连、长宁、江安、屏山九县划归宜宾市管辖。将原宜宾地区的泸县、纳溪、合江、叙永、古蔺五县划归泸州市管辖。将原宜宾地区的富顺县划归自贡市管辖。 1983 年 9 月,四川省恢复宜宾地区,宜宾市仍为县级市。将宜宾、南溪、高县、珙县、兴文、筠连、长宁、江安、屏山九县和宜宾市及泸州市的叙永、古蔺两县划归宜宾地区管辖。
②撤地级市设市辖区	1998 年,云南撤销地级东川市,设立昆明市东川区。
③地级市降格为县级市	1978 年,河南地级新乡市与安阳市改为县级市,分别由新乡地区与安阳地区管辖。 1983 年,广东海口市降级为县级市,由海南行政区领导。 1983 年,四川省宜宾市降为县级市。 1985 年,吉林梅河口市和公主岭市降级为县级市。
④地级市切块设县(市)	1980 年,辽宁辽阳市恢复辽阳县,以辽阳市首山区所辖的首山、沙岭等 22 个公社(镇)的行政区域为辽阳县的行政区域。 1983 年,湖南省先将岳阳市升格为省辖市,随后又恢复岳阳县,以岳阳市(省辖市)的部分行政区域为岳阳县的行政区域,岳阳县人民政府驻岳阳市,岳阳县归岳阳市管辖。 1995 年,吉林以松原市扶余区的 8 个镇和 18 个乡设立扶余县。 2009 年,湖北在原随州市曾都区行政区域范围内划出部分乡镇设立随县。
⑤撤销市辖区并入县(市)	1987 年,河南撤销郑州市新密区,将原新密区的来集、七里岗乡划归密县。 1989 年,河北撤销张家口市庞家堡区,将其所辖的区域划归宣化县。

改革模式	案例
⑥撤区设县(市)	1983年,湖南撤销湘潭市娄底区、邵阳市冷水江区,设立娄底市、冷水江市(1983年2月,湖南撤销娄底地区,将娄底地区的娄底市、冷水江市,改设为湘潭市的娄底区、邵阳市冷水江区。同年7月,湖南省恢复娄底地区,将娄底区、冷水江区改为县级娄底市、县级冷水江市,将两市划归娄底地区管辖)。 1986年,辽宁撤销铁岭市铁法区,恢复铁法市。 1987年,河南撤销濮阳市郊区,设立濮阳县。 1987年,宁夏撤销石嘴山市郊区,恢复惠农县。 1988年,江西撤销景德镇市蛟潭区、鹅湖区,恢复浮梁县。 1990年,河南撤销平顶山市舞钢区,设立县级舞钢市。 1990年,湖南撤销湘潭市韶山区,设立县级韶山市。 1991年,广东撤销阳江市阳东区,设立阳东县。 1995年,吉林撤销白山市三岔子区,设立江源县。 1996年,四川撤销德阳市市中区,设立旌阳区和罗江县。 1997年,江西撤销萍乡市芦溪区,设立芦溪县;撤销萍乡市上栗区,设立上栗县;山西撤销晋城市郊区,设立泽州县。 1998年,湖北撤销荆州市江陵区,设立江陵县;撤销荆门市沙洋区,设立沙洋县。 2011年,安徽撤销巢湖市居巢区,设立县级巢湖市。 2019年,黑龙江撤销地级伊春市乌伊岭区、汤旺河区,设立汤旺县;撤销地级伊春市新青区、红星区、五营区,设立丰林县;撤销伊春市带岭区,设立大箐山县;撤销伊春市南岔区,设立南岔县。
⑦街道改乡镇	2003年,浙江撤销东阳市横店街道改为横店镇(2001年,横店镇被改为横店街道)。 2007年,宁夏撤销吴忠市古城、上桥、胜利路、金星街4个街道办事处,设立4个建制镇。 2009年,浙江撤销永康市芝英街道,设立芝英镇(2001年,芝英镇被改为芝英街道)。 2012年,江西撤销井冈山市茨坪街道,设立茨坪镇。 2012年,重庆撤销江津区支坪街道,设立支坪镇。 2014年,新疆撤销阿拉山口市艾比湖街道,设立艾比湖镇。 2016年,内蒙古撤销牙克石市东兴街道,设立牧原镇。 2017年,黑龙江撤销伊春市东升街道,设立东升镇。 2017年,黑龙江撤销富锦市城关街道,设立富锦镇(2004年,富锦镇被改为城关街道)。 2018年,天津撤销宝坻区口东街道与大白街道,分别设立口东镇与大白庄镇。

续表

改革模式	案例
⑧街道并入乡镇	2007 年,山东撤销青州市王母宫街道,将王母宫街道的大崔家等 8 个村并入黄楼镇,将王母宫街道的徐七里等 34 个村并入东夏镇。 2019 年,四川撤销绵阳市北坝街道、百顷镇和东塔镇,设立北坝镇(2016 年,北坝镇被调整为北坝街道)。 2021 年,山西大同市撤销云冈区四台街道,整建制并入高山镇;撤销云冈区姜家湾街道,整建制并入云冈镇;撤销云冈区忻州窑、煤峪口 2 个街道,整建制并入平旺乡。
⑨镇(街道)切块设乡	2015 年,浙江调整瑞安市东山街道管辖范围,从东山街道切出部分区域设立北麂乡。 2016,浙江调整永嘉县桥下镇管辖范围,从桥下镇切出部分区域设立金溪镇、茗岙乡;调整鹤盛镇管辖范围,从鹤盛镇切出部分区域设立云岭乡;调整岩坦镇管辖范围,从岩坦镇切出部分区域设立溪下乡;调整巽宅镇管辖范围,从巽宅镇切出部分区域设立界坑乡。 2016 年,浙江调整平阳县水头镇管辖范围,从水头镇切出部分区域设立凤卧镇和闹村乡。
⑩镇(街道)切块归乡	2007 年,浙江将建德市乾潭镇羊毛坞村划归钦堂乡管辖。 2007 年,浙江将兰溪市云山街道费垄口村划归灵洞乡管辖。 2007 年,浙江将衢州市花园街道陈家、东周、上草铺等 3 个行政村划归黄家乡管辖。 2008 年,浙江将岱山县长涂镇交杯山岛、小交杯山岛划归秀山乡管辖。 2008 年,浙江将临安市於潜镇交口村划归西天目乡管辖。

资料来源:根据行政区划网及网络公开资料整理而得。

相对来说,撤地级市设地区、撤地级市设区、地级市切块设县(市)这三种类型比较少见。1983 年,四川撤宜宾地区设地级市,但仅在半年之后又恢复了宜宾地区与县级宜宾市。这主要是由于中央政府要求条件不具备的地方不宜过快推进撤地设市(浦善新,2006:67-68),因而部分地区出现了逆向调整。1983 年,湖南从地级岳阳市切出部分区域设立岳阳县,这发生在撤销岳阳地区设立地级岳阳市之后又恢复设置岳阳地区的过程中。此次调整没有撤销地级岳阳市,而是将地级岳阳市所辖其他县划归岳阳地区管辖,同时在岳阳市所辖区域中析出岳阳县归岳阳市管辖。撤地级市设市辖区,其主要特征在于从行政级别较高的城市型建制调整为行政级别较低的城市型建制,比较典型的是 1988 年撤销地级东川市设立县级东川区。在新中国成立初期,许多工矿区通过切块被设立为地级市,东川市便是典型代表之一。东川是全国著名的铜都，新中国成立初期因国家的第一个"五年计划"建立了东川矿区，并于 1952 年成立了中央直属企业东川矿务局（地级单位）。1958 年，设立地级东川市，铜矿产业成为东川市的支柱产业。但从 1980 年起的 18 年间，该市连连产生财政赤字。1997 年，铜价大跌使东川矿务局濒临破产。同时，矿产资源逐渐枯竭，使得东川市经济发展陷入停滞状态。1998 年，东川市财政总收入 4249 万元，但总支出达到 1.56 亿元，其中超过 9000 万元用于"养人"，整个东川的经济几近崩溃①。1998 年 12 月，国务院批准云南撤销东川地级市，设立县级东川区，划归昆明市管辖。1999 年，云南省正式将东川市改为昆明市东川区。2001 年，东川矿务局正式宣布破产。

　　在东川撤地级市设市辖区 20 多年之后，东川区开始筹备撤市辖区设县级市。2018 年 7 月 17 日，东川区民政局在云南省人民政府网站上发布了关于举行《东川区撤区设市可行性调研报告》（征求意见稿）听证会的公告，就调研报告适当与否，听取社会各方面的意见和建议。调研报告称，东川撤区改市，有利于发挥东川比较优势，服务和融入国家和省市发展战略。此外，东川属西部贫困县区、革命老区，撤区改市有利于东川充分发挥区位、资源等优势，加快经济社会发展，带动片区群众稳定脱贫②。可见，过去经济社会发展乏力是东川撤地级市设市辖区的主要原因，而如今促进东川经济社会发展又成了东川区力推撤区设立县级市的动力。

三、新型城镇化背景下市域行政区划改革的趋势

　　随着新型城镇化建设的推进，我国市域行政区划改革的指导思想也发生了变化，如表 1.8 所示。

---

① 孙保罗. 当年东川降级的背后.（2017-03-06）［2021-01-27］. https://www.douban.com/note/609625969/.

② 钟煜豪. 昆明东川区撤区设市可研报告将开听证会：逆向申报全国无先例.（2018-07-19）［2021-01-27］. https://www.thepaper.cn/newsDetail_forward_2276121.

表 1.8　新型城镇化背景下行政区划改革的指导思想

年份	政策文件	指导思想
2014	国家新型城镇化规划(2014—2020年)	完善设市标准,严格审批程序,对具备行政区划调整条件的县可有序改市,把有条件的县城和重点镇发展成为中小城市。要制定城市市辖区设置标准,优化市辖区的规模和结构。
2014	国家新型城镇化综合试点方案	总体方针:建立行政管理创新和行政成本降低的新型城市行政管理模式。江苏提出"通过县(市)改区,拓展中心城市发展空间……以扩大管理权限、优化行政层级、创新运行机制为重点……赋予吸纳人口多、经济实力强的镇同人口和经济规模相适应的管理权"。上海提出"探索实施大镇管理模式,推进扩权强镇改革"。武汉提出"促进开发区与行政区融合,探索有条件的开发区向城市型政区转型"。
2016	深入推进新型城镇化建设的若干意见	完善设市标准和市辖区设置标准,规范审核审批程序,加快启动相关工作,将具备条件的县和特大镇有序设置为市。
2016	关于深入推进经济发达镇行政管理体制改革的指导意见	符合法定标准、具备行政区划调整条件,且行政管理体制改革成果显著的经济发达镇可稳妥有序推进设立市辖区或县级市工作。
2017	加快推进新型城镇化建设行动方案	规划布局中心城市,开展国家中心城市研究。加快培育新生中小城市,增设一批中小城市,研究出台《市辖区设置标准》,继续推进美丽特色小(城)镇建设。推进特大镇扩权赋能,推动公共服务从按行政等级配置向按常住人口规模配置转变。
2018	关于实施2018年推进新型城镇化建设重点任务的通知	加快培育新生中小城市。稳妥有序增设一批中小城市,继续开展撤县设市、撤地设市,推动城市群及国家新型城镇化综合试点地区范围内符合条件的县和非县级政府驻地特大镇率先设市。优化城市市辖区规模结构,制定《市辖区设置标准》《市辖区设置审核办法》,稳步推进撤县(市)改区,增强设区市的辐射带动作用。

年份	政策文件	指导思想
2019	2019 年新型城镇化建设重点任务	推动城市群和都市圈健康发展,构建大中小城市和小城镇协调发展的城镇化空间格局。收缩型中小城市要瘦身强体,转变惯性的增量规划思维,严控增量、盘活存量,引导人口和公共资源向城区集中;强化边境城市的稳边戍边作用,推动公共资源倾斜性配置和对口支援;稳步增设一批中小城市,落实非县级政府驻地特大镇设市。稳妥有序调整城市市辖区规模和结构。推动经济发达镇行政管理体制改革扩面提质增效……指导各地区制定设镇设街道标准,规范调整乡镇行政区划。
2020	2020 年新型城镇化建设和城乡融合发展重点任务	优化行政区划设置。统筹新生城市培育和收缩型城市瘦身强体,按程序推进具备条件的非县级政府驻地特大镇设市,有序推进"县改市""县改区""市改区",稳妥调减收缩型城市市辖区,审慎研究调整收缩型县(市)。全面完成各省(区、市)设镇设街道标准制定工作,合理推进"乡改镇""乡(镇)改街道"和乡镇撤并。
2021	国民经济和社会发展第十四个五年规划和 2035 年远景目标纲要	稳步有序推动符合条件的县和镇区常住人口 20 万以上的特大镇设市。
2021	2021 年新型城镇化和城乡融合发展重点任务	针对超大特大城市强调"推动开发建设方式从规模扩张向内涵提升转变";针对省会城市强调"稳慎把握省会城市管辖范围和市辖区规模调整";针对街道社区强调"根据常住人口规模优化街道社区设置和管辖范围"。
2022	2022 年新型城镇化和城乡融合发展重点任务	优化行政区划设置。慎重从严把握撤县(市)改区,严控省会城市规模扩张,确需调整的要严格程序、充分论证。稳慎优化城市市辖区规模结构。

　　仔细梳理新型城镇化建设以来行政区划改革的指导思想和各地实践,可以预见我国市域行政区划改革将出现的五种趋势。

　　第一,在地级市层面,市县合治模式与市县分治模式将长期并存。尽管2017 年以来有些省份取消了部分省管县的试点,但财政省管县的范围和县(市)扩权的力度都还在增加。以行政市管县为代表的市县合治模式与以财政省管县为代表的市县分治模式,在未来将长期并存。特别值得注意的是,2017 年 9 月,河南省决定从 2014 年 1 月 1 日起实行全面省管县体制的巩义市、兰考县、汝州市等 10 个县(市),于 2018 年 1 月 1 日起结束省管县体制,但仍保留这 10 个县(市)的财政省管县体制与扩权改革①,并决定继续深化"省直管县"改革②。也就是说,这 10 个试点县(市)重新回到了行政市管县的体制。2021 年 9 月,河南省发布的《深化省与市县财政体制改革方案》提出:"按照放权赋能的原则,财政直管县的范围由目前的 24 个扩大至全部 102 个县(市)。各县(市)的财政体制由省财政直接核定,财政收入除上划中央和省级部分外全部留归当地使用,市级不再参与分享;县(市)范围内由地方承担的共同财政事权支出责任,调整为省与县(市)分担,市级不再分担;对改革形成的财力转移,按照保存量的原则核定划转基数。各类转移支付、债券资金由省财政直接下达到县(市);省财政直接向各县(市)调度现金,办理财政结算。"③在全国层面,国务院办公厅发布《关于进一步推进省以下财政体制改革工作的指导意见》,强调要"调整优化省直管县财政改革实施范围和方式"④,但地方层面还未有最新的相关改革实践。因此,除了海南在建省之初一步到位实现了全面省管县体制,其他省区在行政体制上依然坚持市管县(即市县合治),而在财政体制上不断探索完善省管县(即市县分治)。

第二,在市辖区层面,既优化市辖区规模,又优化市辖区结构。在以往市辖区的行政区划改革中,市辖区的数量扩张与结构调整是交替进行的(见市辖区行政区划改革的前四个阶段),但进入新型城镇化建设时期以来,市辖区的行政区划改革强调规模与结构的同步优化(见市辖区行政区划改革的第五个阶段)。这与新型城镇化建设过程中对市辖区行政区划改革的指导思想是

---

① 该信息通过信息公开申请获取。

② 河南省委、省政府.关于深化省直管县管理体制改革完善省直管县管理体制的意见(豫发〔2018〕3 号).(2018-04-21)[2020-12-20].https://www.waizi.org.cn/policy/33829.html.

③ 河南省人民政府.河南省人民政府关于印发深化省与市县财政体制改革方案的通知(豫政〔2021〕28 号).(2021-09-16)[2021-11-04].https://www.henan.gov.cn/2021/09-23/2317409.html.

④ 国务院办公厅.关于进一步推进省以下财政体制改革工作的指导意见(国办发〔2022〕20 号).(2022-06-13)[2024-02-23].https://www.gov.cn/zhengcn/content/2022-06-13/content_5695477.htm.

一致的。从 2014 年《国家新型城镇化规划（2014—2020 年）》到《2020 年新型城镇化建设和城乡融合发展重点任务》(见表 1.8)，各文件都强调要制定城市市辖区设置标准，优化市辖区的规模和结构。但在 2014 年民政部制定《市辖区设置标准（征求意见稿）》之后，截至 2023 年还未出台正式的市辖区设置标准。2021 年 3 月，国家发展和改革委员会副主任在国新办举行的新闻发布会上强调，"……疫情暴露出部分超大城市中心城区人口密度过高、抗风险能力不强等问题，因此超大城市要划定并坚守城市开发边界，慎重县(市)改区"①。2021 年，国家发展和改革委员会发布《2021 年新型城镇化和城乡融合发展重点任务》，针对超大特大城市的发展强调要"推动开发建设方式从规模扩张向内涵提升转变"，针对省会城市则强调要"稳慎把握省会城市管辖范围和市辖区规模调整"。此外，2020 年全国各地公布的"十四五"规划建议，大多强调了"强省会战略"。一些规模较大的省会城市更加强调推动都市圈与城市群发展，一些规模较小的省会城市则强调要继续推进县(市)改区，合理扩大中心城市的空间规模。因此，未来市辖区的行政区划改革将会采取分类策略审慎地推进县(市)改区并继续推进区界重组。

第三，在县级市层面，通过撤县设市与撤镇设市②来培育新的县级市。以往县级市的行政区划改革，以撤县设市与县级市边界重组为主，切块设市改革中有少许撤镇设市案例。不过，1997 年之后撤县设市暂时被冻结。新型城镇化建设以来，撤县设市得以重启，撤镇设市则成为推动新型城镇化建设的重要抓手。一方面，新型城镇化建设的政策文件多次强调有序推进特大镇撤镇设市；另一方面，浙江龙港撤镇设市的成功经验为新时代中小城市设置提供了参考借鉴。龙港设市成功后，积极构建改革的"四梁八柱"，在大部制、扁平化、整体智治、城乡一体化等四大领域，有序推动八项具有窗口标准、龙港特色的改革项目，取得了一系列制度性成果。2021 年 1 月，时任浙江省委书记袁家军赴龙港市调研时进一步强调要全方位打造"龙港样本"，提出加快把龙港建设成为全国新型城镇化改革策源地、高质量发展新高地、基层治理样

---

① 南方都市报.国家发改委:超大城市要划定并坚守城市开发边界,慎重县(市)改区.(2021-03-08)[2021-04-01]. https://www.sohu.com/a/454684344_161795.

② 本书将撤镇设市看作切块设市的一种，前文中关于县级市行政区划改革的案例统计中包括了撤镇设市的案例。

板区和整体智治先行区。在一定程度上,龙港撤镇设市代表新时代中国积极探索特大镇设市取得了阶段性成功(张可云、李晨,2021),并将为探索未来小城市治理带来更多创新经验。

第四,在乡镇与街道层面,新的设镇(街道)标准的出台预示着我国将进一步加大乡改镇、镇改街道的推行力度。同时,村(社区)作为自治的基层单元,其设置的规范化也开始得到重视。《2020年新型城镇化建设和城乡融合发展重点任务》明确提出,"全面完成各省(区、市)设镇设街道标准制定工作,合理推进'乡改镇''乡(镇)改街道'和乡镇撤并"。随后,多省(区、市)相继出台新的镇、街道的设立标准,这将进一步推进镇、街道设置的规范化。此外,《2021年新型城镇化和城乡融合发展重点任务》强调要"根据常住人口规模优化街道社区设置和管辖范围",首次提到"优化社区的设置与管辖范围"要规范化。从法理上说,村(社区)实行基层自治制度,不是一级政区或准政区,但在基层治理实践中,承担了越来越多基层政府转移的行政事务。近年来,部分市辖区与县级市(如龙港市)还在探索区(市)直管社区体制改革,使村委会(居委会)越来越多地扮演国家政权在城乡基层治理中代言人的角色(熊竞等,2017)。而且在实践中,有不少地方政府将村(社区)当作一种行政建制。如2020年攀枝花市仁和区在进行社区调整时发布了《关于〈攀枝花市仁和区社区建制调整改革初步方案〉公开征求意见的公告》[①],就明确把社区当作一种建制。随着国家对村(社区)规范化建设越来越重视,设置标准与管理幅度问题也将被纳入制度化的轨道。

第五,在城市规模优化方面,收缩型城市成为实务界与学界关注的热点。国家发展和改革委员会在《2019年新型城镇化建设重点任务》中第一次使用"收缩型中小城市"的提法,并强调"收缩型中小城市要瘦身强体,转变惯性的增量规划思维,严控增量、盘活存量,引导人口和公共资源向城区集中"。国家发展和改革委员会在《2020年新型城镇化建设和城乡融合发展重点任务》中使用了"收缩型城市"和"收缩型县(市)"的提法,并强调"统筹新生城市培育和收缩型城市瘦身强体,按程序推进具备条件的非县级政府驻地特大镇设市,有序推进'县改市''县改区''市改区',稳妥调减收缩型城市市辖区,审慎

---

① 攀枝花市仁和区人民政府. 仁和区社区建制调整初步方案公告. (2020-11-13) [2021-03-15]. http://www.screnhe.gov.cn/zwgk/jbxxgk/gsgg/1726668.shtml.

研究调整收缩型县（市）"。自此，对收缩型城市的研究成为国内学者关注的热点。在学术界，"收缩型城市"由德国学者在 1988 年研究鲁尔老工业区转型时提出（Häußermann & Siebel，1988）。在早期，其主要是指那些因去工业化或社会转型引起人口减少并面临结构性危机的城市。现在，则主要是指那些长期难以逆转低迷发展势头、人口不断流失的"输家城市"（Martinez-Fernandez & Fol，2016；吴康、戚伟，2021）。当然，目前学界并未形成收缩型城市概念的统一界定（张帅等，2020）。并且，国内学者对收缩型城市的理解还存在"概念错误""尺度混淆""统计混乱""只看表象""忽视差异"等五大认知误区（吴康，2019）。就市域行政区划改革而言，收缩型城市更多与资源枯竭型城市的行政区划改革有关，如地级东川市被改为昆明市东川区，地级伊春市乌伊岭区、汤旺河区被改为汤旺县等。

第二章　市域行政区划改革的经济风险及防范

　　2014 年 2 月,习近平总书记在北京市考察工作结束时的讲话中明确指出,"行政区划本身也是一种重要资源,用得好就是推动区域协同发展的更大优势,用不好也可能成为掣肘"①。作为国家治理的"重要资源"(王开泳等,2019)和"权力的空间配置"(范今朝,2011:64),行政区划是政治经济活动的基本框架,事关社会的长治久安和经济的繁荣兴衰。科学严谨的行政区划改革能够在制度层面为行动主体提供良好的激励与稳定的预期,促进区域经济社会的发展。但是,改革中行动者的异质性与目标函数的差异,则可能在制度变迁过程中产生非预期后果,对区域经济发展产生负面影响。因而,潜在的经济风险不容忽视。本章从市域行政区划改革的绩效悬疑出发,分别在学理研究和改革实践方面揭示潜在的经济风险,然后结合经验证据采用计量方法检验改革对经济影响的不确定性,最后提出防范化解市域行政区划改革经济风险的政策建议。

第一节　市域行政区划改革的绩效悬疑

　　经济增长由经济事实加以刻画,由经济现象及其数据提炼而来,是经济发展的重要表现内容(严成樑,2020)。已有研究表明,衡量经济增长的经济事实主要包含:(1)市场范围的扩大;(2)总人口与人均 GDP 不断呈现增长的态势;(3)一国人均实际 GDP 增长率的方差与该国距离技术前沿的距离成正

---

① 中共中央文献研究室.习近平关于社会主义经济建设论述摘编.北京:中央文献出版社,2017:250.

比;(4)全要素生产率在解释国别人均 GDP 差异中的作用更为突出;(5)人力资本水平不断提高;(6)相对长期工资保持稳定(Jones & Romer,2010)。现有理论的核心在于强调知识、制度、人力资本、人口资源在经济发展中的重要性。无论是新古典增长理论还是内生增长理论,都突出了要素投入与技术进步对经济增长的作用。而且,政府政策也将通过影响家庭与企业的最优化决策来影响经济增长(严成樑,2020)。市域行政区划改革在事实上重塑区域的空间制度结构,将影响个体、家庭、企业等行动者的外在约束条件,改变潜在的激励格局,影响区域经济发展趋势。作为经济增长的不确定因素,经济风险也暗含在行政区划改革的制度变迁之中。

在静态意义上,行政区划可以简称为行政区或政区,由地域空间、政区名称、建制等级、隶属关系、行政中心、公共机构和人口等基本要素组成。在动态意义上,行政区划还带有改革的意涵,涉及政府层级调整、管辖范围变动、隶属关系变化、地域边界重划、行政建制变更、政区名称改变、政府驻地迁移等多个方面(侯景新等,2006;朱建华等,2015;王开泳等,2019)。作为上层建筑,行政区划是国家进行区域划分和行政管理的主要依托,可体现为政府掌控的空间资源、权力资源、组织资源和政策资源(王开泳等,2019)。然而,行政区划改革是否真的能够带来经济增长,理论界和实务界依旧莫衷一是。在市域行政区划改革过程中,改革自身蕴藏的不确定性经常导致相关政策的变化调整。而相关政策的不断调整,又会进一步增加改革的不确定性,潜在经济风险由此萌发。因此,与改革本身的复杂性相一致,改革的绩效及对其的认知出现了巨大的不确定性,这就是所谓的"绩效悬疑"问题。作为一种现实描述,绩效悬疑是指改革的自身绩效存在不确定性。作为一个学术问题,绩效悬疑指绩效研究结论存在很大的不确定性,正向、负向、不显著等多种结果"彼此龃龉"。由此可以看出,绩效悬疑存在于两个层面:其一,在实践层面上,行政区划改革能否促进经济增长是存疑的;其二,在理论层面上,对行政区划改革与经济增长两者关系的研究,其结果是存疑的。

一、绩效悬疑的现实表征

(一)国家政策的动态调整

国家政策的转变隐含绩效合法性的追寻(Yang & Zhao,2014;赵鼎新,2016),各种政策会根据实际成效被微调或终止,折射对特定政策的绩效认知。国家政策的动态调整,折射中央决策者对改革的整体性判断与趋势性引导。因而,基于国家对市域行政区划改革的政策调整,可以剖析实践中的绩效悬疑或经济风险。

随着城镇化与工业化的不断发展,行政区划建制的变更需求日益增加。以撤县设市为例,其可以体现国家的政策变动及其背后对绩效的认知变化。1983年,民政部根据当时经济社会发展的需要制定了一个内部的设市标准(未对外公布),并以此标准审批地方政府的设市申请。《关于调整设市标准和市领导县条件的报告》规定:非农业人口六万以上,年国民生产总值二亿元以上,已成为该地经济中心的镇,可以设置市的建制①。随后,设市数量不断增加。但在1993年,国务院同意的民政部《关于调整设市标准的报告》中修改了对应标准。在适用范围、人口总数、经济指标等方面对撤县设市作出了详尽规定(见表2.1),以期通过设立新的标准筛选一批城市来带动经济社会发展。由于大量撤县设市产生了新的问题,1997年开始县改市审批暂停。除西部和东北地区零星进行了撤县设市外,1998—2015年国家未曾批准其他地区的县改市。2013年党的十八届三中全会通过的《关于全面深化改革若干重大问题的决定》明确指出:"优化行政区划设置,完善设市标准,严格审批程序,对具备行政区划调整条件的县可有序改市。"这意味着我国在宏观层面重新调整了对撤县设市的政策限制。2016年,民政部制定了《设立县级市标准》。该文件虽未正式公布,但从各政府网站中可知其指标主要集中在人口规模与城市化水平、经济社会发展指标、市政基础设施建设等方面,而且具体要求大幅度提高。同时,《2020年新型城镇化建设和城乡融合发展重点任务》也明确提出要优化行政区划设置,有序推进"县改市"。可见,国家层面又将撤县设市作为推动发展的重要行政区划改革方式之一。

---

① 国务院. 国务院批转民政部关于调整设市标准和市领导县条件报告的通知.(1986-04-19)[2021-10-08]. http://www.gov.cn/xxgk/pub/govpublic/mrlm/201208/t20120820_65479.html.

表 2.1 我国设立县级市的主要标准(1993 年版)

指标名称	人口密度大于 400 人/千米²	人口密度 100—400 人/千米²	人口密度小于 100 人/千米²
非农产业人口	不低于 30％,不少于 15 万	不低于 25％,不少于 12 万	不低于 20％,不少于 10 万
地区生产总值	不低于 10 亿元	不低于 8 亿元	不低于 6 亿元
全县乡镇以上工业产值	在工农业总产值中的占比不低于 80％,并不低于 15 亿元	在工农业总产值中的占比不低于 70％,并不低于 12 亿元	在工农业总产值中的占比不低于 60％,并不低于 8 亿元
地方本级预算内财政收入	人均不低于 100 元,总收入不少于 6000 万元	人均不低于 80 元,总收入不少于 5000 万元	人均不低于 60 元,总收入不少于 4000 万元

资料来源:民政部网站信息以及唐为(2018)。

省管县体制改革相关政策来回波动。该政策在十多年的国家政策文件中均被提及(见表 2.2),中央编办还于 2010 年确定了 8 个省区 30 个县(市)的试点改革(张占斌,2013)。但是,省管县体制改革的相关表述并未在党的十九大报告以及此后一段时期内的重要文件中出现。

表 2.2 有关省管县体制改革的重要政策文件

发布时间	发布机构	文件名称	相关内容
2005.11	财政部	《关于切实缓解县乡财政困难的意见》	各省(自治区、直辖市)要积极推行省对县财政管理方式改革试点。
2006.01	中共中央、国务院	《关于推进社会主义新农村建设的若干意见》	有条件的地方可加快推进"省直管县"财政管理体制和"乡财县管乡用"财政管理方式的改革。
2006.03	全国人大	《国民经济和社会发展第十一个五年规划纲要》	完善中央和省级政府的财政转移支付制度,理顺省级以下财政管理体制,有条件的地方可实行省级直接对县的管理体制,逐步推进基本公共服务均等化。
2008.10	中共中央	《关于推进农村改革发展若干重大问题的决定》	推进省直接管理县(市)的财政体制改革,优先将农业大县纳入改革范围,有条件的地方可以依法探索省直接管理县(市)的体制。

续表

发布时间	发布机构	文件名称	相关内容
2009.10	中共中央、国务院	《关于2009年促进农业稳定发展农民持续增收的若干意见》	推进省直接管理县(市)的财政体制改革,将粮食、油料、棉花和生猪生产大县全部纳入改革范围。
2009.06	财政部	《关于推进省直接管理县财政政策的意见》	力争在2012年底前除民族自治地区外全面推进省直接管理县财政改革。
2010.01	中共中央、国务院	《关于加大统筹城乡发展力度进一步夯实农业农村发展基础的若干意见》	要继续推进省直管县财政管理体制改革,继续推进扩权强县改革试点。
2011.03	全国人大	《国民经济和社会发展第十二个五年规划纲要》	稳步推进扩权强县试点,推进省直接管理县财政管理制度改革,在有条件的地方探索省直接管理县(市)的体制。
2013.11	中共中央	《中共中央关于全面深化改革若干重大问题的决定》	有条件的地方可探索省直接管理县(市)改革。
2014.01	财政部	《关于调整和完善县级基本财力保障机制的意见》	省级政府要逐步完善省以下财政体制,加大财力调节力度,推进省直接管理县财政改革,建立长效保障机制,强化县级财政预算监督和支出绩效评价,确保县级基本财力保障资金稳定增长。

资料来源:根据政府网站公开资料汇总整理而成。

(二)地方改革的试点变动

根据《行政区划管理条例》《行政区划管理条例实施办法》规定,除省级层面的改革需要由全国人大批准外,市县两级的行政区划改革主要由国务院审批。在实践中,改革动议往往由各级地方政府发起,由省级政府同意后向民政部请示,最后转至国务院审批。在此过程中,各级地方政府具有较大的自主性。而且,乡镇街道区划调整的权限已明确下放至省级政府。对于撤县设市、县(市)改区等县级单位的调整,省级政府也具有部分政策权限。比如,《吉林省民政厅关于进一步规范行政区划调整工作的通知》,对吉林省的改革实施提出详尽的要求。在地方层面的改革实践中,绩效悬疑经常表现为改革行动的试点变动,比如"逆向调整"(范今朝等,2011)或"市制回调"(何李,2016),即行政区划改革并不只往一个方向前进,有时会出现"后退"或者"反复"。

在省管县的改革中,试点县的选择由省级政府自主决定。绩效悬疑或潜在的经济风险会影响试点县的选择和改革力度,一些试点县甚至退回到市管县体制。2005 年,河北省出台《关于扩大部分县(市)管理权限的意见》,开始探索县(市)扩权和财政省管县改革。2013 年,定州、辛集两市启动省管县(市)改革试点。2015 年 2 月,新增任丘市、迁安市、涿州市、宁晋县、怀来县、平泉县、景县、魏县等 8 个试点县(市)。但到同年 9 月,河北省便提出上述 8 个县(市)不再开展省管县改革,重新划归所在设区市管理①。2011 年,黑龙江省绥芬河市成为省管县改革试点,但又于 2017 年退出。在具体改革政策中,河南省于 2013 年下发《深化省直管县体制改革实施意见》,并于 2014 年对 10 个试点县(市)在党委、政府、人大、政协、司法、群团等领域全面直管,但在 2018 年后取消全面直管政策,重新退回市管县体制。整体而言,地方政府还是在不断试点省管县政策,并持续评估改革效果。2016 年,山东省在原 20 个财政省管县(市)试点的基础上,增加了 17 个试点县。2018 年,山西增加了长治襄垣县、忻州原平市、晋中介休市、临汾侯马市、吕梁孝义市、运城永济市试点②。2021 年,河南省将财政省管县的范围扩大到全部县(市)③。各个省份探索省管县体制的过程、形式以及具体政策存在明显的差异,但无一例外都是通过试点的方式逐渐铺开。由此可以看出,地方政府在推进省管县体制的道路上都试图规避改革风险,探明未来走向。

除省管县外,其他市县乡层面的改革也可能出现循环往复。在地级市层面,主要表现为地级市的成立与撤销。1999 年,地级巢湖市成立。但又于 2011 年被撤销,其辖区分别被划入合肥市、芜湖市和马鞍山市(李宝礼、邵帅,2019)。又如,山东莱芜市成立于 1992 年,但于 2019 年被撤销,并入济南市。

---

① 澎湃新闻.河北省直管县第二批 8 地试点半年后即告取消,划归设区市管理.(2015-09-24)[2021-12-20]. https://www. thepaper. cn/newsDetail_forward_1378910.

② 央广网.山西六县(市)将开展深化省直管县财政管理体制试点.(2017-08-03)[2020-10-08]. http://news. cnr. cn/native/city/20170803/t20170803_523883508. shtml.

③ 河南省人民政府.关于印发深化省与市县财政体制改革方案的通知.(2021-09-16)[2021-10-08]. https://www. henan. gov. cn/2021/09-23/2317409. html.

在县级层面,则表现为区县(市)身份的反复转换。湖北省江陵县于1994年被改为江陵区,但在1998年重新变为江陵县。吉林扶余市于1992年被改为扶余区,但在1995年变为扶余县,最终于2019年撤县恢复县级市建制。在乡镇层面,随着中国城镇化发展的加速,由乡变镇、乡镇撤并、乡镇改街道为主要的改革方式。但由于改革的绩效不确定乃至部分改革诱发潜在的经济风险,"逆向调整"的情况屡见不鲜。如浙江省永康市于2001年将舟山镇、前仓镇、新店乡与石柱镇合并,但2006年又恢复舟山镇、前仓镇;芝英镇于2001年被改为街道后,又于2009年被改回建制镇(范今朝等,2011)。黑龙江省于2013年将富裕县塔哈镇、泰来县汤池镇分别划归齐齐哈尔市建华区和昂昂溪区管辖,但在2021年,又将两镇重新划归原来的县管辖。

(三)绩效评估的莫衷一是

市域行政区划改革的绩效或不同改革方式对当地经济的影响这一问题一直没有权威、确定的答案。官方报告经常出于改革需要、政绩显示、思想宣传等考虑,笼统地概括总结某类改革举措的成效和不足(吴金群、廖超超,2018)。同时,学术研究对改革绩效的评估也因为角度和样本的不同,难以对市域行政区划改革的经济绩效作出准确评估。

为进一步厘清当前研究中的主要争论,有必要选取可比较分析的实证文献。参考谢贞发、张玮(2015)的做法,对行政区划改革绩效研究的文献进行检索筛选。首先,在数据库的选择中以是否为CSSCI或SCI/SSCI进行限定,排除硕博论文、会议论文及书籍等文献。其次,对于英文文献检索,结合主题、篇名、关键词、摘要等要素,使用administrative division reform(adjustment),administrative region reform(adjustment),administrative boundary change,administrative level upgrade,territorial reform,territorial realignment等为检索词。对于具体的改革方式,则主要使用city-managing(leading)-county,province-managing(leading)-county,city-county merger(consolidation),municipal territorial amalgamation,administrative annexation,countywide consolidation,county-to-city upgrade,public sector relocation,government relocation,city renaming等为检索词。在中文文献的检索中,则使用了行政区划改革及上述检索词的相应中文概念。中英文的检索时间截至2020年12月1日。参考英文文献中经济效率的定义(Swianiewicz,2010,2018;Tavares,2018),并借鉴郭艳娇、王振宇(2018)的做法,剔除各类定性

分析、理论分析文献。接着,基于横向对比的可行性与整体评述的可能性,进一步剔除未建立回归计量模型的文献。最后,剔除不以行政区划改革(及其具体方式)为主要解释变量的文献,从而聚焦行政区划改革的绩效研究。

　　经由上述方法筛选后的文献构成本书的述评基础,依据篇名、关键词、摘要,本书共收集了70篇文献。如表2.3所示,在研究方法上,主要以面板数据模型为基础采用各类计量方法,如 DID(双重差分)、GMM(广义矩估计)等。研究结论则根据具体估计系数及其显著性归类,分为正向影响或负向影响。由于文献中关注的因变量较多,可能存在正负效应皆存的情况。整体而言,虽以正向效应为主,但负向效应等相互矛盾的结论也大量存在。也就是说,市域行政区划改革的经济绩效存在很大的不确定性。正因为如此,相关研究尚难以为行政区划的改革决策提供确切的经验支撑,其经济风险也就始终暗含其中。

表 2.3　经济绩效的相关研究

改革方式	文献来源	因变量	研究方法	样本范围	研究层级	研究结论
计划单列	史宇鹏、周黎安，2007	城市经济效率（城市当年人均实际GDP）	双重差分法	1985—2004 全国	地级市	正向影响
省直管县	才国伟、黄亮雄，2010	经济绩效（人均财政支出，人均GDP实际增长率）	静态面板回归，系统GMM	2000—2007 全国	县级层面	正向影响
省份拆分	王贤彬、聂海峰，2010	经济增长（固定资产投资占GDP比重，第一产业增加值占GDP比重，从业人口占全部人口比重，实际人均产出增长率）	合成控制法	1978—2007 全国	省级层面	正向影响
省直管县	才国伟等，2011	城市发展变量（人均财政收入/支出，经济增长速度，第三产业比重）	系统GMM	1999—2008 184个地级市	地级市	正负皆存
省直管县	张永杰、耿强，2011	县域经济发展，县级经济增长率（县级地区生产总值增长率，均地区生产总值增长率，（基本级财政收入＋税收返还）/基本级财政支出）	系统矩估计方法（SYS-GMM）	1997—2005 江苏、浙江、上海	县级层面	正负皆存
省直管县	郑新业等，2011	经济增长（实际GDP增长率）	双重差分法	2000—2008 河南	县级层面	正向影响（逐年弱化）
省直管县	高军、王晓丹，2012	经济增长（GDP的对数）	空间面板模型（固定效应）	2004—2009 江苏	县级层面	正向影响
省直管县	李猛，2012a	经济影响（县级财政困境，县域经济增长率和县域经济波动率）	GMM	2004—2008 全国	县级层面	正负皆存

续表

改革方式	文献来源	因变量	研究方法	样本范围	研究层级	研究结论
省直管县	李猛，2012b	经济影响（人均经济增长率，人均经济增长率波动程度）	GMM	2004—2008 全国	县级层面	正负皆存
省直管县	毛捷、赵静静，2012	经济增长、财力增长（人均国内生产总值及人均一般预算收入）	最小二乘法、双重差分法	2000—2007 全国	县级层面	正向影响
县（市）改区	王贤彬、谢小平，2012	经济增长（实际产出以及实际产出增长率，实际人均产出，固定资产投资占GDP比重，第一产业增加值占GDP的比重，进出口总额占GDP比重）	合成控制法	1994—2008 广东	地级市层面	正向影响
撤县设市	Fan et al.，2012	经济增长，政府活动（工农业生产总值增长率，工业生产总值增长率，农业生产总值增长率；公职人员总数，财政收入人均财政收入，生产性支出比重，农业税比重）	固定效应模型	1993—2004 全国	县级层面	负向效应为主
撤县设市	黄亮雄等，2013	经济绩效（人均实际GDP增长率，人均预算内财政收入，人均实际预算内财政支出）	双重差分法（DID），类倍差法（Quasi-DID）	1985—1999 广东	县级层面	增长率及支出正向，收入负向
省直管县	贾俊雪等，2013	经济增长与财政解困（实际人均GDP增长率和财政困难程度）	处置模型，动态面板数据模型	1997—2005 全国	县级层面	财政困难降低，经济增长负向

续表

改革方式	文献来源	因变量	研究方法	样本范围	研究层级	研究结论
省直管县	李丹，2013	市县经济利益（人均GDP增长率，人均财政收入以及人均财政支出）	系统GMM	2001—2011 全国	市县两级	对市级负向，县级正向
省直管县	罗植等，2013	经济绩效（实际GDP指数）	双重差分法	1999—2008 福建、浙江	县级层面	正向效应
省直管县	郑文平，张杰，2013	经济增长（企业资产增长率）	倾向值匹配、双重差分法	1999—2007 河南	县级层面	正向效应
省直管县	李一花、李齐云，2014	经济增长（人均GDP）	面板回归模型、双重差分法	2007—2011 山东	县级	正向为主
乡镇撤并	贺大兴，2014	农村经济增长，局部公共品，农民税费负担，农村经济结构（人均实际收入人均有效灌溉面积，人均乡村卫生生人员，乡镇级农业征收农业总人员数，非农从业人员比例）	系统GMM	1979—2007 全国	省级层面	正负皆存，正向为主
省直管县	刘冲等，2014	县域经济增长（新企业数量，财政收入，转移支付的实际值，企业利润率，投资，全要素生产率和资源错配程度）	倾向值匹配差分法	1997—2010 全国	县级	正向为主
县（市）改区	吕凯波、刘小兵，2014	县域经济增长绩效（人均地区生产总值的对数）	合成控制法	2000—2010 江苏	县级	正向，但较弱
省直管县	叶兵等，2014	经济增长（省人均GDP指数）	双重差分法	1997—2010 全国	省级	负向影响

续表

改革方式	文献来源	因变量	研究方法	样本范围	研究层级	研究结论
区划调整（拆分、合并、升格以及县市设区）	高玲玲、孙海鸣，2015	区域经济增长（经济增长速度）	双重差分法	1992—2012 全国	地市级	正向但微弱
县（市）改区	李郇、徐现祥，2015	城市经济增长（人均GDP、人均投资率和人均居民消费总量）	双重差分法	1990—2007 全国	地级市	正向影响
省直管县	徐绿敏，2015	制度成效（行政效率、县域经济发展与县级财政自给率）	面板数据回归	2000—2006 F省	县级层面	前者无影响，后者两者一正一负
省直管县	杨龙见、尹恒，2015	财政支出责任、财力以及支出的匹配度（实际人均经济支出、社会支出、行政支出、其他支出与财政总收入的比值）	倾向得分匹配、双重差分法	2003—2007 20省	县级	正向影响
省直管县	王靖等，2016	县域经济影响（人均财政预算收入、人均财政总收入、人均GDP）	双重差分法	2005—2012 山西	县级	影响不显著
县（市）改区	尹来盛，2016	经济绩效（GDP）	固定效应模型	1997—2014 12个区	县级	正向影响
省直管县	Li et al.，2016	经济绩效（人均GDP）	双重差分法	1995—2012 24省	县级	负面影响

69

续表

改革方式	文献来源	因变量	研究方法	样本范围	研究层级	研究结论
省直管县	Liu & Alm,2016	城市经济增长(GDP增长率)	双重差分法	1999—2011 263个市	地级市	正向影响
省份拆分	陈刚,李潇,2017	城市经济发展(平均劳动生产率)	合成控制法	1997—2008 全国	省级	正向影响
省直管县	丁肇启,萧鸣政,2017	经济增长与民生状况(GDP增速、固定资产投资增速、财政缺口、医疗水平、教育投入、农民收入水平)	倾向匹配得分、双重差分法	2003—2014 河南	县级	负向为主
市管县	郭峰,汤黎,2017	县域经济绩效(实际人均GDP及其增长率、实际农民人均纯收入及其增长率)	双重差分法	1978—2008 浙江、黑龙江、甘肃	县级	负向影响
省直管县	廖建江,祝平衡,2017	县域经济发展(地区经济增长率)	双重差分法	2005—2014 湖南	县级	正向影响
县(市)改区	卢盛峰等,2017	县域经济影响(人均地区生产总值；人均财政收入、人均财政专项补助收入、人均财政供养人口，以及人均文教支出、人均基建支出、人均农业支出、人均行政管理支出以及人均公检法支出)	合成控制法	1997—2014 全国	县级	正负皆存
省直管县	肖建华,陈楠,2017	经济效应、社会效应(经济增长率、公共服务改善)	双重差分法	2010—2015 江西	县级	一负一正

续表

改革方式	文献来源	因变量	研究方法	样本范围	研究层级	研究结论
县（市）改区	叶初升、高洁，2017	经济绩效（GDP，工业总产值和农业总产值）	双重差分法	1993—2007 全国	县级	前两者正，后一者负
县（市）改区	游士兵、祝培标，2017	经济发展（人均国内生产总值，社会固定资产投资，政府收入）	倾向值匹配，双重差分法	1997—2014 192个县级单位	县级	正向影响
省直管县	赵建吉等，2017	县域经济绩效（城镇单位年末从业人员，公共财政预算支出，全社会固定资产总投资，地区生产总值，规模以上工业增加值，公共财政预算收入）	数据包络分析（DEA），面板数据回归	1999—2013 河南	县级	正向为主
县（市）改区	Tang & Hewings，2017	地方经济增长（人均GDP）	倾向值匹配，双重差分法	1997—2010 全国	地级市	正向影响
县（市）改区	纪小乐等，2018	经济发展影响（人均GDP）	双向固定效应模型	1999—2014 全国	地级市	影响较小
省直管县	倪志良等，2018	经济增长率	双重差分法	1999—2014 全国	地级市	正向影响
县（市）改区	万陆、李蹊瑶，2018	经济增长绩效（GDP实际增长率）	双重差分法	1997—2012 全国	县级	正向影响
省直管县	Ma & Mao，2018	经济增长（GDP增长率，灯光数据）	双重差分法	2001—2011 23省	县级	正向影响

续表

改革方式	文献来源	因变量	研究方法	样本范围	研究层级	研究结论
政府迁移	王海,尹俊雅,2018	资源配置效应(TFP离散度)	双向固定效应	1998—2007 工业企业数据	市级	负向影响(降低错配)
名称变更	卢盛峰等,2018	夜间灯光总强度	合成控制法	1997—2012 全国	市级	正向影响
政府迁移	王海等,2019	产业升级(三产业比较生产率)	面板数据回归	2000—2013 70个城市	市级	正负皆存(抑制二产,提高三产)
撤县设市	刘晨晖,陈长石,2019	经济增长(GDP增长率,全要素增长率)	断点回归	1994—2012 全国	县级	前正后负
省直管县	刘福敏,刘伟,2019	县域经济发展影响指标(GDP,规模以上工业总产值占GDP比重,地方财政总收入占GDP比重,城镇居民人均可支配收入,农民人均纯收入)	指标法,双重差分法	2010—2015 浙江,四川	县级	浙江较弱,四川正向
县(市)改区、切块设区	聂伟,陆军,2019	经济增长(实际GDP增长率和人均实际GDP增长率)	Spatial-DID方法	1996—2016 全国	市县两级	正向影响
县(市)改区	唐为,2019	经济活动(灯光数据)	双重差分法	2000—2014 全国	县级	正向影响
省直管县	赵绍阳,周博,2019	经济影响(人均GDP)	双重差分法	1993—2014 四川	县级	正向影响

二、绩效悬疑的生成逻辑

社会现实的复杂与时空条件的变动使改革的相关信息始终处于不完备状态,而个体决策能力的有限性导致制度变革常常呈现渐进式趋势。在改革决策与政策执行过程中,多方利益主体基于自身目标函数进行策略性博弈与利益平衡。同时,改革前后的体制之间也可能存在摩擦。绩效评估也存在学术上的分歧与争论。在改革中,成本与收益的经济算术、激励与控制的政治平衡、数据与方法的学术分歧贯穿改革绩效悬疑和经济风险产生的全过程。

(一)成本与收益的经济算术

任何一项改革均有相应的成本与收益,其权衡会在很大程度上影响到改革的持续或停止。囿于不完全信息,决策者很难基于效益最大化的目标作出"全局最优"的方案选定。大多数改革通常只能基于已有信息作出尽可能"满意"的决策,并在实施中依据新的信息对原决策进行修正平衡,从而影响改革的进程。作为一种重要的制度变革,市域行政区划改革内含相应的制度成本与制度收益,各级决策者需要慎重地进行权衡考虑。但是,改革中的反复权衡与政策的前进回退,可能会引发经济的短期波动乃至长期风险。

以县级市的设立为例。县级市是中国城乡发展的重要纽带,连接城市与农村(谢守红等,2015)。1955年,国务院颁布的第一版设市标准规定:聚居人口十万以上的城镇,可以设置市的建制。聚居人口不足十万的城镇,必须是重要工业基地、省级地方国家机关所在地、规模较大的物资集散地或者边远地区的重要城镇,并确有必要时方可设置市的建制,并且市的郊区不宜过大。工矿基地,规模较大、聚居人口较多,由省领导的,可设置市的建制①。在当时的城乡二元结构下,县级市承担更多工业化与城市化的职能,在计划经济体制下具有较大的优势地位。但在随后的经济困难时期,国家重新权衡县级市设立的成本与收益,撤销部分县级市以减轻经济负担(刘君德,2014)。1963年,中共中央、国务院发布了《关于调整市镇建制、缩小城市郊区的指示》,开始收缩县级市数量。改革开放之后,城乡经济社会结构发生巨大变化,设立县级市的成本与收益需要被重新核算。1993年,国务院批转了民政部的《关于调整设市标准的报告》。该设市标准从县域非农业人口密度、基础设施覆

---

① 国务院.国务院关于设置市、镇建制的决定.陕西省人民政府公报,1955(22):53.

盖率及经济发展水平三个方面分别规定了设市的指标体系。在设立县级市的过程中，部分地区盲目追求城镇化与工业化程度，在城市建设与工业建设上占用大量耕地，造成全国范围内的耕地流失问题（刘君德，2014）。中央在耕地流失与城镇化发展的权衡下，选择在 1997 年冻结了县改市的审批，导致建制市在近 20 年内数量持续下降（李一飞、王开泳，2019）。然而，国内城镇的空间分布与规模结构失衡，大城市不堪重负而中小城镇发展缓慢。基于大中小城市协调发展、完善城市体系布局、进一步推动新型城镇化等方面的考虑，县级市的设立审批在十多年后重新启动。2016 年 5 月，国务院出台了内部执行的《设立县级市标准》，并于 11 月印发了《设立县级市申报审核程序》。该标准虽尚未正式公布，但有资料表明设立县级市应满足相应条件：第一，城区常住人口不低于 15 万；第二，人均地区生产总值或人均地方本级一般公共财政预算收入连续 2 年位居本省所辖县前 40％以内，第二产业、第三产业增加值占地区生产总值的比重不低于 80％；第三，公共供水普及率不低于 95％，污水处理率不低于 90％，生活垃圾无害化处理率不低于 90％，社区综合服务设施覆盖率不低于 90％，建成区绿地率不低于 33％，建成区平均路网密度不低于每平方千米 7 千米，建成区道路面积率不低于 13％，家庭宽带接入能力不低于 10 MB/s；第四，城镇常住人口低收入家庭住房保障全覆盖，城镇常住人口基本公共就业服务全覆盖，高中阶段毛入学率不低于 90％，每千常住人口医疗卫生机构床位数不低于 3.5 张，每千常住人口执业（助理）医师数不低于 1.8 人，每千名老人拥有养老床位数不低于 30 张，建有符合国家标准的公共图书馆、文化馆且乡、镇、街道综合文化站全覆盖，体育健身设施实现社区全覆盖（吴金群、廖超超等，2018：214-215）。从上述标准可见，中央大幅度提高了设立县级市的要求，使用刚性指标约束撤县设市的改革进程，最大限度地降低潜在的经济风险，实现城镇化发展的预期收益。

地方层面成本与收益的经济算术，可能会推动相关的行政区划改革，调整原有的地域空间配置和区域发展态势。2019 年，黑龙江省伊春市对下属区县进行重新调整，优化了伊春市的空间布局和资源配置。下属县级单位由 17个锐减至 10 个，既有市辖区的合并，也有市辖区重组为县。作为位于黑龙江省东北部的地级市，伊春市东部与鹤岗市、佳木斯市相接，南部与哈尔滨市接壤，西部与黑河市和绥化市毗邻，北部与俄罗斯阿穆尔州、犹太自治州隔黑龙

江相望,界江长 245.9 公里①。伊春市原有的区划设置源于林业资源开采的
需要。随着国家保护林业资源政策的实施,现有的林业产业逐渐转型,行政
区划范围与生态保护区边界、居民公共服务供给的矛盾日益突出。伊春市的
人口总量较小,人口密度较低,而且随着林业产业的转型,大量人口外流。在
当前国家空间权力配置结构下,行政资源虽然在纵向上存在差异,但在横向
上存在平均化倾向(陈那波、李伟,2020),即伊春市下辖区县(市)与临汾、邢
台下辖区县的编制定额等行政资源几近相同,但实际上各自服务的人口基数
存在巨大的差异(见表 2.4)。平均而言,伊春市区县人口整体偏少,部分区域
的人口规模不及东部沿海人口流入区域一个乡镇的水平。同时,由于林业产
业转型,伊春市内部也存在发展的巨大分化(见表 2.5),诸多市辖区经济发展
几近停滞乃至衰退,并且在全市占比也非常小。倘若保留众多的市辖区,则
会使得各区域公共资源配置极为不均衡,且存在潜在的基础设施重复建设与
公共资源的浪费(匡贞胜等,2021)。众多的辖区之间还存在潜在的竞争风
险,伊春市财政需要同时为所有市辖区的财政支出提供补助。一方面,诸多
辖区自然资源、人力资源已无力支撑经济发展;另一方面,伊春市始终面临巨
大的财政负担与潜在的公共资源浪费。因而,伊春市决定主动裁撤部分市辖
区以削减相应的财政支出,重新优化区域的空间配置,使行政区划安排能够
适应区域经济要素流动的需要,从而更好地服务地方经济的发展。

表 2.4 伊春市与部分城市的横向比较

比较项目	伊春市	哈尔滨市	临汾市	邢台市
区县单位/个	17	18	17	18
总人口/万人	114	952	433	797
区县平均人口/万人	6.7	52.9	25.5	44.3
面积/平方公里	32800	53076	20275	12433
区县平均面积/平方公里	1929.3	2948.7	1192.6	690.7

资料来源:《2018 年中国城市统计年鉴》,部分数据保留一位小数。

① 伊春市人民政府. 地理位置.(2020-01-21)[2021-10-08]. http://www.yc.gov.
cn/zjyc/dlwz/2020/01/120677.html.

表 2.5　2011—2017 年伊春市下属区县(市)地区生产总值

单位:亿元

区县(市)	2011 年	2012 年	2013 年	2014 年	2015 年	2016 年	2017 年
伊春区	30.83	35.76	38.10	38.18	40.57	42.56	45.27
南岔区	17.29	19.75	20.72	14.88	14.42	14.36	15.43
友好区	12.03	13.74	13.95	12.59	11.53	11.38	12.25
西林区	23.56	23.46	17.42	11.36	8.81	8.73	11.32
翠峦区	6.27	7.00	7.00	5.82	5.46	5.67	6.14
新青区	8.89	10.37	10.45	10.36	6.83	7.12	7.71
美溪区	6.74	7.85	8.57	8.39	8.24	8.28	8.90
金山屯区	7.97	8.67	8.05	6.83	6.82	5.46	5.98
五营区	7.21	8.44	7.94	8.04	8.04	8.04	8.74
乌马河区	8.49	9.39	9.03	8.72	8.66	9.06	9.74
汤旺河区	8.72	9.82	9.38	9.65	10.09	9.84	10.34
带岭区	10.37	11.8	9.74	9.36	9.07	9.15	9.81
乌伊岭区	3.57	4.09	4.30	4.14	3.89	3.53	3.78
红星区	4.69	5.25	5.61	5.36	5.12	4.88	5.28
上甘岭区	4.95	5.53	4.15	3.91	3.56	3.64	3.91
嘉荫县	22.42	24.71	24.27	24.78	26.73	24.06	19.62
铁力市	59.30	69.42	75.37	72.28	74.00	73.05	72.28

资料来源:根据《黑龙江统计年鉴》历年公布的数据摘录而成,未做 GDP 平减计算。

(二)激励与控制的政治平衡

无论是财政联邦主义理论(Qian & Weingast,1996;Qian & Roland, 1998)还是地方政府锦标赛理论(周黎安,2007;2018),都关注到地方政府对促进经济发展的重要作用,强调地方政府行为具有相应的激励结构,并提出了财政分权的经济激励与干部晋升考核的政治激励是重要影响因素(Whiting,2000)。在经济与政治激励下,各级地方政府都寻求上级政府在财政与行政领域的分权以满足地方经济发展的需要,间接塑造竞争性地方政府的制度形式(孟捷、吴丰华,2020)。但在科层组织结构下,地方政府需遵照一定的层级结构与层级节制的原则运行(张乾友,2016),上下级之间需存在明确的控制链条,确保行政指令的传达与执行。在市域行政区划改革中,撤县设市与省直管县是重要的分权方式。在两种分权方式的改革中,上级政府需要在激励与控制之间寻求一定的政治平衡。在此过程中,潜在的经济风险也会伴随而生。

在省管县的改革中,省级政府直接向试点县域授予各类权限。整体而言,其存在经济管理权下放、社会管理权下放、财政省直管和全面省直管等多种类型(吴帅,2010;吴金群,2017)。这些改革,都在不同程度上强化了县级政府的自主权。所以,县级地方政府一般持积极支持态度(张克,2019)。但对于地级市政府而言,省管县削弱了其对县级政府的管辖权,降低了地级市政府的资源汲取与调配能力,导致地级市主要官员持抵制态度(杨雪冬,2012)。省级政府作为改革的最终决策者,一方面需要激励市县两级政府促进地方经济发展,另一方面则需要动态调整三级政府间的控制权限,以平衡整体发展态势。河南于2004年推行省管县改革,对35个县(市)进行分权,其中巩义市、项城市、永城市、固始县、邓州市被赋予与省辖市相同的经济管理权限和部分社会管理权限,并被确认为财政省直管县,其余30县(市)则享有部分权限。2011年,河南发布《关于印发河南省省直管县体制改革试点工作实施意见的通知》及《赋予试点县(市)经济社会管理权限目录的通知》,确定巩义市、兰考县、汝州市、滑县、长垣县、邓州市、永城市、固始县、鹿邑县、新蔡县10个县(市)为省直管试点县,并赋予603项省辖市级经济社会管理权限。从表2.6可见,10个试点县(市)在2004—2014年均保持良好的经济增长态势。2013年《河南省深化省直管县体制改革实施意见》进一步将试点地区党委、人大、政协、法院检察院和群团体制转变为省直管体制,试点地区人事任免与工作汇报均直接对接省级部门。

表 2.6　2004—2014 年河南 10 个省直管试点县的生产总值指数(上年＝100)

县(市)	2004年	2005年	2006年	2007年	2008年	2009年	2010年	2011年	2012年	2013年	2014年
巩义市	121	120	117	120	114	110	114	114	111	110	109
兰考县	109	112	113	113	113	112	113	112	111	111	111
汝州市	116	122	117	118	115	114	111	110	110	108	107
滑县	111	115	115	116	110	110	111	110	110	109	109

续表

县（市）	2004年	2005年	2006年	2007年	2008年	2009年	2010年	2011年	2012年	2013年	2014年
长垣县	117	121	121	116	116	114	114	114	113	113	111
邓州市	113	113	113	111	112	110	110	110	110	109	108
永城市	127	115	116	116	111	109	108	112	110	109	110
固始县	114	113	113	112	112	112	111	109	109	109	109
鹿邑县	113	112	114	112	112	112	111	111	111	110	110
新蔡县	114	110	113	111	112	111	111	110	109	109	108

资料来源：河南省各年度统计年鉴。表中数字保留整数。

需要注意的是，省对县级的直接分权及其组合形式也可能会在不同程度上扭曲省、市、县三级的权属关系，导致原有的科层控制出现问题。根据河南省委办公厅课题组的调查，省管县导致市县两级原有的协作配合机制被打乱，在财政方面债权与事权存在遗留问题，且各类配套资金与奖补项目被取消（中共河南省委办公厅课题组，2015）。同时，党委、政府等系统的省直管进一步割裂市县两级的干部权限关系，导致彼此互不统属，难以交流合作。地级市原来有权任命试点县的主要领导干部，但在全面省直管后，地级市失去了干部任命与调配权，也导致试点县与地级市的全面脱钩。地级市政府可能在地级市的经济发展规划中将试点县排除，市县关系从"亲属"转变为"外人"，加剧市县之间的矛盾，阻碍区域一体化的发展（张占斌，2013），并诱发潜在的经济风险。2018年，河南省委、省政府将党委、政府、人大等系统的管辖权限重新划归地级市政府，避免完全割裂市县两级的控制链条，以确保省管县的有序发展。2021年，河南省《深化省与市县财政体制改革方案》将财政直管县的范围扩大到全部的县（市）①。这表明，河南省依旧尝试以财政权的下放激活县域经济的发展，从而在保持纵向科层行政控制的格局下，适当分权以满足县级政府经济发展的需要。可见，省级政府需要平衡市县两级政府在激励与控制之间的关系，降低改革的阻力，以避免潜在的经济风险导致试点政策的反复变动。

---

① 河南省人民政府.河南省人民政府关于印发深化省与市县财政体制改革方案的通知(2021-09-16)〔2021-10-08〕. https：//www. henan. gov. cn/2021/09-23/2317409. html.

（三）数据与方法的学术分歧

以往改革的经验教训一方面可以为决策者提供借鉴，另一方面则可以为各利益主体估算改革得失并形成预期提供可能。但由于在数据与方法上存在较大的分歧，学术界对于市域行政区改革始终未能形成一致的共识。而这既影响学术研究的可信度，又制约各利益主体心理预期的塑造，产生绩效悬疑。

第一，经济绩效的定义存在分歧。《行政区划管理条例》从社会主义现代化建设、国家治理体系与治理能力现代化、行政管理、民族团结、国防、国家战略、经济社会发展、城乡统筹与区域协调等领域，勾勒了行政区划改革的基本要求。事实上，这也是我国行政区划改革绩效的宏观图景。在相关研究中，虽然大部分文献不直接提及"经济绩效"一词，但不少研究涉及行政区划改革的效果评估或影响分析。目前，理论界对中国行政区划改革的经济绩效，并没有详细定义或分析框架，尚未达成明确的共识。在某些细分领域，学界则形成了较为模糊的范围，大致可以归类为经济绩效（黄亮雄等，2013；罗植等，2013；赵建吉等，2017；Li et al.，2016）、经济增长（王贤彬、聂海峰，2010；郑文平、张杰，2013；郑新业等，2011；Liu & Alm，2016；Ma & Mao，2018）、公共物品供给（刘佳等，2012；王德祥、李建军，2008；王小龙、方金金，2014；余靖雯等，2017；Huang et al.，2017）、民生状况（丁肇启、萧鸣政，2017；宁静等，2015；乔俊峰、齐兴辉，2016；谭之博等，2015）、财税状况（陈思霞、卢盛峰，2014b；郭庆旺、贾俊雪，2010；贾俊雪、宁静，2015；贾俊雪等，2013；李郇、徐现祥，2015）。不过，相似概念的定义彼此之间有较大不同。例如，研究省管县的经济绩效时，才国伟、黄亮雄（2010）将其定义为人均财政支出与真实经济增长率之比，而罗植等（2013）则将其定义为实际GDP指数；研究县（市）改区后的经济增长时，王贤彬、谢小平（2012）将经济增长视为实际产出以及实际产出增长率、实际人均产出、固定资产投资占GDP比重、第一产业增加值占GDP比重、进出口总额占GDP的比重，而聂伟、陆军（2019）仅界定为实际GDP增长率和人均实际GDP增长率；研究撤县设市的经济绩效时，Fan等（2012）指的是工业、农业、工农业生产总值增长率，而刘晨晖、陈长石（2019）则是GDP增长率、全要素增长率。这不仅说明了对改革绩效的定义或度量千差万别，而且相似概念的具体界定也很不一样。上述概念松散地构成了行政区划改革绩效研究的大致内容，学者们基于各自的理论视角在模糊的定义范围内"各取所需"。但是对于同一概念的使用与理解若未能达成相对一致,研究之间的有效对话则难以达成,概念本身的解释与被解释的效力也会降低(马天航、熊觉,2018)。

第二,绩效测量的指标差异。经济绩效的准确测量,是判断行政区划改革效果的基础。唯有科学的指标体系,才能实现经济绩效的具象化和客观化。在操作中,测量服务于具体的研究目的,理论视角既决定哪些特征(指标)需要测量,也决定如何测量(Pedhazur & Schmelkin,1991)。正是由于理论视角与研究目的存在差异,相关文献在测量绩效时,选取的指标不尽相同。从财政理论、公共物品理论视角出发,指标的选取更多关注财政的支出规模以及相应的支出结构(陈思霞、卢盛峰,2014a;郭庆旺、贾俊雪,2010;贾俊雪、宁静,2015;王德祥、李建军,2008;张莉等,2018);而经济学视角则倾向于使用 GDP、全要素生产率、企业盈余、产业结构、固定资产投资等指标来测量绩效(李猛,2012;刘福敏、刘伟,2019;聂伟、陆军,2019;万陆、李璐瑶,2018;Bo,2020)。即使是相近的理论视角及概念,已有研究在指标选择上也有不同的取向:首先,不同研究对同一概念使用不同的指标。比如在省管县改革的绩效研究中,考察经济绩效的有宏观的人均 GDP(李一花、李齐云,2014)与微观的企业资产增长率(郑文平、张杰,2013)的不同,考察公共教育供给时有使用公共教育支出(王小龙、方金金,2014)与人均教育支出增长率(余靖雯等,2017)的差异。其次,已有文献在指标测量的数据层级方面存在差异。以人均 GDP 衡量省直管县的绩效存在县级人均 GDP(李一花、李齐云,2014)与省级人均 GDP(叶兵等,2014)的差异。在研究中,指标的不同将直接影响到结论的可比性和讨论空间。同时,除非研究指向明确,在理想状态下测量的指标层级应与具体的改革措施相匹配,而数据层级的错配可能导致测量误差(Liu et al.,2019)。囿于数据可得性,部分研究未能选取合适的数据测量层级。如研究乡镇撤并与农村经济增长时,贺大兴(2012)使用省级面板数据而非县级面板数据;叶兵等(2014)在分析省直管县时采用了省级数据而非县级数据;李郇、徐现祥(2015)关注县(市)改区的影响,但未使用县级数据,而是采用了地级市数据。上述指标差异虽能扩展改革绩效研究的广度,但也间接增加了研究对话的难度。倘若不细究测量指标的分歧,各类研究之间"彼此龃龉"的现象将难以被消弭。

第三,计量方法的争论。行政区划改革是"因",改革的绩效是"果"。选择恰当的方法测算其中的因果效应(具体表现为估计系数大小及其显著性),

则是研究的焦点。其中,运用恰当的识别策略以解决 OLS(普通最小二乘)估计中的内生性问题尤为关键。为解决内生性问题并引入因果推断思想,各种政策评估的计量方法应运而生,进展迅速(Abadie & Cattaneo,2018)。各类方法并无优劣之分,关键取决于是否适用并满足相应的前提条件。倘若部分条件未被满足,则识别策略存在缺陷,研究的结论容易受到怀疑,争议由此而起。以双重差分法(DID)为例,它有两个假设:一是随机性假设,需使用随机化排除无法控制因素的影响。二是同质性假设。处理组与控制组除政策冲击外,各个方面应近乎相等或完全相似(陈林、伍海军,2015;李文钊,2019)。但是部分研究在使用中存在瑕疵,如刘佳等(2011)在分析省管县对县级财政的影响中,缺乏平行趋势检验,改革的试点选择可能不是随机化的。蒋文华、刘心怡(2017)的研究也存在类似问题。叶初升、高洁(2017)在研究县(市)改区对经济的影响中,缺乏安慰剂检验,难以满足政策随机性假设。合成控制法(SCM)同样需要对控制组的样本使用安慰剂检验或用排序方法检验结果的稳健性。但是在研究县(市)改区中,卢盛峰等(2017)对广州花都市的拟合分析可能因为篇幅原因而未进行相应的安慰剂检验。金中坤、徐伟(2015)分析苏州、常州服务业发展的研究也存在类似问题。识别策略与稳健性检验的潜在缺陷将影响估计系数的可信度,绩效研究结论的不确定性也由此增加。具体研究也存在研究结论的相互矛盾。Tang & Hewings(2017)使用 PSM-DID 方法测算出县(市)改区对地级市人均 GDP 有正向影响,但纪小乐等(2018)基于 DID 方法的分析结果则是无显著性影响。前者样本年份为 1997—2010 年,后者为 1999—2014 年,且均为全国范围样本。但前者的分析采用 PSM 对潜在偏差进行校正,并将 2012—2015 年改区的样本作为反事实纳入控制组测算,在稳健性检验上增进了系数识别的可信度;而后者对"准自然实验"方法的辩护可能存在不足。可见,是否采用合适的识别策略解决内生性问题以实现因果推断,已成为改革绩效研究可信性的关键,同时也能够为未来的市域行政区划改革提供有益的参考。

三、经济风险的表现形式

绩效悬疑问题的存在表明,市域行政区划改革对经济增长的影响存在不确定性。结合市域行政区划改革的实际背景,可以从生产要素流失、财税收支失衡两个维度,进一步分析经济风险的具体影响。

（一）生产要素的流失

衡量经济增长的方法多样，从产出的角度分析经济增长更为常见。以 Solow（索络）的经济增长理论为例，其模型为 $Y = AF(K, L)$，其中 Y、K 与 L 分别代表产出、资本、劳动，A 为外生给定的技术条件（Solow, 1956）。后续的经济增长模型也大多基于该模型，对概念的重新定义、边界条件的厘清、传导机制的梳理、假设的调整等方面加以改进，并用以解释经济增长。其中，资本、劳动、技术始终是关键的生产要素。经济风险的主要体现之一为区划改革引发生产要素在区域内的重新流动，其会导致部分区域生产要素的流失，减缓区域经济发展的速度。

生产要素的流失在乡镇撤并中表现得尤为明显。2015 年，《湖南省乡镇区划调整改革工作方案》提出，全省合并乡镇 500 个以上，减幅约 25%；合并建制村 16000 个以上，减幅约 39%。统计数据表明，2014 年末，湖南省的乡镇（街道）总数为 2414 个。到 2015 年底，就锐减至 1911 个。相应地，每个乡镇（街道）的平均面积从 86.99 平方公里扩大至 109.89 平方公里[①]。四川省在 2019 年启动行政区划改革，至 2020 年底减少乡镇（街道）1509 个，减幅约 32.73%。乡镇（街道）平均户籍人口由 1.8 万人增至 2.93 万人，平均辖区面积由 106 平方公里增至 156.7 平方公里[②]。乡镇撤并意味着原有的政府驻地发生迁移。如果乡镇改街道，办事处的人员与机构也会有所缩减。伴随原乡镇的各类站所以及邮政、银行网点的撤销或者搬离，当地购买力较高的人群产生迁移，对当地的产业与工商业造成严重打击（汪雪、刘志鹏，2012）。被撤并后，原有的财政转移支付、政策扶持方式也会产生相应改变，可能导致被撤并地区资本与劳动力的快速流失。在江苏溧阳市的乡镇撤并中，常住人口不断向中心镇转移，被撤并地区的劳动力缓慢流失。工业上，随着乡镇撤并导致工业用地指标向中心镇倾斜，土地资本的配置被重新调整。如前马、余桥、陆笪三个镇并入竹箦后，前马工业集中区原有规划的 100 公顷土地只保留了 70 公顷，而上沛周边工业用地没落，缺乏投资，难以带动就业。横涧在 2007

[①] 根据 2015—2016 年中国民政统计年鉴的资料计算而得。

[②] 四川省人民政府. 四川乡镇行政区划调整改革全部完成，全省共减少乡镇（街道）1509 个. (2021-01-15) [2021-10-08]. http://www.sc.gov.cn/10462/10464/10797/2021/1/15/bcb86495b9484a0e877a2ffc4ed46ea0.shtml.

年改革后褪去"南山重镇"光环,虽然保留旅游业,但因缺乏工业的带动而导致集镇建设缓慢(溧阳市政协城建交通组,2010)。乡镇合并导致被撤并乡镇的资本、劳动力等经济要素向中心镇积聚,各种工农业投资与工商业都会集中在中心镇的周围,导致原有乡镇在经济发展上逐渐边缘化,虽然整体经济实力增强,但是内部的差距逐渐变大(周羚敏,2012)。由于生产要素的流失制约了本地区的经济社会发展,部分地区在乡镇撤并后又重新恢复了相应的乡镇建制。比如,2019年广东韶关市翁源县恢复于2004年被撤销的铁龙镇;湖北随州广水市于2011年恢复了李店乡,李店乡随后又于2014年改设建制镇,并成为"鄂北中心镇"①。

（二）财政收支的失衡

自分税制实施以来,财政收支失衡的问题始终困扰着地方政府。这导致地方政府缺乏足够的财政资源推动当地经济发展,也诱发地方财政对土地出让收入的依赖,即"土地财政"问题(周飞舟,2007,2010;孙秀林、周飞舟,2013;贾点点,2018)。一方面,在财政收支有盈余的情况下,地方政府具有更丰富的财政资源推动招商引资、土地收储、基础设施建设等大型经济工程的落实,从而以固定资产投资带动工商业发展;另一方面,在财政赤字的情况下,地方政府可能依赖国有土地流转的资金收入来弥补财政缺口,导致潜在的资源错配与地方政府公司化的倾向(周飞舟,2010;孙秀林、周飞舟,2013;黄惠、何雨,2018)。市域行政区划改革可能会诱发地方政府的财政收支失衡,而财政赤字的增加不仅会影响地方政府的公共服务和社会管理,而且会影响到地方经济社会的可持续发展。

在县(市)改区过程中,原来县或县级市的部分财税制度需要"转轨",可能导致财税收支的失衡。2014年,杭州富阳撤市设区。2017年,杭州临安撤市设区。从财政收支数据(见表2.7)及变化趋势(见图2.1)可见,富阳与临安在撤市设区前后,地方财政收支都出现了较大程度的差额。虽然这并不意味着县(市)改区肯定会导致赤字,但类似的现象值得理论界和实务界高度重视。

---

① 中国新闻网. 四川乡镇改革 政府"神经末梢"能否降低行政成本?（2019-11-25）[2021-10-08]. https://www.chinanews.com/gn/2019/11-25/9016367.shtml.

表 2.7　2000—2020 年富阳、临安财政收支详表

单位:亿元

年份	富阳		临安	
	地方财政收入	地方财政支出	地方财政收入	地方财政支出
2000	3.2	3.77	1.71	2.71
2001	6.05	6.17	2.89	3.68
2002	6.44	8.41	2.92	4.26
2003	8.28	9.89	4	5.24
2004	10.53	12.34	4.97	6.24
2005	12.76	14.29	6.73	7.56
2006	15.96	16.4	8.04	9.42
2007	20.45	20.11	9.79	11.6
2008	23.58	23.92	11.66	14.82
2009	27.57	27.35	14.04	18.95
2010	32.65	36.23	16.97	25.9
2011	40.95	46.84	21.1	33.56
2012	42.01	47.96	23.66	36.29
2013	46.36	52.69	26.12	41.82
2014	49.6	57.7	28.19	45.66
2015	54.32	68.96	32.56	50.16
2016	57.61	66.16	37.34	60.17
2017	63.7	66.3	43.3	64.78
2018	72.7	73	53.17	74.22
2019	80	105.5	61.16	85.62
2020	90.14	102.52	68.56	90.47

注:由于存在统计口径差异,数据选取的是地方财政收入与支出。

数据来源:浙江统计年鉴。

　　在富阳撤市设区过程中,相应的财政体制发生了如下变化:首先,财政自留资金比例发生变化。撤市设区后,富阳的财政体制变为 2∶2∶6 分成,即地方财政收入以 2014 年为基数,增量分成比例由省 20%、富阳 80% 调整为省

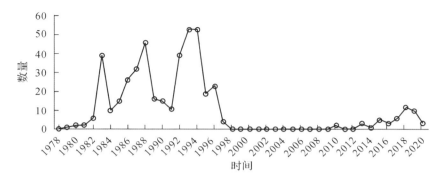

图 2.1 2000—2020 年富阳、临安财政收支差额变化

注:由于存在统计口径差异,数据选取的是地方财政收入与支出。

资料来源:浙江统计年鉴。

20%、市 20%、富阳区 60%,即富阳的财政收入增量部分的 20%需上交给杭州市。具体计算方法是以当年剔除专项收入的一般公共预算收入,减去 2014年剔除专项收入的一般公共预算收入,再乘以 20%。其次,转移支付比例发生变化。富阳撤市设区后,省级财政转移支付系数发生变化。2015 年,浙江省财政对富阳转移支付分类分档系数下调,按杭州市的二类三档为 0.2,只有原来的二类一档 0.6 的三分之一。同时,省财政也取消了富阳生态环保财力性转移支付补助和市县财政运行及发展补助。在杭州的区县协作机制中,富阳在撤市设区前,享受与萧山区结对的转移支付,而在撤市设区后,富阳反而需要结对帮扶其他县(市)。最后,财政支出方面的变化。成为市辖区后,富阳的 37 个民生事项支出标准需要与杭州市同步,即实现公共服务一体化。也就是说,在医保、社保、公共交通方面的支出标准不再自主定制,而是需要遵循杭州市的统一标准。富阳 2013—2020 年详细的财政支出科目,可参见表2.8。由表 2-8 可知,自 2014 年开始,富阳在"援助其他地区支出"一项上每年就多支出 2000 万元以上。而且,一般公共预算中的"社会保障和就业""医疗卫生"等支出和社保基金的整体支出迅速提升。这表明,富阳改区后的公共支出压力加大。诚然,财政收支失衡情况因各地财税制度安排而异,并且恢复能力也取决于当地的财税基础,但县(市)改区过程中的财政赤字风险不容小觑。

表 2.8　富阳 2013—2020 年一般公共预算与基金预算

单位：万元

科目	2013 年	2014 年	2015 年	2016 年	2017 年	2018 年	2019 年	2020 年
（一）一般公共预算								
一般公共服务	51260	55714	55329	71022	76487	85310	96061	106226
公共安全	28426	30702	31931	37811	39714	48721	50704	56390
教育	158292	173408	192603	176693	186091	200409	218846	237423
科学技术	23932	26417	29976	34916	34822	38710	56338	56365
文化体育与传媒	11567	12754	14558	14879	15712	16979	17870	19352
社会保障和就业	53390	59185	71432	43102	36026	36028	36790	78199
医疗卫生	37043	41419	52584	47856	55462	56702	57003	124567
节能环保	20738	22729	30050	24323	27622	35227	58139	26055
城乡社区事务	24278	24167	27551	24101	37865	45292	87772	38208
农林水事务	69973	76629	105839	93671	75457	83068	79358	88699
交通运输	15212	15848	36726	22126	16767	16410	201856	78689
资源勘探电力信息等事务	14344	15713	17440	6860	5974	9500	13623	6429
粮油物资储备管理事务	210	40	162	481	281		40	1401
商业服务业等事务	6502	6511	6115	4621	2813	2226	6688	13239
国土资源气象等事务	2921	3078	3277	4041	5667	7230	10837	10759
住房保障支出	6833	8680	9433	20456	13638	12916	21102	37209
其他支出	1931	1600	195	151	95	67	3367	6374
援助其他地区支出		2371	2159	2618	2721	5775	7293	7597
债务付息支出		2689	31879	29783	29428	31351	31969	

科目	2013 年	2014 年	2015 年	2016 年	2017 年	2018 年	2019 年	2020 年
（二）社保基金								
基本养老保险基金	268127	188386	235632	279831	370214			
失业保险基金	7796	8959	9206	8762	8652			
基本医疗保险基金	31083	43187	65773	71535	107897			
工伤保险基金	7604	7521	9780	9583	11415			
生育保险基金	2975	3393	2582	3038	4844			
其他社保基金	891	1099						
机关事业基本养老保险基金			45612	112698	58675	71271	75486	81227
城乡居民社会养老保险基金			12397	12059	9452			
被征地人员基本生活保障金			35686	37302	57215	6290	852	
城乡居民基本医疗保险基金			38465	42152	53425			
（三）政府性基金								
地方教育附加	11184	9802						
残疾人就业保障金	2590	2697						
国有土地使用权出让金	382712	494023	400993	583656	763570	1736526	2823823	3764202
国有土地收益基金	10935	15321	8039	6897	12000	31632		
农业土地开发资金	1441	250	620	1050	500	820		

续表

科目	2013 年	2014 年	2015 年	2016 年	2017 年	2018 年	2019 年	2020 年
(土地)债务付息及发行费用				9528	10809	10809	10866	21391
城市公用事业附加	2938	1629	1990					
政府住房基金	284	228	264					
森林植被恢复费	288	183						
地方水利建设基金	16550	19128						
彩票公益金	1550	1175	2960	1685	1932	1681	3047	1527
散装水泥专项资金	190	178	182	159				
新型墙体材料专项资金	555	457	371	280	34			
其他基金(省市补助)	57876	4000	9170	6946	859	2488	1901	22009
城市基础设施配套费		20451	103		4134	11072		3046
污水处理费					26	3678		
其他政府性基金		25455	91181	73873	35966	45520	31101	26525
新增专项债券支出							250000	340000

注:所有数值取"支出实绩";2014 年、2015 年分列福利彩票与体育项目,在此合并;部分支出科目有变动,社保基金支出项目变动较大。

资料来源:富阳政府信息公开目录,http://www.fuyang.gov.cn/col/col1388280/index.html。

第二节　县(市)改区对被撤并县(市)经济发展的影响

行政区划改革重塑区域空间的经济社会关系,其改革方式将对地方社会经济发展产生重要影响。事实上,县(市)改区的重要推动力之一就是促进地方经济发展(王禹澔、张恩,2021)。实证结果表明,受制于具体的改革措施以及当地经济社会条件,市域行政区划改革的经济绩效存在诸多不确定性。

一、问题的提出

改革开放以来,中国采取了撤县设市、省管县,以及县(市)改区等一系列行政区划改革(Chung & Lam,2004;Duranton & Puga,2004;Ma,2005)。1980—1996年,平均每年有31个城市建成(Yu et al.,2018)。其中,撤县设市是早期实现城市扩张的重要途径,其主要模式有切块设市、整县改市和多中心组合模式(戴天仕、徐文贤,2018)。但正如 Fan 等(2012)利用县级市的面板数据所证实的,撤县设市并未促进城市化与经济增长。相反,由于假性城市化、占用耕地及城市过快发展中出现了一系列问题,1997年,国务院紧急叫停了撤县设市改革,直至2016年才逐渐放开审批。与此同时,为了进一步厘清地方政府层级间的财政分配关系(薄贵利,2006)、消除"市管县"体制下县乡财政困难的问题(庞明礼等,2009)、减少政府管理层级、促进政府行政效率提升、激励县级经济发展,越来越多的省份开始将省、市、县之间的财政关系由"省—市—县"三级管理转变为"省—市、县"二级管理,使得县具有与市类似的人事、财政、计划、项目审批等方面的管理权限。然而,省管县改革也产生了诸如地方保护、恶性竞争、城市发展受阻以及改革不彻底带来的科层交错和网络残缺等问题(吴金群、廖超超,2018),造成诸多潜在的经济风险(Li et al.,2016)。

伴随着社会主义市场经济的不断完善,为回应打破刚性行政区域壁垒的现实诉求,并提升大都市区的综合竞争力,地方政府急切地寻找新的改革路径。县(市)改区将县(市)与地级市融合,一方面有利于提高区域一体化水平(李郇、徐现祥,2015)和城市经济集聚效应(唐为、王媛媛,2015),另一方面能更直接地充实市级财政的来源(陈科霖,2019),成了近年来较为普遍的改革方案。然而,从实践效果来看,县(市)改区对经济发展的影响存在诸多不确定因素。尤其是对于被撤并的县(市)而言,有的充分利用县(市)改区所带来的集聚效益和中心城市的吸引力,在经济发展上获得了新的增长点;有的在县(市)改区后经济发展反而疲软,甚至发生过被撤并县(市)强烈抵制乃至"逆向调整"的案例(范今朝等,2011)。此外,已有研究中关于县(市)改区对经济增长的影响效果的分析也尚无定论。

事实上,县(市)改区后的经济发展水平与被撤并县(市)的财政管理体制具有显著的相关性。罗小龙等(2010)在研究南京市江宁区经济发展的具体案例时指出,不完全的再领域化导致江宁区在服从全市总体发展战略的前提下,在财政、规划、建设和政策制定等方面仍享有县级的、相对独立的权利,从而有效促进了江宁经济的显著发展。叶冠杰等(2018)以佛山市顺德区为例,指出大部制改革和省管县改革强化了顺德区的管理自主权,对其经济发展产生了积极影响。杭州余杭于2001年县(市)改区后,保留了财政省管县体制,因而保留了促进经济增长的内在激励和自由度;反观杭州富阳在县(市)改区后,财政管理体制采取了"一步到位"的方式,经济发展相对缓慢。

中国的"行政区经济"特征使得县(市)改区和经济发展的关系更为复杂化。现有的理论和实证研究主要围绕空间结构调整带来的集聚效益展开,缺少对县(市)改区的行政主体——政府的内部运作机制和政府间关系的研究分析。本书利用2000—2019年全国行政区划改革相关数据,以县(市)改区是否改变了被撤并县(市)原有财政管理体制为划分标准,将同一地级市下辖区县(市)分成被撤并县(市)与未被撤并县(市),构建双重差分模型(DID),分析其经济发展数据,探究县(市)改区对经济发展的影响。

二、文献综述

(一)县(市)改区对经济发展的影响

当前,县(市)改区对经济发展的影响尚存在争议。部分学者认为,县(市)改区实际上在提高效率、促进经济发展,或者增加公平性方面都缺少实证证明(Feiock & Carr,1997;Martin & Schiff,2011;Smith & Afonso,2016)。Carr等(2006)分析了肯塔基州路易斯维尔和杰斐逊县的区划调整前后变化,得出市县合并与经济发展不存在显著相关性的研究结果。Stansel(2005)采用普通最小二乘法,通过人口增长和人均收入变化去衡量经济发展,也没发现合并和经济发展存在正相关。此外,市县合并产生了重复建设和机构冗杂的问题,从而直接导致财政支出增加而不是减少(Selden & Campbell,2000;Faulk & Grassmueck,2012)。也有大量学者从经济学视角指出,市县合并能够减少行政重复,从而有助于政府财政支出的缩减和规模经济效益的实现(Faulk & Hicks,2011;Reto & Claire;2017;Savitch & Vogel,2000;Yu et al.,2018)。Savitch & Vogel(2000)的研究表明,市县合并能够减少郊区化带来的不平等,为城市和郊区居民创造一个经济增长和共同繁荣的未来。Boarnet & Haughwout(2000)指出,市县合并推动交通发展,也带来城市中心人口外迁、就业外移和土地价值外溢。唐为和王媛(2015)、王志凯和史晋川(2015)、朱建华等(2017)基于政治学视角指出,县(市)改区对经济增长、人口增长和城市化有积极作用,有利于解决户口带来的对人员流动的限制,从而带动区域经济发展。耿艳芳(2017)认为县(市)改区有利于资源有效整合,实现区域协调发展;有利于区域发展模式转变,促进产业结构优化升级。纪小乐等(2018)通过实证分析指出,县(市)改区可以进一步通过投资和交通基础设施建设等方面促进经济发展。

也有部分学者通过实证研究得出了较为折中的观点。例如,Nelson & Foster(1999)通过检验美国287个城市的人均收入水平变化的数据得出行政区划改革与经济发展有正相关关系,但"并不是非常显著"。李郇等(2015)则通过对人均GDP、人均投资率和人均居民消费总量三项指标的分析,得出县(市)改区具有时间效应,短期内对城市经济增长具有积极作用,但是随时间的推移这种作用逐渐下降。邵朝对等(2018)发现县(市)改区对地级城市经济增长有促进作用,但呈现出先上升后下降的倒U形增长轨迹。

(二)县级财政管理体制与经济发展

我国在计划经济逐步向市场经济转变的过程中,推进了"放权让利"改革。就财政领域来说,"放权"即下放财政管理权限,"让利"即政府向企业让渡利益,而具体落实到财政体制改革上其实质是"包干制"(闫坤、于树一,2019)。然而,"包干制"模式缺乏对政府间财政分配关系的有效监督手段,最终导致全国财政收入占GDP比重和中央财政收入占全国财政收入比重急速下降。因此,1994年,在国家经济体制改革总体方案的指导下,我国进行了"分权、分税、分管"的分税制改革(杨之刚、张斌,2006),将财政体制分为中央财政和地方财政,地方财政按照省、市、县、乡的顺序层层划分,上级对下级负责。值得注意的是,在分税制改革中,省级财政作为地方财政的最高级,扮演了主要角色,而县级财政更多在于接受和执行这种利益博弈的结果。事实上,在分税制改革的框架下,县乡财政体制是分税制和包干制新老制度并存的财政体制,随上级政策的调整而频繁变动,具有不稳定和不规范的特征(张永森,2018)。此外,此次改革主要是划分财权,并没有对事权进行清晰的界定,由此也导致了财权和事权的不匹配。在市管县体制下,县成了地级市的附属行政单位,一些经济相对落后的地级市为了加快城市化发展,往往依靠行政权力,将财权上收,事权下移,导致县乡财政负担严重,县域经济发展存在巨大困难。为了理顺地方政府间的财政分配关系,激活县域发展动力,越来越多的省份开始推进省管县改革(吴金群、廖超超,2018)。

根据民政部的数据,截至 2022 年底,中国县(市)改区成为市辖区的数量已达 373 个。一些地级市为避免所辖的县和县级市脱离管辖,大力推行县(市)改区,进行权力上收。2009 年 7 月,财政部公布的《关于推进省直接管理县财政改革的意见》中提出,到 2012 年底前,力争全国除民族自治地区外全面推进省直接管理县财政改革。随后,县(市)改区进入快速增长期。对于被撤并县(市)而言,县(市)改区意味着财权的集中和上移。县和县级市都有完整且独立的行政管理职能,而市辖区虽然在行政级别上与县(市)基本相同,但行政管理职能并不完整。一方面,市辖区政府只拥有半级财政,没有独立的财权和事权,能够留存的财政收入比例较少,会降低区级政府的税收激励,减少税收努力程度,从而导致整个城市税收收入的减少;另一方面,县(市)改区后县级政府变为区级政府,政府的自主性和独立性降低,参与竞争的地方政府数量减少,竞争程度减弱,会引起财政补贴、税收优惠等偏袒性的减少(卢盛峰、陈思霞,2017;张莉等,2018)。吉黎和邹埴埸(2019)通过双重差分法,基于 2008—2016 年的地级市数据,研究了发生县(市)改区的地方政府自有财力的变化,发现县(市)改区后,原县级政府变为市辖区政府,财权与事权方面的独立性减弱,政府税收激励减弱,税收努力程度下降,从而导致地级市税收收入的减少。然而,该研究仅以一个城市当年被撤县(市)的数量占下辖县的总数量来表示县(市)改区的强度,忽视被撤并县(市)原有财政管理体制的特殊属性。实地调研发现,在财政省管县体制下进行县(市)改区往往存在更大阻力,地级市与被撤并县(市)围绕财权和事权的博弈更为激烈。很多地方采取设置过渡期(通常为 3—5 年)的方式,在一定期限内保留被撤并县(市)的财权和事权,以便顺利推进县(市)改区。

（三）文献评价

当前已有的关于行政区划改革的文献大多是从城市规划学与经济地理学的视角,通过具体的实证案例研究(Nelson & Foster,1999;Savitch &

Vogel,2000;Au & Henderson,2006;张蕾、张京祥,2007;罗小龙等,2010;涂志华等,2011;吕凯波、刘小兵,2014;耿卫军,2014;李郇、徐现祥,2015),探讨县(市)改区后的空间组织结构变化对经济发展的积极影响;或者从政治学和公共管理学的视角,侧重县(市)改区的宏观描述和政策建议(高琳,2011;殷洁、罗小龙,2013;叶林、杨宇泽,2017;陈科霖,2019)。其中,唐为等(2015)采用双重差分模型研究了县(市)改区政策对于人口集聚的影响和实现机制,分析和检验了县(市)改区后被撤并县(市)与企业生产率的关系,但没有对被撤并县(市)整体经济发展进行实证分析。李郇和徐现祥(2015)通过双重差分模型检验了县(市)改区对城市经济增长的影响,但没有对中心城市和被撤县(市)的经济发展进行区分,笼统地使用整个城市的经济发展指标,缺少县(市)改区对被撤并县(市)经济发展影响的探究。此外,现有研究都没有从市县政府间关系的角度解释经济发展的内在机制,更没有关注县(市)改区的影响机制中财政体制调整扮演的重要角色。因此,有必要构建双重差分模型,检验县(市)改区对被撤并县(市)经济发展的影响,并进一步挖掘县(市)改区后财政关系变迁对经济发展的影响。

三、模型设计和实证检验

(一)待检验假设的提出

已有实证研究表明,县(市)改区对被撤并县(市)经济增长的影响并不确定。在大多数研究中,县(市)改区被看作是同质的。少数学者通过案例研究指出,县(市)改区后,部分被撤并县(市)保留了县级相对独立的财政权力,这促进了被撤并县(市)经济的增长(张蕾、张京祥,2007;罗小龙等,2010;叶冠杰、李立勋,2018)。如果从财政管理体制和过渡期的角度看,县(市)改区存在以下四种类型(见图 2.2):

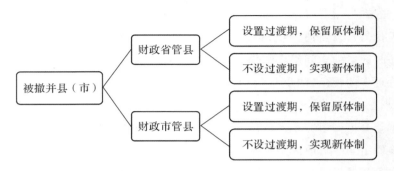

图 2.2　县(市)改区的四种类型

围绕财权和经济社会管理权,部分被撤并县(市)会在改区过程中,跟地级市"讨价还价"。整体来看,地级市通常会赋予 3—5 年的过渡期,具体内容大致可分为四个方面:(1)保持社会管理权不变,除重大基础设施项目之外,继续实行原县(市)在城乡建设管理、社会事务管理等方面的统筹协调、监督检查职能;(2)保持经济管理权限不变,继续实行县(市)在经济发展方面的管理权限;(3)保持财税体制不变,除中央、省财税体制调整外,继续按市对原县(市)的财税分成体制结算;(4)保持优惠政策不变,县(市)改区前制定的优惠政策继续有效。部分地区称之为"五年四不变"政策。本书通过梳理全国县(市)改区后被撤并县(市)的财政管理体制变化与经济发展水平,提出以下假设:

假设 1:县(市)改区对经济发展有积极影响;

假设 2:县(市)改区后通过设置过渡期保留原有的财政制度,对被撤并县(市)的经济发展有积极影响;

假设 3:省管县财政体制的被撤并县(市)相较于市管县财政体制的被撤并县(市),设置过渡期对经济发展有更显著的积极影响;

假设 4:县级市相较于县,在县(市)改区后设置过渡期对经济发展有更显著的积极影响。

(二)样本清洗和指标选择

基于数据的可获得性和可操作性,本书选取 2000—2019 年合并的县(市)作为研究对象,共 240 个样本。本书对样本做了如下处理:(1)由于直辖市独特的行政区划设置不符合本书对研究对象的要求,因此剔除了北京市、上海市、天津市、重庆市 4 个直辖市相关县(市)改区的样本数据,剩余 217 个样本;(2)计划单列市与中央财政直接挂钩,因此剔除了大连市、青岛市、宁波市、厦门市、深圳市相关县(市)改区的样本数据,剩余 213 个样本;(3)某些地级市在县(市)改区后不再有下辖县(市),会导致缺少对照组,因此剔除了样本中珠海市的斗门、广州市的从化和增城、南京市的溧水和高淳;(4)经济发展数据以行政区划范围为基础,部分被撤并县(市)在县(市)改区 3 年内存在区界重组的情况①,影响了县(市)改区后经济发展水平的相关数据,故将该类数据剔除;(5)部分县(市)改区与撤地设市同时开展,不属于本书讨论市—县(市)关系的范畴,故而也将该类数据剔除。最后,保留了县(市)改区样本 113 个。

在此基础上,以县(市)改区的被撤并县(市)所组成的控制组和其所在地级市下辖其他县(市)所组成的对照组为总体研究对象,共计样本 1104 个,包括 54000 多个有效观测值。其中省管县财政体制的控制组 44 个,对照组 234 个。经济发展水平等相关数据来源于《中国县域统计年鉴》。财政体制的数据,来源于研究团队的长期整理。县(市)改区的数据来源于民政部官网。具体变量选择与数据来源如表 2.9 所示。

表 2.9 变量及数据来源说明

变量名称	变量类型	度量指标或说明	数据来源
经济发展水平	被解释变量	GDP 取对数	《中国县域统计年鉴》
县(市)改区	解释变量	实施县(市)改区取 1,否则取 0	民政部官网
实施时间	解释变量	实施当年及以后取 1,否则取 0	民政部官网
财政体制	解释变量	改革前为财政省管县取 1,否则取 0	本项目团队整理
年末总人口	控制变量	总人口取对数	《中国县域统计年鉴》
一般公共预算支出	控制变量	财政支出取对数	《中国县域统计年鉴》
一般公共预算收入	控制变量	滞后一期的财政收入取对数	《中国县域统计年鉴》
一产增值	控制变量	第一产业较上一年增加值取对数	《中国县域统计年鉴》
二产增值	控制变量	第二产业较上一年增加值取对数	《中国县域统计年鉴》

① 县(市)改区过程中的区界重组主要表现为:(1)下辖的区域划归其他县(区);(2)合并其他县(市、区);(3)被拆分为多个县(市、区)。

本研究对被撤并县(市)的特征进行了详细划分。参照吴金群等(2013:
15-32)的统计梳理并更新后的省管县改革名单,113 个县(市)可以分为 2 组:
64 个县(市)属于省管县财政体制,49 个县(市)仍为市管县财政体制。研究
团队通过整理政府网站发布的信息发现,省管的县(市)中有 27 个在县(市)改
区后设置了过渡期,37 个县(市)采取了"一步到位";对于市管的县(市)来说,
49 个中只有 6 个设置了过渡期。具体描述性统计如表 2.10 所示。

表 2.10 描述性统计

变量名	定义	控制组			对照组		
		均值	方差	样本量	均值	方差	样本量
$loggdp$	县域 GDP 取对数	4.595	1.254	1442	4.908	1.239	592
$trans$	设置过渡期及以后为 1,否则为 0	0	0	1617	0.303	0.460	636
$fiscal gap00$	2000 年的财政压力	1.977	1.823	1491	1.615	0.672	628
$u2000$	2000 年的城镇化率	0.250	0.145	1597	0.276	0.126	636
$County\_level\_city$	县级市为 1,否则为 0	0.222	0.416	1617	0.374	0.484	636
PMC	省直管县为 1,否则为 0	0.480	0.500	1617	0.802	0.399	636
$gdp200$	初始年份第二产业增加值占比	4387	1173	1238	4028	1115	565
$gdp300$	初始年份第三产业增加值占比	2981	560.3	1238	3213	515.4	565
$pland00$	初始人口密度	0.0455	0.0297	1491	0.0455	0.0290	628
$Rdls$	地形起伏度	0.707	1.069	1596	0.412	0.661	636

(三)模型设计与实证检验

分析县(市)改区对被撤并县(市)的经济发展是否有积极影响,重点在于
比较该被撤并县(市)在改区前后经济增长的净变化。但是,县(市)改区前后
经济增长的差异可能不仅仅是县(市)改区本身影响的结果,还包含了大量其
他因素,特别是宏观政策和全球经济形势等的影响。基于此,本书首先构建

了双重差分模型：

$$\ln gdp_{it} = \beta_0 + \beta_1 Merger_i + \beta_2 After_{it} + \beta_3 Merger_i \times After_{it} + \beta_4 Con_{it} + \varepsilon_{it}$$

$$(1)$$

其中，$\ln gdp_{it}$ 作为被解释变量，表示经济发展水平，虚拟变量 $Merger_i$ 表示该县（市）是否存在县（市）改区，存在县（市）改区为 1，反之为 0；虚拟变量 $After_{it}$ 表示改革实施的前后，实施当年及以后年份取 1，反之取 0。控制变量 Con_{it} 为一组影响县（市）改区后被撤并县（市）经济发展水平的其他因素。如果县（市）改区在各城市中随机发生，县（市）改区实施后的两组经济增长的差异就是对经济增长影响的无偏估计。

由表 2.11 可知，交叉项系数 β_3 不显著，说明县（市）改区对被撤并县（市）经济发展的影响并不显著，假设 1 被拒绝，县（市）改区对被撤并县（市）经济增长的影响并不确定。

表 2.11　县（市）改区对经济发展影响的回归结果

变量名	估计值	标准误	T 值	$Pr(>t)$
$After:Merger$	0.0157311	0.0321326	0.4896	0.6245
$After$	0.0211615	0.0126786	1.6691	0.0954
$Merger$	-0.0289522	0.0229625	-1.2608	0.2076
$Lnpop$	0.0146906	0.0311509	0.4716	0.6373
$Lnind1$	0.3464132	0.023041	15.0347	$< 2.2e-16$ ***
$Lnind2$	0.5527301	0.016476	33.5475	$< 2.2e-16$ ***
$Lnexp$	0.2267233	0.0203266	11.154	$< 2.2e-16$ ***
$Lnincome$	0.0246653	0.0059662	4.1341	$3.84e-5$ ***

注：***、**、* 分别表示在 1%、5% 和 10% 的显著性水平上显著；省略常数项。

在大多数研究中，县（市）改区被看作是同质的。本研究通过整理政府网站发布的信息发现，县（市）改区后，部分被撤并县（市）保留了县级相对独立的财政权力，并以此促进了被撤并县（市）经济的增长。故而，本研究进一步以县（市）改区的 113 个观测样本为研究对象，构建了围绕被撤并县（市）是否设置过渡期对经济发展是否有积极影响的多时点双重差分模型（staggered differences-in-differences model）（Beck et al.，2010；Li et al.，2016）：

$$\log gdp_{ct} = \beta_0 + \beta_1 Trans_{ct} + year_t \times Control_c + \alpha_c + \gamma_t + \varepsilon_{ct} \qquad (2)$$

其中，$loggdp_{a}$作为被解释变量，表示经济发展水平，虚拟变量$Trans_{a}$表示改革实施的前后，实施当年及以后年份取 1，反之取 0。为了解决某些政策变化可能对不同县（市）产生不同影响的问题，参考现有文献（Lu et al.，2019），引入虚拟变量$year_{t}\times Control_{c}$表示该县（市）是否存在县（市）改区，存在县（市）改区为 1，反之为 0。α_{c}为个体固定效应，γ_{t}为时间固定效应，ε_{a}为随机误差项。回归结果如表 2.12 所示。

表 2.12　设置过渡期对经济发展影响的回归结果

变量名	（1） $loggdp$	（2） $loggdp$	（3） $loggdp$	（4） $loggdp$	（5） $logdgp$
$Trans$	0.0831* （1.7084）	0.1650*** （4.1958）	0.1573*** （4.3613）	0.1575*** （4.2988）	0.1642*** （4.5283）
$Observations$	2030	1622	1622	1622	1622
R^2	0.9732	0.9838	0.9827	0.9829	0.9832
县域固定效应	Yes	Yes	Yes	Yes	Yes
时间固定效应	Yes	Yes	Yes	Yes	Yes
控制变量	No	Yes	Yes	Yes	Yes
控制变量$\times T$	No	No	Yes	Yes	Yes
控制变量$\times T^2$	No	No	No	Yes	Yes
控制变量$\times T^3$	No	No	No	No	Yes

注：括号内为聚类县域层面的稳健性标准误；***、**、*分别表示在 1%、5%和 10%的显著性水平上显著；省略常数项。

表 2.12 中，列（1）不添加控制变量，列（2）添加所有控制变量，列（3）—（5）包含控制变量与时间趋势项之间的交互项。回归结果表明，列（2）的回归系数是稳健的。从表 2.12 可以看出，对于合并后的县来说，保留原有的财务管理制度，在合并后设置一个过渡期，对其经济发展有显著的积极影响。因此，假设 2 得到验证。

（四）平行趋势检验和安慰剂检验

1.平行趋势检验

DID 估计的一个基本前提是：在实施之前，实验组和对照组之间的 GDP 增长没有显著差异，并且设置过渡期的影响可能会随着时间推移而动态变化。因此，参阅已有研究（Beck et al.，2010；Liu & Mao，2019），构建模型如下：

$$\log gdp_{ct}=\beta_0+\sum_{k=-5}^{k=5}\beta_k\,D_{ct}^k+year_t\times Control_c+\alpha_c+\gamma_t+\varepsilon_{ct} \tag{3}$$

D_{ct}^k 是县（市）改区的虚拟变量。设 t 为年份，t_c 是县 c 设置过渡期的时间，如果 $t-t_c=k(k\in[-5,5])$，则 $D_{ct}^k=1$，否则为 0。同时，以 $k=-1$ 为基期，以 β_k 系数来衡量改革县（市）与非改革县（市）经济发展水平的差异。当 $k\leqslant-2$ 时，如果系数 β_k 不显著，则表示平行趋势假设成立，其他变量的设置与式（2）相同。图 2.3 表明本模型满足平行趋势假设。

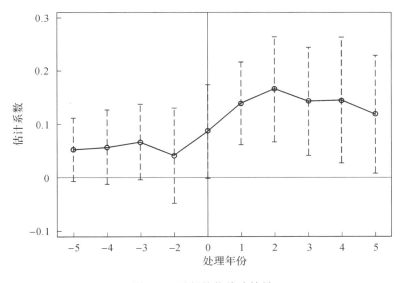

图 2.3　平行趋势检验结果

2. 安慰剂检验

考虑到设定过渡期的效果可能受到其他遗漏因素影响，因此本研究通过对所有县域样本随机分配处理组与控制组进行安慰剂检验。参考已有文献做法（Cai et al.，2016；Li et al.，2016），我们将自变量随机分组，从而构造 500 次虚拟处理组，并纳入式（2）进行回归。随机生成的处理组表示自变量对经济发展没有影响，500 个结果的系数分布如图 2.4 所示。横轴表示来自 500 个自变量随机分组的估计系数，曲线是估计的核密度分布，点是随机取值的估计系数。垂直线是表 2.12 列（2）的真实估计值。随机估计系数整体呈现正态分布并且集中于 0，基准回归结果 0.16 为明显的异常值，进一步支持了前文结论。

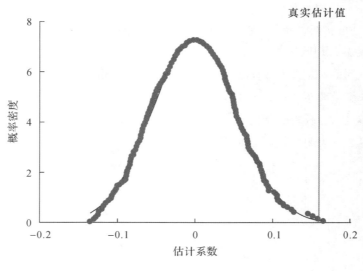

图 2.4　安慰剂检验

（五）稳健性检验

1. 稳健性检验：异质性处理效应

为了解决异质性问题导致的估计结果偏差（de Chaisemartin & D'Haultfoeuille,2020；Goodman-Bacon,2021），我们测试了"不良控制"权重,并计算出基线估计中有多少负 ATT（处理组中的平均处理效应）,因为它们可能使结果偏倚。根据已有研究（Goodman-Bacon,2021）,在估计中,如果后期实验组使用早期实验组作为比较,则存在"不良控制"。如果"不良控制"在比较中占有相当大的权重,则估计结果可能不可靠。结果表明,"不良控制"问题在本研究中不显著。表 2.13 中,"后处理 vs 先处理"的权重仅为 2.3%。

表 2.13　培根分解法结果

类别	权重/%	平均处理效应
先处理 vs 后处理	7.7	0.050
后处理 vs 先处理	2.3	−0.001
处理 vs 从未处理	89.9	0.087

2. 稳健性检验：替换因变量

我们将衡量经济发展的指标改为 GDP。在表 2.14 第(1)列中,结果是正显著的。然后,我们使用 GDP 的年增长率作为另一个结果指标,滞后期 GDP (取对数),在表 2.14 第(2)列中,改革再次促进了受影响县的经济发展。

3.稳健性检验:空间相关性

为了解决潜在的异方差和空间相关性问题,我们沿两个维度对标准误差进行聚类(Kahn et al.,2015)。我们按县/年对可能的空间相关性进行聚类,并在表 2.14 第(3)列中进行了报告。结果仍然是显著的。

4.稳健性检验:时间序列相关性

将标准误差聚类在城市一级,以减轻长期 DID 估计中时间序列相关的潜在偏差(Cameron & Miller,2015)。表 2.14 第(4)列的结果仍然是显著的。

表 2.14 稳健性检验

变量名	(1) gdp	(2) $lag.loggdp$	(3) $loggdp$	(4) $loggdp$
$Trans$	126.8744*** (2.8951)	0.1592*** (4.1724)	0.1650*** (3.5636)	0.1650*** (3.9964)
$Observations$	1622	1541	1622	1622
R^2	0.8811	0.9855	0.9838	0.9838
县域固定效应	Yes	Yes	Yes	Yes
年份固定效应	Yes	Yes	Yes	Yes
控制变量	Yes	Yes	Yes	Yes

注:括号内为聚类县域层面的稳健性标准误;***、**、*分别表示在 1%、5%和 10%的显著性水平上显著;省略常数项。

(六)机制分析与异质性检验

1.机制分析

首先,从权力配置的角度看,设置过渡期意味着被撤并县(市)保持相对较大的独立性,在财政支出上可以拥有更多的自主权,有利于促进被撤并县(市)的经济发展。其次,设置过渡期可以确保被撤并县(市)的原有考核标准和激励方式大体不变。在实践中,过渡期的设置延缓了权力的集中化进程,使被撤并县(市)仍然保持较高的税收努力,也保证了经济增长和招商引资的动力,从而带动了经济的稳定增长。最后,被撤并县(市)最终需要回归到市辖区行政体制,但没有明确的法律规定规范合并前后的资产核查和债务清算。因此,被撤并县(市)倾向于在过渡期提前增加投资或充分利用现有资源,这也有利于刺激转型期的经济发展。为了验证相应的机制,本研究设置式(4)。M_{it}是一个机制变量,其余变量与式(2)相同。

$$M_{it} = \beta_0 + \beta_1 \, Trans_{it} + year_t \times Control_c + \alpha_c + \gamma_t + \varepsilon_{it} \tag{4}$$

表 2.15 第(1)栏为地方政府生产投入的对数,第(2)栏为工业企业总产值的对数。两者均比较显著,说明设置过渡期使地方政府更加努力地发展经济。

表 2.15　机制分析结果

变量名	(1)	(2)
	地方政府生产投入(对数)	工业企业总产值(对数)
$Trans$	0.3347***	0.2751***
	(3.0516)	(3.1486)
$Observations$	638	1434
R^2	0.9588	0.9676
县域固定效应	Yes	Yes
年份固定效应	Yes	Yes
控制变量	Yes	Yes

注:括号内为聚类县域层面的稳健性标准误;***、**、*分别表示在 1%、5% 和 10% 的显著性水平上显著;省略常数项。

2. 异质性检验

由于同样的改革可能受到不同财政管理制度的影响,县级市和县之间也存在差异,因此,本研究进一步设置了式(5)进行异质性检验。

$$Y_{it} = \beta_0 + \beta_1 \, Policy_{it} \times Diff_c + year_t \times Control_c + \alpha_c + \gamma_t + \varepsilon_{it} \tag{5}$$

$Diff_c$ 表示是否为财政省管的县(市),或是否为县级市。与自变量相乘以形成新变量,并将基准回归结果作为回归的交互项包括在内。表 2.16 中的结果表明,财政省管的县(市)和县级市的系数更显著,继而假设 3 和假设 4 得到证实。

表 2.16　异质性检验结果

变量名	(1) $loggdp$	(2) $loggdp$
pmc_trans	0.1587*** (3.8615)	
clc_trans		0.1478** (2.4749)
$Observations$	1622	1622
R^2	0.9837	0.9834
县域固定效应	Yes	Yes
年份固定效应	Yes	Yes
控制变量	Yes	Yes

注:括号内为聚类县域层面的稳健性标准误;***、**、*分别表示在 1%、5% 和 10% 的显著性水平上显著;省略常数项。

四、结果与讨论

近年来,行政区划改革已成为推动城镇化和经济发展的重要政策措施。然而,现有的研究大多从经济地理的角度讨论空间重组对地方经济增长的影响,而忽略了行政权力更迭对区域发展的影响。本书通过 2000—2019 年中国县(市)改区的准自然实验,研究了县(市)改区对经济增长的影响,进一步探讨了县(市)改区后,被撤并县(市)与地级市政府之间的内部互动机制。研究显示,行政区划改革与财政管理体制存在相互作用,共同影响县域经济的发展水平。

县(市、区)的财政收支与当地经济发展、民生事业和基层治理都密切相关,所以县级财政管理一直是学界重点关注的领域。Oi(1992)提出,地方政府在预算收入中较高的边际分成比例激励了地方实行促进经济增长的政策。Oates(1993)认为,由于地方政府更了解当地居民需求,公共服务由地方政府直接供给比中央政府提供更有效率。国内近期关于发展型政府的研究也提到,如果赋予县级政府更多财政自主权,财政激励将会促使政府更好地为经济增长服务,从而转化为现实的经济增长(郁建兴、高翔,2012)。现有研究也已关注到了县(市)改区对财政收支会产生影响。卢盛峰等(2017)基于数据推动的合成控制法,发现县(市)改区增强了县域财政收支能力,但政策效果呈"倒 U 形",即中等财政能力的县(市)改区效果最明显,财政能力较强和较弱的县（市）改区的效果较差；钱金保和邱雪情（2019）以广东省县（市）改区为研究对象，提出县（市）改区作为一种行政区划调整，本身不会直接影响地方财政收支，然而上级政府可能会对县（市）和区实施不同标准的考核和激励，从而引发县（市）改区的财政收支效应差异。也有学者认为县（市）改区后，财权和支出责任的同步上移会降低下级政府的征税努力，税收激励减少，对于经济增长和招商引资的动力减弱（范子英、赵仁杰，2020）。

　　与现有成果不同的是，本研究注意到，在县（市）改区中被撤并县（市）财政管理体制并未立刻转变到位。在改革过程中，部分被撤并县（市）与地级市发生激烈博弈。为顺利推进改革，地级市往往采取设置3—5年过渡期的形式，在一定时期内保留被撤县（市）的财政管理体制。设置过渡期避免了管理体制的剧烈变动，从而推动了经济发展（见图2.5）。首先，保留省管县财政体制意味着被撤并县（市）不需要接受地级市的统一管理，在财政支出上更具有自主权。卢盛峰等（2017）指出，大多数被撤并县（市）在改为市辖区后，会降低对经济性支出的关注度，增加在支农、行政管理以及公检法司等事务上的支出，同时教育支出呈现出进一步向中心城区整合和集中的趋势。而如果保留相对更多的自主权，被撤并县（市）实现经济增长的倾向性就不会发生过多变化。其次，由于保留了省管县财政体制，被撤并县（市）在过渡期内财政收支权责并未发生实质的同步上移，原有的考核标准和激励方式，除晋升激励外，均未有较大变动，被撤并县（市）依旧保持较高的征税努力，从而保障了经济的稳步增长。再次，保留省管县财政体制的被撤并县（市）依旧拥有与省级政府直接对话的权限空间，相较于其他市辖区能够获取更大力度的支持。甚至，有些被撤并县（市）在过渡期内，可以同时享受到省级和市级的双重财政资金和政策扶持，继而拥有更具优势的经济发展环境。最后，过渡期内的事权和财权往往不匹配，被撤并县（市）又有最终回到市辖区体制的预期，而且撤并前后的资产核查和债务清算尚未有明确的法律加以规范。所以，被撤并县（市）有可能考虑到过渡期后地级市的财政兜底，故而在过渡期内加大投资或者超前使用经济资源，从而促进经济发展。可见，过渡期的设置为行政区划改革的体制转轨提供了缓冲，最大化地降低了其中的经济风险，有助于实现地方经济社会的平稳发展。因此，根据实际情况设置过渡期，是预防经济风险的重要政策工具之一。

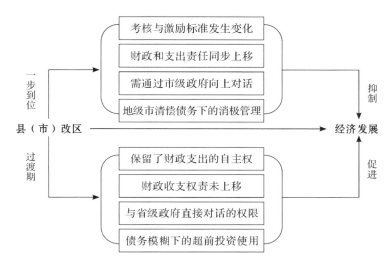

图 2.5　保留省管县财政体制的县(市)改区与经济发展的内在机制

　　本书通过构造准自然实验,深入检验了县(市)改区对县域经济发展的影响,并得出以下结论:一方面,县(市)改区对被撤并县(市)经济发展的影响具有不确定性。以往的研究主要聚焦于地级市的空间整合,缺少对于被撤并县(市)实际需求的探讨。本书指出,并非每一个被撤并县(市)都能从县(市)改区中受益,市域行政区划改革存在经济风险。在实践中,也存在不少被撤并县(市)抵制甚至逆向撤并的案例。因而,只有通过对被撤并县(市)的具体分析,合理选取行政区划改革中诸如县(市)改区、切块设市、区界重组、撤县设市等方式,才能更好地实现经济收益的最大化。另一方面,行政区划改革和管理体制之间的互动共同作用于县(市)的发展。在设置过渡期保留省管县财政体制的被撤并县(市),由于保留了财政支出的自主性,责任未上移,激励机制和发展经济的驱动力更强。然而,省管县财政体制和县(市)改区这套政策组合存在漏洞,例如保留省管县财政体制导致同城不同待遇、地级市进行区域规划时可能遭遇壁垒、财政省直管而人事和行政市管形成了责权利配置的扭曲。因此,如何优化体制设计,持续促进地方经济社会的发展,是未来研究的重中之重。

　　综上所述,在市域行政区划改革中,制度设计对经济发展具有重要的影响。改革过渡期的设置,可以降低体制转轨的摩擦成本,为区域经济社会的转型提供缓冲时间,从而有效降低经济发展的不确定性。这可能是预防未来经济风险的重要政策工具之一。反过来则可以说,县(市)改区如果被"一刀切"或"刚性"推动,则可能会给地方经济发展带来不可避免的风险。有必要注意的是,在实践中,很多被撤并的县(市)把财政省管县体制的过渡期从三五年延长为十年甚至更长,但财政省管县与县(市)改区的体制融合还存在一些问题。比如,在被撤并县(市)保留财政省管县导致同一地级市不同辖区之间的公共服务差异;地级市开展区域规划时遭遇隐性行政障碍;省与市共同管理市辖区可能带来制度性风险。因此,未来公共政策的重点在于如何平衡过渡期的收益和风险。

第三节　县(市)改区对产业同构的影响

除了对县域经济增长的影响,市域行政区划改革也将重塑空间内的激励格局,并影响到地方的产业结构。因而,从产业角度剖析市域行政区划改革的经济风险,有助于理解改革影响区域经济的内在机理,进而为防范经济风险提供科学的依据。

一、问题的提出

总体上,更加错位和协调的产业结构有利于区域经济的可持续发展(Chen et al. ,2021)。在国家层面,产业结构的变动有两个重要原因:一是各产业的技术进步速度、技术要求、技术吸收能力不同,导致各产业增长速度产生较大差异,引起整个国家的产业结构变动;二是国家在不同发展阶段需要不同的主导产业来推动经济发展,这直接影响到生产、消费等方方面面,对产业结构造成冲击(干春晖等,2011)。与此类似,在城市层面,由于地理区位、技术进步速度、比较优势和地方产业政策等因素,各产业增长的速度存在差异,会导致城市内产业结构变动以及城市间产业结构出现差别。然而从 20 世纪 80 年代开始,中国经济改革中出现了较为普遍的"地区产业结构趋同,城乡工业结构相似"现象(吴意云、朱希伟,2015)。不同区域主导产业的选择、产业组织规模和技术水平等方面出现高度类同,即产业同构(蒋伏心、苏文锦,2012)。如今,各地在培育战略性新兴产业时仍需警惕主导产业趋同可能带来的重复建设、无序竞争等后果。

大城市是拉动区域经济增长的"火车头",其主导产业的选择将直接影响整个区域的产业结构和发展潜能。不过,地区或城市之间的产业同构和某一城市内部的产业同构存在生成逻辑和影响上的较大差异。由于中央和地方之间的责权配置、地方政府之间的横向竞争以及市场主体自发的逐利驱动,各地都倾向于发展有利可图的产业,这容易造成地区间产业结构的趋同。但对于一个城市而言,市辖区之间虽然也存在行政边界,但城市内行政区划的约束远小于城市之间行政区划的刚性阻隔。市辖区之间虽然也有经济利益和政治晋升的竞争,但相对于城市之间来说,来自上级政府的调控更为直接有效。甚至,城市内部各市辖区之间出现产业趋同现象,是市政府统筹谋划或新市辖区主动融入主城区的结果。而且,相较于城市之间的产业同构不利于专业化分工、导致资源错配和效率损失,城市内部的产业同构在一定程度上意味着产业的集聚和高效。

当然,大城市内不同市辖区之间也可能出现产业异构。由于大城市的新旧城区处于不同的发展阶段,产业体系内容与优势功能呈现出较明显的空间分异(郭帅新,2018)。随着城市不断扩张和产业转型升级,不同市辖区之间是逐渐加深产业分工,还是逐步走向产业同构,目前尚无研究提供经验证据。县(市)改区是城市扩张的重要手段,它改变了区域空间和组织结构,打破了县市和主城区之间的刚性区划界限。那么,柔化区划边界对被撤并县(市)与主城区之间的产业结构会产生何种影响?换言之,是促进了被撤并县(市)融入主城区,还是推动了被撤并县(市)与主城区进行产业分工?其存在较大的不确定性并可能诱发潜在的经济风险。本节将县(市)改区作为自变量,将产业同构程度作为因变量,探讨县(市)改区对城市内部产业同构的影响效应。这不仅可以为县(市)改区提供新的观察视角和实践启示,也可以为城市产业布局提供新的理论认知和政策方案,同时也为行政区划改革的经济风险分析奠定实证基础。

二、文献述评与研究假设

我国县(市)改区大体经历了 5 个阶段:(1)摸索尝试(1983—1987),县(市)改区数量较少,行政区划调整以地改市、县改市为主。(2)曲折发展(1988—1998),县(市)改区数量分别在 1988 年和 1994 年达到了小高峰。(3)蓬勃发展(1999—2003),县(市)改区成为行政区划调整新的热点,其数量在 2000—2002 年出现井喷。(5)衰退停滞(2004—2010),国家收紧了县(市)改区的审批。(6)重新启动(2011 年起),县(市)改区再次进入"高峰期",重点关注具有战略发展意义的城市,以及市辖区的规模结构(吴金群、廖超超,2018:175-178)。

在县(市)改区的影响方面,学界对县(市)改区在经济发展(Richard & Jered,1997;李郇、徐现祥,2015;陈浩、孙斌栋,2016;Tang & Hewings,2017;游士兵、祝培标,2017;叶冠杰、李立勋,2018)、产业结构和产业发展(高琳,2011;李佳琪等,2016;袁航、朱承亮,2018;聂伟等,2019;彭洋等,2019)、财政收支(吉黎、邹埴埸,2019;钱金保、邱雪情,2019)、城市房价(王丰龙、张传勇,2017;Tian et al.,2020)、工业地价(纪晓岚、金铂皓,2019)、城市化发展(杨桐彬等,2020)、公共服务提供(Selden & Campbell,2000;McKay,2004;Lawrence & Schiff,2011;陈好凡、王开泳,2019)等方面的政策效应开展了丰富的研究。其中,县(市)改区对经济绩效的影响尤其受关注。地方政府对经济发展的追求是县(市)改区的重要动因(Leland & Thurmaier,2005),背后隐含的逻辑是,行政区划调整能够影响地区经济发展(Hawkins et al.,1991)。已有研究总体认为县(市)改区对城市经济发展具有促进作用,这是因为县(市)改区有利于聚集资源和招商引资(Richard & Jered,1997)、增加城镇常住人口(陈浩、孙斌栋,2016)和改善交通基础设施(Tang & Hewings,2017)。另一些研究关注到县(市)改区影响经济发展的时间效应,发现县(市)改区对城市经济增长具有 5 年左右的短期促进作用(李郇、徐现祥,2015),县(市)改区实施时间越早,对经济增长的促进作用越明显(游士兵、祝培标,2017)。

产业结构深深影响了地区经济增长,因此县(市)改区对产业结构的影响也受到了学者们的关注。县(市)改区能推动被撤并县(市)加快由县域经济向城市经济过渡,提升第二、三产业的发展水平和质量效益,促进产业结构升级。对于其背后的机制,有两种典型的解释:一是被撤并县(市)的各类权限逐渐收归地级市所有,地级市政府可以在更大范围内推进产业合理布局和产业结构的优化升级(袁航、朱承亮,2018);二是县(市)改区在一定程度上打破了行政区划对区域经济的刚性约束,因而能够推动产业结构的转型升级(高琳,2011;李佳琪等,2016)。也有研究表明,县(市)改区后县域经济体内的经济要素和产业发展资源流入中心城区,使撤并县域辖区内的工业企业生产效率下降(聂伟等,2019)。目前县(市)改区与产业结构关系的研究,仅仅关注新设区的产业转型升级,缺乏对县(市)改区后城市内部产业同构情况的考察,也就无法得知新设区产业升级背后的机制是"融入主城区"还是"与主城区分工"。

产业同构的影响因素主要有政府行为、地理距离、资源禀赋、财政制度、市场化、技术水平等。其中最重要的是政府行为,在横向上,经济利益竞争和政治晋升竞争构成的地方政府混合竞争行为,使得地方政府罔顾当地实际情况,保护和发展价高利大的产业,造成产业结构趋同(Qian & Roland,1998;刘沛罡,2017);在纵向上,中央与地方的财政分税制度使得地方政府倾向于发展价高利大的资源加工行业,无法实现资源的优化配置,导致产业同构(Young,2000)。虽然学界重点关注政府行为,但对与政府行为密切相关的行政区划调整没有深入探讨。从已有的研究中,无法得知包括县(市)改区在内的行政区划调整是否对区域间产业同构造成了影响。

在讨论城市群之间或者省际产业同构问题时,学界总体认为产业同构造成了区域间恶性竞争,阻碍了资源合理配置和区域经济一体化(陈建军,2004;余东华、张昆,2020),导致产业地理集中度和行业专业化水平下降,不利于长期经济增长。也有观点认为,伴随着制造业扩展过程的产业同构是经济发展中的必然现象,且产业同构程度会随着产业细分和时间的推移而趋于下降(刘传江、吕力,2005;邱风等,2005)。许多针对长三角地区的研究,揭示了产业同构现象的广泛存在(张卓颖、石敏俊,2011;王志华等,2016)。当前,通过县(市)改区设立的新市辖区与主城区之间的产业,是会逐渐趋同还是形成明确分工? 县(市)改区给产业结构带来的变化是否因城市而异? 这些问题一直没有得到科学的解答。

作为一项重要的制度变革,县(市)改区会带来政策供给和管理权限的巨变。在城乡规划、产业布局、资源配置、基础设施建设等方面,需服从市的统一规划和决策。市政府通过下达年度产业投资促进工作目标任务,将本年度的产业发展目标下发到各市辖区,在某种程度上代替了市辖区选择其重点发展的产业。统一规划和决策可能带来两种不同的影响效应,如果市一级的规划倾向于将主导产业在空间上扩张,并且新市辖区在经济竞争和晋升激励等因素的作用下,主动谋求融入主城区,那么主导产业会在这一过程中逐渐与主城区趋同。在另一种情况下,市一级的规划目标包含促进不同辖区的产业专业化,这可能促使新市辖区与主城区形成产业分工。况且,县(市)改区减少了行政区划的刚性约束,推动了生产要素在主城区和新市辖区之间的自由流动,这可能使产业同构程度随着产业细分和时间推移而趋于下降,在"看不见的手"的作用下形成产业分工。针对两种不同的影响效应,本书提出假设一:

H1a:县(市)改区促进了被撤并县(市)与主城区之间的产业同构。

H1b:县(市)改区减少了被撤并县(市)与主城区之间的产业同构。

县(市)改区本质上是一项政治性的改革而非经济政策,因此其对经济发展并不能带来立竿见影的效果(庄汝龙等,2020)。已有实证研究表明,县(市)改区的政策效应在时间维度上具有滞后性(王丰龙、张传勇,2017;庄汝龙等,2020)。况且,县(市)改区涉及政治权力、财政体制、社会管理、人员安置等方面事项,本身也无法一蹴而就,通常也会设置若干年的过渡期。因此,提出假设二:

H2:县(市)改区对产业同构的影响效应具有时间滞后性。

假设一、二均指总体上县(市)改区对产业同构的影响,为全样本回归。在全样本回归模型中,假定存在"同质性处理效应",即所有个体的处理效应都相同。但在实践中,产业同构受到政府、市场、技术、地理等多重因素的影响,而这些因素在不同城市中存在差异,因此县(市)改区在不同城市中的政策效应可能是不同的(高琳,2011;卢盛峰等,2017)。再加上县(市)改区本身的动因各异,假定不同城市的县(市)改区产生同向的政策效应过于苛刻。更为合理的假设是,允许每个城市的处理效应不同。因此,提出假设三:

H3:县(市)改区对城市内部产业布局的影响具有异质性。

三、模型设计与变量说明

(一)模型设计

本书选取杭州(简称杭)、宁波(简称甬)、南京(简称宁)、苏州(简称苏)作为研究区域,探索 1999—2019 年的县(市)改区是否促进了被撤并县(市)与主城区的产业同构。在长三角,除了超大城市上海,杭、甬、宁、苏这四个城市是经济发达、人口众多的次一级中心城市,具有较强的可比性。这四个城市的行政区划调整频繁、扩张速度较快,其县(市)改区的政策效应具有较大研究价值。

采用双重差分法,将杭州、宁波、南京、苏州四个城市中发生县(市)改区的市辖区作为"处理组",未发生县(市)改区的县(市)作为"对照组"(见表2.17)。

表 2.17　双重差分分组

分组	县（市）
处理组（12 个）	余杭区、萧山区、富阳区、临安区、鄞州区、奉化区、江宁区、溧水区、高淳区、吴中区、相城区、吴江区
对照组（11 个）	桐庐县、建德市、淳安县、余姚市、慈溪市、象山县、宁海县、常熟市、张家港市、昆山市、太仓市

对县（市）作分组处理，相当于形成一个"准自然实验"，通过计算处理组、对照组在县（市）改区前后的"双重差"来检验县（市）改区与产业同构的因果关系。同时采取地区和时间双向固定效应，构建模型如下：

$$WCK_{it} = \alpha_0 + \alpha_1 du_i \times dt_{it} + \beta control_{it} + year_t + county_i + \varepsilon_{it} \tag{6}$$

式（6）中，WCK_{it} 表示 t 时期的个体 i 的被解释变量，采用改进克鲁格曼指数（WCK），意指 t 时期的个体 i 与主城区之间的产业同构程度。du_i 表示分组虚拟变量，若个体 i 经历了县（市）改区，则个体 i 属于处理组，相应的 du_i 取值为 1；若个体 i 不受县（市）改区的影响，则个体 i 属于对照组，对应的 du_i 取值为 0。dt_{it} 表示政策实施虚拟变量，县（市）改区实施之前 dt_{it} 取值为 0，县（市）改区实施之后 dt_{it} 取值为 1。$du_i \times dt_{it}$ 为分组虚拟变量与政策实施虚拟变量的交互项，其系数 α_1 反映了县（市）改区对产业同构的"净"效应。此外，$control_{it}$ 表示控制变量，$year_t$ 和 $county_i$ 分别代表样本的时间固定效应和个体固定效应，ε_{it} 是误差项。

在全样本回归后，进一步分析县（市）改区影响产业同构的时间效应。县（市）改区的政策效应一般为 5 年，但产业布局的改变往往需要更长时间，因此以县（市）改区后 10 年作为检验周期进行"反事实"设计，观测县（市）改区对产业同构的影响是否具有时间滞后性。

假设三提出，在不同的城市中，县（市）改区对城市内部产业同构水平的影响不同。为了检验异质性，在模型中加入三重交互项，考察县（市）改区对产业同构的影响在不同城市中的差异是否显著。模型表达式如下：

$$WCK_{it} = \alpha_0 + \alpha_1 du_i \times dt_{it} + \alpha_2 du_i \times dt_{it} \times group_i + \beta control_{it} + year_t + county_i + \varepsilon_{it} \tag{7}$$

其中，$group_i$ 代表所属城市。当三重交互项的系数显著时，说明县（市）改区对产业同构的影响在不同城市中的差异是显著的。

然后进行分组回归，检验县（市）改区在不同城市如何对产业同构程度产生影响。将所有样本按照所属城市分为杭州、宁波、南京、苏州四组,设置 $region_k$ 为二值虚拟变量,$k=1,2,3,4$,分别代表四个城市,从而形成四个虚拟变量,并与政策处理变量($du \times dt$)交乘。模型表达式如下:

$$WCK_{it} = \alpha_0 + \sum_{k=1}^{4} \alpha_k du_{it} \times dt_{it} \times region_k + \beta control_{it} + year_t + county_i + \varepsilon_{it} \quad (8)$$

（二）变量说明

较受认可的产业同构程度测度方法包括联合国工业发展组织（1980）提出的产业相似系数、Krugman（1991）提出的克鲁格曼指数、王志华和陈圻（2006）提出的改进克鲁格曼指数。其中,克鲁格曼指数存在其独特的优势,相较于产业结构相似系数,克鲁格曼指数可以用更少的信息来测度产业同构程度（樊福卓,2011）。克鲁格曼指数取值范围为[0,2],难以使估计系数直接转化为百分比,而改进克鲁格曼指数则克服了这一点。因此,本书采用王志华和陈圻（2006）提出的改进克鲁格曼指数,以产业产值为依据进行测算,取值范围为[0,1]。两地产业结构完全不同则 WCK 取值为 0,完全相同则取值为 1。表达式如下:

$$WCK_{12} = 1 - \frac{1}{2} \sum_{j=1}^{n} |s_{1j} - s_{2j}| \quad (9)$$

式（9）中,WCK_{12} 是 1 区域和 2 区域之间的改进克鲁格曼指数;s_{1j} 是指 1 区域的 j 产业占总产值的比重,s_{2j} 是指 2 区域的 j 产业占总产值的比重。改进克鲁格曼指数以产业产值为依据进行测算,系数值越大,说明区域间产业同构程度越大。本书所测度的产业相似系数是指区县（市）与主城区之间的产业相似系数,将主城区定义为各城市除县（市）改区后成立的区之外的老城区。大城市的老城区,人口密度往往在 20000 人/km² 以上,经济活动几乎完全由第二产业与第三产业构成（李丽雅,2002）。具体而言,在 2021 年杭州市行政区划调整之前,杭州市主城区包括上城区、下城区、拱墅区、江干区、西湖区、滨江区;宁波市主城区包括海曙区、江北区、北仑区、镇海区;苏州市主城区包括虎丘区、姑苏区;南京市主城区包括玄武区、秦淮区、鼓楼区、建邺区、栖霞区、浦口区、雨花台区。

在计算改进克鲁格曼指数时,本书参照《国民经济行业分类（2019 修订版）》,并结合数据可得性,将产业分类为:农林牧渔业、工业、建筑业、批发和零售业、交通运输、仓储和邮政业、金融业、房地产业、其他服务业。

核心解释变量为县（市）改区的政策虚拟变量,根据处理组样本县（市）改区情况赋值,县(市)改区以前赋值为 0,县(市)改区当年及以后赋值为 1。参考已有文献和实际情况,纳入进出口总额、专利授权量、滞后一期人均 GDP、区县(市)质心与主城区质心的距离作为控制变量(详见表 2.18)。

表 2.18　变量说明

变量类型	概念变量	测度变量	度量单位	选取依据
被解释变量	产业结构相似程度	改进克鲁格曼指数	——	王志华、陈圻,2006
解释变量	县(市)改区	虚拟变量:根据县(市)改区的时间,将县(市)改区之前的所有年份设为 0($dt=0$),县(市)改区当年及之后的所有年份设为 1($dt=1$)	——	陈浩、孙斌栋,2016;庄汝龙等,2020
控制变量	进出口贸易	进出口总额	万美元	张媛媛,2015
	技术创新	专利授权量	件	张媛媛,2015
	经济发展水平	滞后一期人均 GDP	元	——
	地理距离	区县(市)质心与主城区质心的距离	千米	刘沛罡,2017

在所需数据中,主城区数据来源于《杭州统计年鉴》《宁波统计年鉴》《南京统计年鉴》《苏州统计年鉴》及其他相关的城市年鉴。各区县(市)分行业产值、进出口总额、专利授权量、人均 GDP 等经济社会数据来源于各区县(市)年鉴以及国民经济和社会发展统计公报。地理距离由 arcgis 软件测量得到。

四、实证检验与讨论

(一)平行趋势检验和安慰剂检验

趋同假设是双重差分法有效性的一个重要前提。如果处理组县(市)没有经历县(市)改区,被撤并县(市)与主城区之间产业同构程度的变化趋势与对照组的情况相同,则该模型满足趋同假设。借鉴 Beck 等(2010)的做法,采用事件研究法对多期 DID 数据进行平行趋势检验。估计式如下:

$$WCK_{it} = \alpha + \sum_{j=-m}^{n} merge_{i,t-j} + \gamma control_{it} + county_i + year_t + \varepsilon_{it} \quad (10)$$

其中,WCK_{it} 为改进克鲁格曼指数;$merge_{i,t-j}$ 为虚拟变量,如果区县(市)i 在 $t-j$ 时期实施县(市)改区,那么该变量取值为 1,否则为 0。m 和 n 分别表示政策实施前的期数和政策实施后的期数。$control_{it}$ 为控制变量,后三项分别为个体固定效应、时间固定效应和误差项。平行趋势检验结果如图 2.6 所示:

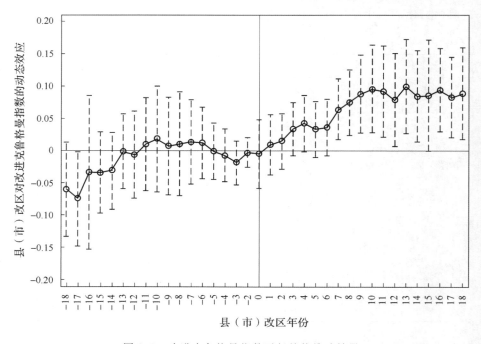

图 2.6　改进克鲁格曼指数平行趋势检验结果

　　平行趋势检验的结果表明,在政策冲击前的 18 期,大多数时期的虚拟变量的系数均与 0 无显著差异,未经历县(市)改区的县(市)与被撤并县(市)在产业同构程度上具有相同的发展趋势。因此,该模型通过平行趋势检验。在政策时点后 1 期至后 6 期内,期数虚拟变量不显著,意味着政策效应的时间滞后期较长。

　　此外,本研究还进行了安慰剂检验,以检验是否有其他不可观测的、随着时间变化而变化的地域特征对估计结果产生影响。首先将数据按照区县(市)分组,然后在每个组内的时间变量中随机抽取一个年份作为政策时点,随机化检验 500 次。安慰剂检验的结果参见图 2.7。估计系数大致呈现以 0 为轴的对称分布,意味着不存在某些不可观测的特征对估计结果造成影响。所以,该模型通过安慰剂检验。由平行趋势检验结果和安慰剂检验结果可知,杭甬宁苏四座城市的数据满足进行 DID 回归的前提条件,也在一定程度

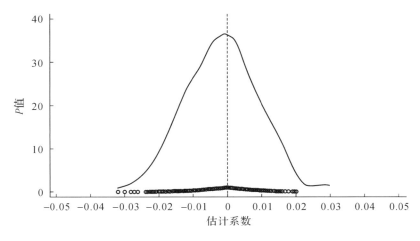

图 2.7 改进克鲁格曼指数安慰剂检验结果

上说明回归分析结果具有稳健性。

(二)基于双重差分法的全样本回归

进行计量分析之前,我们首先作了描述性统计(见表 2.19)。所有样本的产业结构改进克鲁格曼指数均值为 0.8285,表明杭州、宁波、南京、苏州的产业同构程度总体上较高。三项控制变量标准差偏大,这是由于面板数据的时间跨度较大,长三角地区经济和社会发展有了较大变化。为了防止控制变量给回归结果带来误差,我们对控制变量作了标准化处理。

表 2.19 变量描述性统计

变量类型	变量名称	单位	样本数	均值	标准差	最大值	最小值
因变量	改进克鲁格曼指数	—	483	0.8285	0.0656	0.9590	0.6307
自变量	县(市)改区虚拟变量	—	483	0.3064	0.4615	1	0
控制变量	进出口总额	万美元	483	1033752	3497043	59000000	1853
	专利授权量	件	483	10261.3	34995.3	384554	3
	滞后一期人均 GDP	元	483	63232.88	46406.79	230270	5672
	地理距离	千米	483	37.3816	23.5102	81.882	6.451

我们基于 1999—2019 年的面板数据,使用聚类标准误,进行全样本回归。

模型通过 F 检验。回归结果显示(见表 2.20),县(市)改区对产业同构程度没有显著影响。尽管如此,还不能直接认为县(市)改区对产业同构无作用。一方面,由于产业结构调整需要一段较长的时间,县(市)改区的政策效应很可能存在较长的滞后期,而这可能导致估计的产业同构程度在处理组和对照组之间不存在显著差异。另一方面,竞争性假设 H1a 和 H1b 在四座城市中的检验结果可能是不一致的。换言之,由于产业布局等因素的差异,不同城市的县(市)改区对产业结构的影响存在异质性,导致全样本回归结果不显著。背后的逻辑是,县(市)改区对产业结构的影响可能存在着"绩效悬疑",即产生的影响效应不确定。

表 2.20　全样本 DID 回归结果

变量	值
县(市)改区交互项(WCK)	0.0112 (0.015)
进出口总额(WCK)	0.0334*** (0.011)
滞后一期人均 GDP(WCK)	-0.0197^{*} (0.010)
专利授权量(WCK)	-0.0149 (0.011)
地理距离(WCK)	0.0615^{*} (0.032)
N	483
R^{2}	0.285
City FE	YES
Year FE	YES

注:括号内数字为标准误。***、** 和 * 分别表示相关系数通过 0.01、0.05 和 0.10 水平的显著性检验。

针对假设二,我们对全样本数据进行时间效应检验,用以呈现县(市)改区对产业同构影响效应的动态变化特征。以县(市)改区后 10 年作为检验周期,对 10 个时间虚拟变量赋值,加入控制变量,将时间和地区固定,进行 DID 回归。结果参见表 2.21。

表 2.21　全样本时间效应检验结果

时间	估计系数	P 值
县(市)改区后 1 年	−0.0212	0.209
县(市)改区后 2 年	−0.0169	0.151
县(市)改区后 3 年	−0.0027	0.788
县(市)改区后 4 年	0.0047	0.686
县(市)改区后 5 年	−0.0049	0.702
县(市)改区后 6 年	−0.0321	0.123
县(市)改区后 7 年	0.0007	0.96
县(市)改区后 8 年	0.0214	0.114
县(市)改区后 9 年	0.0398*	0.023
县(市)改区后 10 年	0.038*	0.098

注：*** 、** 和 * 分别表示相关系数通过 0.01、0.05 和 0.10 水平的显著性检验。

结果显示，县(市)改区对产业同构的政策效应存在动态变化特征。在县(市)改区后 1 年至 7 年间，县(市)改区并没有显著促进被撤并县(市)与主城区之间的产业同构。直至县(市)改区后第 8 年，县(市)改区对产业同构程度产生了显著正向影响。这说明，县(市)改区对产业同构的推动作用比政策时点滞后了 8 年。这一结果与平行趋势检验的动态变化效应基本一致，假设二得证。已有研究显示，县(市)改区的政策效应具有滞后期(王丰龙、张传勇，2017；庄汝龙等，2020)。相比于城市房价、经济增长等政策效应，推动产业同构所需的时间滞后期更长。因为产业布局调整需要产业政策调整和基础设施建设先行，较长的滞后期是比较合理的结果。

(三)异质性检验

为进行异质性分析，我们将样本按照所属地级市分类，将南京、宁波、杭州、苏州的数据依次赋值为 0、1、2、3，将该虚拟变量与县(市)改区交互项交互，构建三重差分(DDD)模型，回归结果见表 2.22。

表 2.22　交互项回归

变量	值
县（市）改区（WCK）	−0.0099 (0.017)
三重交互项虚拟变量 1（WCK）	0.0347** (0.014)
三重交互项虚拟变量 2（WCK）	0.0630*** (0.020)
三重交互项虚拟变量 3（WCK）	−0.0168 (0.036)
进出口总额（WCK）	0.0347** (0.015)
滞后一期人均 GDP（WCK）	−0.0141 (0.010)
专利授权量（WCK）	−0.0208* (0.012)
地理距离（WCK）	0.0461 (0.033)
N	483
R^2	0.324
$City\ FE$	YES
$Year\ FE$	YES

注：括号内数字为标准误。***、** 和 * 分别表示相关系数通过 0.01、0.05 和 0.10 水平的显著性检验。

交互项回归结果显示，以南京市为基准组，苏州市的县（市）改区影响效应与南京市不存在显著差异，而杭州市和宁波市的县（市）改区影响效应均与南京市存在显著差异。这表明县（市）改区在每个城市的处理效应不尽相同，假设三得证。

为探究在每个城市中县（市）改区对产业同构产生何种作用，我们将面板数据按照所属地级市分组，分别进行 DID 回归。其中，南京的县（市）均已被改成市辖区，即南京市的样本中没有对照组。考虑到交互项回归的结果显示南京市样本与苏州市样本没有显著差异，因此借用苏州市的代管县级市作为对照组。分组回归的结果见表 2.23，仅杭州市的县（市）改区对产业同构产生了影响，提高了杭州市内部产业同构水平 5.89%，在 1% 水平上显著。其他城市均未产生显著的处理效应。

表 2.23 分组回归结果

变量	模型一 全样本	模型二 杭州	模型三 宁波	模型四 南京	模型五 苏州
县(市)改区 交互项(WCK)	0.0112 (0.015)	0.0589*** (0.015)	−0.0061 (0.013)	0.0203 (0.040)	−0.0120 (0.047)
进出口总额 (WCK)	0.0334*** (0.011)	0.0243 (0.021)	0.9919 (0.552)	0.0773 (0.432)	0.0480*** (0.012)
滞后一期人均 GDP(WCK)	−0.0197* (0.010)	0.2312 (0.197)	−0.0302** (0.009)	−0.0108 (0.020)	−0.0017 (0.015)
专利授权量 (WCK)	−0.0149 (0.011)	−0.0556 (0.034)	−0.0292 (0.033)	−0.0055 (0.023)	−0.0235 (0.022)
地理距离 (WCK)	0.0615* (0.032)	2.2574 (4.698)	2.3253 (3.827)	0.0254 (0.079)	0.0460 (0.065)
N	483	147	126	147	147
R^2	0.285	0.431	0.558	0.469	0.472
City FE	YES	YES	YES	YES	YES
Year FE	YES	YES	YES	YES	YES

注:括号内数字为标准误。***、**和*分别表示相关系数通过 0.01、0.05 和 0.10 水平的显著性检验。

　　县(市)改区是拓展城市空间的有效手段,可以提供产业转移或升级的发展空间。同时,地级市通过给被撤并县(市)提供政策优待、财政补给、基础设施建设,为新设市辖区创造发展优势,从而释放县(市)改区政策的发展红利。这有利于提高城市内部一体化水平,优化城市产业布局,推动城市经济的整体发展。杭州是长三角城市群的中心城市之一,在"十三五"期间大力发展"6+1"产业集群,以信息经济、文化创意、金融服务、旅游休闲、时尚、健康、高端装备制造为主导产业。自 2000 年以来,杭州市共经历了 4 次县(市)改区,包括 2001 年萧山市改为萧山区、余杭市改为余杭区,2014 年富阳市改为富阳区,以及 2017 年临安市改为临安区。通过县(市)改区,杭州市得以快速扩展城市空间、重构发展格局。根据《2019 年度杭州市产业投资促进目标清单》,杭州市在萧山区、余杭区、富阳区和临安区计划部署高端装备制造业、数字经济产业、文化创意产业等,在带动被撤并县(市)产业升级的同时,也将主城区的主导产业扩大、转移至新城区。在此种策略下,县(市)改区提高了杭州市内部的产业同构程度,被撤并县(市)与主城区的一体化程度加深。

反观南京、苏州、宁波三座城市,回归结果显示县(市)改区并未对产业同构造成显著影响。第一种可能是,被撤并的县(市)承接了主城区"放弃"的产业,与主城区之间形成产业分工。例如,根据 2020 年 6 月南京市发布的《南京产业投资地图》,江宁区、浦口区等经历县(市)改区的地方,主导产业为汽车制造、高端智能装备制造等高端制造业,而未经历县(市)改区的老城区主导产业为金融服务业、软件与信息服务业等高端服务业,老城区与新城区之间出现了较为明显的"服务业—制造业"产业分工。第二种可能是,由于历史和社会因素,被撤并县(市)原本就与主城区密不可分,产业布局高度相似。例如苏州市的吴中、相城区,于 2001 年由吴县市改区而来。苏州地区在历史上曾隶属于吴县,两地共同环抱太湖,虽在行政区划上有所区分,但在社会经济上不可分割。因此,即便吴县市经历了撤市改区,其产业结构也并未显著地与主城区进一步趋同。第三种可能是,新设市辖区本身的总体规划与主城区大相径庭,承担诸如生态涵养、旅游休闲等功能,例如于 2016 年撤市改区的宁波市奉化区。根据 2018 年的《宁波市奉化区总体规划》,奉化区的发展定位突出文化旅游和休闲度假功能。因此,在县(市)改区政策时点前后,奉化区与主城区的产业同构水平没有发生显著变化。政策时点前一期的改进克鲁格曼指数为 0.87,自 2016 年县(市)改区至 2019 年的 4 年间,改进克鲁格曼指数的平均值为 0.85。与其他新设市辖区相比,奉化区和主城区间的产业同构程度较低。

(四)稳健性检验

采用产业相似系数替代改进克鲁格曼指数,分别对全样本 DID 回归、时间效应检验和分组回归进行稳健性检验(见表 2.24 至表 2.26)。

表 2.24　全样本 DID 回归稳健性检验

变量	值
县(市)改区交互项 （产业相似系数）	0.0094 (0.008)
进出口总额（产业相似系数）	−0.0076 (0.006)
滞后一期人均 GDP （产业相似系数）	0.0007 (0.006)
专利授权量（产业相似系数）	−0.0152*** (0.004)
地理距离（产业相似系数）	0.0443** (0.020)
N	483
R^2	0.232
City FE	YES
Year FE	YES

注：括号内数字为标准误。***、**和*分别表示相关系数通过 0.01、0.05 和 0.10 水平的显著性检验。

表 2.25　时间效应稳健性检验

时间	系数	P 值
县(市)改区后 1 年	−0.0081	0.221
县(市)改区后 2 年	−0.0100	0.126
县(市)改区后 3 年	−0.0091	0.182
县(市)改区后 4 年	−0.0019	0.795
县(市)改区后 5 年	0.0058	0.479
县(市)改区后 6 年	0.0156*	0.066
县(市)改区后 7 年	0.0047	0.721
县(市)改区后 8 年	0.0158*	0.075
县(市)改区后 9 年	0.0202**	0.042
县(市)改区后 10 年	0.0220*	0.059

注：***、**和*分别表示相关系数通过 0.01、0.05 和 0.10 水平的显著性检验。

表 2.26　分组回归稳健性检验

变量	模型一	模型二	模型三	模型四	模型五
	苏州	全样本	杭州	宁波	南京
县(市)改区交互项 (产业相似系数)	0.0094 (0.008)	0.0391* (0.017)	0.0121 (0.012)	0.0045 (0.030)	−0.0002 (0.005)
进出口总额 (产业相似系数)	−0.0076 (0.006)	0.0348* (0.017)	−0.4249 (0.345)	0.2116 (0.204)	−0.0078** (0.003)
滞后一期人均 GDP (产业相似系数)	0.0007 (0.006)	0.0826 (0.097)	−0.0060 (0.012)	0.0056 (0.007)	0.0079 (0.004)
专利授权量 (产业相似系数)	−0.0152*** (0.004)	−0.0641 (0.036)	−0.0605 (0.041)	−0.0039 (0.010)	−0.0193*** (0.004)
地理距离 (产业相似系数)	0.0443** (0.020)	−7.7344 (5.622)	6.6617* (2.614)	0.0259 (0.043)	0.0286 (0.033)
N	483	147	126	147	147
R^2	0.232	0.412	0.524	0.502	0.678
City FE	YES	YES	YES	YES	YES
Year FE	YES	YES	YES	YES	YES

注:括号内数字为标准误。***、** 和 * 分别表示相关系数通过 0.01、0.05 和 0.10 水平的显著性检验。

全样本 DID 回归的稳健性检验结果显示,将因变量指标替换为产业相似系数后,县(市)改区对产业同构的影响效应依然不显著,与全样本 DID 回归结果(见表 2.18)一致。时间效应稳健性检验结果显示,县(市)改区对产业同构的影响效应自第 8 年起连续显著,基本符合时间效应检验结果。分组回归稳健性检验结果显示,杭州市县(市)改区对产业同构产生了显著正向影响,而其他城市结果不显著,与分组回归结果(见表 2.21)一致。因此,结论具有较强的稳健性。

(五)机制分析

计量分析结果显示,县(市)改区对城市内部产业同构的作用仅仅在杭州市得到了验证,而在宁波市、南京市和苏州市则不显著。由此,一个有待讨论的问题是,为何在不同城市县(市)改区对产业同构的影响具有异质性?其内在机制是什么?县(市)改区后,受到地方经济竞争、政治晋升激励、柔化行政壁垒和市场要素流动等多重因素的影响(吴金群、游晨,2018),地方政府行为表现各异。县(市)改区后的政府行为,一定程度上决定了新设区与主城区之间是走向产业同构还是产业分工。

　　伴随着人口城镇化和产业升级,被撤并县(市)逐渐告别第一产业,发展重点转向第二、第三产业。然而,市政府在规划新设区的第二、第三产业发展时,有各自不同的侧重点。从杭州的县(市)改区对各区县(市)第二、第三产业的动态影响效应来看(见图2.8),被撤并县(市)与未经历县(市)改区的县(市)相比,第二产业在生产总值中的比重有所减少,发展趋势减缓,而第三产业在生产总值中的比重增加较快,发展势头更猛。由此可见,杭州的新设市辖区更注重发展第三产业。此种产业规划策略,导致了新设市辖区与主城区的产业趋同。

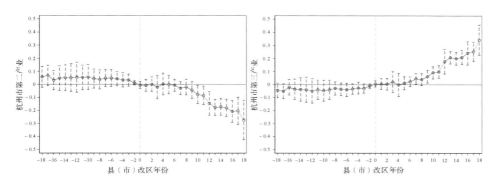

图2.8　杭州市县(市)改区对第二、第三产业比重的动态效应

　　同理,我们进行了宁波市(见图2.9)、南京市(见图2.10)、苏州市(见图2.11)县(市)改区对第二、第三产业的动态效应检验。结果显示,宁波市的产业发展选择与杭州市类似,注重发展新设区的第三产业,但是产业结构调整的滞后期更长。南京市注重在新设区布局第二产业,第三产业的发展趋势减缓,老城区与新城区之间出现了较为明显的"服务业—制造业"产业分工。苏州的县(市)改区未对被撤并县(市)的三次产业结构产生显著影响,这与上文的结果分析可以相互印证——由于历史原因,苏州市的被撤并县(市)此前已经与主城区在社会经济上不可分割,因此县(市)改区后其产业结构也并未显著地与主城区进一步趋同。

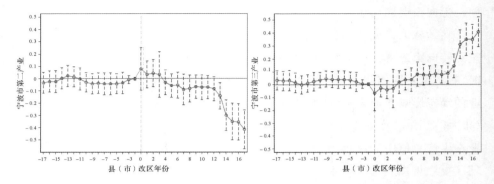

图 2.9　宁波市县(市)改区对第二、第三产业比重的动态效应

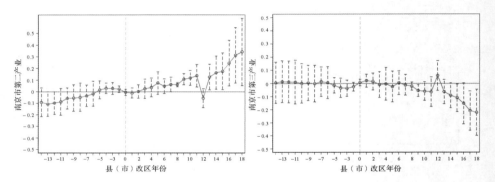

图 2.10　南京市县(市)改区对第二、第三产业比重的动态效应

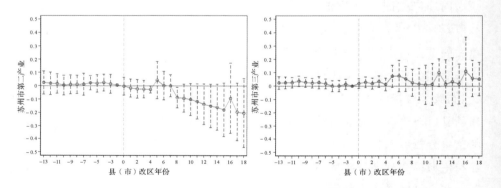

图 2.11　苏州市县(市)改区对第二、第三产业比重的动态效应

　　然而,县(市)改区影响效应的内在机制是复杂交错的,异质性问题不能仅仅采用政府行为来解释,市场机制也在无形之中推动了产业同构或产业分

工。县(市)改区打破行政区划的刚性壁垒,将地级市与其代管的县级市之间的行政边界转化为地级市内部市辖区的行政边界,使得生产要素得以在地级市这一空间单元内自由流动。一种情况是,在自由流动的市场中,各市辖区在技术水平和资源禀赋上的差异得以清晰浮现,并形成了各自的比较优势。此时,新设区往往承接主城区产业转移,推动了城市内部的产业分工,导致新设区与主城区的产业异构。市场机制推动的产业分工,实际上是资源优化配置的结果,有利于总体的生产效率提高和主城区的产业转型升级。此外,县(市)改区减少了行政区划约束后,新设区和主城区之间进行产业分工、产业转移的交易费用也大大减少。另一种情况是,当新设区与主城区的技术水平和资源禀赋差异较小,且主城区亟须拓展新的发展腹地时,主城区的"扩散"效应就会出现。主城区利用自身的优势资源,实现要素扩散和产业扩散,带动新设区的产业结构升级和区域经济增长,从而导致主城区和新设区的产业趋同。这是市场机制作用下生产要素自由流动的结果,同时也与主城区的产业扩散布局策略不谋而合。

通过分析政府行为和市场机制,可以看出县(市)改区对产业同构的影响机制(见图 2.12),这解释了县(市)改区对产业同构影响的异质性。

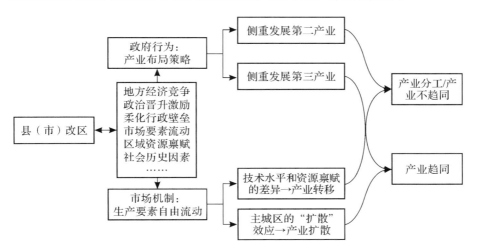

图 2.12　县(市)改区对产业同构的影响机制

县(市)改区的动因和后果是多样的,在多重复杂因素的作用下,各地形成了不同的产业布局策略和产业空间发展态势。政府行为与市场机制共同作用于产业结构调整。如果地级市政府倾向于在新设区布局第二产业,且在市场机制下出现产业转移,那么,被撤县(市)易走向与主城区的产业分工或产业不同构;如果地级市政府倾向于在新设区布局第三产业,且在市场机制下出现产业扩散,则被撤县(市)易走向与主城区的产业同构。

五、结论与展望

城市的产业结构受到政府和市场的共同影响。县(市)改区同时改变了被撤并县(市)的政府和市场行为:在政府维度,县(市)改区调整了管理权限、财政体制和政策供给,被撤并县(市)的相对独立性减少,更多地服从于地级市的统筹安排;在市场维度,县(市)改区打破了行政区划的刚性壁垒,将地级市与其代管的县级市之间的行政边界转化为地级市内部市辖区的行政边界,使得生产要素得以在地级市这一空间单元内自由流动。

研究结果表明,县(市)改区总体上没有对产业同构产生显著影响。但由于存在滞后期和异质性,这并不表明县(市)改区对产业结构没有影响。在时间效应方面,县(市)改区对产业同构的影响存在八年滞后期。在异质性方面,四个城市中只有杭州的县(市)改区对产业同构产生了正向影响。需要注意的是,在柔化城市内部区划边界后形成的产业同构,并不一定代表重复建设和资源浪费。在形成原因上,县(市)改区后与主城区的产业结构趋同,可能是资源配置空间优化的结果,也可能是市政府统一规划或新市辖区主动融入主城区的结果。在影响效应上,县(市)改区引起的产业同构意味着城市产业的明确定位和空间集聚,可以体现专业化和规模优势。杭州市通过县(市)改区扩展城市空间,通过产业规划重构空间格局,体现了较强的发展势能。在形成机制上,政府行为与市场机制共同影响了产业同构程度。若地级市政府偏好在新设区规划第二产业,并且伴随着市场机制引导的产业转移现象,那么,被撤县(市)往往会趋向于与主城区的产业分工或产业不同构;相反,若地级市政府倾向于在新设区发展第三产业,且市场机制促进了产业扩散,则被撤县(市)更可能趋向于与主城区的产业同构。

本研究还存在一些不足,期待学界继续深入探讨。第一,本研究采用 4 个地级市 21 年间的面板数据,样本数较少,目前还不能将结论简单地推广到全国层面。下一步,可以选择兼顾更多地区的更多样本进行实证检验。第二,有关产业同构对经济社会发展影响的研究有待进一步深化。当前尚未有充分的证据说明城市内部的产业同构对经济社会发展的正负效应。第三,有关县(市)改区对产业同构影响机制的研究有待进一步丰富。本书从政府行为、市场机制展开机制分析,并基于三次产业比重数据进行实证检验,但由于数据可得性的限制,未能对各项影响机制逐一展开实证检验。未来,学界可以进一步深入研究。

第四节　市域行政区划改革经济风险的防范策略

中国的经济社会体制可以用"market in state"(制内市场)加以概括,即国家与市场的不对称均衡(Zheng & Huang,2018)。作为一项重要的制度变革,市域行政区划改革将重塑区域内多主体之间的政治与行政关系,从而对地方经济社会发展带来深刻影响。前文的绩效悬疑与实证分析都表明,市域行政区划改革的经济绩效并不确定,既可能造成经济的短期波动,也可能影响经济的长期发展。《行政区划管理条例实施办法》也明确提出,改革方案需附有相应的风险评估报告。有效防范经济风险,需要从以下两个方面努力:其一,在学术研究中,进一步提升行政区划改革绩效评估的精确度;其二,在改革过程中,进一步提高行政区划改革决策的民主性与科学性。

一、经济绩效的学术评估

囿于不完全信息以及时空条件的变化,各级政府都难以精确预测具体行政区划改革的经济绩效。有关经济绩效的学术研究针对某类改革进行综合性评估,可为未来行政区划改革及其风险防范提供理论指导。目前,学术界的相关研究仍然存在诸多分歧,可从指标选择、样本数据、计量方法等方面入手,提高绩效评估的精准性,从而为化解潜在的经济风险提供科学基础。

(一)改进测量方式的指标选择

在现有研究中,行政区划改革绩效评估结果参差不一,甚至大相径庭。造成这一矛盾现象的原因很大程度上是测量指标的选择不同。未来的学术研究需要不断改进测量方式,推进不同视角下的绩效评估研究的理论对话。具体有三种可能的方式。

一是单一指标的广泛性测量,即选定单一指标体现经济绩效且样本量丰富。目前,有不少研究选用人均 GDP(纪小乐等,2018;李一花、李齐云,2014;

史宇鹏、周黎安,2007;Li et al.,2016;Tang & Hewings,2017)作为因变量衡量改革的经济绩效。单一的指标选取便于不同研究的横向对比,但缺陷在于单一指标的解释力度有限。比如,研究乡镇撤并对农村经济增长的影响(贺大兴,2012),仅使用人均实际收入来衡量,恐怕有所不足。因此在单一指标的选择中,需要依据已有文献或者理论推演确定指标与经济绩效之间的函数映射关系,确保指标的释义范围能够与研究问题中的经济绩效整体重合,增加指标选择的可信度。

二是依据绩效的某一维度进行多个指标选取。比如,衡量绩效中的经济增长时,从多个指标进行测量(李郇、徐现祥,2015;刘冲等,2014;王贤彬、谢小平,2012)。多个指标有助于尽可能覆盖单一维度的外延,并强化其中的因果机制分析。但在多个指标的选取过程中,需要注意不同指标之间是否存在一定的相关性,需要在基准回归中考虑代表指标的变量是否会在不同的回归方程中被视为遗漏变量。因而在讨论多个指标变量时,研究者应适当地将所有研究的因变量纳入同一方程进行回归分析,从而提高指标选取的准确性。例如研究县(市)改区的经济绩效时,待研究的指标有人均 GDP、人均财政收入、工业总值等时,研究者需适当考虑将上述指标同时纳入回归方程,避免单个回归方程中潜在的遗漏变量问题。

三是结合绩效的多个维度选取指标,进行复合型测量,进一步增加信息量。比如,在分析省直管县的政策效果时,囊括行政效率、经济发展、财政自给三个维度(徐绿敏,2015);在衡量撤县设市的绩效时,纳入经济增长与政府活动两个维度 8 个指标(Fan et al.,2012)。在指标的赋值时应采用通行或近似做法,从而提高估计系数横向对比的可能性,进而强化文献之间的对话。在多个指标的选择过程中,可以根据实际情况对多个指标进行计算生成新的指标。例如,测量市域行政区划改革对辖区工业企业的影响时,不单独考虑职工人数、固定资产净值、固定资产投资、主营业务收入等多个维度的指标,而是采用 OP(最小二乘)法或 LP(最小积)方法将上述指标统一计算成为全要素生产率(TFP),从而最大化利用测量指标的样本信息。或者,采用熵值法、数据包络法、层次分析法等多种方法,根据研究的具体情况将多个指标整合为一个指标,从而增加指标的信息量。

(二)改善绩效测量的样本数据

样本改良是尽量减少测量偏差、实现绩效清晰化的基石。可以从以下三个方面入手。

一是校正样本偏误。绩效研究普遍使用官方统计数据,但需要注意不同年份的统计指标可能存在缺失以及统计口径不一,需进行适当换算与补齐,增加样本数据的内在一致性。具体而言,除充分收集各地统计局发布的统计年鉴外,还需要适当收集各地的年度经济社会发展报告,提供额外的信息支撑。同时,充分利用专项调查(如人口普查、工业普查、经济普查等)数据作为补充,扩展经济绩效评估数据的宽度与广度,并增强可信度。

二是寻求替代数据。学界对统计数据真实性的批评由来已久(Holz,2014)。在有关经济发展的研究中,灯光数据是一个不错的替代选项。灯光数据可以作为经济活动的替代指标(Chen & Nordhaus,2011;Henderson et al.,2012;Hodler & Raschky,2014),并延展至行政区划领域(卢盛峰等,2018)。在对行政区划改革绩效的研究中,有学者使用灯光数据以减少对经济增长的测量误差(唐为,2019;Liu et al.,2019;Ma & Mao,2018)。但值得注意的是,灯光数据与 GDP 增长相关而非与 GDP 存在对应关系(唐为,2018)。除灯光数据外,还可以充分结合其他类型的卫星图像数据,例如土地利用类型、基础设施数量等。在研究重庆直辖的经济绩效时,Jia et al.(2021)使用 Google Map(谷歌地图)中的卫星图像对空间范围内道路、学校、医院的分布情况进行提取计算,作为公共物品供给的数据。在未来的研究中,研究者可充分结合卫星图像数据对具体问题展开研究。

三是拓展样本数据范围。在纵向上,增加样本的时间跨度,以便判断绩效的持续时间。在横向上,扩展样本的观测单位,并促使样本层级与研究的建制层级相对应,强化样本的代表性。

(三)强化因果推断的方法运用

根据民政部《行政区划管理条例实施办法》的要求,改革动议中的风险评估与专家论证都需分析改革将带来的影响或经济社会效应,且改革后也需提供包含"行政区划变更的影响和初步效果"的报告。原有的多元回归分析方法是社会科学对自然科学随机控制实验的模拟,但在因果分析中难以解决误差项问题,更多被视为一种相关关系(李宝良、郭其友,2019)。因此,解决回归中的内生性问题极为重要。改革可视为政策干预,绩效评估即测算干预效果,可采用潜在结果模型(potential outcomes model)(Rubin,1974;李文钊,

2018）评估其中的因果效应。该模型又名反事实框架（counterfactual framework），采用分配机制以近似随机的方式将控制组（未受改革政策影响的样本）视为干预组（受改革政策影响的样本）的"反事实状态"，形成"准自然实验"，以测算改革的因果效应。以县（市）改区为例，A县改为A区的政策效果（改革绩效），应比较A区与反事实"A县"（未改区的潜在结果），由于无法观察到反事实状态下的"A县"，因此需纳入未改区的B县、C县、D县等近似构建"A县"，从而衡量改革绩效。潜在结果模型与解决内生性问题的思路殊途同归，共同形成了诸如DID、RDD（断点回归设计）、PSM（倾向值匹配）等方法。可见，在研究改革绩效时，应当始终坚持因果导向，始终以构造改革的"反事实样本"为目标，寻求合适的识别方法实现"准自然实验"的控制。

计量方法将直接影响评估的准确性，因而方法优化是绩效清晰化的重要措施。根据已有的研究成果，存在以下三种优化的方式。

一是多种方法结合，提高识别策略的有效性。例如将PSM与DID结合，使用PSM尽量减少DID中的选择偏误，以提高随机性与同质性的可信度，但该方法应更多用于稳健性检验而非主效应回归。此种结合方法在省管县（贾俊雪、宁静，2015）、县（市）改区（游士兵、祝培标，2017；Tang & Hewings，2017）、撤县设市（Wang & Yeh，2020）等改革绩效评价中均被使用。稳健性检验可以引入其他方法检验政策效果。比如在研究省管县时，使用DID与IV（工具变量）两种方法研究政策效果（刘勇政等，2019；Jia et al.，2020），以增加结论的可信度。

二是可增加RDD与SCM的使用。目前，RDD的使用较少，仅在撤县设市（刘晨晖、陈长石，2019）与县（市）改区（Liu et al.，2019）中使用。该方法的困难之处在于，寻找合适的外生冲击且有诸多规范（谢谦等，2019；余静文、王春超，2011）。2016年以来《设立县级市标准》《设立县级市申报审核程序》的出台，有可能成为RDD研究中的外生冲击。在分析单个地区（案例）的改革绩效时，SCM则是较为理想的选择。单个地区（案例）的观测性数据通常以小样本为主，而SCM恰可利用少量案例实现控制组与处理组的构造，一般有15个案例即可使用（Abadie et al.，2015；蒋建忠、钟杨，2018）。修正合成控制（modified synthetic control，MSC）方法及其改良（Li，2020）进一步扩展了SCM的使用范围，是未来政策绩效评估的可能方向。

三是meta-analysis（元分析、荟萃分析）的引入。该方法收集、整合已有的不同研究结果,并采用特定的设计与统计方法得出更为综合普遍的结论。这一方法在国内经济学与管理学领域已有一些运用,但仅限于讨论省管县体制与经济增长两者的关系层面(郭艳娇、王振宇,2018),尚未扩展到行政区划改革的其他领域。正如 Swianiewicz(2018)呼吁使用 meta-analysis 以总结分析已有的研究成果一样,国内理论界也应强化该方法的使用,从而在整体上评估市域行政区划改革的经济绩效,为决策者设计改革方案提供借鉴参考。

二、改革方案的科学决策

市域行政区划改革存在不确定性,科学的改革方案有助于减少潜在的经济风险,降低改革对地方经济社会发展的负面影响。在改革的决策中,一是要充分汲取地方知识,引入专家群体强化改革方案的科学论证,二是在改革方案中重视制度转轨过程,防范由制度摩擦造成的经济风险。

(一)改革方案的科学论证

不同的行政区域在地理环境、人文景观、气候条件、风土人情等方面都可能存在差异。市域行政区划改革需要充分考虑此类地方知识,在层层上报的统计数据之外,更多了解空间范围内的社会关系网络、群体独特的话语体系、主体之间的交易联系等,最大化地为决策者提供清晰翔实的社会图景。同时,主动引入专家团体,提供专业化的知识、经验与理论分析工具,优化调整市域行政区划改革的方案。

一是深入实地调研。根据具体的市域行政区划改革措施,深入基层社会获取第一手的经验材料与情感体验。例如在乡镇撤并中,如何选择镇政府驻地、如何设立居民办事处、如何调整产业园区位置等都需要详细考察各乡镇的常住人口、村庄的交通条件、当地居民的风俗差异,了解区域内群体的真实需求,并在多种需求中寻求各方利益的平衡,从而减少改革方案实施的阻力,降低其中的经济风险。在获取地方知识的过程中,应当充分激活地方社会网络,从当地社会网络的关键节点出发,由点及面获取所需的信息。例如在调研中,充分发挥基层党代表、人大代表、政协委员、村干部、企业家等关键人物的作用,降低融入地方话语、获取地方知识的交易成本,从而有的放矢地获取改革方案所需要的地方知识,节约潜在的信息搜寻与获取成本。在 1996 年余杭、萧山六个乡镇划入杭州市区的改革中,杭州市委、市政府的负责人员深入改革乡镇查看行政边界的交界地段,听取萧山市委、市政府的汇报意见,对既有改革方案进行适当调整,将即将并入杭州市区的三个村重新划回萧山市管辖(杭州市政协文史委员会,2018:46-54)。

二是强化改革方案的专家参与。总体上,市域行政区划改革属于政府内部决策事项,但在方案制定过程中,需要行政区划改革专家的介入。也就是说,在内部讨论和方案论证过程环节,引入外部智力支持。在实践中,可以由省级政府牵头组织,设立行政区划改革专家库。相对来说,专家可以超脱不同主体的具体利益纠葛,为改革方案提供科学的论证,也为具体改革举措提供内在的逻辑指引和经验证据。比如在县(市)改区的方案论证中,除邀请公共管理学、法学等领域的专家外,还可以邀请区域经济学、产业经济学等领域专家的参与,帮助评估县(市)改区对地方经济或产业发展的影响与风险,从而最大化地降低县(市)改区可能产生的负面影响。

(二)制度转轨的磨合过渡

在市域行政区划改革中,除了驻地搬迁、辖区范围变更、名称变更,其余的改革方式均涉及原有政府制度的变更,涉及新制度的引入与旧制度的隐退。需要注意的是,原有制度可能引发路径依赖,新的制度安排可能存在制度摩擦。如果制度摩擦难以得到实质性解决,就可能引发潜在的经济风险,比如经济要素流失或财政收支失衡。因此在行政区划改革中,需要适当进行制度转轨的磨合过渡,从而防范由制度摩擦产生的经济风险。

县(市)改区过程看上去只是名称上从某某县(市)改成了某某区,但实际上存在制度安排的较大变化。在直辖市和副省级城市,其下辖或代管的县(市)与市辖区的行政等级不同,所以县(市)改区相对容易(区的地位更高)。在普通地级市,县、县级市和市辖区这三者的行政等级虽然一致,但权责存在不小的差异,如表2.27所示。

表2.27 市辖区、县、县级市之间的差别

比较项目	市辖区	县	县级市
独立性	弱	强	强
行政隶属关系 (与所属地级市)	直辖	领导	代管
财政税收权限	由市级统筹	独立	独立
财政支出责任	由市级统筹	独立	独立

续表

比较项目	市辖区	县	县级市
土地利用（指标分配、土地征收与出让）	由市级统筹	较独立	独立
社会经济管理权限	由市级统筹	独立	独立且更自主
发展规划	由市统一	独立	独立
职能部门独立性	相对不独立（分局）	独立	独立

资料来源：根据相关文献对县、县级市、市辖区的比较分析总结。可参见：陈科霖（2019）；匡贞胜（2020）。

　　县与县级市改为区后，原有在财政、土地、规划方面的权限被极大缩减，自主性与独立性均受到影响（林拓、申立，2012）。原有的制度及其政策需要重新适应新的体制结构，可能产生潜在的经济风险。因而，设立制度转轨的过渡期极为重要。杭州在 2013 年申请富阳、临安撤县（市）设区的过程中，提出 5 年内"三不变"，即保留两地享有地市一级部分经济管理权限，原有的管理权限和原享有的其他地市级管理权限基本不变，按现行省对县（市）的分税制财政体制结算标准由市对两地进行具体结算。南通在 2009 年的通州撤市设区过程中，提出除国土、规划、区域经济协调发展的重大管理事项的权限上收外，现行的体制与经济社会管理权限在 3 年过渡期内原则上保持不变。可见，设立一定的过渡期已成为防范经济风险的重要举措。整体而言，过渡期主要从财税管理体制与经济社会管理权限这两个方面进行设置（如表 2.28 所示）。通过在这两个方面设立过渡期，为制度转轨提供一定的磨合时间，避免潜在的经济风险。此类做法已经在部分地区得到推广，比如广西制定了《关于撤县（市）设区过渡期财政管理体制有关问题的通知》，明确 5 年内原有的财政管理体制不变。当然，除县级层面的改革外，乡镇撤并也可以设立相应的过渡期，对民生紧密关联的公共服务和社会管理事项进行授权，确保部分新成立的办事点依旧具有相关权限，方便周边群众办事。

表 2.28　财税管理体制与经济社会管理权限的过渡内容

过渡类型	详细内容	实例
财税管理体制	市、区固定财政收入分成	房产税、印花税、土地增值税、车船税、烟叶税和其他税收收入,以及未纳入省、市分享的区级政府收取的行政事业性收费收入、政府性基金收入、罚没收入等非税收入
	市、区共享税收分成	企业所得税、环境保护税、个人所得税、资源税、城镇土地使用税、增值税、城市维护建设税、耕地占用税、契税
	转移支付测算	省对县(市)转移支付比例(测算基数)、市县转移支付比例(测算基数)
	政府性债务分配	城投平台债务划定时间点确定
	区域财税资源分配	工业园区、经济开发区内部财政税费收入的分成
经济社会管理权限	经济建设管理	投资审批、项目建设审批、企业税收政策制定等
	国土资源管理	集体土地征收与补偿执行标准以及国土资源审批、管理和执法权限
	城乡规划建设管理	旧城改造、棚户区改造、国有土地上房屋征收、园林建设、房地产开发、市政基础设施、公用事业以及与工程建设相关的各类管理、行政审批、监督检查、行政执法、信访处理等职责
	交通运输管理	路政管理、运输管理的行政审批和行业监管,以及城市客运交通管理等
	医疗卫生及教育事业管理	医疗卫生机构管理体制和承担的职能职责、教育投入补助、公办学校的归属等

资料来源:根据公开资料整理而成。

三、风险管理的流程再造

市域行政区划改革不仅影响行政建制变更、行政边界划定、隶属关系调整等,还实质性地推动了区域制度结构的变迁,对地方经济的发展存在不确定的影响。囿于人类的有限理性与信息的不完备,任何市域行政区划改革都无法完全规避潜在的经济风险。市域行政区划改革需要未雨绸缪,再造风险管理流程,尽可能规避相关改革产生的经济风险。

(一)完善经济风险管控流程

市域行政区划改革经济风险的暴露需要一定的时间,改革的"逆向调整"可能性整体偏低且存在时间间隔。因此,需要完善经济风险管控流程,将潜在经济风险的影响最小化,从而使改革的预期目标顺利实现。

经济风险的管控流程主要包含三个步骤,风险表征的清晰界定、风险规模的预测评估与风险应对的工具选择(如图 2.13 所示)。风险表征的清晰界定是指经济风险表征出现后,及时识别潜在问题并对其进行类型化、清晰化界定,从而为后面的风险评估做准备。风险规模的预测评估由两个部分组成,一个是预测经济风险的可能趋势,另一个则是评估其可能的规模大小。并且,采用货币化的方式进行量化分析,从而为风险应对决策提供数据支撑。风险应对的工具选择则是指采用成本收益分析法,或是根据已有的经验汇集或类型总结,有针对性地选择合适政策工具加以预防或解决。由于经济风险在暴露时间长度、信息获取难度、应对工具选择等方面均存在差异,因此在图 2.13 中,三个步骤均可根据经济风险的实际特征直接进入应对决策环节,并根据新的信息不断回撤至上一个流程进行重新评估或改进,从而更好地将经济风险的负面影响控制在一定范围之内。

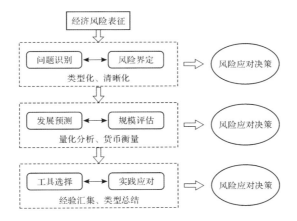

图 2.13　市域行政区划改革经济风险的管控流程

（二）构建经济风险评估体系

根据《行政区划管理条例实施办法》的规定，地方政府提交的风险报告需要包含以下主要内容：（1）行政区划变更的合法性、可行性、风险性和可控性；（2）行政区划变更对当地及一定区域范围内的人口资源、经济发展、行政管理、国防安全、民族团结、文化传承、生活就业、社会保障、基层治理、公共安全、资源环境保护、实施国土空间规划、机构调整和干部职工安置等方面可能造成的影响，以及可能引发的问题；（3）行政区划变更的主要风险源、风险点的排查情况及结果；（4）拟采取的消除风险和应对风险的举措；（5）风险评估结论；（6）其他与风险评估相关的内容。经济风险评估的主要任务在于，一是对现有的经济风险表征进行预测分析，二是为后续的风险应对决策提供经验证据。因而，需要根据市域行政区划改革的实际情况，构建经济风险评估体系，帮助识别潜在的经济风险，从而最小化可能造成的损失。

市域行政区划改革经济风险的综合评估体系，详见表 2.29。其中，内源性经济风险是指制度变革过程中内生的风险，而外源性风险是指制度变革可能诱发的经济风险。作为重要的制度变革，市域行政区划改革不仅重塑了各级政府的组织体系，也会引起市场与社会主体的多种回应，如资本要素与人口要素的流动。如要更细致地定义和识别风险，则需根据具体的改革政策而定。例如，在乡镇撤并中更需要考虑人口流动与小微企业的发展；在县（市）改区中更需要注意土地资源与财税收支的变化。另外，各地还需依据自身情境判断哪些经济风险的影响更为关键，进而对症下药。也就是说，具体的数值或权重依赖地方偏好和综合判断。

表 2.29　市域行政区划改革经济风险综合评估体系

经济风险类型划分	经济风险要素分类	经济风险具体要素	主要指标	具体衡量指标
内源性	土地要素	土地储备	土地收购成本	土地收购成本的变化率
			土地开发成本	土地开发成本的变化率
			土地出让收益	土地出让收益的变化率
		土地指标	土地指标变动	新增土地指标的变化率
	财税要素	税收指标	税率变动	各项税率的变化率
			税收分成	各级政府间分成比例变化
		财政指标	财政预算收入	财政预算收入变化率
			财政转移收入	财政转移支付变化率
			财政自给率	财政总收入与总支出之比
		债务指标	国债	国债依存度和国债偿债率
			负债率	债务本息与财政收入之比
			借债能力	借债利率的变化
外源性	资本要素	资本指标	外资流入度	境外投资占社会总投资的比重
			资本流入度	外地投资占社会总投资的比重
			资本流出度	资本流出额与流入额之比
	人力要素	常住人口	常住人口比例	常住人口与总人口之比
		人口比重	社会抚养比	（老龄人口＋未成年人口）/劳动力人口
			劳动力比重	15—64岁人口占总人口的比重

续表

经济风险 类型划分	经济风险 要素分类	经济风险 具体要素	主要指标	具体衡量指标
外源性	产业要素	产业指标	产业比重	三次产业各占产业总值的比重
			产业规模	产业投资规模变化
				产业产值总量变化
				产业就业规模变化
			产业成长度	产业增长率
				产业需求收入弹性
			产业空间区位	区位熵
				比较优势系数
			产业开放度	产业区际商品率
				产业外贸依存率
			产业可持续发展	技术投入占总投资的比重
				环保投资占总投资的比重
				产能消耗水平
		企业指标	企业发展	新进企业数量变化率
				新增就业人数变化率
				企业外迁数量变化率
		地产指标	房价收入比	房价与家庭年收入之比
				每平方米房价与个人月收入之比
			房屋租售比	每平方米租金与每平方米售价之比
			地产投资	房地产投资占社会总投资的比重

资料来源：在夏南凯（2016）基础上进行了修改、补充和完善。

第三章　市域行政区划改革的政治风险及防范

　　行政区划是国家对所统治区域的划分,在既定的政治目标与管理需求下,在国土上建立起一个由若干层级、不等幅员的行政区域组成的体系(周振鹤,2001;浦善新,2006:6)。作为中央管理地方、中央集权或地方分权的重要手段,行政区划从古至今都是国家政治的核心环节,本质上永远都是政治的决策与权力的重置(周振鹤,2017)。也就是说,政治属性是行政区划的根本属性。

　　市域行政区划改革是一项集政治统治、资源配置、社会治理功能于一体的系统性改革,包含着中央政府与地方政府、上级政府与下级政府、政府与市场、政府与社会等各方的复杂博弈,牵一发而动全身。改革开放以来,我国行政区划调整指导逻辑从政治—统治逻辑逐渐转向经济—发展逻辑。近年来,市域行政区划调整开始越来越重视治理—服务逻辑(叶林、杨宇泽,2017)。但是,这并不意味着行政区划改革中政治—统治逻辑的淡出。恰恰是因为国家政治统治格局的持续稳定,才有经济—发展逻辑与治理—服务逻辑的崛起和转向。当前,政治—统治逻辑只是趋向于"稳定的隐蔽",绝非一般意义上的淡化或弱化。换言之,政治—统治逻辑依然是市域行政区划改革的根本逻辑,依然需要密切关注政治风险。

第一节　市域行政区划改革的政治风险概念及类型

一、政治风险的概念和特征

政治风险是指政治安全受到各种不良因素影响,并将引发政治危机的可

139

能性。政治风险介于政治安全和政治危机之间，是政治安全向政治危机转变的一种过渡状态（吴辉，2020）。我国的政治体系主要包括国家主权、国家政权、意识形态、政治制度、政治秩序等维度（景跃进，2016）。因而，政治风险是指国家主权、国家政权、意识形态、政治制度、政治秩序等方面的安全受到各种侵袭、干扰、威胁和危害的可能性。与之相对应，本章将市域行政区划改革中可能发生的国家主权风险、党的执政风险、意识形态风险、政治制度风险和政治秩序风险称为政治风险。

政治体系是一个具有特殊输出功能的能动系统，同其他系统如经济系统或文化系统有显著区别。政治体系能够把这个系统的所有强有力成员的愿望、希望、见解等转变成具有约束力的决定（米勒、波格丹诺，2002：575-576）。同其他领域的风险相比，政治风险具有更为根本性的特点，甚至对其他领域的风险及防范起到决定性作用。具体来说，政治风险具有以下几个特征。

1. 潜在性。风险是可能的危机和灾难。因此，政治风险与现实中的政治危机和灾难不是一回事，而是一种潜在的可能性。在发展为实实在在的政治危机之前，政治风险不会对现有的国家政权、政治制度和政治安全构成大的威胁，也不会引起大的社会动荡。只有当政治系统中矛盾的双方或多方的关系表现为强烈冲突状态时，政治风险才会显著地呈现出来。此时，政治风险也就转换成了现实的政治危机，其潜在性随之转换为显著性。

2. 传导性。绝大多数政治风险不是孤立出现的，大都与其他风险相互交织，形成一种综合作用于政治、经济、社会、文化等方方面面的复杂性危机。随着全球化和信息技术的迅速发展，政治风险的传导性又经由互联网被显著放大，产生一系列连锁反应。一方面，其他类型的风险容易传导到政治领域，如经济领域、社会领域的一个小爆发点如果处理不好，就有可能酿成席卷全国的政治风暴。如美国的弗洛伊德事件，最初是一位白人警察在执法过程中致使黑人公民死亡的社会事件，经由互联网放大后，引发全美有关种族问题的大游行和大讨论。另一方面，政治风险在空间中的传导性也不容忽视，一个地区的政治风险有可能引发其他地区的政治风险，某一方面的政治风险有可能引爆其他方面的政治风险。此外，政治领域的风险一旦传导到其他领域，将引起经济、社会、文化等领域的巨大风暴。

3. 破坏性。虽然政治风险是潜在的，并没有发展成为现实的政治危机，但如果重视不够、防范不足，极有可能转化为现实危机。而且，风险转化为危机的速度有时候非常迅速，如果相关方准备不充分，极有可能在政治危机发生时毫无招架之力，这会对国家安全和党的执政造成不可估量的破坏。因此，无论何种类型的政治风险，都必须加以重视，防微杜渐并严加防控。

4.客观性。人类社会的前进是一种趋势，但现实道路包含着风险与危机。我国在新时代面临复杂多变的国内和国际形势，发展和安全环境都发生了很大的变化，各种可以预见和难以预见的风险因素明显增多，如果得不到及时有效控制，都有可能演变为政治风险，对国家安全、党的执政地位、广大人民群众的安全造成严重威胁。也就是说，政治风险是人类社会的客观存在，有其自身的变化规律，不以任何政治主体的意志为转移。我们必须客观、理性地面对各类政治风险并加以防范。

二、市域行政区划改革的政治风险类型

新时代，国家战略对空间格局的影响不断加深，区划调整不再只是解决区域经济发展问题的行政工具，而是作为系统性工具在整体上为国家治理现代化奠定空间基础（林拓、申立，2015）。尤其是高层级的政区如省、直辖市的设置或变更、边疆民族地区的调整等，与国家统治或安全稳定密切相关，其给国家政权稳定带来的风险较之一般市域行政区划调整来得更大（林拓、申立，2016）。

市域行政区划改革实际上是一个政治过程，涉及市域范围内权力关系的重大调整和利益资源的大规模重置，不可避免地会对各相关群体产生深远影响。同时，各利益相关群体也会基于自身在权力结构中的位置和能力，对改革过程施加或大或小的影响。实践证明，市域行政区划改革会对地区经济发展、公共物品供给以及社会公平产生长期的结构性影响。对照政治风险的意涵，市域行政区划改革中的政治风险主要有以下几类。

1.市域行政区划改革的决策封闭导致民众参与不足，引发政治合法性风险。政治合法性（political legitimacy）是指政府基于被民众认可的原则实施统治的正统性或正当性。简单而言，就是政府实施统治在多大程度上被公民视为合理的和符合道义的。当大多数民众认为政府实施统治（包括使用武力威胁）是正当的，也就是政府具有合法性的时候，民众对政府的统治会自觉服从。当大多数民众认为政府实施的统治是非正当的，其统治行为就容易造成国家统治风险，危及根本政治秩序。在实践中，我国市域行政区划改革的决

策相对封闭,在国务院和地方政府正式发布批复前,普通老百姓乃至涉及区划调整的部分地方政府都难以获知准确信息。因缺少利益表达的渠道和途径,民众的参与有所缺失,这会损伤民众对政府的信任度和政策的合法性,也可能造成民众对行政区划改革的认同度不高,从而带来政治合法性风险。

2. 市域行政区划改革中政府间的博弈关系复杂,引发政治目标偏移风险。行政区划改革不仅是行政区名称的改变、地域的划分、驻所的迁移,还涉及政府层级的变化、权责的分配和利益相关者之间的利益冲突。在行政区划调整过程中,如果不能协调好不同主体之间的利益关系,就容易引发政治风险。尤其是在人口众多、辖区较大的省(市),由于地域文化的认同性和差异性,强制性的行政区划调整可能导致文化不兼容甚至形成文化冲突,增加政府管理难度。行政区划调整引发的地方政府利益冲突,则源于行政区权力归属和利益分配的竞争性,主要表现在以下三个方面:一是在组织层面上,部分地方政府为维护既得利益和权力,导致县市争权的现象(吴金群,2016、2017);二是在个体层面上,由于行政区划调整引发相关人员职位变动、待遇变化而引起体制内部分工作人员的不满(匡贞胜,2020b)。值得注意的是,大范围个体层面上的不满情绪累加,还容易造成体制机制的混乱,甚至某些工作条线的瘫痪。三是在目标导向上,盲目追求经济增长容易引发行政区划改革的异化。改革开放以来,随着经济—发展逻辑的迅速崛起,行政区划调整很大程度上演变成地方政府追求经济快速增长的行政工具(叶林、杨宇泽,2017)。地方政府常常以"理性经济人"的部门利益和地方利益替代公共利益,从而引发政治目标偏移。

3. 市域行政区划改革中经济社会等各类风险传导至政治领域,引发叠加性风险。如前所述,政治风险的一个突出特点是传导性。市域行政区划改革中的社会风险、经济风险或其他风险可能传导蔓延至政治领域,最终叠加酿成政治风险。如1994年浙江省黄岩(县级市)撤市设区成为台州(地级市)的市辖区,引起原黄岩市干部群众的强烈抗议。在1994—2004年长达十年时间里,该地区人大代表和群众在每年两会期间,通过不同程度的罢会、罢官、休会等形式,要求黄岩恢复县级市建制。该事件的起因源于当地干部群众对行政区划调整的不满,进而从社会领域蔓延到政治领域,以扰乱当地两会节奏的形式展现出来,并且延续了十年之久,对当地政府的合法性基础造成了严重损害,并影响了地方政治体系和公共管理的正常运行。

近年来,全国范围内城市竞争的加剧导致市域行政区划改革的内卷化。行政区划调整作为一种简便易行的整合资源、发展经济的行政工具,似乎不再那么奏效(匡贞胜,2020b)。同时,大规模撤县设市、撤县(市)设区可能带来的风险引起了中央的重视。2021年,国家发展和改革委员会提出"慎重县(市)改区"。2022年政府工作报告提出"提升新型城镇化质量,严控撤县建市设区"。随后,国家发展和改革委员会印发的《2022年新型城镇化和城乡融合发展重点任务》提出,"要优化行政区划设置,慎重从严把握撤县(市)改区;严控省会城市规模扩张,确需调整的要严格程序、充分论证;稳慎优化城市市辖区规模结构"。本书其余章节对市域行政区划改革的经济、社会、生态、文化风险进行了详细论述,因此,本章主要聚焦于封闭决策带来的政治合法性风险以及政府间博弈带来的政治目标偏移风险两大类。

第二节 市域行政区划改革的封闭决策和有限参与

行政区划是中央政府对所统治的区域进行有层级的划分而形成的政治空间,其终极目的是维护统治的稳定,带有鲜明的政治色彩。理论上,中央政府是行政区划改革的决策者,地方政府只是执行者。但事实上,任何一个政治空间都不是凭空划定的,要受到自然区、文化区、行政区、经济区等各种因素的影响。因此,行政区划改革不但关涉宏观层面的国家利益,也与微观层面的地方利益息息相关。

作为一种资源配置的行政手段,市域行政区划调整涉及地方的权、责、利重新划分,牵一发而动全身。无论是对地方发展还是人们的日常生活,都是一项影响深远的重大公共决策。党的十九大报告明确提出:"有事好商量,众人的事情由众人商量,是人民民主的真谛。"然而,我国市域行政区划改革作为一项涉及广大人民群众切身利益的"众人之事",其决策过程却始终处于高度封闭状态,不仅地方政府无权自主决定,普通民众更是难以获悉相关信息。现有研究主要聚焦在市域行政区划调整的类型、动因与目标(罗震东等,2015;龙宁丽,2015;张践祚等,2016;朱建华等,2015),经济、文化与公共服务等方面的影响(陈浩、孙斌栋,2016;高玲玲、孙海鸣,2015;才国伟等,2011;李郇、徐现祥,2015;金中坤、徐伟,2015;唐为、王媛,2015;谭之博等,2015;陈思霞、卢盛峰,2014;刘佳等,2012),对"为什么要调整"以及"调整之后怎么样"进行了充分的研究与讨论,但对行政区划改革决策过程鲜有涉及,更无人探究决策过程高度封闭背后的深层逻辑。

改革开放以来,我国的市域行政区划改革与城市化进程密切相关,在拓展城市发展空间、优化资源配置、提升城市化水平等方面发挥了重要作用(罗震东等,2015)。但是,随着市域行政区划改革导致的城市空间社会分化、空间正义缺失等现象凸显,以经济增长为主导因素的区划调整愈发受到公平正义等价值正当性的质疑(顾朝林,2018)。即使市域行政区划的动议强调对地方经济、人民生活的种种利好,但在实践中仍不乏调整多年依然"改而不变"的案例,如杭州萧山、南京江宁、常州武进等。这些地区虽已在行政区划上撤县(市)设区,但在相当长的时期,仍然维持原有的制度框架,其公共服务、城市规划、财政体制自成一体,与主城区的融合度相对较低。更有甚者,行政区划调整遭遇地方政府及民众强烈抵制,引发大规模群体性事件,比如2013年浙江湖州长兴抗议撤县设区等(刘俊,2013)。中央政府出于社会稳定和经济发展的双重需求,在政策文本中反复强调重大公共决策要扩大公众有序参与,但地方政府开放决策过程的主动性依然普遍不足(张海柱,2017;袁博,2013)。与此同时,我国公民政治权利认知及维权意识不断增强,但参与渠道有限、参与获得感不强。总的来说,在开放公众参与这件事情上,地方政府不情不愿,社会公众不甚满意,实际效果不尽如人意。

我国2019年施行的《行政区划管理条例》,特意增加了行政区划调整需"征求社会公众等意见""充分协商"等要求(第十三条)。可以说,我国市域行政区划改革作为一项重大公共决策,其高度封闭的决策过程既缺乏正当的价值支持,也缺乏充分的民意基础,同时还承受着来自中央政府的政治压力。这样一项事关广大人民群众切身利益的重大公共政策,陷入了实践中高度封闭、理论上少人问津的尴尬境地。

一、市域行政区划改革封闭决策的制度空间

市域行政区划改革实质上是对地方利益的权威性分配,具有一般公共决策的本质属性和特征,也需要满足对"公共性"的价值正当性要求。学者们对"公共决策"概念的定义略有差别,但普遍认为公共决策的核心要义在于增进"公共利益"(邓恩,2011;戴伊,2009;陈振明,2015年)。公共的权力应该且必

须在公共的轨道上运作,以增进公共的利益,这不仅限于知识界的学理论述,也已在很大程度上演变成一种广泛的公众信念。与此相悖的是,我国市域行政区划改革的决策过程往往处于"政治高压"或"绝对机密"状态中,学界对其过程性的研究也几乎是一片空白(张践祚等,2016)。在市域行政区划改革中,各级地方政府出于自身利益考虑,屡屡出现"以公共利益之名,行资源争夺之实"的现象,导致调整的结果不尽如人意,甚至出现大的社会失序。然而,看似缺乏价值正当性的行政区划改革封闭决策,长期存在并延续至今。

（一）在宏观层面上,压力型体制成为市域行政区划改革封闭决策的制度背景

改革开放后,"以经济建设为中心"成为党和国家在社会主义初级阶段的工作重心。从 20 世纪 80 年代开始,中央不断简政放权,以"分权"为核心实施了一系列行政体制改革,充分调动各级地方政府在经济建设中的能动作用。这种重构行政体制以适应现代化发展需要的一系列变革,导致中国的政治体制从集权的"动员体制"过渡为分权的"压力型体制"(荣敬本,1996)。概括地讲,压力型体制就是在经济发展的压力下利用行政垂直权力,以政治经济奖惩为动力杠杆,以责任制为操作路径,将压力层层下压的行政决策和执行模式(杨雪冬,2012)。

在这一体制下,地方政府至少面临三重压力:第一,被中央政府层层发包地给予了经济发展的指标和要求,这是一种自上而下政绩要求的压力;第二,必须应对来自周边地区的竞争压力,这是一种横向上发展速度的竞争压力;第三,还要面对当地公众不断增长的各项需求,这是一种自下而上满足公共需求的压力。尽管压力来自不同的方向,具体内容也存在差别,但在经济增长这个目标上,三重压力实现了聚合(荣敬本,2013)。保持经济快速增长,既能完成国家战略任务,又能在区域竞争中脱颖而出,同时与提高地区公众生活水平也直接相关。因此,促进经济增长成为地方政府工作的首要目标。1994 年分税制改革后,中央与地方财权、事权关系进一步明确,逐渐形成了以经济发展政绩为主要标准选拔官员的晋升锦标赛模式(周黎安,2007),GDP 至上的理念为地方政府注入了强大的发展动力。在上述制度环境下,市域行政区划改革被当成一项服务于经济发展的工具。尤其是改革开放之后,发展逻辑逐渐取代政治逻辑,主导了行政区划改革的话语,行政区划调整也主要服务于国家经济建设的目标。

市场经济以生产要素和产品自由流动为前提,资本的流动在空间上是开放的、无边界的。行政区则有刚性边界,各级地方政府都有其特定的权力空间,只能在特定的空间范围内自主处理各项事务,具有局部性和封闭性的特点。在经济发展过程中,行政区的刚性边界会成为阻碍要素自由流动的刚性壁垒,进而制约经济的发展。市域行政区划调整能够在短时间内带来物理空间上的巨大变动,迅速打破行政壁垒,促进市场要素的自由流动。因此,地方政府习惯性将行政区划调整看成优化资源配置的有效方式。本质上,这种思维还是没有摆脱"行政区经济"怪圈。在行政区划调整的决策过程中,"重大公共决策需要充分公众参与"这一原则业已成为社会共识。然而,对压力型体制下的地方政府而言,一方面,封闭决策可以快速达成行政区划调整的目标,是一项具有潜在高收益的重大公共决策;另一方面,封闭决策可以有效规避开放决策带来的低效无效风险,避免了信息公开之后可能引发的社会波动。于是,当"稳定压倒一切"遇到"发展才是硬道理"时,封闭决策过程就成为地方政府一举多得的"最优选"。

(二)在中观层面上,弹性治理给予市域行政区划改革封闭决策的可操作空间

以中央政府为中心的一统体制是中国政体的突出特点,即中央政府对其国土及民众、各个领域和方面有着最高和最终的决定权。在这一体制背景下,资源、权力趋于向上集中,中央政府对资源具有统一的分配和调拨权,但削弱了地方政府解决实际问题的能力(周雪光,2017)。为了应对这一矛盾、降低治理成本、提高治理效率,中央政府也会赋予地方政府相当程度的决策权和自由裁量权,允许地方政府灵活执行中央政策,因地制宜处理地方事务,这为地方政府行为的选择提供了一个充满弹性的自主性空间(何显明,2008)。

基于这样的制度环境,公众参与重大公共决策具有很大的弹性(Oi,1988)。在相当程度上,这取决于中央对地方的激励与约束强度。能不能参与、参与到什么程度基本上由地方政府决定。具体到市域行政区划改革决策中,与旧版《国务院关于行政区划管理的规定》相比,新版《行政区划管理条例》第十三条增加了要求:申请变更行政区划向上级人民政府提交的材料应当包括"征求社会公众等意见的情况"。但是,该条例并没有具体限定或指导地方政府如何征求社会公众意见。地方政府依然可以通过一系列变通方式将自身意志巧妙地融入市域行政区划改革的决策过程,自主选择开放决策的范围、程度,既落实中央的各项精神,又没有暴露明显的程序问题,还促成行政区划的调整,并促进经济的发展。在这种情况下,为了弱化公众参与对市域行政区划改革的影响,快速达成行政区划调整的目标,地方政府会想方设法设计公众参与的渠道或程序,使之符合上级政策规定的同时又不至于对决策的出台造成实质影响。公众参与更多地被视为一种程序与形式的需要,地方政府甚至会想方设法去规避、限制乃至排斥真正的民意表达,最终导致公众参与在市域行政区划改革决策中的虚置或搁浅,造成实质上的封闭决策。

(三)在微观层面上,市域行政区划改革的性质决定了封闭决策具有一定合理性

市域行政区划改革涉及地方政治、经济、文化等资源配置,可能会对公众生活、发展权利、利益分配产生深刻影响。此外,行政区划改革还具有自身的特殊性,主要表现在:第一,政治属性是行政区划的根本属性。从概念上讲,行政区划是指为了实现国家的行政管理、治理与建设,对国家领土进行合理的分级(层次)划分而形成的区域和地方(浦善新,2006)。作为中央管理地方、中央和地方集权与分权的重要手段,行政区划从古至今都是国家政治的核心环节,本质上永远都是政治的决策与权力的重置(周振鹤,2017)。从这个意义上讲,行政区划改革更多应该考虑国家统治和治理的需求。第二,行政区划改革中的多元利益诉求不一定兼容。市域行政区划改革是一项基础性、综合性的改革,涉及范围广、时间长。虽然行政区划的变更或挂牌只是短暂的一个行为,但却会在相当长的时间范围内引发全域范围内的连锁反应。在市域行政区划调整中,经常会出现互不兼容的多元利益诉求,且难以找到折中方案。如果毫无策略性地全盘放开讨论,极有可能找不出一个令各方都满意的方案。第三,行政区划改革绩效具有滞后性和模糊性的特点。与一般公共政策不同,市域行政区划调整是一项"慢热"的改革,其绩效不会随着区划的调整而立即显现,且绩效评估难度大,存在普遍的"绩效悬疑"现象(吴金群、游晨,2022),导致矛盾与冲突呈现历时性特点:有些矛盾会随着改革绩效的逐渐浮现而消弭,有些矛盾却会因为改革绩效的浮现而被进一步感知。因此,在行政区划改革的动议和初期阶段,难以准确预判具体的改革成效,这就大大增加了开放决策的不确定性。第四,行政区划改革的弹性空间小、可逆性差。行政区划调整牵一发而动全身,不可能朝令夕改,也不可能采取分块逐步调整的方式,最多是多方主体协商确定一定的过渡期。虽然现实中也有调整之后发现不合适，再逆向调整回去的案例，但逆向调整一般时间跨度较大，往往有较强的"被动"意味，甚至被认为是前期改革"失败"的结果。

正因为如此，行政区划改革的决策格外重要，最终方案的出台必须慎之又慎。在注重发展的大环境下，很容易出现因追求经济增长，偏向地方主政领导意愿和专家意见，而忽视社会公众利益诉求的倾向。选择相对封闭的方式，将多元互斥的利益冲突排除在行政区划调整决策之外，将矛盾与风险控制在相对稳定的时间和地域，看似保证了社会的整体稳定，也有改革的正向绩效反馈，但在很大程度上牺牲了决策的民主性。也就是说，在当前的市域行政区划改革中，政府依然是绝对主导者，牢牢占据着行政区划调整的话语权，主导着整个决策过程，而社会公众则被不适当地排除在了决策过程之外。

二、行政区划改革中的有限参与：四重参与悖论

市域行政区划改革封闭决策的最重要表现，是将公众参与排除在外。改革中，上至中央政府、下至地方政府，再到普通公众，还有相关专家学者、市场主体等，都以各自的方式扮演着不同的角色。将公众参与排除在决策过程之外，并不意味着公众的态度在市域行政区划调整中无足轻重。因为，即便可以被排除在决策过程之外，也无法被排除在决策结果之外，而且公众态度是影响行政区划改革能否成功实施的重要因素。在实践中，封闭决策呈现出四重"参与悖论"。

（一）风险悖论：为避免风险而排斥公众参与，反而提升了公众对抗的风险

参与一项决策的人数越多，决策成本越高，决策效率越低，带来的不确定性也就越高。因此，地方政府往往认为开放公众参与很有可能会增加决策风险，在决策过程中倾向于将一切可以确定的不确定性吸纳到系统内部，将一切不可确定的不确定性拒之门外（周军，2015），避免将纷繁复杂的利益主体与利益关系暴露于公共视野中，在符合中央及相关法律的要求下尽可能地简化决策过程，排斥公众参与，以提升决策效率。殊不知，这样一来反而会提升公众对抗的风险。

1996年，原浙江萧山市浦沿、长河、西兴3个镇划入杭州市区。方案正式公布后，西兴镇杜湖、湖头陈、东湘3个村反对行政区划变更，向省委、省政府和市委、市政府提出留在萧山的强烈要求，导致其他本就对行政区划调整颇

有微词的 10 个村闻风而动,一时间人心浮动,局面非常紧张。之后,相关领导实地走访,深入了解 3 个村提出该诉求的背后原因,帮助协调当地用水、杭州乐园项目建设、中心小学、围垦土地等问题,同意了他们提出的回到萧山的诉求(杭州市政协文史委员会,2018:209-212)。虽然事情得到了解决,但从中也可以看出,杭州市政府在行政区划调整前未充分征求公众的意见,是导致 3 个村后来提出强烈抗议的重要原因之一。

在类似事件中,市域行政区划改革面临的尴尬在于:一开始,地方政府依照经验和惯例选择封闭决策,主要依赖专家和地方主要领导等精英阶层,对行政区划改革影响公众利益的程度重视不够或估计不足,仅在政府内部小范围公开。在决策过程中,地方政府没有具体分析行政区划改革所涉及的所有利害关系,屏蔽广泛的公众参与和协商讨论,跟利益密切相关的其他区域政府或公众沟通不足,甚至"故意隐瞒",对被撤并的一方封锁消息。行政区划调整方案正式公布后,部分公众惊觉利益受损而被激怒,愤而"维权"。利益受损者不仅仅是公众,还有部分地方政府,尤其是调整过程中被撤并或被分割的一方。此时地方政府需要面对的是一群带有强烈反对情绪的参与主体,陷入极度被动的状态:要么硬着头皮继续行政区划调整的后续工作,付出更大的维稳成本,或寄希望于若干年后行政区划改革带来的利好呈现,自动消解矛盾;要么无法应对"对抗参与"所导致的社会失序,最终"顺应民意",将行政区划调整搁置。无论是哪种选择,地方政府都将承担巨大的社会风险,更不利于决策的贯彻执行,甚至有部分地区在行政区划调整决策出台后依旧若无其事、拒不执行①,比如 2010—2016 年江西共青城市与星子县的乡镇移交事件②、2013—2018 年广西苍梧县政府驻地迁移事件③等,极易导致改革秩序的紊乱。

---

①　一般来说,国务院、民政部批复行政区划变更后,相关地区一年内往往能调整到位,拖长一点也不过两三年,甚至有"先斩后奏"的。但也有"奏后不斩"的,拖个十年八年,甚至拖到国务院、民政部等撤回原行政区划调整决定,这类地区被人们称作行政区划调整的"钉子户"。

②　2010 年 9 月,经国务院批准同意,民政部批复设立共青城市(县级市),并将星子县苏家垱乡、泽泉乡划归共青城市管辖,但星子县一直拒不移交。直到 2016 年 5 月,国务院批复同意星子县撤县设庐山市(县级市),才最终完成移交。

③　2013 年 2 月,国务院批复同意苍梧县人民政府驻地由龙圩镇政贤路 18 号迁至石桥镇东安街 1 号。由于民众反对,直至 2018 年 12 月,苍梧县政府才得以最终迁驻。

（二）体制悖论：人民民主内含公众广泛参与，制度效能需进一步彰显

公众参与是中国特色社会主义民主的必然体现，也是确保人民当家作主的重要形式。我国宪法第二条明确规定："中华人民共和国的一切权力属于人民……人民依照法律规定，通过各种途径和形式，管理国家事务，管理经济和文化事业，管理社会事务。"《中共中央关于制定国民经济和社会发展第十四个五年规划和二○三五年远景目标的建议》也提出："健全重大政策事前评估和事后评价制度，畅通参与政策制定的渠道，提高决策科学化、民主化、法治化水平。"党的二十大报告强调："国家一切权力属于人民。人民民主是社会主义的生命，是全面建设社会主义现代化国家的应有之义。全过程人民民主是社会主义民主政治的本质属性，是最广泛、最真实、最管用的民主……要健全人民当家作主制度体系，扩大人民有序政治参与，保证人民依法实行民主选举、民主协商、民主决策、民主管理、民主监督。"可见，扩大公民有序政治参与是我国建设社会主义民主政治的重要内容，公众参与重大公共决策是发展全过程人民民主的题中应有之义。

让更多的公众参与重大公共决策，不仅可以分摊决策失败的风险，也可以降低决策执行的成本。这是现代政府不断推动公众参与公共决策，并致力于决策质量提升的重要内在推动力（费斯廷斯泰因，2004）。然而，很多决策者并未给广泛的公众参与提供足够的空间。一方面，开放公众参与并不能使地方政府获得显著的晋升或财政等收益；另一方面，地方政府还有可能面对诸多决策效率低下、决策成本提高、无序参与、无效参与等风险（王旭，2016）。在实践中表现为结构性的供需矛盾，呈现出公众参与渠道缺失与闲置并存的吊诡现象。公众参与渠道的缺失在县级及以上行政区划调整中较为普遍，而参与渠道的闲置则在乡镇一级的调整中较为常见。在公众参与市域行政区划改革决策这个问题上，开放参与的内容、形式、时间等都隐藏着深意。分散式协商、选择性吸纳、邀请参与、座谈但不被允许发声、"访"与"防"并重（朱志伟，2020）等一系列操作性策略被广泛运用到实际工作中。

（三）绩效悖论：公众参与少的部分改革决策，却依然拥有良好的实践绩效

公众参与是现代民主政治的重要特征。广开言路、倾听民意，让不同的利益群体顺畅有序地表达意见建议，是提高决策科学化、民主化水平的重要

形式,有利于缓解地方政府与民众之间的矛盾,提高决策合法性(王庆华、张海柱,2013)。但是在我国市域行政区划改革实践中,存在着许多没有充分的公众参与,依然表现出色的案例。主要表现在:一是经济绩效。1978 年以来,我国经济社会和城市化取得了举世瞩目的快速发展,市域行政区划改革功不可没(叶林、杨宇泽,2017)。作为一种简便易行的行政工具,虽然也有负面影响(金中坤、徐伟,2015;李郇、徐现祥,2015),但不能抹杀市域行政区划改革在推进城乡一体化发展、拓展城市发展空间、优化城市治理结构、提升城市治理效能等方面发挥的巨大作用(陈小华,2013)。二是晋升绩效。鉴于城市行政级别附着权力、地位等诸多无形资源,下级行政单位会有强烈的"升级"冲动,通过提升本地区的行政级别,达到提升个人待遇、争取地区发展资源的目的(周伟林等,2007)。在副省级城市的撤县(市)设区中,晋升绩效表现得尤为明显。在改区之前,副省级城市下辖的县(市)主要领导一般为县处级,职能部门领导为乡科级;在改之后,主要领导为局级,其职能部门领导为县处级。也就是说,伴随着行政区划改革,地方干部的行政级别得到了明显提升。三是社会绩效。大部分时候,我国市域行政区划改革并非首先出于改善社会绩效的目的,但在实际效果层面,省管县改革、撤县(市)设区、撤县设市等方式在促进城乡公共服务均等化、提升基础设施建设水平等方面都发挥了显著的正向推动作用(谭之博等,2015)。

诚然,公众参与和改革绩效之间并不总是正向相关。从表象上来看,没有公众参与的行政区划改革取得了良好的绩效,有公众参与的改革却引发了社会失序。然而,据此断定公众参与减损改革绩效,是不严谨的。更有可能的逻辑是,公众参与认知的异化、行为的失范导致了结果的偏离,削弱了改革绩效。而且,公众参与的时机很重要,正是决策前和决策中的参与缺位,才导致决策后公众参与引发的社会失序。也就是说,问题的根源不在于有没有公众参与,而在于公众参与的质量和时机。换言之,如何改善市域行政区划改革决策中的公众参与,使之更好地提升行政区划调整的绩效,值得认真探究和思索。

(四)角色悖论:地方政府拥有三种不同角色,反而造成其改革话语权残缺

我国宪法第一百一十条规定:"地方各级人民政府对本级人民代表大会负责并报告工作。县级以上的地方各级人民政府在本级人民代表大会闭会

期间,对本级人民代表大会常务委员会负责并报告工作。地方各级人民政府对上一级国家行政机关负责并报告工作。全国地方各级人民政府都是国务院统一领导下的国家行政机关,都服从国务院。"可见,我国地方政府既是中央和上级的下级政府,又是同级人民代表大会选举出来的地方政府。在实践中,宪法赋予我国地方政府的双重属性演变成了三重角色,如图3.1所示。作为国家权力执行者,地方政府的权力来自中央政府的授权,是国家在地方的代理人,必须严格执行中央政令;作为地方利益维护者,为辖区人民争取公共利益天然内嵌于我国地方政府的运行逻辑中;作为自身利益追求者,地方政府是具有自主性、内部一体的地方行政系统,能够对辖区内社会经济发展进行规划和领导(金太军、鹿斌,2016),同时也具有一定的自利性(吴勇等,2017)。这种混合体地方政府的组织模式,能够同时发挥中央与地方的积极性,有效协调国家整体利益和地区局部利益,既能体现现代民主政治的要求,又能确保国家政令的统一,兼顾民主与效率。

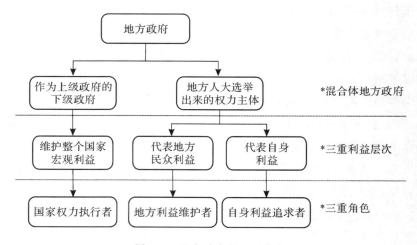

图 3.1　地方政府的三重角色

在我国市域行政区划改革中,县级及以上行政区划的变更大都需要报国务院审批。县级以下的部分行政区划调整,国务院虽授权省级行政部门审批,但仍需报国务院备案。同时,国务院还掌握着市、市辖区的设立标准制定的权力。从我国行政区划调整的报批流程可以看出(见图3.2),我国地方政府虽然拥有三重角色,兼具行政体和自治体地方政府的优点,但在市域行政区划改革中话语权始终不足,尤其是被撤并一方的地方政府。大量的案例研究表明:在撤县(市)设区过程中,中心城市通常占据更为有利的位置,更为主动,而被撤县(市)的意愿和利益则较少被考虑到(罗小龙等,2010;卢盛峰等,2017;张莉等,2018)。

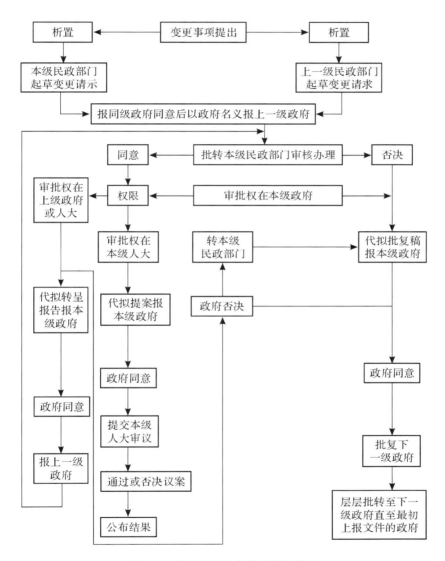

图 3.2　我国行政区划变更报批流程

资料来源:侯景新等(2006):108。

长期以来,我国市域行政区划改革中的很多决策者把公众参与当成一个既不必要也不受欢迎的形式,形成了令人深思的四重悖论。相较于专家学者、地方主政官员而言,普通社会公众通常被视为能力有限甚至非理性的,达不到参与公共决策所需要的素质要求。这一点似乎被很多理论工作者与管理者接受,以至于在论证公众参与决策的意义时,虽然强调了保障公平正义、彰显公共价值、提升合法性,但很少提及公众参与对公共决策本身的价值,造成了民主参与在市域行政区划改革决策中的缺失。

政治合法性是政治系统稳定的前提和基础。市域行政区划改革关涉重大,但长期以来,政府在市域行政区划改革中处于主导地位,其内部决策过程就像一个"黑箱",外界很难获悉其具体的运行过程。这种封闭决策过程形成了耐人寻味的四重参与悖论,产生了政策认同危机、信任感降低等一系列政治风险。如果对重大决策的公众参与缺乏足够的重视,政治风险的累积可能会激化社会矛盾,引发大规模的群体性事件,从而破坏社会的稳定和谐。如果得不到及时有效控制,甚至会演变成影响深远的政治危机。因而,对市域行政区划改革封闭决策的政治风险必须保持高度关注。不能因为现阶段政治逻辑的相对弱化而麻痹大意,需要及早识别防范,并探索行政区划改革开放决策的可行路径。在决策过程中,应充分发扬全过程人民民主,广泛听取各方意见建议,防止因参与不足而引发政治合法性风险,为市域行政区划改革走向民主化、科学化、法治化奠定坚实的基础。

第三节　市域行政区划改革的上下博弈和目标扭曲

在市域行政区划改革中,地方政府组织进行了整体性重构,包括纵向及横向政府间的机构重组、人事调整、管理权限变更等一系列变化,其过程充斥着复杂的上下级政府间谈判(叶林、杨宇泽,2018)。作为单一制国家,我国中央与地方关系是一种上下级关系或领导与被领导关系,地方政府的权力源自中央政府的授权,且授权大小和程度与行政区划体系本身存在密切关联(赵聚军,2016)。中央政府以等级作为尺度,自上而下赋予不同城市不同的行政级别,对所有城市进行功能定位、生产分工、资源分配和行政赋权(何艳玲、赵俊源,2019)。这与联邦制国家中央与地方的法制性分权关系有着本质的差异。在单一制中央集权这种国家结构中,行政区划与诸多要素挂钩。行政区划体制被细化为空间范围、行政等级、政府驻地、隶属关系、政区性质等诸多要素,与地方的行政、经济、管理等息息相关,行政体系与经济空间存在很强的交互效应,制度体系和制度结构对经济格局有强大的支配能力(Wang,2020)。因此,在纵向府际关系上,行政发包、属地管理与晋升竞争的高度融合是中国行政治理的一个显著特征,表现在行政管理上就是压力型体制与行政区行政,并以行政发包或项目制的方式调控下级政区的行为(周黎安,2014)。

在我国,市域行政区划改革具有明显的自上而下特征。在单一制中央集权的国家结构中,行政区划直接关系到地方的资源整合与利益分配,并在一定程度上决定了政府间关系以纵向协调为主(黄晓春、嵇欣,2018)。市域行政区划调整所带来的地域空间边界重组不仅改变了横向上不同政区权力和资源的分配,也会在纵向上对不同级别政区的政治权力和经济利益产生重大影响,进而影响国家与社会的关系(He & Jaros,2022)。在上下级政府博弈中,下级政府基于"理性选择"出发点,在行政区划调整中采取相应的策略维护自身利益,忽略行政区划本应具备的维护政治统治、提供公共服务、保护生态环境等功能,从而造成行政区划调整的目标扭曲。

一、行政区划的政治属性与治理转向

(一)行政区划的政治属性

简单地说,行政区划就是国家对行政区域的划分。具体地说,就是根据国家行政管理和政治统治的需要,遵循有关法律规定,充分考虑经济联系、地理条件、民族分布、历史传统、风俗习惯、地区差异和人口密度等客观因素,将国家的国土划分为若干层次、大小不同的行政区域系统,并在各个区域设置相应的地方国家权力机关和行政机关,建立政府公共管理网络,为社会生活和社会交往明确空间定位(侯景新等,2006:13)。行政区划是一个国家权力再分配的主要形式之一,也是一个国家统治集团意志及政治、经济、军事、民族、习俗等各种要素在地域空间上的客观反映。从行政区划的含义可以看出,政治属性是行政区划的根本属性。

作为国家领土划分的具体形式,行政区划还充当中央及地方政府进行社会治理的重要抓手,是国家政权建设的前提和重要组成部分,关系到经济的有序发展、社会的和谐稳定、民族的安定团结和国家的长治久安,是党领导人民依照宪法法律,推进国家治理体系和治理能力现代化的重要内容(李军丽,2019)。纵观古今中外的历史,各国对行政区划都十分重视,除了个别城邦小国,都将国土划分为若干行政区,实行分级管理。中国历代封建王朝的行政区划,都由中央最高决策层负责,并以皇帝诏书的形式颁布实施,重大的行政区划调整由皇帝亲自审定。每当一个王朝推翻另一个王朝时,都会对行政区划进行较大的调整,以建立相应的政权,巩固其统治。对绝大多数国家来说,只依靠中央政权来维护其统治显然是行不通的,必须建立相应的地方国家政权体系,而国家政权的纵向结构体系取决于行政区划结构,这就需要首先将国土划分为合适的行政区域系统,为建立相应的国家政权体系创造条件。历史经验证明,行政区划是国家对地方进行有效管理的基础和手段,是国家行政管理和政权建设的重要组成部分,与政治经济发展、民族团结进步、国家安全稳定等息息相关。也就是说,一个国家行政区划合理与否,直接关系到国家政权结构和行政管理体制,关系到国家政权和阶级统治的稳固与否以及整个国家机器的效率,关系到中央能否有效地统帅、指导地方,关系到地方政权能否有效地在本行政区域内行使职权,关系到国家的统一和社会的安定团结,关系到经济发展和社会进步(侯景新等,2006:14、16)。

行政区划和政权建设是一个整体的两面,相辅相成,缺一不可。第一,任何行政区都设有相应的政权机关,否则就不成为行政区;第二,任何政权机关都有其相应的统辖区域(行政区域),否则政权就没有立足的基础,也就没有存在的必要;第三,地方各级国家权力机关都按照行政区域行使各自的立法权和对地方行政机关、司法机关的监督权;第四,地方各级国家行政机关都按照行政区域行使行政管理权;第五,地方各级国家司法机关都按照行政区域行使司法权(侯景新等,2006:17)。正是行政区划与政权建设的紧密关联,赋予了行政区划独特的政治属性。

(二)行政区划的治理转向

行政区划不仅是广袤国土的简单划分,更是国家治理体系的空间基础,其背后隐藏着稳定的政府权力与利益划分的制度化逻辑。改革开放以来,我国市域行政区划改革有三重逻辑,即权力导向的政治逻辑、经济导向的发展逻辑以及公共服务导向的治理逻辑(叶林、杨宇泽,2017)。我国的行政区划改革为社会经济发展作出了巨大贡献,并逐步从单一地追求经济高速增长转变为追求经济、社会的协调发展。而且,转型、服务、治理等意涵被更多地强调。也就是说,我国行政区划调整指导逻辑从政治—统治逻辑逐渐转向经济—发展逻辑,并更加重视治理—服务逻辑。近年来,国家战略对空间格局的影响不断加深,行政区划调整不再是一个简单的解决区域经济发展问题的行政工具,而是作为系统性工具在整体上为国家治理现代化奠定空间基础,提升国家重点区域战略发展建设,服务于国家边疆治理和国防安全(林拓、申立,2016)。伴随着我国服务型政府的建设,行政区划调整也越来越兼顾治理与服务目标,比如城乡统筹、基本公共服务均等化和公共产品供给效率等。

二、行政区划改革中的上下博弈

行政区划并不仅仅是地理空间上的分异,还承载着整个国家的公共管理,本质上可以看作是公共权力在国土空间中的投影。也就是说,行政区划体制在划分国土地域空间层级的同时,也实现了权力的纵向延伸和层级配置(陈军亚,2020)。在市域行政区划改革过程中,上下级政府之间的互动博弈普遍存在而且复杂多变。从政府职能及其履行的角度看,行政区划与权力分配、经济发展和公共服务等紧密连接在一起。每一层级的政区都对应着相应层级的地方政府,其在对应的空间内行使职权。

(一)权力分配

自1978年以来,中国的纵向政府间关系逐渐经历了从行政指令视角下的"命令—服从"模式向理性选择视角下的"讨价还价"模式转变的总体历程(倪星、谢水明,2016;陶郁等,2016)。在这一历程中,伴随着中央权力的不断下放与地方自主性的不断增强,下级政府开始拥有更多资源以及更大的政治空间与上级政府进行讨价还价,而非自上而下绝对言听计从地服从中央的安排(张践祚等,2016;叶林、杨宇泽,2018)。这种讨价还价体现在更广阔的政治层面上,就是中央政府与地方政府关于分权的博弈。

作为国家体制在空间中的权力投影,我国的行政区划历来受到政治力量的强大影响,市域行政区划改革是映射中央与地方权力变迁的重要场域(Cartier,2016)。在市域空间范围内,行政区划体制并不具备很强的稳定性。吴金群、廖超超(2019)整理了1978年以来地级市、市辖区、县级市的行政区划改革数据,绘制了详细的区划调整频次图,对其中的尺度重组与地域重构规律进行了总结与剖析。从中可以看出,除直辖市之外(1997 年新设重庆直辖市后,便一直保持现有格局),其他市域行政区划发生了较多的变化。如果说单个城市内部的区划调整跟整个国家的权力分配不直接相关,但如此高频次的市域行政区划改革,对不同层级政府之间的权力博弈乃至中央与地方权力分配都会产生不可忽视的影响。

国家权力可以通过"行政区域的城市化"来实现再生产(Cartier,2015)。如上海浦东新区,从最初的开发区到如今国际化的大都市样板区,浦东新区从无到有、从有到优的过程生动展现了这一过程。无独有偶,江苏苏州的经济和竞争力在全国地级市中首屈一指,然而苏州市并没有得到政区行政级别的提升。于是,江苏省将苏州市委书记列入省委常委,即把地方主官提升为副省级,并将此变成一种惯例。在本质上,这可以看成一种晋升激励,缓和了苏州行政级别与经济地位不匹配所引发的不满与矛盾。类似的情况也发生在苏州代管的县级市昆山,苏州市采取同样的策略对昆山进行了弥补和安抚(Schminke,2013)。

长期以来,市域行政区划改革的决策过程相对封闭,有时甚至像个"黑箱",不为外人熟知。有学者通过对某镇行政区划调整过程的观察,提出了多层级政府的"协商博弈"模型。在此模型中,区划调整的基本动力来源于地方政府对预期净收益的向往和追求。同时,证实了市域行政区划改革并非简单的"上级命令—下级服从"过程,而是包含了上下级政府间复杂的互动与博弈(张践祚等,2016)。广东江城撤县(市)设区的案例进一步证实了下级政府在行政区划调整中既能够运用文件、会议等正式渠道进行谈判,也能够运用私人关系等非正式渠道进行谈判,并会综合运用多种谈判策略争取自身利益的最大化(叶林、杨宇泽,2018)。与县改市不同,撤县(市)设区意味着被撤县(市)丧失许多自主权,如规划、土地、财政等,这种市县矛盾在强地级市—强县(县级市)或弱地级市—强县(县级市)模式中尤其突出。在实践中,许多被撤县(市)并不完全处于一种被动接受的地位(殷洁、罗小龙,2013b),它们同样可能拥有较强的谈判能力,能够采取丰富的谈判策略,为自身争取到最大利益(张蕾、张京祥,2007)。比如,所谓的"过渡期"政策。杭州在撤并萧山、余杭的过程中,为保证撤县(市)设区的平稳过渡,杭州市与被撤县级市达成协议,保持原有的财政省管县体制不变,其他如规划、公安、教育等方面的权限也均予以一定时期的保留。过渡期的设置为改革提供了一个缓冲期,虽有效避免了县(市)改区中的激烈冲突,但也为市县融合埋下了隐患,一定程度上导致萧山、余杭被撤并后近 20 年时间内仍与主城有较大隔阂。这充分表明,市县之间的力量关系即使无力改变县(市)改区的最终结果,仍然会对区域内的权力平衡产生深远的影响。

(二)经济发展

一般来说,财政体制与行政区划体制高度统一,一级政府对应一级财权(朱秋霞,2005)。行政区划管理体制所支配的行政等级、政区性质、政策倾斜等会显著影响地方政府间关系(杨爱平,2007),并形成"行政区经济"现象(刘君德,2006)。在行政区划刚性约束下,行政区集政治、经济、文化、社会、生态等方面面于一体。地方政府将权力注入市场,通过控制城市土地供给、发展地方国企、保护地方市场等方式,改变生产要素配置,以促进本辖区内的经济发展。同时,经济权力的下放让各地方政府有了更为明确和迫切的利益诉求。经济绩效与官员晋升高度相关,导致各行政区发展经济热情高涨,基于行政区划边界的竞争也愈发激烈。

1978 年以来,市域行政区划改革的经济—发展逻辑曾长期占主导地位。学界也对行政区划改革与区域经济发展之间的关系进行了丰富细致的研究。但是,研究结论不一,甚至呈现很多矛盾的结果。比如,对同一种行政区划调整方式的绩效研究,呈现出截然相反的结果,出现了所谓的"绩效悬疑"现象(吴金群、游晨,2022)。但具体到实践领域,仍然可以发现在经济发展中上下级政府博弈的逻辑。这一逻辑在"市管县"还是"省管县"的争论中体现得最为深刻。

我国市域行政区划和治理模式经历了"市县(市)分治—市县(市)合治—市县(市)合治与分治混合"的转变过程,省—市—县权力结构则经历了从"省—市、县"两级结构到"省—市—县(市)"的三级结构,再到三级与两级"交错混合"的转变过程。1982 年起,中央号召地方通过撤地设市、地市合并、县(市)升格,改革地区管理体制,实行市管县体制。权力尺度由中央转移到地方,也包括权力尺度由省(区)转移到地级市。一方面,中央政府由上而下推动市管县改革,增加了地级市这一行政层级并赋予地级市管辖县(市)的权力,是中央和省级政府向地方或下级分权的过程。另一方面,省级政府通过地区、地级市、县(市)之间的权力、关系及规模的尺度重组,将省对县的管辖权从地区转移至地级市,把"省—(地区行政公署)—县(市)"与"省—地级市—区"的层级结构整合为"省—地级市—区、县(市)",并促使市县(市)间从纵向合治转变为横向分治,重塑了地方政治制度空间(吴金群、廖超超,2019)。但"省—地级市—区、县(市)"的权力等级关系,导致县域资源在空间上逐渐向高等级的中心城市集聚,"以中心城市为核心、周边包围郊县"的城市空间结构成了政治制度空间与社会经济空间互嵌的"行政经济圈层结构"(刘君德、范今朝,2015),甚至出现所谓的"市吃县""市刮县""市卡县"问题。比如对武汉撤县(市)设区的案例研究发现,尽管撤县(市)设区提高了被撤并县的行政级别,但削弱了其发展的自主性与活力,被中心城市边缘化,加剧了区域内部的极化效应,使其沦为中心城市的"附庸",对其长期的经济发展具有不利影响(胡晓玲,2007)。

为解决市管县体制中市县争利的局面,从 2004 年起,在"海南方向"与"浙江经验"的影响及中央政策的驱动下,全国大部分市县(市)在维持行政市管县体制稳定的前提下,陆续通过经济社会管理权下放、财政省管县、人事省管县等对省、市、县(市)之间事权、财权和人事权进行重组,形成了行政市管县与财政省管县相混合的体制,并再次重塑了地方的经济制度空间(吴金群、廖超超,2019)。省管县体制在激发县域经济活力,提升县域内经济发展水平方面发挥了重要作用。在提升管理效率、简化管理流程、对区域资源进行合理配置的同时,缓解地级市与所辖县级政区之间,尤其是经济发展上的矛盾,减少二者争利带来的问题。不过,由于担心对中心城市的发展造成负面影响、省级政府管理难度有所增加等因素,省管县体制并没有彻底推行。在实践中,如何实现行政市管县和财政省管县的激励兼容,已经成为一个重要的命题。

（三）公共服务

近年来,市域行政区划改革愈发强调公共服务导向的治理逻辑。诚然,我国绝大多数的市域行政区划调整并非出于改善公共服务的目的,但在实际效用层面,对区域内公共服务产生了显著的影响。在撤县设市、撤县(市)设区改革后,原广域型政区转变为城市型政区,区域内的公共服务逐步提升,公共服务的"同城化"待遇也明显加快。然而在实践中,也存在诸多矛盾。

为避免繁杂冗长的行政区划审批程序,又为在一定程度上突破行政区划的刚性约束,中心城市采用设立功能区的形式,有弹性地对城市空间进行优化。功能区是指依靠相关资源的空间聚集,有效发挥某种特定功能的一种城市地域空间(Lloyd,1999;张胜武、石培基,2012)。我国城市各类功能区不仅在出口贸易、吸引外资、经济增长和解决就业等方面发挥了重要作用(Schminke et al.,2013;Lu,2015;Zheng,2017),更是在上下级政府关系中扮演了重要的角色。有学者将功能区定义为"准行政区",认为功能区本质上是向一级行政区演变的过渡状态(王丰龙,2017)。这些功能区与所在行政区地方政府形成了纷繁复杂的关系。功能区托管(代管)行政区是当前各级开发区体制的主流模式(吴金群,2019),如江苏26个国家级开发区中有17个采用管委会托管模式。功能区托管行政区以后,相应地承担起原本行政区应该承担的公共管理事务。但功能区的管委会托管模式打破了原有的制度平衡,对上级政府、功能区属地政府,以及功能区管委会本身的机构设置、管理体制、人员编制等均产生了重大影响。在实践中,大部分功能区没有对应的上级归口部门,在民政系统中没有区域编码,导致纵向管理不畅;功能区常常采取干部"高配"制度,与相邻行政区、属地政府之间的权责不清,造成边界地区的管理混乱,滋生出推诿扯皮等大量问题。

政区合并中的摩擦也容易导致公共服务资源配置的混乱。比如,江苏武进一直是常州下辖的县级政区,1995年武进撤县设市,2002年撤县级市设区,成为常州市的市辖区,属于强地级市撤并强县级市的典型案例。在改区之后,武进依然保留了县级市的各项权利,这为两地在公共服务方面的摩擦埋下了隐患。武进改区之前,长期处于全国百强县前列,财力雄厚,教育、医疗等公共服务不逊于常州市区。在整体并入常州20年后,两地在公共服务上依然存在一些隔阂,双方都存在相互独立的燃气、自来水及公交系统;规划、教育、公安、财税等系统也是分立多年,导致两地医保、社保等不接轨;常州与武进教育系统处于割裂状态,各自学生不能到对方辖区上学。作为大马拉大车(强地级市—强县级市合并)的典型,常州与武进在行政区划改革后遇到的问题或多或少地反映在其他地方的撤县(市)设区中,比如南京与江宁、杭州与萧山、徐州与铜山等地。这种在不同空间与时间中稳定出现、重复再生的现象,在很大程度上反映了类似的生成逻辑,即行政区划改革影响公共服务资源的配置。这也是行政区划调整中上下级政府博弈甚至对抗的一种反映。

三、行政区划改革中的目标扭曲

（一）政治属性相对弱化

行政区划是国家行政管理的基本手段、政权建设的重要组成部分、关系到国家长治久安的国家大政，在国家政治经济活动和人民生活中占有十分重要的地位。合理的行政区划，关系到生产力的合理布局和国民经济的健康发展。加强行政区划管理，建立适合中国国情的行政区划管理体制，对加强党的执政能力、建立和完善社会主义市场经济体制、政治社会稳定和经济发展，以及社会主义现代化建设，都具有十分重要的意义（侯景新等，2006：18-19）。

正是因为政治属性是行政区划改革的基本属性，市域行政区划调整一直以政府为主导，而且审批权始终掌握在中央及省级政府手中。然而，改革开放以来，地方政府逐渐将行政区划改革作为整合资源、发展地方经济的工具，经济发展逻辑逐渐取代政治逻辑，市域行政区划改革中的政治属性相对弱化。中国近几十年来的快速城镇化，催生了行政区划调整如县（市）改区、撤县设市以及撤乡设镇等需求。在城市扩张过程中，郊区农业用地被逐步改造为城市建设用地。当行政区划的正式调整条件还不成熟时，地方政府也会通过各类开发区、新区新城等柔性空间重构的方式，来满足地方经济发展的需要，而这不可避免地会导致行政区与功能区关系的复杂化。市场经济和服务型政府建设要求政府的职能重心转向需求导向的公共服务。然而，如果地方政府深度干预市场经济活动，相关利益主体可能潜藏过多自身利益诉求，并可能通过行政区划改革巩固发展其自身利益。

行政区划作为国家权力体制的空间投影，在政权稳定的情况下，其政治属性在明面上很少被提及。在市域行政区划改革中，地方政府的最根本动力在于经济发展或"升级冲动"，使行政区划的政治属性愈发趋于隐蔽，政治方面的考量大都弱化为在改革过程中避免出现大规模社会失序的维稳要求，成为追求经济发展或升级过程中不得不付出的代价。于是，行政区划改革的政治—统治逻辑全面式微。

（二）过于强调经济导向

地方政府具有中央意志的执行者、地方利益的代理者以及自身利益的维护者三重角色。在市域行政区划改革中，如果片面追求经济增长，会引发三重角色之间的冲突，出现与民争利、损害国家整体利益等问题，进而引发政治目标偏离。一方面,地方政府社会治理能力的缺陷和群众不断增长的公共服务需求之间的矛盾,可能导致地方政府面临信任危机;另一方面,地方政府为追求政绩而偏重经济发展、忽视公共服务供给和自身建设,可能导致地方政府的权威性下降。

在改革开放前的计划经济体制下,府际关系主要体现在纵向权力的配置上,中央是唯一的经济利益主体,地方政府从属于中央政府,建立了"大而全"的巨型国有企业,实行"条条"高度集中管理的经济模式,并通过行政干预实现对地方经济控制,行政区之间横向联系较少(刘君德,2006)。随后,经济权力的下放让地方政府有了更加明确的利益诉求,在"以经济建设为中心"的指导下,经济绩效考核与官员晋升密切相关(周黎安,2007),各行政区的经济功能异常突出。由于城市土地公有制与国有企业地方化,财政分权的实施助推地方政府在利益最大化的动机下,通过控制城市土地供应、发展地方国企、干预要素流动、保护地方企业等方式,构建功能完整、产业类型齐全且相对封闭的"行政区经济"体系。"行政区经济"诱导地方政府通过行政区划调整而不是地区间横向合作来解决跨域公共事务或资源流动的问题。随着市场经济的发展,民营企业成为最具活力的市场主体,其天然具有冲破行政区划进行跨地域生产、销售与投资的内在动力,这在一定程度上打破了地方国企主导经济的既有格局,形成了经济活动范围与地方政府行政管理范围在空间上的不一致。地方政府为了维护自身利益,热衷于调整行政区划,推动兼并重组,特别是扩大城市型政区的管辖范围,试图把市场化产生的效益在行政区经济的框架中内在化。这也是频繁调整行政区划的重要动力之一。

"行政区经济"是由行政区划刚性约束而产生的一种特殊区域经济现象,本质上来说是地方利益与地方权力相结合的结果(朱秋霞,2005)。从理论上来说,随着我国社会主义市场经济制度的建立和不断完善,"行政区经济"会逐渐走向消亡,并被更加规范完善的市场经济取代。但直到今天,大多数市域行政区划改革仍深受"行政区经济"的影响。有些地区为了破除要素流动壁垒,仍然选择用"行政区划调整的方式"解决"行政区划调整产生的问题"。然而,行政区划调整看似解决了迫在眉睫的资源壁垒、产业发展、城市化、区域恶性竞争等问题,但并没有跳出"区划调整—行政区经济—区划再调整"的怪圈。有学者将这种现象称为"外部矛盾内部化",即:用行政区划调整的手段,把原本在行政区边界的问题转化为一个更大空间范围内的内部问题,一定程度上增加了内部科层运行的成本(张紧跟,2007)。并且,在撤县(市)设区等行政区划改革中,中心城市为了减少阻力,实现改革的平稳过渡,会给被撤并的县(市)程度不一的自主权限。这种"过渡期政策"虽然一定程度上保证了行政区划改革的成功,但同时也埋下了"不完全再领域化"(殷洁,2010)的隐患。在某种程度上,这也是市域行政区划改革过度强调经济导向所带来的后果。

(三)热衷追求行政级别

我国的行政管理体系等级严密,自上而下赋予不同城市以不同的行政级别,行政级别又与地方政府获取资源的权限紧密相关,地方主政官员个人的权力与晋升也与此紧紧捆绑在一起,致使下级行政单位天然带有强烈的"升级"冲动,试图实现本地区行政级别的提升(周伟林等,2007;Chan,2010)。国内外学界对中国地方官员的晋升逻辑都颇为关注。大量研究也证实,地方政府主政领导晋升前景与行政级别显著相关(Bo,1996;Zuo,2015),有学者将其概括为"升级锦标赛"(王雪丽,2012),即在"以级别定权力"的官僚体系中,追求更高的级别、更大的权力成为地方政府热衷行政区划改革的重要动因。

这一点在县改市和副省级城市的县(市)改区中尤为明显。在我国,县属于广域型政区,管理大量农村区域。而县级市属于城市型政区,可以在空间规划、土地政策、财政税收以及管理权限等方面享有更高的权限。因此,县政府通常都有很强的设市意愿和设市动力(Li,2011)。对副省级城市而言,虽然在政区层级上实为地级市,但其行政等级属于副省级,市辖区为副厅级,所辖县或县级市通常是正处级。如果县(市)改为副省级城市的市辖区,该政区行政级别就从正处级变成副厅级,绝大多数领导干部的级别都会随之上调。因此,相较于普通地级市,副省级城市的县(市)改区阻力较小,如浙江杭州撤并萧山、余杭、富阳、临安,江苏南京撤并高淳、溧水等。同样是县(市)改区,江苏常州撤并原武进市就遇到极大阻力,在撤县(市)设区20多年后,两地依然在政府管理、公共服务、产业经济等领域存在诸多摩擦。浙江湖州试图撤并长兴县也未能成功。客观地讲,县(市)改区中地级市与被撤县(市)的博弈并不仅仅局限于行政级别这一点。但是,地区"升级"这一单项上,副省级城市显然比普通地级市更有优势(高祥荣,2015)。更微妙的是,这种县(市)政府追求升级的强烈愿望会被上级政府察觉和利用。有学者在对中国县改市的实证研究中,认为县改市很大程度上并非主动追求地方发展,或是"被动适应"城市化,而更多成为上级政府对下级政府绩效奖励的政治工具,本质上是一种类同政治晋升的"权力激励"(Li,2011)。

行政区划改革在中国具有很强的政府主导性,而且改革过程高度封闭,上下级政府间的博弈互动在看不见的"黑箱"中激烈交缠。这种以上下级政府间博弈谈判来决定行政区划改革的方式,不仅会耗费大量人力、物力与财力,造成科层组织的内耗,而且也导致了行政区划改革的目标偏移,造成公众需求无法得到有效满足。未来的行政区划改革有必要回归区划的本质属性,在中国式现代化征程中,妥善处理中央与地方、上下级政府及横向政府间关系,回归市场对资源配置的决定性作用,破解"行政区经济"的误区与迷思,为国家治理体系和治理能力现代化提供坚实的空间支撑。

第四节　市域行政区划改革政治风险的防范策略

党的十八大以来,以习近平同志为核心的党中央明确提出了"防范政治风险"的重大命题和重大任务(魏继昆,2019)。党的二十大报告明确提出推进国家安全体系和能力现代化的总体要求,强调"国家安全是民族复兴的根基,社会稳定是国家强盛的前提",将安全与稳定摆到了事关民族复兴和国家强盛的关键位置。行政区划既是国家管理领土的产物,也是有效治理空间的手段。国家治理的转型蕴含着新的空间配置形式,空间尺度的新生又催化了国家治理体系的重构(吴金群、廖超超,2019)。行政区划作为我国政治和行政体制的空间载体,同样与国家治理密切相关。在当前市域行政区划改革中,一方面,改革导致的上下级政府间关系变迁、大范围的组织人事变动、相对封闭的决策过程等均有可能埋下政治隐患;另一方面,改革中其他风险点如经济风险、社会风险、文化风险、生态风险等,也有可能引发连锁反应,转换成政治风险,甚至对国家安全产生威胁。在市域行政区划改革中,必须增强政治风险意识,防微杜渐,不让小风险演化为大危机,尽可能把行政区划改革中的各类风险化解在源头。

一、在市域行政区划改革中践行全过程人民民主

党的十八大以来,党中央在治国理政中高度重视政策过程的民主化。党

的十九大报告明确指出,"有事好商量,众人的事情由众人商量"。行政区划改革就是一件典型的涉及广大人民群众切身利益的"众人之事"。"由众人商量"有助于凸显社会主义人民民主的真谛,在价值层面上无疑是正当的。2019 年 11 月,习近平总书记在上海市长宁区虹桥街道古北市民中心考察时指出:"我们走的是一条中国特色社会主义政治发展道路,人民民主是一种全过程的民主,所有的重大立法决策都是依照程序、经过民主酝酿,通过科学决策、民主决策产生的。"①党的二十大报告进一步指出,全过程人民民主是社会主义民主政治的本质属性,是最广泛、最真实、最管用的民主。从中不难看出,全过程人民民主的要旨鲜明地体现在政策过程的人民性上。

在当代西方主流民主理论中,民主的核心就是选举,通过定期举办选举活动,投票选出国家领导人。在这些民主理论中,参与仅仅起到一种保护个人利益不受国家和政府侵害的作用。广泛的公众参与在现代民主理论和实践中不仅不受欢迎,反而遭到排斥,并且这种排斥还会被视为一种理性,更有甚者,认为公民对政治的冷漠是西方自由民主得以稳定的条件(胡伟,2015)。与西方民主不同,我国的人民民主"不是装饰品,不是用来做摆设的,而是要用来解决人民要解决的问题的"②。全过程人民民主超越了西方以选举为主的自由民主话语体系,将公众参与提升到民主政治实质要义的高度,赋予了中国特色社会主义人民民主全新的意涵。

全过程人民民主为市域行政区划改革的开放决策、有效防范政治风险提供了全新的指导方向。发展全过程人民民主是民主自我认同的一次调适和升级,是治理注意力、能量和资源重新配置的行动,其本质是国家再构建的实践,其预期目标则体现为国家治理的国家再构建行动(孔繁斌,2022)。全过程人民民主具有以下四个基本特征。

一是主体的全民性。民主的实质内涵就是人民当家作主。没有公民协商和参与,民主最终只是一个空洞而无实际意义的概念(亓光,2021)。相较于西方民主,我国人民民主始终强调主体的全民性,既包括作为公民个体的人民,也包括作为整体的人民。人民民主所强调的不仅仅是个体的权利,同时也强调作为整体的人民的权利(陈周旺,2020)。主体的全民性表现为对最

---

① 全过程民主,支持和保证人民当家做主.人民日报,2021-07-06(14).
② 习近平.在中央人大工作会议上的讲话.求是,2022(5).

广大人民的民主权利的充分尊重和保障。

二是范围的全域性。全过程人民民主的客体既包括政治、经济、文化、社会、生态等领域，又包括国家、社会、群众等层次，是全覆盖的民主（佟德志、王旭，2022）。也就是说，全过程人民民主是覆盖各个领域、各个层次的全方位民主，不仅仅局限于政治领域的民主，而且是经济民主、文化民主、社会民主、生态民主。各种民主制度支撑使人民民主扎根于中国社会，成为人们社会生活不可分割的重要部分。

三是形式的全面性。党的十九大报告提出：扩大人民有序政治参与，保证人民依法实行民主选举、民主协商、民主决策、民主管理、民主监督。相较于以往的四大民主，这一表述增加了"民主协商"，表明五位一体的民主已经成为中国民主政治的主要形式，并形成各种民主形式相互支撑和互为补充的基本格局。党的二十大报告进一步强调：要健全人民当家作主制度体系，扩大人民有序政治参与，保证人民依法实行民主选举、民主协商、民主决策、民主管理、民主监督。同时，提出要加强人民当家作主制度保障，全面发展协商民主，积极发展基层民主，巩固和发展最广泛的爱国统一战线。

四是环节的全程性。实践中的民主需要一定的程序和制度安排，更需要在实质意义上保障民众的民主参与，一选了之的民主不是真正的民主。中国的政策过程追求"共识民主"，一个重要原则就是注重环节的全程性，而非一次性票决（杨光斌，2015、2017）。全过程人民民主强调在整个政治过程中都需要贯彻民主原则和民主实践，包括政府产生、官员任命、政策制定、政策执行、绩效评估等环节。

全过程人民民主与公共政策过程具有与生俱来的相容性，全过程人民民主是公共政策过程的理论依据，公共政策过程是全过程人民民主的实际践行（孔繁斌，2020）。在公共政策过程中充分体现全过程人民民主，主要包括：在政策谋划阶段，以人民需求为本位，以人民利益为核心，酝酿出人民满意的政策方案；在政策出台阶段，鼓励人民广泛参与，开展民主协商，充分吸纳意见建议，形成一系列可操作的制度机制与路径举措；在政策执行阶段，推动政策贯彻落实，最大程度体现人民意志；在政策评估阶段，提供意见建议征求渠道，接受人民群众监督反馈，根据人民需求调整新的政策。在公共政策酝酿—出台—执行—反馈的四个阶段，都需要确保人民群众的有序参与，赋予广大人民充分的知情权、表达权、监督权和问责权，形成全过程人民民主的螺旋式闭环结构。作为一项重大公共政策，我国的市域行政区划改革需要以全过程人民民主为理论指导，思考优化政策过程的可行路径，技术赋能与理论赋能并重，在改革全过程做到以人民为中心，充分认识和发挥全过程人民民主的制度优势，为解决市域行政区划改革封闭决策带来的政治信任及认同危机带来一种全新的可能性。具体来说，将全过程人民民主嵌入行政区划改革过程中来，可以从以下三个方面展开。

第一，强化全过程人民民主融入市域行政区划改革的意识。《在中央政协工作会议暨庆祝中国人民政治协商会议成立 70 周年大会上的讲话》中，习近平总书记指出："发展社会主义协商民主，要把民主集中制的优势运用好，发扬'团结—批评—团结'的优良传统，广开言路，集思广益，促进不同思想观点的充分表达和深入交流，做到相互尊重、平等协商而不强加于人，遵循规则、有序协商而不各说各话，体谅包容、真诚协商而不偏激偏执，形成既畅所欲言、各抒己见，又理性有度、合法依章的良好协商氛围。"①这段话充分体现了我国民主集中制的制度优势在全过程人民民主中的实际运用。在市域行政区划改革中，部分地方政府将公开讨论视为洪水猛兽，将公众参与视为不利因素。虽然参与者很可能基于自身立场，公共讨论也不太可能出现全体一致或毫无异议的方案，但对于任何一项缺乏全体一致偏好的公共政策来说，人们仍然可以通过公共选择机制，进行充分的利益表达并形成尽可能让各方满意的方案。这种机制是一种偏好聚合的方式，也是各方博弈的公共平台和制度性框架。因此，必须客观理性地对待改革中的"不一致偏好"，充分发挥社会主义民主政治的优势，将全过程人民民主积极融入市域行政区划改革之中。

第二，完善市域行政区划改革接纳公众参与的制度设计。市域行政区划改革的决策是一个极其复杂的交互过程，包含着中央政府与地方政府、上级政府与下级政府、政府与市场、政府与社会等各方的复杂博弈。精英的职业才能和专业支持固然重要，但大众的地方性知识也同样重要。必须通过良好的公众参与制度设计，将精英和大众的意见一并吸纳进来。《中共中央关于制定国民经济和社会发展第十四个五年规划和二〇三五年远景目标的建议》

---

① 习近平.在中央政协工作会议暨庆祝中国人民政治协商会议成立 70 周年大会上的讲话.求是,2022(6).

明确指出,以畅通的政策制定参与渠道,切实保障市场主体和群众在政策制定中的知情权、参与权、表达权和监督权,提升政策的针对性和有效性,提高政府的执行力和公信力。事实上,完善公众参与公共政策制定的制度设计,在公众参与中体现全过程人民民主,也是面向国家治理体系和治理能力现代化的政府职能转变的要求。公众参与对行政区划改革的具体影响,并不取决于公众参与本身,而在于是否有一个好的制度设计,可以在充分发挥公众参与优势的同时,有效避免公众参与的不良后果。针对市域行政区划改革的各个阶段,从区划调整方案的提出、确立到实施,再到改革绩效评估,所有过程都需要完整地回应公众的参与,使全过程人民民主真正嵌入进来,达到行政区划改革科学性和民主性的有机统一。

第三,提高市域行政区划改革主体的公众接触能力。全过程人民民主是对中国特色社会主义民主的高度概括,不仅在空间维度上拓展了民主的范围,还在时间维度上延展了民主的深度。与此同时,也对人民民主的运行提出了更高的要求。作为公共政策制定过程中的一种具体参与技术,"关键公众接触法"是兼顾政策科学性和民主性的有效方法(李瑾,2010)。通过高效的公众接触,收集处理不同群体的意见建议,产生民主化程度更高的市域行政区划改革决策。市域行政区划改革是一个极其复杂的过程,有极高的决策质量和决策可接受性要求,这与全过程人民民主不谋而合。在以往的行政区划改革中,普通公众通常被视为能力有限甚至是非理性的,达不到参与一项重大公共决策所需的素质。大部分时候,民众只能通过分散的、非正式的行为去影响地方的行政区划改革。近年来,我国公民权利认知及维权意识不断增强,参与意识和参与水平得到实质性提升,对行政区划的关注度也与日俱增。散落于日常生活中的私下议论、网络回帖、非正式讨论等皆蕴含着民众参与行政区划改革的内在逻辑和深层诉求。民众基于长期在当地工作、生活的地方性知识,可以为行政区划改革方案的制定提供参考。一方面,决策者要提高公共咨询的能力。公众参与市域行政区划改革决策的有效性,建立在公众对决策信息充分了解的基础上。决策者必须解决好公众对行政区划改革的认知、信息、共识等问题。另一方面,决策者要提高接触公众的能力。为充分体现全过程人民民主的优势,在市域行政区划改革决策中要主动接触群众,扩大接触群众的面,多角度、全方位了解区划调整涉及区域的群众意见,做好、做通群众思想工作,最大限度地聚合不同群体的利益诉求。

二、在市域行政区划改革中嵌入治理理念与机制

市域行政区划改革的范畴包括政府层级调整、管辖范围变动、地域边界重划、行政建制变更、政区名称改变、政府驻地变化等多个方面。作为一种资源配置的手段,行政区划改革涉及空间的重新生产和权、责、利的重新划分,无论是对国家或地方发展,抑或人们的日常生活,都影响深远。党的十八届三中全会以来,国家治理体系和治理能力现代化的征程步履坚实。我国在1985 年颁布的《国务院关于行政区划管理的规定》侧重于行政区划调整的权限设定与管理,没有提及社会参与的相关条款。受当时社会管理理念的限制,决策的社会参与程度相对较低,公众的参与意识也没有完全形成,学界对政府与多元主体互动的关注也相对较少。随着经济社会的不断发展,公众对行政区划改革的关注度与日俱增,社会组织和企业开始发挥越来越重要的作用,我国行政区划改革逐渐呈现出多元主体共同参与的局面。2019 年开始实施的《行政区划管理条例》在对原有内容进行细化的基础上,增加了社会参与的条款(第四条)。可见,法律法规已经为行政区划改革过程引入治理机制作了铺垫。在市域行政区划改革中有机嵌入治理,引入多中心、网络化、平等协商等治理理论的核心主张,向企业、社会组织、公众等主体尽可能地开放政策过程,为多元主体提供一个平等协商、多元互动的平台,可以有效改变传统行政区划改革中过于偏重政府的倾向。同时,还可以在政府系统内部促进上下级之间的充分沟通和协商,有效规避市域行政区划改革的政治风险。

根据行政区划的基本概念和治理理论的基本主张,行政区划治理可被定义为:在行政区划改革过程中,政府、企业、社会组织和公众等多元行动主体,通过参与、协商、信任、合作的网络化机制,实现区划改革的科学化、民主化和法治化,从而助推国家和区域的善治。行政区划调整的过程主要包括酝酿、出台、执行与反馈 4 个阶段,可以细分为事项酝酿与提出、信息获取与研判、专家调研与咨询、方案设计与研讨、民意征求与认同、确立方案与报批、方案执行与落实、绩效评估与反馈 8 个基本环节。行政区划治理的主体包括政府、企业、社会组织、公众等多种类型,政府是行政区划调整的主导者,其他多元主体则以平等(虽不一定对等)的地位参与区划调整。一方面,企业、社会组织、公众等参与行政区划调整有赖于政府的资源供给;另一方面,其他主体参与到区划治理中来有助于更好地实现行政区划改革的科学化、民主化和法治化

（吴金群、巢飞，2021）。各主体及发挥作用的方式如图 3.3 所示。

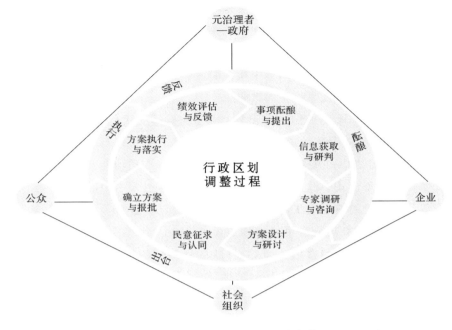

图 3.3 行政区划治理的基本架构

资料来源：吴金群、巢飞（2021）.

行政区划治理的基本架构是一种"非对称性网络治理"结构（Grix & Phillpots，2011）。在这个结构中，政府和其他主体间的非对称权力关系是基本特征，各主体相互依赖的运作模式是基础形式。按照行政区划治理的基本要求，所有与区划调整利益相关的主体，都应平等地参与到行政区划治理中来。但在行政区划治理中，各主体间权力、资源的非对称性是客观存在的。政府拥有强大的行政权力和资源调动能力，社会组织和企业具有相对稳定的组织基础，公众则处于原子化的分散状态，其权力、资源、能力等远不如其他三类主体。但同时，满足公众的需求又是行政区划改革的根本出发点。

因此，在行政区划治理中需要明确以下几点：一是平等但不强求对等。利益相关方之间的权力不平衡是治理中的常见问题（库伊曼、詹托夫特，2017）。行政区划治理强调的是各主体平等参与并发挥作用，但基于各个主体天然存在的差异，并不能强求每个主体都以同样的力量发挥同等的作用，而是主张发挥各个主体的优势，形成互补，共同促进行政区划调整走向善治。

二是促进但避免操控。如果某些利益相关方没有能力、组织或地位来参与，或无法与其他利益相关方以同等的资格参与，那么治理过程就容易受到强行为体的操纵（安塞尔、加什，2017）。一般情况下，大部分公众没有足够的技能和专业知识参与行政区划调整中技术性很强的问题。在这种情况下，如何促使各个利益主体在行政区划调整中构成真正的对话，而非基于政府本身的意图操控整个治理过程就显得尤为重要。

行政区划改革既要维护国家治理秩序，也要尊重社会与市场，共同增进公共利益。从"管理"到"治理"的一字之差，凸显了新时代行政区划改革更加注重服务于社会发展、服务于国家治理现代化的特点和功能。行政区划治理改变了传统管理模式中过于偏重政府作用的倾向，引入多中心、网络化、平等协商等治理理论的核心主张，主张向企业、社会组织、公众等主体尽可能地开放政策过程，通过协同共治更好地增进公共利益。这些新的元素，是传统行政区划管理的概念未包含的。当然，行政区划治理的提出，并非完全否定传统的行政区划管理，两者并非"有你无我"的完全替代关系。行政区划治理是在管理的基础上，增加了新的治理元素。无论是传统行政区划管理还是现代行政区划治理，政府都必须以人民为中心，在行政区划调整及日常管理中体现公共利益的诉求。

行政区划本是中央政府对所统治的区域进行层级划分而形成的政治空间，其终极目的是维护统治的稳定。在理论上，中央政府是行政区划改革方案的出台者，地方政府只是执行者。但事实上，任何一个政治空间都不是凭空划定的，要受到自然区、文化区、行政区、经济区等各种因素的影响（周振鹤，2003：8）。为有效防范市域行政区划改革中的上下级政府博弈错位和目标偏移风险，需要进一步明确行政区划改革的流程，明确不同层级政府的权限，探索建立更加公开透明、社会广泛参与的行政区划改革制度。具体到操作层面上，行政区划作为治国理政的基础框架，与国家政权建设密切相关，是行政体制、经济体制等众多改革的空间支撑。这些基础属性使许多人对开放行政区划决策过程缺乏信心，担心开放决策会增加行政区划改革风险，造成局部社会失序。尽管存在各种各样的限度，行政区划改革中的平等协商存在一定难度，但治理理念和机制的引入依然是可能的。

第一，将治理理念融入市域行政区划改革的整个流程。一是在行政区划改革的不同阶段采取不同程度的开放方式。从具体过程来看，在方案酝酿阶段,可以采取无结构式意见建议征求法,只发布区划调整的事项主题,鼓励多元主体广泛参与,充分发表意见建议。在方案出台阶段,可以采取半结构式意见建议征求法,结合前期意见征集和专家论证,发布多份具有可行性的调整方案,在开放讨论的同时又兼顾区划调整的保密要求。进入正式审批阶段,由政府作为元治理者,按照民主集中的原则选定最优方案,按《行政区划管理条例》要求走正式报批流程,并向社会公示报批进程。到了方案执行阶段,保密要求已大大降低,可以通过广泛宣传、舆论监测等技术手段,强化正面引导,及时回应相关热点问题,及时疏导解决。在方案反馈阶段,采取满意度调查、座谈会等方式,及时为其他地区或本地区下一步行政区划改革总结经验教训。另外,由于行政区划的资源配置属性,在治理过程中为防止少数群体利用行政区划调整谋私利,可以选择在必要的时候短期冻结干部调整、户口迁移、土地拍卖等敏感事项。

第二,通过弹性化设计增加多元主体之间的协商空间。行政区划改革是一项弹性空间小、可逆性较差的重大公共决策。除极个别情况外,一般不可能中途废止或推倒重来。部分地区在撤县(市)设区、区界重组等调整中,所涉及的双方或多方在正式文件发布之后,会商定一段时间的过渡期,比如 3—5 年。过渡期设置的主要目的在于减少改革阻力或渐进开展改革,同时也增加行政区划改革的弹性。另外,在改革实践中,行政区划改革对"逆向调整"有一定的需求。例如广东顺德,在 2003 年撤市设区成为佛山的市辖区后,其治理体系难以适应社会经济发展,在全国"百强县排行榜"位次下滑。2011年,顺德以市辖区的身份进入广东省首个"省直管县"试点名单(周志坤,2011),经济增长得到一定程度的提高(叶冠杰、李立勋,2018)。民间多为顺德改区感到遗憾,且依然对顺德区逆向调回顺德市有所期待(许宝健,2011)。但囿于现实,广东省只得通过对顺德区实行"省直管县",部分矫正撤市设区的不良影响。鉴于此,可以考虑将"逆向调整"作为一种常态化的动态机制纳入行政区划改革之中,增加行政区划改革的弹性,促使多元主体在行政区划改革中发挥更大作用。

第三,从低层级区划调整入手为整体制度设计积累经验。从本质属性看,行政区划关乎国计民生、全局稳定、党的执政基础,政治性是其根本属性。越是高层级的行政区划调整,政治色彩越浓厚,也需要更多考虑国家治理的需求;越是低层级的调整,越注重经济发展和社会治理的需求,政治色彩相对淡一些。因此,治理嵌入行政区划可以从低层级的区划调整开始试点,在试点中探索积累治理嵌入的有益经验,不断完善治理嵌入行政区划改革的体制机制。

行政区划不仅仅是简单的地理空间分割,其上附着权力、土地等诸多重要资源。因此,行政区划改革成为我国快速城市化过程中被频繁使用的行政工具,其调整方式也基本以政府主导的自上而下推动为主。作为行政体制的空间投影,行政区划改革是重塑空间治理格局,推进国家治理体系和治理能力现代化的重要基础。今天的行政区划改革在空间关系、运行逻辑、行政层级、职能配置等方面都开始出现内卷化风险(匡贞胜、虞阳,2020)。现行行政区划管理体制在对抗内卷中已然显得力不从心。治理嵌入行政区划,既拓展了治理理论应用于中国实践的问题域,又为新时代规避与防范市域行政区划改革中的政治风险提供了理论支撑。

在市域行政区划改革涉及的所有风险中,政治风险处于根本位置。虽然许多层级不高的行政区划调整难以动摇政治安全的根本,但由于风险的累积性和传导性,一些小的风险可能累积和蔓延,并最终爆发成政治危机。可以认为,政治属性是市域行政区划改革的"定海神针",没有政治—统治逻辑的稳定,就没有经济—发展逻辑的崛起与治理—服务逻辑的转向。在市域行政区划改革中,防范政治危机仍然具有极其重要的意义。与其担心开放行政区划决策过程带来的种种风险,不如转变观念、积极思考设计全过程人民民主及治理理念嵌入的科学方式,坚持稳中求进、守正创新,采取渐进方式稳妥推进,在行政区划改革中真正回应诉求、惠及民生,全面夯实行政区划改革的民意基础。从根本上消除风险产生的土壤,才是有效防范政治风险的着力点。

第四章 市域行政区划改革的社会风险及防范

行政区划是国家政治结构在空间上的投影,是政权建设和政府管理的重要手段,直接影响资源整合和利益分配,对经济发展和社会稳定都具有重要的影响。通常来说,社会风险存在广义和狭义之分。广义的社会风险相对于个人风险而言,把社会看作由政治、经济、文化等子系统构成的大系统,学界一般将其置于"风险社会"的语境之中。狭义的社会风险则把社会看作与政治、经济、文化等相平行的系统,主要表现为社会稳定方面的风险,是一种可积聚的不确定性。本章采用狭义层面上的社会风险概念,将市域行政区划改革中的社会风险界定为:由区划改革导致的,社会期望收益未能得到满足而产生的社会冲突和危及社会稳定的可能性。

第一节 市域行政区划改革的社会影响

2014年2月26日,习近平总书记在北京市考察工作结束时发表讲话指出:"行政区划并不必然就是区域合作和协同发展的障碍和壁垒。行政区划本身也是一种重要资源,用得好就是推动区域协同发展的更大优势,用不好也可能成为掣肘。"[①]作为城市管理的重要手段,行政区划以空间治理为载体,对公共权力和利益进行再分配。区划改革广泛作用于人口流动、城乡融合、公共服务等方面,对城市社会发展产生复合影响。

---

① 中共中央文献研究室.习近平关于社会主义经济建设论述摘编.北京:中央文献出版社,2017:250.

一、人往"市"处走：行政区划改革影响人口流动

我国的人口流动受户籍制度和城市化影响显著，市域行政区划改革对城乡人口流动具有强烈的政策效应（见表4.1）。伴随行政区划调整出现资源重置、产业重组和公共服务重分，市域人口总体上向城区集聚，导致部分乡镇出现产业萎缩、人口流出与人口老龄化等问题。

表 4.1 改革开放以来我国户籍政策的演变

发文时间	政策文件	主要内容
1984 年 10 月	《国务院关于农民进入集镇落户问题的通知》	对符合条件的到集镇（不含县城关镇）务工、经商、办服务业的农民和家属准予落户，并统计为非农业人口。
1995 年 4 月	国家体改委等 11 部门《小城镇综合改革试点指导意见》	实行按居住地和就业原则确定身份的户籍登记制度。
2000 年 6 月	《中共中央、国务院关于促进小城镇健康发展的若干意见》	放开农民进城的户口管理限制，鼓励农民进入小城镇。
2004 年 12 月	《国务院办公厅关于进一步做好改善农民进城就业环境工作的通知》	进一步放宽农民进城就业和落户的限制，推进大中城市户籍制度改革。
2008 年 10 月	《中共中央关于推进农村改革发展若干重大问题的决定》	统筹城乡社会管理，放宽中小城市落户条件，使在城镇稳定就业和居住的农民有序转变为城镇居民。
2011 年 2 月	《国务院办公厅关于积极稳妥推进户籍管理制度改革的通知》	引导非农产业和农村人口有序向中小城市和建制镇转移。
2013 年 11 月	《中共中央关于全面深化改革若干重大问题的决定》	推进农业转移人口市民化，加快户籍制度改革，全面放开建制镇和小城镇落户限制，有序放开中等城市落户限制，合理确定大城市落户条件，严格控制特大城市人口规模。
2014 年 7 月	《国务院关于进一步推进户籍制度改革的意见》	统一城乡户口登记制度，全面实施居住证制度。
2015 年 5 月	《国务院批转发展改革委关于 2015 年深化经济体制改革重点工作意见的通知》	落实放宽户口迁移政策，完善配套措施，建立城乡统一的户口登记制度。

发文时间	政策文件	主要内容
2016 年 2 月	《国务院关于深入推进新型城镇化建设的若干意见》	积极推进农业转移人口市民化,鼓励各地区进一步放宽落户条件,推进居住证制度覆盖全部未落户城镇常住人口,推进城镇基本公共服务常住人口全覆盖。
2018 年 3 月	《国家发展改革委关于实施 2018 年推进新型城镇化建设重点任务的通知》	全面放宽城市落户条件,继续落实 1 亿非户籍人口在城市落户方案,加快户籍制度改革步伐。
2022 年 7 月	国家发展改革委《"十四五"新型城镇化实施方案》	深化户籍制度改革。放开、放宽除个别超大城市外的落户限制,试行以经常居住地登记户口制度。全面取消城区常住人口 300 万以下的城市落户限制,确保外地与本地农业转移人口进城落户标准一视同仁。全面放宽城区常住人口 300 万至 500 万的 I 型大城市落户条件。完善城区常住人口 500 万以上的超大特大城市积分落户政策,精简积分项目,确保社会保险缴纳年限和居住年限分数占主要比例,鼓励取消年度落户名额限制。

资料来源:何艳玲、赵俊源(2020),吴金群、廖超超,等(2018)。根据国务院官方网站的相关内容进行了调整和补充。

首先,市域行政区划调整加快了人口向城市中心集聚。以县(市)改区、乡镇改街道等为代表的市域行政区划调整,带来了中心城市的空间扩张,为人口向城市中心集聚提供了资源和机会。与传统人口转移机制不同,行政区划调整的新趋势为城乡人口迁移补充了新的渠道。它既可以通过县(市)改区、乡镇改街道等行政建制的变更,将农村人口直接转为城市人口,还可以通过行政界线调整扩大城市郊区,实现市域外延式的人口转移(苏东坡,2013)。由于劳动力的流向不仅受城市工资水平和就业机会的影响,还受城市基础教育和医疗服务等公共服务的吸引,长期流动的劳动力会选择流向公共服务更好的城市(夏怡然、陆铭,2015)。因而,市域行政区划的调整可以挖掘公共服务引领人口转移的新潜力:区划调整推动政府在公共服务供给方面制定相关政策,延展公共服务的覆盖范围和享受群体,提升公共服务的社会化和市场化,减少人口转移成本。以公共交通为例,撤并市区后城乡道路面积扩大,交通设施得到改善,各区之间的公路收费站取消,公交线路延长到新区,加强了老区与新区的联系,带动了本地的就业和人口的增长(唐为、王媛,2015)。

其次,市域行政区划调整的人口集聚效应存在异质性。一方面,县市撤并打破了县区间的行政壁垒,资源分配得到改善,区域市场进一步融合,企业生产率得以提高,这有助于推动企业增加雇员,从而吸引人口流入,促进人口城镇化(见图4.1)。但是,在被撤并县域内的人口城镇化上,产业的劳动力吸引程度存在异质性:商业、服务业等第三产业从业人口迅速增多,而第二产业从业人口并未显著增长(聂伟等,2019)。另一方面,在乡镇企业发达的省份,县(市)改区不但没有造成农村劳动力流失,反而吸引了不少劳动力继续留守本土。从1998—2013年的江苏省县级面板数据来看,撤县(市)设区对农村劳动力本地就业具有显著的促进作用。具体来讲,县(市)改区政策的实施,阻碍了被撤并县(市)农村劳动力的外迁,提高了本地就业工资与外地就业的相对工资比例,实现了农民在本地的就业(张琛等,2017)。

图 4.1　县(市)改区的人口集聚效应机制

资料来源:唐为、王媛(2015)。

再次,市域行政区划调整引发的统计失真不利于城乡社会管理。市域行政区划调整可能造成乡镇萎缩、人口流出与老龄化并存,这对中小城镇的发展非常不利。同时,行政区划调整的人口扩张,是人为作用的结果,容易产生"虚假城市化",造成城市化水平统计失真,对城乡的社会管理造成不便。一方面,虚假城市化造成建设上的浪费以及管理上的混乱,城市辖区与城市建成区之间发生了较大程度的偏离,大面积的城区在很长一段时间内仍然是农村产业、农村人口、农村管理,产生了行政城市化与实质城市化的严重错位(朱光磊、何李,2017)、农民市民化困难重重、"农转居"人员与城市居民在养老和医疗等社会保险制度上被区别对待等问题。另一方面,以县(市)改区为代表的市域行政区划调整加剧了地方政府公共服务供给的扭曲,表现为地方政府重视基础设施扩张和公共服务硬件的供给,忽视教育和卫生等地方公共服务软件的供给,不利于市域人口质量的提升。

最后,人户分离背景下的市域行政区划调整存在社会保障供给的难题。有些行政区划调整蕴含的人口转移,弱化了对人口城镇化的相关制度进行改革的动力。在当前税制下,我国政府的税收主要依靠企业,个人所得税也主要由企业以代扣方式缴纳。所以,当地政府财政收入的增加很大程度上依赖企业增长和产业发展。尽管城市中非本地劳动力和农村劳动力通过供给劳动要素和促进地方需求而带动了城市经济发展,但是他们的社会保障总体上依然由户口所在地财政负担。人口流出地区的政府既面临由于企业和产业不强而财政收入不足的困难,还需要继续承担户口仍在当地的人员的基本福利和社会保障。

值得注意的是,越来越多的地方政府通过新区新城的建设来解决主城区人口拥挤的问题。然而,并非所有新城都有足够的吸引力来分散老城区人口。新城需要有比旧城更好的发展空间、更优质的公共服务才能够带动人口的疏解。在很长一段时间,由于优质公共服务的稀缺性和沉淀性,以及高端服务业的积聚效应,不少"新城"最后沦为"鬼城"。因此,市域行政区划调整的人口流动效应需要综合来看。以县(市)改区为代表的市域行政区划调整,在促进中心城市人口集聚的同时,可能会加剧周边中小城镇和乡村人口的萎缩,整体表现为"人往'市'处走"的现象。

二、由二元对立到掣肘前行:行政区划改革影响城乡关系

处理好城乡关系一直是党和政府关注的重点工作。党的十六大以来,为推动我国城乡关系的转型,中央政府适时提出了"统筹城乡经济社会发展""统筹城乡发展""城乡经济社会发展一体化""城乡发展一体化"的战略措施。党的十八届三中全会首次明确提出新型城乡关系的概念,将"城乡一体"作为新型城乡关系的最终目标。2017 年,党的十九大提出"建立健全城乡融合发展体制机制和政策体系",这标志着我国城乡融合发展已上升到国家重要战略地位,成为国家治理现代化的重要内容。2020 年 10 月,党的十九届五中全会提出,"优化国土空间布局,推进区域协调发展和新型城镇化"。回顾新中国成立以来城乡发展历程,可以发现我国的城乡关系经历了三个阶段:城乡二元体制形成和巩固时期(1949—1978 年)、城乡二元制度"破冰"时期(1978—2002)以及新型城乡关系构建时期(2002 年至今),见图 4.2。

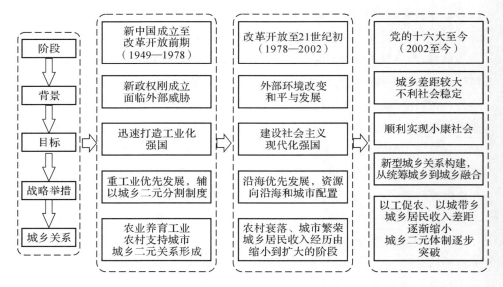

图 4.2　新中国成立以来中国城乡关系演变历程

资料来源：年猛（2020）。

美国地理学家刘易斯·芒福德指出，"城与乡，不能截然分开；城与乡，同等重要；城与乡，应该有机地结合起来"（芒福德，1996：6）。市域发展承载着改善城乡关系的使命愿景，也是实现城乡统筹、城乡一体化和城乡融合的主要载体。从行政区划具体形式来看，城乡建制、省直管县和区界重组等改革对我国城乡关系的演变产生了深远影响。

（一）建构城乡秩序：城乡建制的设置

建制设置是国家调节城乡关系、促进城乡经济社会发展的重要力量。比如，恰当的县（市）改区，可以更大范围地将郊区纳入城市管辖，从而削弱农村包围城市的趋势，还能促进区域公共服务的统筹，发挥公共服务供给的规模效益，进而促进市域治理体系的完善（赵聚军，2012）。市县分治可能形成行政上的城乡分割，而市县合治则试图促进同一行政区域内城乡的一体化。然而，不当的行政区划调整，也容易制造城乡之间的制度不平等，影响城乡融合发展。

在市县分设的背景下，我国城乡采用不同的管理方式。城市地区以市、市辖区和镇为主，属于城镇型建制。农村地区则以县、乡为主，属于广域型建制。城乡的不同建制，形成了地区资源配置的差异化和政府职能重心的不同。20 世纪 80 年代中期之前常用的切块设市模式,是从县域中挑出经济条件好、工业化水平高的地区设为市的建制,而其他综合条件不佳的地区则依然为乡村。于是,城乡之间形成了清晰、严格的体制和空间边界。城市和乡村处于不同的体制下,在政府机构设置、行政资源配置、国家财政支持上存在不同的逻辑,并在事实上演化出偏向城市的非均衡发展策略,导致城乡公共服务非均等化、城乡社保差距扩大、城乡收入差距增加等问题。

依托行政建制实现的在一定空间范围内的权力资源配置、职能重心设置,以及与此相关的政策机制等,对我国城乡发展产生了双重作用:一是建制设置割裂并固化了城乡关系,阻滞了城乡经济社会的发展;二是建制调整密切了城乡互动和联系,推动了城乡经济社会的发展。引领城乡融合发展是现代化进程中我国建制调整的实践逻辑。市管县体制的建立,开启了城乡作为整体纳入同一建制的尝试,也形成了中国特色的广域型市制。在实践中,打破城市和乡村在建制设置上空间藩篱的调整方式有三类路径:一是农村建制向城市建制的调整,如撤县设市、撤乡并镇、村改居等;二是城市建制的扩张,如县(市)改区等;三是重构城市政区的建制设置,如设立直辖市等模式(陈军亚,2020)。这三种改革都是将以农业为主的县域或乡村政区和以工商业为主的城市政区纳入同一建制体系之内,试图打破城乡的地域分割,实现城乡的开放互通和融合发展。

将城乡作为整体纳入同一建制的广域型市制在推进城乡一体化的同时,也模糊了城乡的概念和空间划分(朱建江,2019),忽略了农业和农村的发展。通常来说,城镇人口的集中规模大,居民主要从事二、三产业,是一种聚落型点状区域,而广大乡村地区是地域型面状区域。广域型市制把乡村纳入其中,这样既包括了传统意义上的聚落型点状的"市",又包括非真正"市"含义的地域型面状的"乡",造成城与乡不分、"市"出现"非城非乡"或"既城又乡"的状态。随着城镇化的持续发展,地方政府的自主性屈服于城市政府,乡村社会乃至整个地方社会系统从属于城市社会系统(熊万胜、袁中华,2021),企业和城市成为地方发展的"增长机器"。县改市、县改区以及其相伴随的乡镇改街道的行政区划调整,加剧了发展方向与管理方式的"城市偏向",农业、农村和农民问题在此过程中被不同程度地忽略。

(二)统筹城乡发展:省管县改革的出发点和落脚点

我国的市管县和省管县经常"缠合"在一起,于不同的地方以各自的逻辑在中心或边缘滋长,而作为主流制度的省管县或市管县则此起彼伏地交叠出现。新中国成立初期,市管县制度在省管县的宪法精神下依然得以在夹缝中成长,并于 20 世纪 80—90 年代取代省管县成为事实上的主流制度。21 世纪初,省管县制度虽有宪法和中央政策的支持,但在实践中只能"步履蹒跚"。对市管县体制的评价,需要带有历史的眼光。我国实行市管县的初衷是与当时的政治经济体制基本相适应。随着我国市场经济体制的建立和完善、政府职能的进一步转变,市管县正在越来越偏离其初始的目标,反而扩大了城乡差距,增加了地方层级,加大了行政成本,虚化了城市概念,背离了宪法精神(吴金群等,2013:8-9)。在浙江和海南等地省管县经验的榜样示范,以及中央政策的渐进推动下,全国各地纷纷开始了以财政省管县、扩大县(市)经济社会管理权和人事省管县为主要内容的省管县改革。新疆、西藏和内蒙古以外的 24 个省和自治区,都进行了相应的改革。如果把市管县和省管县的稳定运行看成制度的均衡,那么从市管县到省管县的变迁就成了均衡的断裂和重新生成过程:经济体制的转型提供了省管县制度变迁的市场基础;权力结构的调整提供了省管县制度变迁的政治背景;社会观念的变化提供了省管县制度变迁的思想根源;国家政策的引导提供了省管县制度变迁的直接动力(吴金群,2017:73-76)。

虽然市管县体制将城乡作为整体纳入同一建制,但是该体制下的城乡关系是板块式的行政合治,城乡经济社会发展难以实现有机融合。从各地试点情况来看,省管县改革在促进县域经济发展、推动新型城镇化建设、提高行政效能和改进省、市、县府际关系等方面发挥了重要的作用。从城乡统筹的角度看,省管县改革的影响表现在两个层面:一是由省级政府承担的城乡统筹,主要协调的是大中城市与县域经济社会发展的关系;二是由县级政府承担的城乡统筹,主要协调的是中小城镇与乡村经济社会发展的关系。前者可称为"大统筹",意味着"公共服务统筹权的上移";后者可称为"小统筹",意味着"公共资源配置权的下放"。省管县体制通过上移公共服务统筹权,实现城乡基本公共服务的均等化;通过下放公共资源配置权,增强县域经济社会发展的活力(吴金群,2017:121)。

首先,省管县改革上移了公共服务统筹权,有利于缩小城乡基本公共服务的差距。省管县改革最显著的变化是改变了市、县两级政府的关系,减少了政府层级,使政府层级由"省—市—县"三级变为"省—市、县"两级,使资源和权力下沉到县域。在市管县体制下,各种优质资源往往集中于市中心,而各项支出却由包括县域在内的整个市域承担,存在"市刮县""市压县""市卡县"等问题。省管县体制通过上移公共服务统筹权、财政省直管等措施,可以解决县乡财政困难,改变农村薄弱的公共服务状况,进而实现医疗卫生、文化教育、社会保障、基础设施和公共安全等城乡基本公共服务的均等化(张占斌,2009:28-31;吴金群,2010;王雪丽,2013:34)。

其次,省管县改革下放公共资源配置权,有利于增强县域经济社会发展的活力。在省管县改革过程中,一般都伴随着对县(市)的经济社会管理权下放。即使是只进行财政省管县的地方,也可以避开地级市的干扰,为县域各项事业的发展提供资金支持,改善公共资源配置,从而有利于实现城乡协调发展。另外,市域的形成是区域城镇化和城镇区域化相互作用的结果。中心镇对区域城镇化、城镇区域化以及缩小城乡差距,有独特的作用。面对经济社会快速发展与乡镇管理权限严重不足的矛盾,浙江、广东等诸多省份在强县扩权或扩权强县之外,启动了强镇扩权或扩权强镇,赋予镇部分县级政府的经济社会管理权限,从而激发中心镇并进一步增强县域的经济社会发展活力。

需要注意的是,无论是省管县还是市管县,改革的目标都是实现市县协调发展,即大中城市与周边县域在经济、社会等领域的合作共赢与协同发展。它意味着大中城市的高度发达与周边县域的普遍繁荣交相辉映,城市效率的充分提高与对县域公平的广泛关注互相平衡,城市治理的逐渐完善与县域社会的良性发展竞相促进(吴金群,2017:24)。在实践中,由于全国各地实际情况千差万别,省管县体制改革必须注意适用条件和渐进式分类推进。

(三)悬置城乡均衡:县(市)改区的悖论

随着城镇化进程的推进,县(市)改区掀起了一波又一波的浪潮,这也导致越来越多县(市)的消失。众所周知,县(市)对城乡关系的转型发展具有重要的承上启下作用。然而,县(市)的"政治应力"却非常"脆弱"。在资源稀缺的情况下,农村的发展权利常常被国家的发展战略所牺牲,呈现出县域政治地位"很重要"与县域居民的政治和社会权利"很薄弱"的悖论(刘素姣,2017)。在实践中,如果中心城市尊重被撤县(市)意愿且有实力带动其发展,那么,县(市)改区之后的发展就相对乐观;如果中心城市不能尊重被撤县(市)的意愿且没有足够实力带动其发展,县(市)改区就可能阻碍城乡协调均衡。

县（市）改区的初衷之一是统筹城乡发展，加快县域的城镇化进程。然而，部分地方政府进行县（市）改区的首要动机是积极扩张城市，而忽视了农村地区的发展。甚至为谋城市发展和地方政绩，假借农民市民化的名义，大量剥夺城郊农民的土地。一些政府为了迅速改变城市发展面貌，强化中心城市功能，利用行政手段将原县域的资源往市中心聚集，更是拉大了城乡差距。部分地方政府在新设的市辖区启动重大产业项目、交通设施等工程建设，开展"以项目促发展、促转型"，但重大项目往往倾向于落户近郊，远郊农村地区很少被选中。这又强化了新设市辖区内部的城乡二元结构，甚至造成公共服务相关配套的某种"断裂"（林拓、申立，2012）。

县（市）改区也容易产生原农村区域的"真空"管理状态。新设的市辖区成为主城区功能扩散的承接地，在相关政策的定位上，往往不再属于县（市）改革的讨论范围。但新设市辖区内存在的大量农村地区，也往往不在城市管理的视野之内。针对此类问题，政府出台的是两套不同的空间规划和社会管理体系（何艳玲、赵俊源，2020）。在空间规划方面，城中村的土地属于集体并由其村自行经营，市不能将其纳入统一规划，造成城市空间斑驳，城市公共服务不均衡分布。在社会管理方面，部分城市在县（市）改区之后，仍有农民的社保问题没有得到解决。一些农民享受的农村医疗补助被免去的同时，又未获得新的配套的社保。同时，新设市辖区的政府，既要领导原来的农村地区，还要承担新的城市管理职责，也可能出现顾此失彼。

当然，城乡一体化的过程本身就是制度变迁的渐进过程。城乡的统筹具有阶段性、地域性和区域性的特征。构建城乡融合发展的格局，不仅要破除体制障碍，恢复城乡之间自然发生、内生循环的经济联系，还要以行政区划调整为契机，在政府作用下引导其他体制的建立。城乡融合发展并不是通过消灭乡村地区来实现城乡差别的消失（刘俊杰，2020），也不意味着将乡村纳入"城市扩张""城市优先"的发展逻辑，更不是制造城乡空间上的雷同，而是根据实际情况缩小或者消灭二者在权利和资源分配上的差距，保留各自特色和互相之间有益的差别，通过资源的合理流动实现城乡之间的优势互补，实现功能上的延伸、分工和互补，使城市和乡村处于不同但协调发展的状态（陈军亚，2020；年猛，2020）。

三、由集聚向均衡渐进转型：行政区划改革影响公共服务

2020年10月29日，党的十九届五中全会提出了2035年基本实现社会

主义现代化的远景目标。其中,"基本公共服务实现均等化,城乡区域发展差距和居民生活水平差距显著缩小"为远景目标之一。所谓基本公共服务均等化,是指政府在不同地区按照同一标准为社会公众提供基本的、大致相当的公共服务。基本公共服务均等化是分层次、分阶段的动态过程,能有效缓解因发展不均造成的社会群体和地区间的差距和矛盾。当然,均等化并不是搞平均化,也不能因为均等化而通过降低一些地区和居民的需求来简单拉平差距。经济发展水平、财政收入状况、政府执政理念和管理方式等,是影响我国地区之间公共服务水平差异的主要因素。

作为打通基本公共服务"最后一公里"的关键主体,基层政区也就成为研究我国基本公共服务的关键一环和重要力量(熊竞,2020a)。对城市政府而言,公共服务供给具有消解城市问题、维护社会稳定和回应市民需要的功能(赵俊源、何艳玲,2020)。所以,行政区划调整需要从促进基本公共服务均等化、提升公共服务总体水平的角度来加以审视。然而,部分地方政府未能进行政府职能转变,逃避本应承担的公共服务职责(赵聚军,2012;何李,2019)。掠夺性征地带来的城镇化并未带来居民社会福利水平的提高,反而可能成为阻碍。城镇化进程中的公共服务配置,深受建制设置、行政层级、隶属关系和调整方式等方面的影响,并呈现由城市和权力中心的集聚向区域均衡发展转型的趋势。

(一)建制设置的公共服务效应

市域行政区划的设置是否合理,将直接影响区域资源配置水平的高低以及公共服务的供给水平。城乡建制的设置不仅影响城乡秩序的建构,还对城乡基本公共服务均等化具有重要影响。熊竞(2020a)提出,基层建制通过建制类型的城乡转换、建制单位的增减,以及新增建制类型等形式影响公共服务的均等化程度。在此研究基础上,对建制设置的公共服务供给效应可以阐释如下。

首先,不同的城乡建制带来的公共服务效应不同。总体来看,我国的城镇建制表现为市、市辖区和镇,经济条件相对优越,公共服务水平远高于乡村。由于我国财政支持的逻辑总体上属于城市本位,一些公共服务的惠及还存在户籍门槛。差异化的资源配置使城乡间的基本公共服务差距显著,城乡基本公共服务的均等化还任重道远。即使同样是城镇型建制,城市的公共服务一般又比镇的公共服务更为充分一些。

其次,新增一种建制类型有可能提高公共服务水平。我国晚清时期通过专门设置建制市(含"城""镇"等),来解决区域内的公共服务短缺和管理不规范的问题。中华人民共和国成立后,1954年新增设街道办事处,改革开放后加强了社区的建设,也在一定程度上提升了基层市民的公共服务水平。直辖市和县级市的出现,则在极大促进当地经济社会发展的同时,提高了当地的公共服务水平。因此,新增一种行政建制类型,也会产生公共服务供给效应。

最后,减少建制单位对政区的公共服务效应存在异质性。增加建制单位有利于提高公共服务的可达性、可及性。如在某地析出一个街道办事处,意味着配置了一套新的公共服务体系,增加了公共服务设施的数量和空间密度。然而,减少建制单位的效应要复杂一些,存在异质性。以乡镇撤并为例,乡镇扩大了管理服务的半径,基本公共服务的可及性减弱。新乡镇会加大对镇中心的关注和投入,而对远离政府驻地的被撤并地区则无暇顾及。被撤并乡镇由于提供公共服务的部分机构的逐渐退出,如卫生院、中小学、派出所、银行网点、邮局等的搬离,普遍存在办事难、就医难、上学难、社会治安混乱等问题(李金龙、刘巧兰,2020)。由于减少建制单位削弱了被撤并地区的公共服务,可能会产生公共服务的薄弱地带。

(二)行政层级的公共服务效应

行政层级与公共服务均等化存在着一定的张力。一般来讲,生产要素的流动和城市空间的扩张在水平方向上展开,而政区等级和公共资源的分配是垂直的。要有效提供均等化的公共服务,就必须推动行政层级的扁平化。也就是说,城市政府同时具有"科层组织"和"空间分配"的双重角色。科层组织将公共服务和财政支出上移,空间分配却难将高额的公共服务成本在城市政区空间内转移、分摊和稀释(何艳玲、赵俊源,2019)。政府天然地具有等级和集权的性质。在政府的主导下,优质的公共服务大多集中分布在行政权力中心点,这就严重影响了公共资源配置的均等化。

首先,城市的尺度等级影响公共服务的配置。通常来看,直辖市、副省级市和地级市的行政中心对基础教育、医疗资源、文化设施等方面的配置具有显著的正向效应。这类城市成为优质公共服务资源的集聚地,周边低尺度城市的人才和资源纷纷流向它们(袁锦贵,2019)。大量的人口和资源往高等级城市或行政中心流动,一方面增加了高等级城市提供公共服务的压力和能力,另一方面削弱了低尺度城市可持续发展的资源和公共服务供给的能力,从而加剧了公共服务的区域不平衡。不过,经济差距不大、存在多中心的地方,其公共服务资源配置的层级差距较小。比如,东部地区尤其是长三角地区的地级市之间以及地级市和县级市之间公共服务的层级配置相对均衡。

其次,公共服务纵向配置的非均等化加剧了横向区域间的不均。我国公共服务设施的布局和调整,均受自上而下规划的驱动。同城的区县之间以及同城同辖区内的公共服务的调配,也多受上位规划的指导(陈好凡、王开泳,2019)。这是我国基本公共服务非均等化的重要原因之一。在一定程度上,这种纵向的非均等化加剧了横向区域间的非均等化。许多问题表面上为横向区域非均等化的问题,背后其实也是纵向层级关系上的资源配置失衡。比如当前很多省份开展的"强省会"战略对行政区划进行重新调整,在做大做强省会城市的过程中,公共服务和公共资源优先配置到省会城市。这对省内其他城市形成挤压效应和虹吸效应,加剧了省会城市与省内其他地级市之间的公共服务供给的失衡(袁锦贵,2019)。

最后,政府驻地的布局和迁移会对公共服务的供给产生影响。一方面,政府驻地不仅是权力中心的物理体现,而且是地方政务服务的主要办事点。它的布局或设置会吸引人才、资本、基础设施、公共服务的集聚。乡镇政府或街道办事处的设置要根据居民的公共需求半径和政府组织的有效服务半径来合理确定。因而,为便于民众办事,基层政府的驻地往往处于交通或地理中心。另一方面,政府驻地迁移对公共资源空间再配置也有一定的影响。政府驻地作为一种稀缺性政府资源,其迁移会带来一定的经济收益,从而改变公共资源的空间配置(卢盛峰等,2019)。比如,湖南省政府驻地迁往天心区、西安市政府迁往北郊、南昌市政府迁往红谷滩新区、贵阳市政府迁往观山湖区等,都明显改善了迁入地的教育、医疗和基础设施条件。当然,不同的城市政府驻地迁移的资源配置效应不同。大中城市政府驻地迁移资源配置效应更为明显,而小城市政府驻地迁移对资源配置的影响并不显著(王海、尹俊雅,2018)。因此,从统筹资源配置的角度看,小城市或镇要慎用政府驻地迁移作为工具手段。

(三)隶属关系的公共服务效应:以县为例

隶属关系的设置对政区资源的配置具有重要影响。以县的不同隶属关系为例,"市管"或"省直管"对市、县的公共服务具有不同的效应。

在市管县体制之前,我国实现市县分治。城市政府管理城市地区,县域则由省、自治区人民政府的派出机关——地区行政公署进行管理。市县之间有较为明确的行政壁垒,形成了相对固化的城乡分离。无论是生产性还是服务性公共物品的供给,县域都远落后于城市。为统筹城乡发展、精简机构和人员,中央通过地改市、地市合并、县(市)升格等手段,进行了市管县体制改革。这场改革试图通过中心城市的发展辐射带动周边县域发展,但在实践中普遍存在效率、权力和财政三大"漏斗效应",城乡在户籍、土地、就业、财税和社保等方面出现"逆向"制度安排,存在"市压县""市刮县""市卡县"等问题,县域公共服务虽有改善,但依然远落后于城市。

为解决市管县体制的行政约束,建立更平等的市县经济联系,国家政策开始引导地方政府探索省管县体制。然而,由于省管县改革的不彻底和相关制度的不配套,省、市、县之间在纵向科层上产生交错,地方政府的责、权、利配置出现扭曲和不对称(吴金群,2017)。当前,学界对省管县改革的效应评价不一,其公共服务效应也扑朔迷离(见表4.2)。

表 4.2 省管县改革与县域公共服务的相关研究

序号	文 献	主要观点	总体结论
1	刘佳等(2012)	省管县改革提升了县域基础设施等生产性公共物品的生产水平,但降低了县域科教文卫等服务性公共物品的供给水平。这两种影响不受县域经济发展水平和行政区划属性的影响。任何一个县级政府实施省管县改革,都有可能会加剧公共物品供给结构的扭曲。	提升生产性公共物品供给水平,降低服务性公共物品供给水平。
2	陈思霞、卢盛峰(2014b)	省管县分权改革显著增加了基础设施建设支出,但民生性支出都出现不同程度的下降,贫困县更倾向于降低民生性公共服务支出。在空间配置上的公共支出结构变动效应出现逐年递减趋势。	增加基础设施建设,降低民生性公共服务支出。
3	宁静等(2015)	省管县财政体制改革总体上不利于民生性公共服务水平的提高,导致医疗支出、教育支出下降。对民生性公共服务的抑制作用具有明显的省份差异性和时间滞后性。	抑制民生性公共服务。

序号	文　献	主要观点	总体结论
4	王德祥、李建军(2008)	虽然上级财政补助在改善地方公共服务中的作用不明显,但省管县财政改革使财政层次简化、地方财政关系规范化,因而促进了县、市两级公共产品供给的改善。	改善县、市两级的公共品供给。
5	刘叔申、吕凯波(2012)	省管县对于县域公共服务水平的影响取决于市县之间的力量对比,在"强市强县"和"弱市弱县"的关系下,省管县能够显著促进县域的公共卫生服务水平,而在"强市弱县"的关系之下,省管县反而恶化了县域的公共卫生服务状况。	取决于市县力量的对比。
6	谭之博等(2015)	省管县改革显著提高了县级财政分权水平,降低了市级财政分权程度,有助于缩小城乡收入差距,改善县域公共服务供给水平,但对地级市的公共服务供给并无显著影响。	改善县级公共服务。

由表 4.2 可知,学界对省管县的公共服务效应可以概括为 4 种观点:第一种观点认为省管县增加了对县的基础设施建设的支持,对公共服务产生了一定的"挤出效应",加剧了公共物品供给结构的扭曲,因而不利于县域公共服务水平的提高(刘佳等,2012;陈思霞、卢盛峰,2014;宁静等,2015);第二种观点提出省管县简化了财政层次,规范了地方财政关系,因而有利于改善县、市的公共服务(王德祥、李建军,2008);第三种观点认为省管县在提高县级财政分权水平的同时,降低了市级财政分权程度,改善了县的公共服务水平,对地级市公共服务供给影响不显著(谭之博等,2015);第四种观点提出省管县对县域公共服务水平的影响取决于市县之间的力量对比,只有在力量相当的情况下,才能提高县域的公共卫生服务水平(刘叔申、吕凯波,2012)。可见,学界对省管县的公共服务效应尚未形成统一意见,但普遍认为隶属关系调整可能会对公共服务产生显著影响。

(四)调整手段的公共服务效应:以县(市)改区为例

行政区划调整会带来管理边界和管辖范围的重新划定,从而使公共资源在不同政区之间重新分配。区划调整手段运用是否合理,直接影响到政区发展的格局和公共资源的配置。作为一种集权式的市域管理手段,县(市)改区有助于提高城市的综合竞争力和公共服务能力,加快公共服务设施的建设,增加民生性公共服务的投入。换言之,县(市)改区可以使地方公共服务供给质量得到改善(段龙龙、王林梅,2019),新区的公共服务水平也获得提高(陈好凡、王开泳,2019)。以重庆璧山和铜梁的县改区为例,2014年县改区后,璧山区和铜梁区政府大幅增加了民生支出,教育支出年均增长超过10%,文化馆、图书馆均按照国家一级标准开展业务,三甲医院有所增加,也新建了区文化艺术中心、市民服务中心等。可见,县(市)改区在拓展中心城区发展空间的同时,也为公共服务资源供需调配和空间重组带来了明显的影响。

如果从空间领域重构的视角,对县(市)改区的城市公共服务作用机理进行分析,其具体的作用机理如图4.3所示(陈好凡、王开泳,2019)。

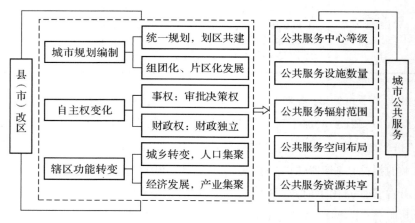

图4.3 县(市)改区对城市公共服务的作用机理

资料来源:陈好凡、王开泳(2019)。

第一,城市规划编制推动市辖区公共服务设施的均衡化布局。县(市)改区打破了市(地级市)和县的地理空间限制,城市边界和尺度发生重组,城市规划权向外延伸到新设区。例如,杭州市2016年修订的《杭州市总体规划(2001—2020)》,将萧山、余杭纳入杭州市规划范围内,提出重点在萧山、余杭两区新增3个城市副中心,加密城市次中心和组团中心。这一规划推动萧山和余杭成为公共服务设施的热点分布地区,而杭州市主城区优质的教育、医疗、文化等资源也开始向副城和组团布局,城乡公共服务逐步走向均衡。在杭州城市总体规划和分区规划的指导下,为满足两地居民公共服务需求,两地新增设不少学校、卫生服务中心以及养老机构,两区的公共服务设施布局不断得到优化。

第二,地方自主权变化会影响公共服务设施的供需调配。在市、县两级政府的博弈过程中,开展县(市)改区的部分地方设置了过渡期以缓解冲突。在过渡期内,区政府的经济社会管理权和财政权得到一定程度的保留。这一方面有利于改革的顺利推进,另一方面也容易导致区、市在土地开发、公共服务等领域的冲突。2001年,杭州市委、市政府《关于萧山余杭撤县(市)设区后管理权限等问题的通知》(市委〔2001〕8号)规定,保留萧山和余杭两区享有地市一级部分经济管理权限,财政仍按省管县的标准结算,土地出让金也由两区政府直接收取和使用。因此,在很长一段时间内,杭州市出台公共资源配置的政策文件都会将萧山、余杭排除在外,主城区的优质公共服务较少向新区扩散,萧山、余杭未能共享同城待遇。多年后,同城化问题才逐步得到解决。在其他不设置较长过渡期的地方,伴随着县(市)改区之后的地方自主权缩小,城乡规划、财政收支和重大资源配置更多地服从地级市的统一领导。

第三,辖区功能转变影响公共服务设施的规划和建设。县(市)调整为市辖区后,将承担中心城区的部分功能。市辖区功能的转变导致人口和产业的空间重构,影响人口和生产要素的流动,进而对公共服务设施的空间布局产生影响。比如杭州的萧山、余杭由县级市转变为杭州市辖区,逐步承接了开发区、产业新城的功能,吸引了一批中心城区人口的主动迁入。人口聚集能力的提高使得两区成为新的高密度人口区,公共服务设施由于需求的增长而不断增加。此外,由于行政边界的打破,萧山区和余杭区吸引了大批高新技术产业,形成了包括江南城、临平城、大江东以及城西科创走廊在内的重要产业发展组团,成为提供优质公共服务的重要地区。

第二节　市域行政区划改革与社会稳定风险

快速的城市化使"乡土中国"逐渐被"城市中国"置换。中国的城市化给社会发展带来一系列现实或潜在的风险,"城市风险化"已成为中国城市发展进程中不得不思考的问题。城市社会风险是指反映城市群体利益、地位结构和相互关系的整体存在不稳定或不确定的状态,产生危害社会的结果或造成社会的失序(何品伟等,2019:15)。城市发展到一定阶段后,需要调整区划来重新优化整合城市的发展资源。区划调整若开展不当,在实施过程中偏离预期或者政策出台前未进行风险评估,就可能导致一系列潜在的不稳定因素爆发,极易引发集体"散步"、社会骚乱、群体性事件等危害社会秩序的行动。本节将从社会秩序、空间正义视角的城市社会稳定、重大行政决策的社会稳定、区划调整中的社会失序代表案例与主要特征等方面进行阐述。

一、社会秩序

社会秩序是社会学和政治学的一个基本概念,指个体与个体之间、个体与群体(或组织)之间以及群体(或组织)之间相互影响的有序状态。社会秩序源自西方哲学思想的秩序论(丁烈云,2008;吴小坤,2019),涉及社会结构、社会资源分配和社会价值观。在秩序论学者看来,社会的价值观、规范性与行动的"一致性",是社会结构与制度的基础。

一般认为,社会秩序存在静态和动态两种类型。从静态来看,社会秩序有三个方面的表现:第一,社会结构相对稳定,每个社会成员都融入一定的社会关系体系之中,成员之间的关系和社会地位是明确的;第二,成员遵守社会制度,社会规范得到正常维护;第三,无序和冲突控制在一定的范围内。从动态来看,社会秩序主要表现为共通的、制度化的价值规范逐渐被社会成员内化到个性中。也就是说,社会秩序通过组织群体对组织结构、资源分配和组织文化等现状的认同来维持,组织内部成员之间存在相互的关联。当组织成员普遍产生"相对剥夺感",或对组织合法性产生怀疑时,冲突就容易爆发,人们可能采取集体行动来"纠正"或阻止这种剥夺。

从是否稳定的角度来看,社会秩序可以分为有序状态和失序状态。有序是社会发展的基础,指社会成员遵守现有社会规范,现有社会结构和社会关系得到认同。无序是一种社会混乱状态,社会成员不能接受现存的社会结构和社会关系,并做出各种反叛行为。从功能的角度来看,实现社会有序运行要以社会秩序的整合和控制功能的正常发挥为前提。若社会秩序的功能出现弱化或缺失,社会就会暴露在各种问题之中,集中表现在社会失范、社会冲突、社会解体等3种失序形式或层面(高峰,2014)。因此,社会秩序和社会危机之间关系紧密,社会秩序既是危机演化的动态显示器,也是危机演化的催化剂,危机事件往往发端于社会秩序被破坏(丁烈云,2008)。

与自然秩序不同,社会秩序需要政府提供和维护。政府是社会秩序的投资者,为不同行动主体提供规则。因此,政策制度与社会秩序密不可分,政策制度构成社会秩序存续的框架和环境(鲍宗豪、赵晓红,2014;何艳玲、赵俊源,2020)。从某种意义上看,国家机器是"唯秩序而秩序",社会秩序的重构成为现代国家建构的功能实现。在多元性、异质性和急剧分化的社会结构中,地方政府如何进行社会秩序的再造与建构,都指向了地方权威统合秩序的关键问题。在中国的语境中,"维护社会稳定"是社会秩序的流行语,而社会秩序的稳定则意味着政策制度等被群众认同。

从社会的演化来看,社会秩序以一种非线性动力的形式展开。这使得社会系统处于一种不确定、混沌的状态。在现代性的话语逻辑下,改革开放后的我国城市政府专注于经济增长,实用主义和效率的价值取向盛行,公平正义面临"缺场"的风险。伴随着市场经济的发展,人口发生大规模的流动,传统的"单位人"被"原子人"置换,人们的利益诉求、权益表达及不满情绪缺乏集体表达的共同需求机制,原有"社会联结"发生改变,原有社会中的个人或组织社会关系和结构不断被打破,社会结构和社会关系受到冲击(吴小坤,2019;陈进华,2017)。于是,社会系统变得不稳和不安。

二、空间正义视角的城市社会稳定

受社会制度和相关环境因素的影响,我国城市化在时空维度上表现出剧烈的冲突,社会运行面临非常不确定的结构性压力,城市化的过程蕴含着社会秩序的动荡与不安(刘建平、杨磊,2014)。城市化过程中不断涌现人地关系的紧张、城乡发展的失衡、城市空间与蔓延式发展的冲突、公共危机的频发等问题,实质上都可以概括为空间形态是否合法、空间资源分配是否平等、空间权利是否均衡(宁越敏,2012;何艳玲、赵俊源,2020)。换而言之,城市化进程中所产生的影响社会稳定方面的系列问题都与城市的空间正义有关。城市空间的生成过程蕴含多方力量和利益的博弈,城市空间权益配置的不公滋生了城市风险,这对城市政府空间治理能力提出了挑战。在风险社会的语境中,保障公民权利的空间治理能力也越来越得到城市政府的重视,我国行政区划调整的空间治理功能也逐渐显现(见图4.4)。

城市化的过程蕴含社会结构、社会关系和空间权利的重构。作为市民生活的场所,城市空间具有典型的社会关系的特征。城市空间的生产既构筑了

图 4.4　不同时期我国行政区划功能的演变

资料来源：王开泳、陈田（2020）。

市民生产、生活的地方，又形塑了市民享受新型权利的关系。以城市化形式展开的城市空间解构与建构的过程，汇聚了空间社会化和权利空间普惠化，并伴随由社会结构张力导致的空间冲突与空间风险。换句话说，城市化过程既是城市空间扩张和市民权利拓展的过程，同时也是一个产生潜在市民空间权利冲突的过程。以我国的城镇化为例，为实现高度时空压缩的现代性，急剧的城镇化远远超出了现有社会系统的承受能力，容易引致社会系统紊乱，使社会处于一种不稳定的状态（李云新、杨磊，2014）。同样，大规模的城市开发也会对原有城市空间进行重组，引发社会风险方面的问题，如社会隔阂加深、局部冲突、社会断裂甚至坍塌等。

　　城市空间治理的公平赤字问题不容忽视。虽然人是城市的主体，但是作为城市载体和容器的空间，并不会天然地为所有市民过上美好生活提供平等的公共资源（陈进华，2017）。城市空间的扩张、调整和修复，充斥着权力和资本的运作，扭曲了城市的空间正义转向。城市本身处于复杂、动态、变化的系统中，具有非线性、随机性和无序性的特点。在社会转型的大背景下，我国城市空间资源显现出了很多棘手的分配性问题，如城郊接合部同城化、公共服务实施可达性、城市发展红利分配等。这些难题的背后，实质是城市空间权益配置是否正当以及市民空间权益参与机制是否平等方面的社会公正问题。城市空间治理的公平赤字导致弱势群体获得公共产品和公共服务的概率最低，社会陷入"强者愈强、弱者愈弱"的马太效应怪圈。为避免城市风险的代际转嫁,城市治理应面向弱者,通过控制、调节来平衡市场造成的差异,保持城市社会秩序的平衡(何艳玲、赵俊源,2020)。

城市空间重组产生的"不可分类"人群给社会稳定带来新的挑战。城市化进程中的大规模征地衍生出了大量的失地农民,城市蔓延式空间扩张制造了越来越多的居住于城乡接合部的弱势群体。城郊空间逐渐容纳了附近征地拆迁的农民和流动人员,原有的社会秩序被政治权力和商业功能消解。这些"农转居"人员、被拆迁人员是现有管理制度上的"不可分类"群体,是"非农非市"的特殊人群。与城市居民相比,他们在养老和医疗等社会保险方面被区别化对待。由于公共服务和社会资源的短缺,这些"不可分类"群体栖息地的公共秩序维护也遇到现实瓶颈,该地的社会治理秩序可能陷入低水平徘徊状态(容志,2016)。户籍制度的限制以及公共服务的歧视,造成了城郊空间行动者力量不均,这些"不可分类"群体会对既有的社会分类和秩序造成威胁(陈越柳,2020)。固化的户籍制度以及未同城化的社会保障体系成为社会不稳定的制度根源。此外,制度性规划未考虑空间的非均衡性,底层弱势群体的声音常常被支配性话语体系遮蔽,"失语"于城市空间之中。因此,在城市的空间规划和制度安排上,要基于公平正义的原则整合各类群体的利益,保障城市居民的公共权利,以空间正义的价值和目标对资本和权力加以规范和引导,构建开放、包容的空间治理结构(姚尚建,2015)。

三、重大行政决策的社会稳定

重大行政决策往往涉及重大公共利益或公众切身利益,对经济社会发展有重大影响,容易产生社会稳定风险。重大行政决策的影响大、范围广和重要性强。因此,重大行政决策需要在合法性、合理性、可行性和可控性等方面进行风险评估。从决策本身的特征来看,影响社会稳定的因素是多方面的,可以从以下五个方面进行概括(朱德米,2018:54-75):

1. 决策者的有限理性。受信息、注意力、经验和记忆等约束,理性对决策判断的作用有限,导致决策后果难以预料。因此,需要对重大决策进行社会稳定风险评估,并增加更多的行动主体参与决策,弥补决策者认知结构的不足。

2. 决策结构的集体讨论与领导拍板。行政决策一般是集体讨论与领导拍板的结合,决策议题由领导决定,"一把手"的作用很大。在实践中,集体讨论和领导拍板的决策结构，容易出现"不需要负责任的领导个体决断"，导致决策不科学、不民主，甚至不合法，难以得到群众的理解和支持。

3. 决策过程条块分割与碎片化。我国决策过程的典型特征是条块分割的碎片化，甚至出现"政策打架""政策冲突"等现象，削弱了政策的统一性。决策过程的碎片化和政策不统一，容易演化为社会稳定的风险源。为提高决策过程的科学化和民主化，地方政府探索了开放式决策和评估式决策。但由于政策评估工作量大、程序复杂以及专业性强，评估式决策前景不太乐观，开放式决策也未能在敏感性强的工程项目中推行。

4. 政策变迁。领导者的变更、发展规划编制的五年一个周期，以及政府对突发事件或危机的回应，都是影响政策变迁的主要因素。这些政策变迁因素给社会冲突或失序创造了机会。第一，领导干部任期制的推行为政策变更提供了机会之窗。第二，发展规划编制的周期与党政领导人更换的周期不一致导致发展规划编制不断调整。第三，在突发事件或群体性事件后，往往会形成一种特殊形式的政策变迁。这些因素的存在导致政策变迁频繁，对政策的相对稳定性和可预期性产生了影响，进而可能打破社会利益的相对均衡状态，引发社会矛盾和冲突。

5. 政策缝隙。政策缝隙是指同一领域的政策在时空和群体之间出现了政策实质性内容不一致的现象，或在同一空间中不同政策领域之间的不一致。这种不一致导致政策在社会群体之间的不一致，政策群体间的不一致或不均是社会不满、抗议和群体事件的主要原因之一。政策缝隙成为利益分配过程的社会矛盾冲突点或社会稳定风险点。

作为国家制度安排的重大行政决策，行政区划调整在推动城市化进程的同时，也蕴藏着一系列可能对社会稳定造成威胁的风险因素。行政区划调整不仅表现为政区的名称变更、驻地变迁、尺度重组和地域重构等，还会引发行政区权力归属和利益分配的相互竞争。但是，其决策过程主要由政府主导，存在公众参与途径有限和社会监督不足的问题，实施过程还容易偏离预期设想，甚至出现中断。这容易引发潜在的不稳定风险，如政治层面的政府合法性危机、社会层面的失地农民生产风险和企业高额搬迁成本、生态层面的土地浪费和环境污染加重、文化层面的遗产破坏和文化认同危机（谢宝剑，2017）。

此外，不当的行政区划还容易带来社会管理困境，放大社会不安定因素。

行政区划调整通常会带来新项目的开发,如大学城的新建、新兴产业的集聚以及基础设施的扩建。政府政策输出的不当或群体、个人的不当行为,都是社会稳定的风险源(李姚姚、彭宗超,2019)。而且,城市空间结构的重构涉及多方主体,失地农民、土地经营者、房地产所有者等相关群体的利益诉求如得不到相关保障,就很可能诱发社会群体性事件。

四、行政区划改革的社会稳定风险:代表案例与主要特征

回顾我国行政区划管理的历史,不难发现指导行政区划调整工作的制度曾长期处于滞后状态。30多年来,我国行政区划调整工作主要依据的是1985年颁布的《关于行政区划管理的规定》(以下简称《规定》)。随着经济社会的发展,《规定》在管理上缺乏科学性和规范性的问题不断凸显。其疏于社会稳定风险评估和对公众参与缺乏重视,致使基层政区被强制调整或撤并的现象时有发生。直到2019年《行政区划管理条例》(以下简称《条例》)的施行,《规定》才被废止。

由于行政区划调整涉及广泛的利益群体,其会给区域内居民的生活带来广泛影响。以县(市)改区为例,由于群众对区划调整程序不太熟悉,不少群众在省级政府同意之后,就误以为县(市)改区已申报成功,开始在个人社交媒体上庆祝或发表过激言论,不少房地产企业借机开始炒作,造成行政区划调整的谣言满天飞,严重影响当地社会秩序。部分地区在行政区划调整过程中出现群众聚集性"散步"、恐吓工作人员、阻塞干扰交通、打砸政府大楼等行为,对当地社会秩序的稳定造成了一定冲击。

(一)乡镇撤并的社会冲突

2001年国务院《关于进一步做好农村税费改革试点工作的通知》提出,有条件的地方可以适当撤并乡镇。自此,全国各地竞相启动乡镇撤并工作,纷纷将多个乡合并为一个镇,形成了一大批"特大镇"。在这股乡镇调整的浪潮中,湖南省的乡镇撤并数量位居全国首位。2015年湖南省委在工作会议上强调,要在2016年底完成合并500个以上乡镇以及1.6万个以上建制村。这次大规模的乡镇撤并带来一系列问题,比如:镇的管辖面积迅速扩大,而政府管理和服务不能覆盖整个行政区域,百姓办事不便,成本有所增加;镇区的综合实力有限,辐射带动不了周边特别是边远地区的发展,群众对此有所不满。

有些地区需要通过"逆向调整"来弥补前期区划调整的失误和不足,这对

行政区划工作的稳定十分不利（范今朝等,2011）。乡镇撤并对政区的社会结构和关系进行了解构和重构,在部分地区带来了政务服务效率的下降和村民土地纠纷以及资源利益争夺的增多,激发了村民基于地缘的派系意识。所以,部分地区的群众呼吁恢复原乡镇建制,引发了一些社会风险（见表4.3）。

表 4.3　乡镇撤并的冲突事件

序号	事件	情况简介
1	湖北广水市乡镇撤并事件	2005年,李店乡被并入太平乡。但出于多方原因,相关文件并未正式传达到李店乡。李店乡有群众得知本乡被并后,自发到省信访局上访,要求恢复李店乡建制。
2	佛山南海区乡镇撤并事件	2005年,原佛山市南海区的沙头镇并入九江镇,同时设立沙头办事处。历史上,两镇分分合合多次,两地居民多有摩擦,尤其是在龙舟比赛事宜上。
3	湖南华容县乡镇撤并事件	2005年,华容县为申报小墨山核电站建设,将洪山头镇和塔市驿镇并入东山镇。2011年7月,原洪山头镇居民基于办事不便、社会治安堪忧、生产生活水平下降等原因要求恢复洪山头建制。
4	江苏射阳县乡镇撤并事件	2010年,通洋镇村民听闻要将通洋镇和四明镇合并为新的四明镇后,不少网民在天涯社区、百度贴吧等平台发帖,认为两镇合并会造成资源浪费、管理服务弱化,强烈要求新乡镇政府驻地设在通洋镇,理由主要是通洋镇离县城更近,拥有更丰富的资源。2011年,《射阳县人民政府关于合德镇等部分镇行政区划调整的通知》明确,将通洋镇和四明镇合并为新的四明镇,新四明镇镇政府驻四明集镇,在原通洋镇政府所在地成立四明镇通洋办事处。
5	浙江泰顺县乡镇撤并事件	2011年,根据《浙江省人民政府关于泰顺县行政区划调整的批复》,垟溪乡、大安乡和西旸镇撤销并入三魁镇。垟溪撤乡以后,村居环境下降,基础设施落后,经济收入下降,村民颇有微词。2015年11月,原垟溪乡村民多次网络问政以及向媒体举报,认为垟溪乡是被强制撤并的。此外,泰顺县的龟湖镇也在2011年5月27日因乡镇撤并问题发生冲突。
6	安徽岳西县乡镇撤并事件	受岳西县住建局2012年11月16日《关于岳西县城市总体规划方案(2012—2030)的公示》影响,头陀镇居民于当年12月网络发帖,反对将头陀并入黄尾,反对合并后新政府治所设在黄尾,建议维持头陀、黄尾现状。若撤并,他们要求新治所设在黄尾。其提出反对撤并的主要理由为:政府服务下降、群众办事困难、基础设施建设难以保障、国有资产流失等。

资料来源:李金龙、刘巧兰(2020)。同时,根据网络公开资料和有关论文进行了调整、完善和补充。

进一步分析,发现乡镇撤并的冲突事件存在以下特征。

第一,被撤乡镇的居民认为其权利和利益受损但未能得到相应补偿。一方面,被撤乡镇失去原乡镇建制后难以直接享受国家相关优惠政策。由于中央对农村的扶贫、农田水利、农业开发等资金和补助常以乡镇为主体,被撤乡镇建制取消,其享受国家相关补助和惠农政策的机会变得渺茫或大打折扣。另一方面,被撤乡镇还面临远离新乡镇政府驻地的风险。乡镇合并后的新政府驻地是被撤乡镇群众争抢的重要事项。被撤乡镇的群众期望新政府驻地在本地,以期能从医疗、教育、基础设施、人才流入以及生产、生活的便利等方面得到弥补。但是,新政府驻所往往设在建制被保留下来的乡镇政府驻地。基层政府被撤、远离政府驻地、政策资源减少等损害了被撤乡镇的利益,但是区划调整方案未采取有效措施进行弥补。

第二,经济社会边缘化和公共服务的下降是引发冲突的核心。被撤乡镇群众进行上访或网络问政大都基于乡镇管理地域大、经济发展边缘化和公共服务的弱化等问题。在当前体制下,对于弱势地区而言,基层政府可以推动地区的全面发展,提供相对均等、便利的公共服务,防止地方文化的中断和地区中心(如集镇)的衰落,基层政府的存在实际是对弱势地区的扶持(范今朝等,2011)。然而,乡镇重组后,被撤乡镇建制丧失,原政府机构被撤销或搬离,随之大量与民生相关的机构也搬离或合并,如学校、银行、邮局、卫生院等,导致被撤乡镇的村民出行难、上学难、就医难、办事难,社会治安混乱(刘志鹏,2018;李金龙、刘巧兰,2020)。

第三,民众在乡镇撤并决策上存在话语权不充分和制度性参与不足等问题,网络舆情容易被"点燃"。依靠行政命令方式"一刀切"式的乡镇撤并,造成被撤并村民对新乡镇的认同感和融合度不高,甚至时隔数年不少村民仍拒绝承认所在乡镇被兼并的事实。经济发展边缘化、管理服务功能弱化、少数民族权利被忽视以及乡镇债务的转移,这些事项带来的负面情绪,如果得不到合理发泄,则极易产生网络舆情风险甚至导致冲突升级(见图 4.5)。随着权利意识的觉醒和互联网络的发展,村民通过联名信访、网络问政、网络发帖、媒体求助等途径来表达不满,不断向上级和媒体表达恢复原乡镇建制的诉求。

适时适度地对乡镇进行整合对于区域资源的优化配置和实现乡村高质量发展是十分有必要的。乡镇区划调整除了要便于行政管理、提高效率、降低行政成本外,还要有效服务乡村居民的生产、生活的公共需求(李金龙、闫

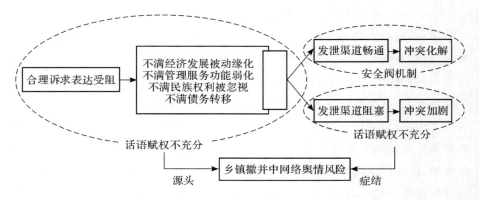

图 4.5　乡镇撤并中网络舆情风险的生产机制

资料来源：李金龙、刘巧兰（2020）。

倩倩，2017）。然而，由于乡镇建制身份的丧失、经济社会资源的流失以及决策中公众参与的不足，乡镇撤并逐渐成为社会舆情风险的高发地。换而言之，新城镇空间再生产过程中资源、空间分配的偏颇，以及乡镇撤并制度执行过程异化是激发冲突的主要原因。

（二）县（市）改区的社会冲突

近年来，县（市）改区逐渐成为各大城市空间生产的重要手段。县（市）改区涉及多级政府主体权力和利益关系的博弈，容易引发各种社会冲突，甚至不少县（市）改区被迫中断，给地方社会的稳定、企业的生产、群众的融合以及经济的发展造成很大伤害。特别是在省管县（市）的地方，或即将实行省管县改革的前夕，因县（市）改区产生的风波相对更多。地方政府之间的利益不一致，或者地方政府意志与公众意愿相左，很容易导致县（市）改区对当地社会稳定的冲击（见表 4.4）。

表 4.4　县（市）改区的冲突事件

序号	事件	情况简介
1	黄岩市改区	1994 年，黄岩市被改为台州市黄岩区，且其最富裕的路桥镇被单独设置为台州市路桥区，引起了原黄岩市干部和群众的极大不满。
2	大冶市改区	2005 年 7 月 28 日，黄石市委领导向大冶市委书记办公会议通报关于将大冶撤市改区的意见，引发了反对。

序号	事件	情况简介
3	灵宝市改区	2010年9月,三门峡市向河南省政府提交报告,建议将灵宝市改为其市辖区,遭到反对。
4	长兴县改区	多年来,长兴县一直在努力争取撤县设市。2013年5月5日,湖州市欲将长兴县改为市辖区的消息传出后,引发了反对和冲突。
5	广汉市改区	自2017年德阳市政府工作报告提出要启动广汉撤市设区后,广汉市群众便通过多种途径提出质疑和反对。

资料来源:根据黄岩论坛.黄岩撤县(市)设区之争:一个地方人大的十年之痒.2022-12-20. http://bbs.0576qq.com/thread-60710-1-1.html;搜狐网.湖北大冶领导不满撤市改区 组织人冲击党政机关.(2006-06-25)[2022-12-20].http://news.sohu.com/20060225/n242009093.shtml;经济观察报.“省管县”前夕区划风波 灵宝撤县(市)设区停摆前后.(2010-10-29)[2022-12-20].https://www.eeo.com.cn/2010/1029/184289.shtml;南方周末.县(市)改区? 长兴不高兴.(2013-05-16)[2022-12-20].https://www.infzm.com/contents/90408;澎湃新闻.四川广汉撤县(市)设区计划引发争议,政府官网开专栏回应.(2018-09-09)[2022-12-20]. https://www.thepaper.cn/newsDetail_forward_2422619;以及公开发表的论文、事件相关的其他公开资料整理而成。

与乡镇撤并相比,县(市)改区带来城市"新增空间"的扩大,其引发的社会冲突更为复杂。一方面,新增的城镇空间由于成为"三农"转变的过渡地带而成为矛盾和冲突的多发地(吴晓林、李咏梅,2016);另一方面,县(市)改区还涉及各级政府间权力和利益的博弈,给地方的政治、经济和社会发展带来很大的不确定性。被撤县(市)民众抗议的缘由不单是对公共服务水平下降的担忧,更多的是各级政府间财权、事权的争夺。县(市)改区带来城乡空间及附着其上的权力、利益的变更,抗议行动的组织策划性更强,引发的社会冲突涉及面更广,对社会的破坏力更持久。不少县(市)改区的冲突事件对当地的影响长达数十年,严重影响地方群众生产、生活以及区域的社会稳定。具体来看,县(市)改区的社会冲突存在以下两个突出特征。

其一,地方自主性的变化激发了民众对县(市)改区的抗议。在普通地级市,县(市)和区虽然都是处级,但市辖区的财政、经济社会管理、重大资源配置、城乡规划等自主性要比县(市)小很多。在城镇化快速推进的背景下,地级市在试图拓展城市发展空间的同时,深受省管县改革的影响。经济强县(市)希望借助省管县体制拥有更大的自主权,而地级市则希望在省管县之前通过县(市)改区,为自己争取更多"自留地"。在县(市)改区的过程中,市县之间的利益纠葛与矛盾较为复杂,而省管县对县、市的行政隶属关系调整产生了反功能(朱进芳,2015),使市县关系调整的经济社会风险激增。表4.4中的事件大部分都和行政隶属关系调整和县(市)改区之后地方自主性的变化有关。

其二,地方政府干部是县(市)改区冲突中的重要力量。隐藏于行政区划背后的是一种相对稳定和制度化的政府权力、利益的划分方式(胡德、刘君德,2007)。县(市)改区和省管县影响各级政府尺度重组的逻辑不同,省、市、县政府间形成不同的治理网络。被撤的县(市)政府及其干部最担心的是地方财权、事权、人事权以及社保待遇受到冲击,倾向于发动退休干部、企业代表和群众进行"散步"、上访等抗议活动,以便在与省、市的谈判中增加筹码和话语权。表 4.4 中的抗议事件,背后大都离不开地方政府或明或暗的支持。甚至,部分地方的权力机关也参与了进来,比如黄岩区人大。

(三)其他区划调整的社会冲突

除乡镇撤并和县(市)改区外,区界重组和政府驻地搬迁也引起了部分地区群众的抗议。

首先,以区界重组为代表的行政界线变更会影响当地群众的生产生活。县(市)合并、区县重组、跨市调整等,不仅使行政区域界线发生变更,而且对当地的经济社会发展和文化认同产生深远影响。区界重组使部分县(市)、乡镇、村组的行政隶属关系发生变动,意味着为其提供服务的地方政府也发生了变动。当地群众享受的公共服务和社会福利等,都有可能与原来的政策不一样。少数区界重组使部分地方政府的财政收入下降,当地群众享受的社会保障水平受到影响,居民外出办事难度和办事成本也有所增加(见表 4.5)。即使是村组的微小变动,也可能给当地的生产生活带来极大不便,进而影响该地区的社会稳定。

表 4.5　区界重组的冲突事件

序号	事件	情况简介
1	四川宜宾两村组区划调整	1986 年,四川省政府将原为宜宾所辖的向尧(现已更名为相尧)、羊石两村划归自贡市富顺县管辖。由于两村距离乡政府太远,群众办事十分不便,引发持续多年的社会冲突,2002 年 2 月,省政府发文将两村划回宜宾管辖。
2	浙江萧山和余杭的局部调整	1996 年,萧山和余杭的六个乡镇划入杭州市区。原萧山西兴镇的杜湖、湖头陈、东湘三个村又在萧山市政府和群众的强烈要求下回到萧山。5 月 23 日,其他留在西湖区的八个行政村和乡镇企业,一些村干部、老党员和企业纷纷到西兴镇党委、政府上访,此外,5 月下旬,余杭市五常乡部分群众则不满这次行政区划调整没被划入杭州市区。
3	江苏扬州两村组并入泰州	1995 年后,扬州和泰州大致以引江河为界,但扬州市江都区浦头镇引江新村的东野、永兴村小组位于河东的泰州一侧,两村小组成为扬州的"飞地",造成两村小组居民生产、生活、学习不便。不堪周边工厂污染困扰,东野、永兴的村民自 2015 年起,不断就环境污染问题进行投诉、信访。2019 年 11 月 21 日,江苏省政府发文,同意将扬州市的东野、永兴 2 个村民小组划入泰州。
4	湖南洪江市区界重组	现洪江市为 1997 年老洪江市与黔阳县合并而成。1998 年,新洪江市将老洪江市管辖的地域改名为雄溪镇,这引起老洪江市民的抗议。2006 年,李必湖等 32 位全国人大代表联名提议恢复洪江市建制。
5	江西贵溪区界重组	2007 年,贵溪市部分群众抗议将位于贵溪市城区且为贵溪财政收入主要来源的滨江、雄石两乡镇划入鹰潭市月湖区。
6	湖南衡山店门区划调整	2010 年 6 月衡阳市"扩城连岳"方案将衡山县店门镇划入南岳区。6 月 13 日,衡山县的部分官员和群众表示了强烈抗议。
7	重庆万盛綦江合并	2011 年 10 月,国务院批准重庆市万盛区和綦江县合并为綦江区,重庆设立万盛经济技术开发区,引致激烈反对。此后,该区由重庆市直管,履行区一级党委、政府职能,具有"经开区＋行政区"体制,但行政上仍属于綦江区。
8	贵州三穗反对合县建市	2014 年 9 月 28 日,黔东南州人大通过决议,同意将镇远、岑巩、三穗三县合并建市,合并后的市行政中心拟建在镇远县清溪镇,引发三穗居民不满。10 月 13 日,贵州三穗县人民政府宣布三县合并建市方案暂缓报批。

续表

序号	事件	情况简介
9	四川仁寿反对黑龙滩等划入天府新区	2017年9月,四川省眉山市政府欲将仁寿县黑龙滩、视高及清水等6个比较发达的区域划入天府新区管辖,引发激烈反对。9月23日,眉山市委、市政府宣布决定终止天府新区眉山片区管理体制调整工作。

资料来源:根据陈更.5000群众状告省政府——四川向尧、羊石两村群众与四川省政府区划调整行政纠纷一案代理纪实.中国律师,2002(7):3;杭州市政协文史委员会.一江春水穿城过.杭州.杭州出版社,2018:46-52;澎湃新闻.扬州"飞地"被划归泰州管辖背后:村民持续举报周边工厂污染.(2019-12-03)[2022-12-20].https://www.thepaper.cn/newsDetail_forward_5127397;戴纲.洪江群体性事件处置引发的思考.公安研究.2001(7):65-68;新华网.江西贵溪发生群众围堵铁路事件.(2007-03-21)[2022-12-20].http://news.cctv.com/society/20070321/106749.shtml;凤凰网.湖南衡阳市与衡山县争地调查:曾引发民众堵路事件.(2010-12-08)[2022-12-20].https://news.ifeng.com/c/7fZ9v0Q3glZ.;国务院新闻办公室.重庆市政府新闻发言人就綦江万盛经开区发生群众聚集事件答记者问.(2012-04-13)[2022-12-20].http://www.scio.gov.cn/xwfb/xwfyr/dt/202207/t20220715_172497.html;澎湃新闻.贵州黔东南州3县合并方案地方人大通过半月后暂缓报批.(2014-10-13)[2022-12-20].https://www.thepaper.cn/newsDetail_forward_1270909;搜狐网.2017年十大宪法事例之:个别省份出现行政区划争议事件.(2018-01-19)[2022-12-20].https://www.sohu.com/a/217657128_693202;以及其他公开资料整理而成。

其次,资源配置的行政导向使政府驻地迁移成为一件非常敏感的事情。政府驻地是一种稀缺的政治资源,具有较强的话语权和资源吸附力,在招商引资和资本流入方面具有很强的吸引力。作为改变辖区空间布局的重要手段,政府驻地迁移成为经营城市的政策工具。正是由于政府行政中心在资源配置方面具有集聚效应,政府驻地成为政区资源配置的中心,可以享受城市发展带来的各项便利和优惠政策。若行政中心从某地迁出,则会给迁出地经济社会发展带来一定的负向影响,进而引起迁出地群众的反抗或阻挠(见表4.6)。

表4.6　政府驻地搬迁的冲突事件

序号	事件	情况简介
1	甘肃陇南政府驻地搬迁	2008年11月17—18日,为反对市政府迁往成县,甘肃省陇南市武都区产生冲突事件。
2	宁夏海原政府驻地搬迁	宁夏海原县的政府驻地搬迁在2009年和2010年都引发多次冲突事件。

资料来源:根据中国新闻网.甘肃陇南事件仍未透明 搬迁决策过程无权威说法.(2008-11-29)[2022-12-20].https://www.chinanews.com.cn/gn/news/2008/11-29/1467583.shtml;罗洁琪.海原"双城记".新世纪周刊.2011(3):76-81;以及公开发表的论文、事件相关的其他公开资料整理而成。

最后,不同的行政区划调整可能会引发连锁反应,产生社会稳定风险的叠加。换而言之,执行一种调整方式可能还会带来另一种调整手段的副作用。第一,乡镇撤并不仅可能有变更建制带来的社会风险,还面临重组后新乡镇命名及驻地选择的社会风险、经济风险和文化风险。第二,县(市)改区、区县合并等手段的社会风险机制更为复杂。既存在行政建制、行政隶属关系、行政区域界线、政区命名等方面的社会风险、经济风险和文化风险,还可能面临尺度降格带来的政治风险和社会风险。第三,跨域的村组行政区划调整,除了存在社会融合和地域经济发展不均等的社会风险和经济风险外,还可能面临政府驻地变迁的负效应,即造成被调村组群众办事要到更远的乡镇中心。这种叠加效应使某些区划调整会比另外一些面临更严峻的社会稳定风险。也就是说,不同类型的行政区划调整手段在社会稳定风险方面存在一定的差异。

第三节　市域行政区划改革何以引发社会失序

在全国大多数地区顺利开展行政区划改革的同时,由于制度不完善,抑或利益纠缠、文化冲突等原因,部分地区的区划调整引发了群众的抗争,进而对当地的社会秩序产生了冲击。不同的地域文化和实力关系,不同程度的调整强度、意见征求和尺度变化,以及政府驻地是否搬迁等因素,都有可能影响行政区划改革中的社会秩序。为稳妥有序推动行政区划改革,无论是理论界还是实践者,都在思考以下问题:到底什么类型的区划调整更易引发社会抗争? 在这些抗争中,到底是什么因素诱发了社会失序以及哪些因素发挥了核心作用? 各因素间又以何种机制发挥作用? 如何减少区划调整对社会秩序的冲击? 为有效回答上述问题,本节以"结构—过程—结果"为分析框架,运用模糊集定性比较分析(fuzzy-set qualitative comparative analysis,以下简称fsQCA)的研究方法,对区划调整的社会失序现象进行组态分析。

一、分析框架与理论基础

1966 年,美国"医疗管理之父"多那比第安(Donabedian Avedis)提出了"结构—过程—结果"的医疗质量评估模型(Donabediana,1966)。其中,"结构"侧重对象内部的关系构成,"过程"关注具体方案实施中的控制,"结果"注重方案的效果对原状况的改变。就区划抗争而言,其爆发易受相关主体在内部结构上的文化和实力的差异、政策执行过程中的级别类型和信息公开度，以及调整后因政治尺度或驻地变迁带来的利益受损度的影响。因此，行政区划改革引发的社会失序问题，可以从结构、过程和结果三个维度进行探讨（见图4.6）。"结构—过程—结果"的框架能够对社会失序的形成进行系统评估，是解释区划调整引发社会失序问题的有效工具。

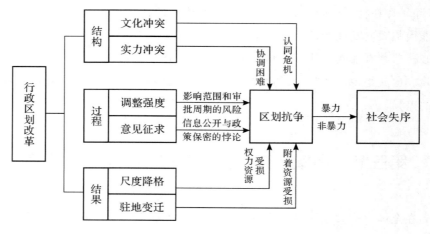

图4.6　行政区划改革的社会失序分析框架

（一）结构维度：文化冲突和实力冲突

区划调整对象在风俗习惯、文化传统和实力组合等内在方面形成的稳定关系，对新政区的社会融合与区域稳定具有较深的影响。在行政区划改革的过程中，区域的经济发展逻辑占据主导地位，而被忽视的文化差异和实力冲突则常成为社会抗争的导火线。也就是说，区域间的历史文化和经济实力的差异，使行政区划改革存在结构性风险。若完全忽视区域间文化和实力的差异，并强行将其合并，则易产生居民身份排斥，导致区域间出现认同危机（潘泽泉、刘丽娟，2019）。受归属感缺失的影响，居民会尝试通过抵制区划调整，找回原有身份认同和地方归属感，这在因地名变更、政区撤并、区县重组等引发的群体事件中表现得最为明显。

区划调整的文化冲突，一般指不同主体在语言习惯、传统风俗、行为准则、思想观念和心理认同等方面的对立或否定。文化是公共危机的衍生环境和重要的分析工具（王丽，2014：84），因而政区间的文化融合度可以反映区域社会稳定的水平。具体而言，长期隶属于同一政区，区域内的物质文化和精神文化常呈现一致性。反之，若强行将历史文化联系较弱的县（市）改区，则容易出现区域文化隔离或断裂，对居民社会心理共识产生破坏，导致内部矛盾和冲突不断，甚至危及政区的持续生存（李金龙、张琦，2014）。因此，忽视文化冲突的方案容易遭到相关主体的反对，区划调整要充分考虑区域间的文化元素。

区划调整对象间的实力组合不同，其协调难度和社会融合情况也不同。以市、县为例，其实力组合有强市弱县、弱市弱县、强市强县和弱市强县四种情形。不同组合下的县（市）改区，开展协调工作的难度也各异："强市弱县"相对简单，"弱市弱县"和"强市强县"较难，"弱市强县"则最难（万陆、李璐瑶，2018）。因此，"强市弱县"是县（市）改区的优选对象，而"弱市强县"则是县（市）改区要避免的组合。总之，在考虑实力组合的情况下，只有当被调整方与相对方为"弱—强"组合时，区划调整才易得到相关主体的认同和支持，反之，则容易引发相关主体的阻挠和抗议。

（二）过程维度：调整强度和意见征求

区划调整的过程是引起社会抗争爆发的重要一环。实施区划调整工作的复杂程度，以及实施过程中的程序公正、信息公开和公众参与等情况，都会影响群众对区划调整的态度，进而影响社会的稳定。上述影响因素可以从调整强度和意见征求两个方面进行刻画，因为调整强度能够反映具体实施工作的复杂度，意见征求则可以反映实施过程的公平性、透明度和参与度等情况。这两个因素对政区社会稳定的影响表现为：一方面，调整强度与调整类型的级别往往成正比，高等级政区的调整不但审批周期较长，而且还会发生资源和权力的再分配效应，这些变化都增加了社会不安的可能性。另一方面，意见征求的匮乏容易造成谣言四起，强制调整则易使群众难以认同新政区，进而导致聚众游行、联名上访、围堵政府大楼等群体事件。

调整强度与政区等级、影响范围和再分配力度等有很大关系，反映区划调整过程的力度、难度和影响范围。基于以下两方面原因，可以采用调整类型来测量调整强度：其一，不同类型的政区调整所产生的权力和资源的再分配效应不同。政区类型不同，享有的政策权利也不同。以县改区和政府迁移为例，县改区后原县域在享受经济发展和社会服务红利的同时，财政收支和土地开发等权限下降（王丰龙、刘云刚，2019）。地级市行政中心迁出，附着其上的资源流失,被迁出地可能面临被边缘化的风险。其二,调整类型决定着受理审批机构的级别。根据不同调整类型设置审批权限是对区划调整进行控制和科学管理的重要手段。《条例》第六条至第九条的规定也印证了一个道理,即调整的政区级别越高,受理审批机构的级别也越高。反过来讲,受理审批机构级别越高,意味着所调整的类型可能面临更高的社会风险。因此,调整类型可以反映区划调整的强度。

开展意见征求是保证区划调整过程公平、公开、公正的有效渠道。由于区划调整会影响辖区居民的基本利益,因此区划调整要尽可能扩大公开范围,争取得到更多群众的支持,以缓冲区划调整工作的阻力(李金龙、闫倩倩,2017),这也是《条例》增加社会风险评估报告和征求社会公众意见要求的原因之一。然而,我国的区划调整,一方面由于程序上受行政主导,存在忽视地方自主管理和"隔级决定"区域变更的问题(马怀德,2016);另一方面由于社会稳定风险评估报告和会议讨论情况实行严格的保密制度,公众能够获取的信息严重不足,产生了信息公开、民主参与和政策保密的悖论。通过引入意见征求到区划调整过程,一定程度上保证了信息的公开和公众的参与,有利于预防区划抗争事件的发生。

(三)结果维度:尺度降格和驻地变迁

公共政策的后果可能会影响社会的稳定,群众对区划调整结果的不满是区划抗争的直接原因。行政区域发生调整后,区域的社会管理权限、财税资源分配、机构管理方式以及政府驻地等都可能发生变化。特别是尺度降格和驻地变迁,可能造成部分地区公共权力、公共资源和发展机会的减少。在实践中,尺度降格不容易得到地方政府和群众的支持,甚至会刺激一定规模的骚乱、游行和抗议。政府驻地变迁也容易造成社会资源流失、区域投资吸引力下降,进而引起原政府驻地群众的抗议。总之,区划调整的分配性功能,产生了经济利益和公共服务在群体间的差异,这种差异会刺激群众发动抗议或群体事件。

尺度降格对社会稳定的影响,主要源于权力和利益的受损。行政区划改革不仅涉及地理特征的变更,还包括等级、建制、权力、隶属关系等尺度政治的变动。从政治尺度来看,区划调整主要有尺度上推、尺度下推、尺度重组(王丰龙、刘云刚,2019)。由于我国政区等级与再分配资源的获得和政区规模等呈正相关(王垚等,2015),同时政区尺度变迁与地方官员晋升以及权力重组联系在一起(熊竞,2020c;吴金群、廖超超,2019)。换而言之,政区的降格会产生资源获取能力下降、权力和规模缩小、干部群众的利益受损等问题,而政区升格则是地方区划调整的主要追求目标。因此,尺度降格的受损效应不利于当地的社会稳定。

驻地变迁对社会稳定的影响,通过因政府驻地迁出或级别下降而产生社会资源流出或区域被边缘化等风险呈现出来。作为一种稀缺的政治资源,行政中心对社会资源具有较强的吸附能力,其迁移会为迁入地创造更多发展机会,但也会抑制迁出地经济发展(卢盛峰等,2019)。由于担心政府迁出会带走社会资源,原政府驻地群众往往采取上访、聚众游行、暴力抗争等行为阻碍政府驻地搬迁。虽然,政府迁移的经济效应在大中城市更明显(王海、尹俊雅,2018;包国宪、王智孝,2020),国务院和民政部也加大了政府驻地迁移的审批难度,但是为制造城市新的增长热点,不少中小城市政府常采用"未批先迁""边批边迁"的方式,不按照正常程序进行搬迁,导致干群矛盾激化,进而影响了当地的社会稳定。

二、研究设计

(一)研究方法

社会抗争的爆发具有多元并发性,注重单因素"净效应"的传统线性因果分析,难以发现刺激抗争爆发的多因素间的组态关系和作用路径(李蔚、何海兵,2015)。由于能够有效处理多元因素下的多案例比较,定性比较分析(qualitative comparative analysis,以下简称 QCA)逐渐流行于群体事件的研究(万筠、王佃利,2019)。与 QCA 其他分析方法相比,fsQCA(模糊集定性比较分析)能敏感捕捉前因条件在不同水平程度上变化的影响而更具比较优势。因此,本研究采用 fsQCA 方法探讨冲突案例中的社会失序问题。

(二)案例选择

由于官方数据的缺乏,新闻报道成为学界研究社会冲突最主要的数据来源(Davenport et al.,2011)。通过新闻报道、论坛、博客、微博、公开发表的文献等途径,提炼出 20 个国内社会冲突的案例(见表 4.7),采用三角检定法对其进行交叉检验,以提高案例的信度。此外,为满足 QCA 对案例同质性和多样性的要求,本节所选案例尽量覆盖区划调整的多种类型,且同一类型在不同案例中所呈现的社会失序程度存在差异。

表 4.7　我国区划调整引发的社会冲突代表性事件

序号	事件	序号	事件
1	2008 年陇南市政府搬迁群体事件	11	李店乡抗议 2004 年乡镇撤并 5 年
2	2009 年海原县政府搬迁群体事件	12	2005 年洪山头乡镇撤并事件
3	黄岩抗议 1994 年撤县(市)设区 10 年	13	2010 年通洋乡镇撤并事件
4	2006 年大冶撤县(市)设区群体事件	14	2011 年泰顺撤镇并村群体事件
5	2010 年灵宝撤县(市)设区群体事件	15	宜宾两村组抗议 1986 年区划调整 16 年
6	2013 年长兴县(市)改区群体事件	16	1996 年萧山村组抗议并入杭州市区
7	2018 年广汉撤县(市)设区群体事件	17	2007 年贵溪群众抗议区划微调
8	1999 年洪江市县合并群体事件	18	2010 年衡山群众抗议部分区划微调
9	2012 年万盛区县合并群体事件	19	2017 年仁寿群众抗议区划微调
10	2014 年黔东南合县建市群体事件	20	2019 年扬州"飞地"上访 4 年后并入泰州

资料来源:根据相关资料整理自制。

(三)条件和结果的校准

确定 QCA 条件变量的常用方法有问题导向、研究框架、理论视角、文献归纳和现象总结等(张明、杜运周,2019)。综合利用这些方法,提取文化冲突、实力冲突、调整强度、意见征求、尺度降格、驻地变迁等 6 个因素为条件变量,将社会失序确定为结果变量。fsQCA 的校准是指将单个条件和结果看作独立的集合,然后为每个案例对应的条件和结果赋予集合隶属分数(0—1 之间)的过程(Schneider & Wagemann,2012),具体定义及校准如下:

1. 条件变量

文化冲突(*cul*):指政区在方言、风俗习惯、政区隶属关系以及文化遗产保护等方面的差异程度。采用专家小组打分的方法[①],利用五分量表对案例的文化冲突情况进行测量。"非常不冲突""比较不冲突""说不上冲突不冲突"

---

① 提供给专家组打分的材料约 1.3 万字,从案例简介、建制历史、隶属关系、地域人文状况等对各案例进行介绍。

"比较冲突""完全冲突"分别对应赋值1—5,各案例得分采用专家组打分的平均值。20个案例的描述性统计情况为:最大值4.53,最小值2,平均值3.37,中位数3.47。在 Fiss(2011)的校准思路上进行了一定的调整[①],将4.53、3.265[②] 和2分别设为高文化冲突的完全隶属、交叉点和完全不隶属的锚点,分别对应0.95、0.5与0.05的隶属度。运行 fsQCA 软件的 Calibrate 程序,将案例库该项值相应转化为高文化冲突的模糊集隶属度。

实力冲突(str):反映被调整方与相对方在综合实力上的利益冲突程度。根据冲突度由重到轻,将被调整方与相对方的实力关系分为:强—弱、弱—弱、强—强、弱—强,分别对应赋值1、0.67、0.33、0。

调整强度(aut):反映不同类型区划调整的力度和难度。根据《条例》第七条至第九条对区划变更审批权限的规定,将本案例中所涉及的调整强度由强到弱分为:国务院审批的县市重组、国务院审批的设区市的政府搬迁、授权省政府审批的部分行政区域的界线变更、授权省政府审批的县政府搬迁和省政府审批的乡镇调整,分别对应赋值1、0.8、0.6、0.4、0.2。

意见征求(con):反映在区划调整从准备到执行的全过程中,当地的政府、权力机关和群众的意见被听取的程度。本案例库所涉及的意见征求由强到弱分为:准备阶段主动征求意见、准备阶段被动征求意见、启动后被动征求意见和完全强制执行,分别对应赋值1、0.67、0.33、0。

尺度降格(adm):反映区划调整导致政区层级、行政建制等级和隐性行政等次等方面的降格程度[③]。本案例库所涉及的尺度降格由强到弱分为:由县级市降为乡镇或街道、由县(区)降为乡镇或街道、乡镇被撤、由县级市变为

---

①　在数据的校准上,不少研究直接采用四分位数作为3个锚点的阈值。由于本研究为中小样本,且在文化冲突和社会失序的评价上缺少操作化方面可供参考的标准,若机械地采用四分位数作为其校准点,能够满足高社会失序充分性分析的一致性水平较低,仅能得出1条不稳定的组态路径,难以挖掘出高社会失序的多样因果机制。综合考虑案例总数、数据统计情况和研究目的等因素,在文化冲突和社会失序的校准上,此处采用二者最大值、中程数和最小值分别作为完全隶属、交叉点和完全不隶属的锚点。

②　3.265为20个案例文化冲突组数据的中程数,即该组数据值的最大值和最小值的平均数。

③　本书所探讨的政区行政等级采用广义行政层级概念,既包含显性行政等级(如直辖市、副省级市、省会、地级市、县),也包含隐性行政等次(如是否行政中心、是否省直管县等)。

区、由县变为区和完全无下降①，分别对应赋值1、0.8、0.6、0.4、0.2、0。

驻地变迁(*res*)：反映区划调整导致政府驻地迁出、撤并或降级的情况。本案例库所涉及的驻地变迁由强到弱分为：由地级市政府驻地变为非政府驻地、由县(市)政府驻地变为非政府驻地、由乡镇政府驻地变为非政府驻地、由县(市)政府驻地降为乡镇或街道办事处驻地、由县(市)政府驻地变为区政府驻地、所在村(小组)被调整到其他偏远乡镇和完全无变动，分别对应赋值1、0.8、0.6、0.4、0.3、0.2、0。

2. 结果变量

社会失序(*dis*)：反映冲突对当地社会秩序的破坏程度②。采用专家小组打分的方法③，各案例得分采用专家组打分的平均值。20个案例的描述性统计情况为：最大值80.5，最小值48，平均值64.44，中位数62.31。同"文化冲突"的校准思路一样，将80.5、64.25④和48设为高社会失序的完全隶属、交叉点和完全不隶属的锚点，分别对应0.95、0.5与0.05的隶属度，运行Calibrate程序，可将案例库该项值转化为高社会失序的模糊集隶属度。

3. 未纳入条件的说明

中小样本QCA分析的理想条件为4—7个(里豪克斯、拉金：2017：25)，否则容易出现大量逻辑余项，从而降低因果机制的说服力。由于公共服务水平的下降、经济利益的受损以及公众参与的缺乏等因素，可以从尺度降格、驻地变迁和意见征求等条件中得到反馈，为保障条件数、案例量和结果简约之间的协调，本节不再将以上因素单独设为条件，以保证提炼的条件变量具有代表性。

---

① 虽然县级市、县和区在显性行政等级同属县级，但是三者在经济社会管理权限、政治资源获取能级和财税资源获取能力等方面存在较大差距，实践中也存在较明显的行政等次。为测量三者对社会失序影响程度的不同，本研究在"尺度降格"的校准上对其进行了区别。

② 本书所探讨的社会秩序主要从区域社会冲突的层面来探讨。行政区划调整中的群体事件、抗议行为、广场散步等集体行为的出现，造成政府信用受损，当地的经济社会发展秩序受到不同程度的冲击。

③ 提供给专家组打分的材料约7400字，从冲突形式、影响时长、影响范围和暴力程度等方面进行各案例的介绍。

④ 64.25为"社会失序"组数据的中程数。

三、结果分析

（一）单个条件的必要性分析

遵照主流研究，我们将一致性阈值设为 0.9（杜运周、贾良定，2017），并在条件组态的充分性分析前进行了结果的必要条件检验。运行 fsQCA 3.0 软件对高社会失序（dis）和非高社会失序（$\sim dis$）进行必要条件分析。结果显示（见图 4.7），只有高社会失序下的非意见征求（$\sim con$）一致性大于 0.9，说明意见征求的缺乏是高社会失序的必要条件，其他 5 个条件单独作用不能产生高社会失序，需要借助条件组态的充分性分析。然而，6 个条件都不能单独影响非高社会失序的存在，非高社会失序不存在单因素必要条件。

```
Analysis of Necessary Conditions     Analysis of Necessary Conditions

Outcome variable: dis                Outcome variable: ~dis

Conditions tested:                   Conditions tested:
        Consistency   Coverage               Consistency   Coverage
cul     0.754698      0.683080       cul     0.681497      0.603402
~cul    0.561820      0.643262       ~cul    0.642063      0.719139
str     0.880317      0.649161       str     0.811931      0.585704
~str    0.438180      0.704292       ~str    0.513650      0.807631
aut     0.868447      0.645588       aut     0.702730      0.511029
~aut    0.342235      0.540625       ~aut    0.512639      0.792187
con     0.190900      0.577844       con     0.279070      0.826347
~con    0.942631      0.572029       ~con    0.857432      0.509004
adm     0.500495      0.722857       adm     0.410516      0.580000
~adm    0.709199      0.551538       ~adm    0.803842      0.611539
res     0.584570      0.748101       res     0.487361      0.610127
~res    0.695351      0.580992       ~res    0.798787      0.652893
```

图 4.7　高/非高社会失序的单因素必要条件检验

注：符号"～"表示条件的缺席，以上数据信息为 fsQCA 软件运行结果的截图。

（二）条件组态的充分性分析

组态分析是对多重因素引致结果的可能路径进行探索。参考有关研究（张明、杜运周，2019），将组态分析的一致性设为 0.8，PRI（proportional reduction in inconsistency)①值设为 0.7,频数值设为 1。fsQCA 软件可以析出复杂解、简约解和中间解。与主流研究一致(Fiss,2011),本研究汇报中间解,并辅之以简约解(见表 4.8)。

表 4.8　行政区划改革的高/非高社会失序组态

条件变量	高社会失序组态			非高社会失序组态		
	H1a	H1b	H2	NH1	NH2	NH3
文化冲突(*cul*)		v	•			•
实力冲突(*str*)	•	•	•	•	•	V
调整强度(*aut*)	•	•	•	•	V	•
意见征求(*con*)	V	V	V	•	v	v
尺度降格(*adm*)	•	•	v	v	•	•
驻地变迁(*res*)	v		•	V	•	v
一致性	0.868	0.933	0.882	1	0.992	0.897
原始覆盖度	0.337	0.303	0.317	0.256	0.241	0.403
唯一覆盖度	0.064	0.053	0.136	0.122	0.186	0.215
整体方案一致性	0.881			0.936		
整体方案覆盖度	0.527			0.712		

注:•表示核心条件存在,V 表示核心条件缺席,·表示辅助条件存在,v 表示辅助条件缺席,空格表示该条件可有可无。

1. 高社会失序的组态分析

表 4.8 呈现了 3 种区划调整的高社会失序组态(H1a、H1b、H2)。在高社会失序的组态中,无论是单个组态还是整体方案,其一致性都高于最低标准 0.75。从单个条件变量来看,实力冲突、调整强度、非意见征求和尺度降格,存在于高社会失序的所有组态中。具体来看,在组态 H1a 中,调整强度、尺度降格以及非意见征求等因素发挥核心作用,实力冲突和非驻地变迁等因素起辅助作用。该组态的一致性为 0.868,可解释 33.7%的案例,有 2 个案例(存

---

① PRI 值反映案例在特定真值行中为 Y 而非~Y 子集的程度。在真值表中,PRI 越高的行,其同时为 Y 和~Y 子集关系情况的可能性就越低,具体见:Schneider C Q, Wagemann C. Set-theoretic Methods for the Social Sciences:A Guide to Qualitative Comparative Analysis. Cambridge:Cambridge University Press,2012.

在 1 个案例与组态 H1b 共享)仅依靠该路径解释,唯一覆盖度为 0.064。组态 H1b 的核心条件同 H1a 一致,辅助条件稍有不同,该组态的一致性为 0.933,为 3 个组态中最高,能解释 30.3% 的案例,存在 1 个案例仅依靠该路径解释,唯一覆盖度为 0.053。在组态 H2 中,调整类型、驻地变迁和非意见征求等因素发挥核心作用,文化冲突、实力冲突和非尺度降格等因素发挥辅助作用。该组态的一致性为 0.882,可解释 31.7% 的案例,存在 1 个案例仅依靠该路径解释,唯一覆盖度为 0.136。综合这 3 个组态条件变量的重要性程度,提炼出区划调整的高社会失序模型,见图 4.8。

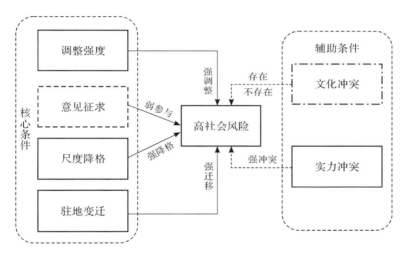

图 4.8　行政区划改革的高社会失序模型

我们发现存在 2 条驱动高社会失序的路径:"强调整—强降格"和"强调整—强迁移"。下面结合典型案例对这两条路径进行详细阐述。

(1)"强调整—强降格"驱动型。组态 H1a 和 H1b 显示,即使不存在文化冲突和驻地变迁,在较强实力冲突的辅助下,较高级别的区划调整、较低的意见征求水平以及较强的尺度降格,也能驱动冲突朝高社会失序状态发展。由于区划调整的决策由上级政府隔级作出,而地方人大及常委会对此又无实质否决权,再加上公众参与尚未成为区划调整过程的必要条件(吴志刚,2019),强制调整现象在区县(市)合并过程中不断上演。县(市)被撤使原享有独立权限的政府变为非相对独立的区政府,甚至部分地区降为乡镇,致使原政区的财政权、行政权和人事权受损,引发了持续的、规模较大的群体事件,如案

215

例 8。老洪江市原为县级市，1997 年与黔阳县合并为新洪江市后，其原辖地域被改为雄溪镇。这种降格行为严重激怒了当地干部和群众，他们发起了历时 2 个月、较大规模闹事高达 8 起的群体事件（戴纲，2001）。为平息这起冲突，湖南省政府将老洪江市调整为正县级管理区。由于管理区为非独立一级政府，无法享受国家的优惠政策和资金、项目的扶持，当地群众就把本地经济衰退、文化遗产废置、交通边缘化等问题，都归结为由老洪江市一级政府身份丧失造成，导致该区舆情至今一直处于紧张状态。强制执行以及强尺度降格共同制造了洪江的冲突事件。

（2）"强调整—强迁移"驱动型。组态 H2 揭示，即使社会融合不困难、尺度降格不明显，较高级别的区划调整、较低的意见征求水平和较强的驻地变迁，也可能推动区划调整往高社会失序方向发展。由于政府行政中心对周边社会经济发展具有较强带动作用，且这种作用随政区级别的上升而增强，因此，辖区一旦由政府驻地变为非政府驻地或驻地级别降低，该地就可能逐渐被边缘化。于是，为防止本地区走向衰落，群众往往采取抗议手段阻挠政府驻地的变迁，如案例 1。武都区历来为陇南市行政中心，经过三波有关市政府搬迁的谣言后，2008 年 11 月 17 日，当地官员、拆迁户和房地产开发商等因担心市政府搬迁会严重影响当地经济发展和日常生活而集体上访，随后升级为规模大、破坏性强的群体事件。

2. 非高社会失序的组态分析

为深入探索区划调整的社会失序机制，我们进一步分析引发非高社会失序的组态，并提出了区划调整的低社会失序模型（见图 4.9）。非高社会失序的校准取高社会失序的非集，其充分性分析结果见表 4.6 的组态（NH1、NH2 和 NH3）。通过表 4.8，我们发现 3 条抑制社会高失序的路径：强参与—弱迁移、弱调整和强互补。

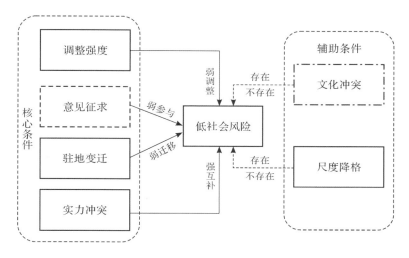

图 4.9　行政区划改革的低社会失序模型

（1）"强参与—弱迁移"抑制型。组态 NH1 显示，较高的公众参与、较弱的驻地变迁抑制了冲突向高社会失序发展。在较高公众参与的支持下，即使存在文化冲突或实力冲突，区划调整也难以引发较大破坏性的抗争事件，如案例 5—7 的撤县（市）设区。灵宝、长兴和广汉爆发的反对撤县（市）设区事件，主要缘于他们与其上级（代管）市在经济实力上存在较大冲突。当地政府通过与上级政府权力博弈，策略性地扩大区划调整的群众参与范围，降低了县（市）被撤的风险。虽然县（市）改区会使原一级独立政府的驻地变为区政府驻地，但是由于其行政中心身份不受影响，原享受的资源优势流失率不大。"强参与—弱迁移"路径对社会失序的抑制作用，可以从灵宝、长兴和广汉的冲突的事件中体现，他们都采取了对当地社会秩序冲击短暂但长期影响不太大的游行抗议。公众参与和政府行政中心的保留，抑制了冲突向高社会失序发展。

（2）弱调整抑制型。组态 NH2 显示，有些地区即使存在社会融合问题，且发生了尺度降格和行政中心的变迁，但由于其自身行政等级较低，因调整而受损的群体较小，也难以引发强力冲击社会秩序的群体事件，如案例 11—14 的乡镇撤并。虽然行政建制从有到无会对政区居民的心理产生较大影响，但是由于人口流失和农村衰落等因素，处于治理"末梢"的乡镇撤销并未引发对社会秩序破坏性大的冲突事件。被撤并乡镇的群众普遍采取信访、上访、网络发帖等相对温和的手段,以期达到恢复原乡镇建制的目的。低级别的区划调整影响到的群体相对较小,政策后果对社会的消极影响也相对小,较难引发大规模的社会冲突。

(3)强互补抑制型。组态 NH3 显示,政区间的强互补关系可以缓和区划调整带来的冲突,进而抑制维权向暴力形式发展。强互补型政区具有较强的内在吸引力,其合作意愿强、社会融合倾向高,即使当前可能存在文化冲突或公众参与不足等问题,也不会轻易采取破坏性强的手段,如案例 20。东野和永兴两村组因为历史上区划调整的原因,成为扬州的"飞地",又因飞地管辖协调的困难,致其一方面深受泰州工厂污染困扰,另一方面又享受泰州工业园的溢出红利。经过多年以环保名义举报泰州工厂后,他们发现集体"脱扬入泰"或为最佳解决办法,因为泰州在公共服务和拆迁赔偿等方面能够给予更好的待遇。由于存在经济利益上的互补和共赢,两村虽然一直苦恼于泰州工业经济的污染,但是并未采取偏激的暴力手段,而是连续多年利用举报和上访,要求划归泰州以解决村庄受工厂污染影响的问题。

3. 稳健性检验

借助 Schneider & Wagemann(2012)提出的 QCA 结果稳健性检验的标准,本书采用改变案例数据集(删除案例 5 和案例 15)和提高一致性水平(由 0.8 提高到 0.85)的方法进行了 2 次稳健性检验。在这两次稳健性检验中,必要条件检验的一致性和覆盖度变动不大,非意见征求仍为高社会失序的必要条件。条件组态分析检验的结果显示,采用新数据集得出的组态路径、核心条件、辅助条件仍然与先前一致,路径的一致性与覆盖率与先前结果相比存在微小变动,但整体情况仍与先前较为一致。因此,本书结果具有较强的稳健性。

四、研究发现

本节对行政区划改革的社会失序机制进行探讨,构建了以"文化冲突—实力冲突—调整强度—意见征求—尺度降格—驻地变迁"为分析链的解释框架。通过模糊集定性比较分析发现:(1)非意见征求是高社会失序的必要性条件、形成高社会失序的单因素路径。由于政府主导、隔级决策和科层制等原因,公民参与区划调整的空间深受挤压,已爆发的冲突案例基本存在事前公众参与不足的问题。(2)六个条件对高/非高社会失序的影响存在差异,且高/非高社会失序的因果机制存在非对称性。在高社会失序状态下,调整强度、非意见征求、尺度降格和驻地变迁发挥核心作用,而文化冲突和实力冲突则是辅助条件。然而,非高社会失序的核心条件为非调整强度、意见征求、驻地变迁和非实力冲突,尺度降格和文化冲突的存在与否则对非高社会失序的影响不大。(3)存在多条路径诱发高/非高社会失序。强调整、强降格和强迁移的区划调整,导致权力和利益受损程度深,容易引发破坏性大的群体事件,形成"强调整—强降格"和"强调整—强迁移"的高社会失序驱动路径。而强参与、弱调整、弱迁移和强互补,对社会失序具有一定的收敛作用,形成强参与—弱迁移、弱调整和强互补的抑制社会高失序的路径。

研究结论对行政区划改革具有以下政策价值和实践启示:首先,高社会失序的单因素路径表明落实意见征求工作对稳妥有序开展行政区划改革十分重要。其次,高社会失序的两条驱动路径警示区划工作实践既要特别注意"高级别""强降格""强迁移"类型的调整,还要尊重地缘的情感认同和当地群众意愿。最后,非高社会失序的三条路径为优化行政区划设置和抑制社会失序提供了努力的方向。第一,减少高位区划变更,严控撤县建市设区。第二,改变资源配置方式,进一步优化城乡的资源要素。第三,谨慎稳妥地开展乡镇撤并和市辖区整合,严谨细致地做好基层区划调整"后半篇"文章。

第四节　市域行政区划改革社会风险的防范策略

中华人民共和国国民经济和社会发展第十四个五年规划明确要求"优化行政区划设置"。其后,浙江、福建、重庆等 14 个省份也将"优化行政区划设置""稳妥有序推动行政区划调整"等内容写入其"十四五"规划[①]。2021 年 3 月 8 日,国家发改委副主任在国新办新闻发布会上表示,"超大城市要划定并坚守城市开发边界,慎重县(市)改区"。在超大城市的行政区划管理上,2022 年国务院政府工作报告指出,"提升新型城镇化质量,严控撤县建市设区"。

---

①　在已公开的 31 个省份的"十四五"规划和二〇三五年远景目标中,福建、甘肃、广西、贵州、湖北、吉林、辽宁、西藏、新疆和重庆都明确提出"优化行政区划设置",安徽、云南和浙江等则突出稳妥有序推动行政区划调整,四川提出"推动具备条件的县有序改市、有条件的县(市)改区"。

可见,稳妥、有序和高质量等正成为我国当前行政区划改革的题中之义。行政区划调整的社会风险防范,既要回应诉求、惠及民生,还要尊重行政区划的本质,从社会稳定风险评价、意见征求、公众参与、资源配置方式、调整手段和基层政务服务等方面进行预防。

一、健全"稳评"机制,提高"稳评"效力

社会稳定风险评估(以下简称"稳评")是防范行政区划改革社会风险的首要一环。行政区划的"稳评"是在区划调整前对其合法性、合理性、可控性和安全性进行评估,对可能威胁社会稳定的各项因素的风险程度和可控范围进行评估和预测,防止脱离实际的区划调整决策产生而引发社会冲突,从源头维护区划调整的社会秩序。然而,我国当前的行政区划调整,不论是调整前还是调整过程中或调整后,基本未建立效果评估机制(张可云、李晨,2021),区划调整工作的管理水平尤其是"稳评"的机制、效力还有待完善和提高。

区划调整"稳评"机制不健全以及评估效力的不足,导致从源头上防止、控制和化解这方面的社会风险的功能缺失。首先,"稳评"主要被当作决策程序的前置项,其风险治理的功能被忽视。"稳评"效力主要以"仅供参考"和"一票否决"为模式,造成"稳评"程序异化和萎缩,从而助推了地方政府操纵"稳评"行为的发生(林鸿潮,2019),导致"稳评"逐渐成为一种明哲保身的消极行政行为,给当地的社会稳定埋下了隐患。其次,"稳评"本身存在一定的"自风险"问题。评估数据来源的准确性、评估过程的规范性、评估对象的恰当性、评估主体的专业性和评估结果的可信性等都可能导致评估自身存在风险(张春颜、阎耀军,2018)。这些"自风险"问题若得不到解决,"稳评"的效力将受到严重削弱。再次,区划调整的"稳评"过程还缺乏对立观点交流整合的环节,容易出现基于风险感知差异的"风险悖论"。"稳评"本质上是一种特殊的公众参与机制,具有主观建构性。区划调整的"稳评"基本由政府主导,存在公众参与不足的问题,容易出现基于政府和公众风险感知差异的"风险悖论"。也就是说,上级政府、企业等认为是有利的区划调整,有可能不被基层政府和民众认可,极端情况下可能导致群体事件。

健全区划调整的"稳评"机制和提高"稳评"效力,离不开"稳评"机制规范化、建立社会风险源识别机制和构建"人评＋数评"的"稳评"系统。

第一,推动区划调整"稳评"机制的规范化。当前,我国行政区划调整"稳

评"机制的规范化水平较低。首先,提高决策主体对区划调整"稳评"重要性的认识。增强地方党委和政府的全局意识,强化党政干部的"稳评"责任性和自觉性,提前做好方案预防和减少决策的社会稳定风险,防止"稳评"的"走过场"或政府操控行为的发生。其次,拓展"稳评"的范围、深度和广度。在防止评估工作中"唯数字化"倾向的同时,构建以人大代表、政协委员、公务员、律师、媒体和群众代表等为主要成员的评估主体,在深度和广度上实现更全面的覆盖。再次,将"稳评"与决策事项的后续管理密切结合起来。"稳评"不应该仅是行政区划决策的一道"门槛",还应该和区划调整的后续程序联系起来,减少或避免评估过程简化和评估结果模糊化等现象的发生,根据"稳评"结果拟定应急预案。

第二,建立区划调整社会风险源的分析与识别机制。首先,构建区划调整的社会风险源指标体系。综合运用定量、定性、定位相结合的方法对社会风险源进行识别和测量,并对社会稳定风险等级和承受能力进行评估。其次,制定区划调整共性风险点的风险控制要点。对干部人事分流、公共服务不均、管理体制变更或缺失、财税资源受损、群众办事难度增加、社会融合困难、地域文化冲突等共性风险点提前进行评估和预测,并制定相应化解方案和措施,从源头上预防和减少不稳定因素和群体性事件的发生。最后,建立舆情收集和风险分析常态化机制。及时收集广大群众在区划调整问题上普遍关心的热点和难点问题,收集社会各方对行政区划改革的舆论反应。在党委、政府各部门和相关专家的合力下,对收集到的舆情和民情进行分析和研判,以获取深层次和预警性的信息。

第三,构建"人评＋数评"的"稳评"系统。一方面,利用"人评＋数评"的方式,将传统问卷调查、座谈和走访等形式收集到的数据与利用大数据抓取的数据进行关联,提升"稳评"信息的数量和质量(张春颜、阎耀军,2018),解决"稳评"数据上的风险问题。另一方面,通过扩大数据来源、完善数据加工技术、建立信息公开机制,构建数据式"稳评"(邹东升、陈昶,2020)。可以通过以下3种途径构建数据式"稳评":首先,通过推动"参与式评估"模式、完善稳评第三方模式、重视半结构化和非结构化数据的收集以及畅通意见表达渠道等手段来扩大"稳评"数据的广泛性;其次,完善"稳评"数据的过滤手段,加强"稳评"数据分析的深度,提高和增加"稳评"数据在政府决策、社会稳定风险识别和防范等方面的作用,进而提高"稳评"数据加工的能力;最后,既要主动公开诸如区划调整支持和反对的人数比重等部分"稳评"数据信息,让公众体会到实实在在的参与感和"被尊重感",从而消弭"稳评"中的不信任风险,还要对符合依申请公开的"稳评"数据进行公开并告知申请人相关信息。

二、完善意见征求机制,拓宽公众参与渠道

意见征求的缺乏是区划抗争的共性问题。行政区划的变更涉及政区经济社会发展、民族团结和社会稳定,地方政府和权力机关理应参与本地区划变更的决策,并对本地区划变更拥有讨论和最终决定权(马怀德,2016)。然而,一方面,受行政区划的历史传统和当代政治体制特点的影响,我国行政区划改革较少关注基层政区的权益、权利和权力,地方和基层处于被动状态(范今朝等,2011)。另一方面,基于维护社会稳定的考虑,我国基层政府对本辖区行政区划调整的决定权往往被忽视,区划调整完全依靠上级政府的提议、审批等内部程序进行,缺乏意见征求、民主参与等必要环节(马怀德,2016)。结合已发生的冲突事件来看,冲突的爆发基本是因为群众事先对区划变更过程不知情,且后续反馈意见没有被充分尊重或有效倾听(吴志刚,2019)。因此,几乎所有冲突事件的背后,都存在意见征求程序缺失或不规范的问题。

我国区划调整工作意见征求的缺乏还反映了公众参与不足的问题。任何忽视公众参与的行政区划调整都可能遭遇来自"公意"的抵抗乃至地方官员的消极执行(高祥荣,2015)。然而,我国行政区划变更程序基本由政府主导,公众难以有效参与调整过程。以乡镇区划调整为例,其调整程序通常为市、县政府拟订调整方案,然后报省级政府批准,整个过程完全是在行政框架内"秘密"进行,作为直接当事者的乡镇直到省政府文件下达后才知道详情,基层政府同社会公众都难获得区划变更的知晓和参与机会(浦善新等,1995:145-149)。鉴于此,为稳妥有序推动行政区划调整,需要在区划调整的全过程中注意吸纳公众意见以及完善工作参与机制。

一方面,在区划调整政策出台前,政府需要采取多种形式进行意见征求。可以采取民意调查、实地走访、座谈会、听证会、问卷调查和书面征求意见等形式,广泛征询基层政府、企业和群众的意见,并对收集到的意见和建议进行整理和论证。对于合理意见要充分采纳,通过新闻发布会、电视广播、报刊和网络等形式,主动、及时更新区划调整的最新消息,进而缩小和控制潜在抗议者的范围,缓解区划调整在社会稳定方面的阻力。

　　另一方面,在区划调整决策过程中,还需要拓展公众参与渠道,为潜在抗议者提供替代性的参与方案。首先,引入公众参与代表机制,在信息公开前做好敏感公众的沟通工作;其次,充分尊重当地居民的意见,将"人民群众答应不答应、满意不满意"作为基层区划调整的重要依据,在适当的程度和范围内进行公众直接投票;最后,可以考虑先实施分散式协商的行动策略,保障居民区划调整参与权的同时也对居民意见表达进行防范(朱志伟,2020),然后逐步过渡到"确立公众参与为区划调整的必经程序"(吴志刚,2019)。

三、打破行政区经济模式,逐步改变资源配置方式

　　行政区划调整的稳妥推进,需要打破行政区经济模式。受行政区边界屏蔽效应和地方本位主义的影响,作为"超级载体"的行政区逐渐演变出了"行政区经济"现象。虽然行政区经济在促进区域经济发展过程中起过积极作用,但受其封闭性和稳定性特征的影响,行政区经济也导致公共服务的城乡两端脱节、人口城镇化与土地城镇化分异,给行政区划改革带来大量矛盾和冲突,影响区域经济发展和社会稳定。因此,为稳妥有序推动区划调整和优化行政区划设置,必须打破行政区经济模式,转移政府部分公共管理与公共服务职能到功能服务区(马祖琦,2010),探索区域协调发展新机制,逐步实现由"行政区经济"到"经济区经济"的蜕变(孙久文、张翱,2020)。

　　打破行政区经济模式的同时,还必须改变资源的配置方式。在行政区经济模式下,我国的资源要素按照行政等级逐级分流,高等级的政区获得的资源和机会更多。换而言之,我国行政区划体系中的资源配置存在差异性的政策供给,并逐渐演化出完整的梯度"等级制"序列(孙崇明、叶继红,2018)。行政层级的这种差异形成的明显势差,成为驱动各地进行行政区划调整的主要原因。这种等级化的资源配置模式,使行政中心和高等级城市在资源配置上享有明显的偏向性红利,引致城镇化发展的"两极化"倾向,造成城乡之间不公平的竞争,扭曲了市场的资源配置功能(魏后凯,2014;李澎等,2016),导致城市规模结构不合理、高等级城市生产效率低下和中小城市发展空间受限,进而诱发社会稳定风险。

　　要改变这种资源配置与行政等级挂钩的模式,需要深入开展行政体制改革并更大范围、更深层次地发挥市场的资源配置作用。

　　第一,实行差别化战略,以扩权为重点促进中小城市和镇的发展。一方

面,分类推进小城镇发展,对那些镇区社会经济和人口等都达到设市标准的建制镇可以进行县改市或"切块设市",并在有条件的地方推动"镇改市"试点。另一方面,加大对建制镇的公共投入,扩大建制镇经济社会管理权限,提高建制镇公共服务能力和水平,逐步缩小因资源配置的等级效应带来的城乡公共服务差距。

第二,改革等级化的行政管理体制,维护城市之间的公平竞争环境。不能把行政级别作为城市资源配置的依据,要充分发挥并强化市场在资源配置中的决定性作用。清理和废除有碍公平竞争的不合理制度和规定,减少依靠行政手段把有限资源集中于某些特定城市,培育合理的城市规模体系(李澎等,2016),提高城市要素资源的配置效率,实行以弥补市场缺陷为导向的"反梯度"逆向调控(孙崇明、叶继红,2018),重点支持和促进中小城市和小城镇发展,增强其产业承载和公共服务的能力。

第三,确立承载力为城市规模控制的依据,有序推动基本公共服务资源分配与人口挂钩。不同类型的城镇体系承担不同的功能。城市规模的控制应以承载力为依据,而不是简单地把人口规模作为唯一依据(魏后凯,2014)。同时,有序推动教育、医疗和养老等基本公共服务资源同人口挂钩(李晓琳,2021),逐步改变资源配置的等级分配模式。

第四,规范政府迁移行为,减少资源对政府行政中心的依赖。由于小城市的政府迁移正效应不显著,中央政府在政府驻地迁移的审批上,应多审查迁移行为的合理性,谨慎审批小城市的政府迁移。同时,地方政府应减少对政府迁移的经济刺激效应的依赖,可以通过调整产业布局、合理规划公共服务设施的空间配置等手段来减少资源的政府行政中心偏向。

四、尽量减少高位区划变更,深入推进都市圈和新型城镇化建设

"高级别、强降格、强迁移"的区划调整,对政区的权益影响较大,易引起社会冲突或群体事件,是行政区划调整需要尽量避免的类型。因此,区划工作实践要特别注意"高级别、强降格、强迁移"类型的调整,非必要不轻易进行高位区划调整,在必须开展的情况下,要严格遵照相关程序,协调处理好相关主体权益,扎实开展社会稳定风险评估。同时,应尊重地缘的情感认同和当地群众意愿,任何类型的区划调整都不可忽视文化和实力对冲突的助燃作

用。所以,要充分考虑区域间文化和经济的差异,以免因社会融合和地缘冲突等产生的问题发展为群体事件。

减少高位区划变更的同时,还可以通过以下两种途径来提高政府资源整合与公共事务治理的能力。

①深入推进城市群发展,提高都市圈空间整合与跨区域公共事务治理能力。以国家中心城市为载体,培育都市圈发展极核,打破地域分割和阻碍资源要素自由流动的行政壁垒,推动国家级都市圈发展壮大。具体而言:一是创新都市圈行政区划的空间布局。结合自然环境、交通条件、产业布局、人口分布和基础设施分布等因素,确定都市圈中心城市及其区域的基本空间形态,按照资源要素自由流动的特性,科学设置都市圈的各类行政区(孙平,2020)。二是探索都市圈的专属管理区行政体制。如对环境、交通、水资源、教育、招商引资等实行垂直管理(王开泳、陈田,2020),通过条块关系的梳理和整合,统筹协调都市圈利益,制定都市圈的重大战略决策。三是健全和完善都市圈管理的体制机制。构建和规范区域规划、利益分配、事务协调、财税改革和公众参与等机制,建立开放、有活力的区域大市场,进而实现跨区域协调和均衡发展。

②坚持推进以人为核心的新型城镇化建设,发挥县域行政区在公共服务上的承上启下作用。一是实行分区分类的方法,指导县域城镇化的发展。探索区域差异化的行政区划调整(李晓琳,2021),将基础条件较好的地区,如都市圈内的县作为优先开发建设的对象,主动承接都市圈内的制造业、区域物流、专业市场等功能,积极引入优质的教育和医疗等公共服务资源。二是充分发挥地区的比较优势,明晰县域乡镇的主体功能定位。根据资源和环境承载能力以及地方的比较优势,形成城镇化地区、农产品主产区和生态功能区(孙平,2021),引导农业转移人口的集聚,加快农业基础设施建设,充分挖掘区域历史文化、自然资源等方面的优势,加快明晰县域乡镇的主体功能定位,推进乡镇行政区划优化调整。三是因地制宜完善城乡公共服务和基础设施的布局。根据地形地貌和人口密度等因素,选择均衡、分散、集聚等方式布局公共服务和基础设施,在平原地区可考虑着重推动公共服务和基础设施的下沉,在山地丘陵地带应按照服务范围设置片区级服务中心,在地广人稀区域,实行跨乡镇、共享型的服务点(刘航、张娟,2021)。

五、谨慎稳妥开展基层区划调整,严谨细致做好"后半篇"文章

尊重农民意愿、不强行推进村庄撤并,是党中央在基层区划调整上一直

坚持的原则。2010 年国务院就村庄撤并的土地整治问题，提出不得强拆强建、违背农民意愿。在乡村规划问题上，中央一号文件多年都反复强调村庄的撤并需要尊重民意。基层行政区划的调整需要谨慎稳妥地开展，既要顺应乡镇集约化和现代化发展趋势，有序推动乡镇行政区划调整，还要关注区划调整后的基层政务服务供给，做好区划调整"后半篇"文章。

一是要谨慎稳妥地开展基层行政区划调整。首先，科学编制社区村庄的规划，推进乡镇街道的合理布局。综合考虑经济发展、地形地貌、居民点布局、生态环境保护和文化传承等因素，在留住乡愁的同时，科学规划和布局乡村生产、生活和生态的空间，分类推进村庄社区建设。其次，完善乡镇街道设置标准。把基层社会治理相关的公共服务、基础设施、人口资源、历史文化和空间布局等因素考虑进去，发挥乡镇街道设置提高基层社会治理效能的导向作用。最后，适度、合理、有序地推进乡镇合并、村改居。按照人口分布与规模化、集约化要求，适度推进社区、行政村的合并与调整，有序推进行政村向社区转化，采取多种形式设立街道，加强街道与社区管理网格的衔接，稳妥有序地开展基层政区的优化设置。

二是着力优化基层行政区划调整后的政务服务供给。首先，优化基层政务服务的供给机构管理，增强乡镇街道为民服务的能力。明确基层政务服务供给机构的职责，完善基层便民服务中心运行机制，强化基层便民服务队伍的建设。其次，提升基层政务服务的供给质量，优化乡镇街道政务服务流程。提供菜单式灵活的个性服务，优先实施一些民众迫切需要的服务项目，主动完善信息公开形式，简化政务服务事项的办理流程，加快推行市域通办，逐步推行跨区域办理，优化社区村庄的服务格局，完善和支持社区服务业的发展，加强综合服务和兜底服务能力的建设。再次，加强基层智慧治理能力的建设，提高基层政务服务的供给效率。加大网上政务建设推进力度，加快全国一体化的政务服务平台建设，开发智慧社区信息系统和简便应用软件，在提高基层治理数字化和智能化水平的同时，保留必要的线下办事服务渠道。最后，加强对基层政务服务供给要素的保障力度。提高基层便民服务的经费标准，完善基层便民服务中心基础设施。在加强乡镇便民服务中心监督检查的同时，进一步发挥群众监督的作用，改善基层政务服务的效率和质量。

第五章　市域行政区划改革的文化风险及防范

目前,学界对文化的概念尚未形成共识,多数学者以 Taylor(1958:1)的文化观和诺斯的非正式制度观为基础,强调文化的总体性特征,认为文化是综合整体,包括知识信念、人文艺术、法律条文、风俗习惯、行为规范和道德准则,并提出了广义和狭义的文化概念。广义文化泛指一切物质、非物质和精神文明的成果,而狭义文化则指人们在长期的生活和日常交往中形成的风俗习惯、行为规范、道德准则,接近于非正式制度。本章的"文化"范围采用广义概念,讨论行政区划改革可能引发的市域范围内有关物质、非物质和精神文明成果的风险。

第一节　区域文化、城市更名与城市文化风险

文化是动态和有机的整体。伴随着城市发展和文化演变,人们在努力消除外部困境和不确定性的过程中,又会造成新的风险和危机。过去一段时期,地方政府及开发商对具有地方特色印记的文化资源认识不足,导致不少地方特色文化湮灭在区划调整和城市开发建设浪潮中,大量人文景观的历史文化价值被过度商品化,出现不同城市"千城一面"的空间风貌。

一、区域文化:行政区划改革容易忽视的因素

区域文化由生活在特定区域或地理位置的人类共同体创造。由于自然地理、人文条件以及生活共同体不同,不同区域的文化特点也有所不同。对行政区划而言,政区名称的形成和变更,都打上了历史背景和文化特征的烙印。行政区划调整会改变区域的空间结构,进而影响区域历史文化的稳定和

传承。因此，行政区划的设置和调整，除为满足某一历史时期国家的政治、经济、社会要求外，还应满足区域文化发展的需求。

（一）行政区划设置原则的区域文化张力

数千年以来，我国形成了"山川形便"或"犬牙相入"的行政区划设置原则。这两种原则同时并用，但越到后期，犬牙相入的原则越占上风，这一点反映了中央对地方控制愈来愈紧，中央集权程度愈来愈加强的客观事实（周振鹤，2019：80）。在区域文化的塑造上，二者存在一定的张力，前者增强了地域认同感，后者割裂了区域文化的整体分布。

其一，"山川形便"在一定程度上塑造了区域共识。山川形便指以天然山川河流作为边界，使行政区划与自然地理区划相一致。这是最自然最直观的原则。山川河流两边的区域，往往具有不同的地貌、气候和土壤，形成不同类型的农业区，也形成了不同的风俗习惯（周振鹤，2019：80-81）。受自然地理环境的相对封闭性影响，同一区域内的居民在长期共同生产、生活的过程中，逐渐形成了具有内在凝聚力的地域认同感或区域共识，创造出了居民共同认可、地域特征明显的区域文化。在共同文化制度的影响下，长期隶属同一行政区域的居民不只是方言上接近，其建筑风格、民风民俗、饮食习惯等物质文化，以及歌舞、文学和艺术等精神文化层面也均呈现趋同性的特征（朱竑、司徒尚纪，2006）。也就是说，历经曲折变迁一直保留至今的行政区划已成为一种特色的社会文化现象，形成了传承性、保守性的特征，塑造了强烈的地域认同。反过来，区域文化也会逐步渗透到行政区划体制的设计中，潜移默化地影响行政区划调整的实践，甚至固化现有的行政区划结构。

其二，"犬牙相入"可能会打乱区域文化的整体分布。秦汉时期萌芽的犬牙相入原则为历代沿用，但直到唐宋也未成为主导性原则。元代成为根本性转折时期。无论是作为高层政区的行省，还是降为统县政区的路，犬牙相入原则都走向了极端（周振鹤，2019：90-91）。自元朝开始，我国行政区划不再主要遵循山川、河流等地理屏障的原则，区域间人文地理单元被打破，区域文化的分布也被重新打乱。通常情况下，我国每个省都存在一种本省的主流文化，但又常有一些地区脱离了自己所属的区域文化而属于其他省份。这些方言不同、风俗习惯和文化传统迥异的地区同属于一个省份，因而单个省份的内部分布多种区域文化，抑或同一区域文化分布在两个或多个省份。比如：

与浙江同属吴越文化且方言都是吴语的苏州、无锡、常州属于江苏省;安徽省包括皖南的徽文化和淮河以北的中原文化,而同属于徽文化的婺源、淳安、建德,前者属于江西,后两者属于浙江,而中原文化则分散于河南和山东;方言、习俗、饮食和湖南比较接近的萍乡归江西省管辖,而属于赣语系的株洲、醴陵、浏阳则归湖南省管辖。

(二)区域文化:重要却易被忽视

区域文化是保障行政区划稳定持续的重要因素。一方面,以拉什和道格拉斯为代表的风险文化论者认为,政治风险、经济风险和自然风险的文化特征,会导致社会结构走向混乱的无组织状态(王小钢,2007)。另一方面,文化与公共危机联系在一起,公共危机来源于社会结构的无组织状态,文化成为公共危机的衍生环境和分析工具(王丽,2014:84)。就行政区划调整而言,如果某一行政区建制缺乏社会心理共识即区域文化,那么该行政区内部就容易产生矛盾和冲突。从这个角度来看,保障行政区划得以长期存在且不易改变的,除了政治、经济和自然地理等因素,还有实践中最容易被忽视的区域文化。也就是说,区域文化具有固化行政区结构、提高政区凝聚力、增强政区辨识度等重要作用。

然而,在行政区划调整的实践中,忽视区域文化因素的情况并不少见。比如,在县(市)改区过程中,强行把文化差异较大的两个或以上县(市)重组为新市或其辖区的现象常有发生;受发展逻辑的影响,在行政中心的搬迁问题上,部分地方政府忽视群众意见和历史传统,强行迁移,引发部分群众的公开抗议。文化差异的非正式制度冲突容易降低群众对政府的信任,给行政管理和社会治理带来更多的不确定性。如果行政区划调整的实践忽视区域文化因素,就容易产生文化隔离甚至断裂,导致不同区域间或同一区域内的文化冲突,从而不利于城市和区域社会的稳定。有些地方盲目扩大行政区的管理幅度,或过于追求行政层级的升格,造成行政区域与区域文化的不协调,影响了政区和谐与社会稳定。因此,行政区划调整不应该割裂人群间的社会联系和文化传统,行政区划调整必须尊重区域的历史文化。在不影响国家政治管理的前提下,应该将相对完整的文化区域划为同一行政区单位(姚尚建,2005;李金龙、张琦,2014)。在具体操作上,可以适当依据区域文化规模合理确定行政区划层级。比如,把相对较大的文化区域设为地级市,而把相对较小的文化区域设为县(市)。

需要注意的是,区域文化虽然依托于自然地理和经济地理,但是行政区划调整也能逐渐改变部分区域文化。在行政区划调整的过程中,政区在凝聚区域文化力量的同时,也会消解原区域文化的力量,如中心城市的主流文化会在传承传统文化和吸纳新文化元素的过程中,向下一层级政区辐射(张强,2016)。如果原来分属不同行政区的地方被整合进一个行政区,伴随着新的区域建构过程,也会产生区域文化的逐渐融合。新设建制也有类似的效果。例如,行政建置在海南各历史时期的社会文化形塑和发展中都起着非常重要的作用。随着海南行政建置的完善和行政级别的提高,海南岛的开发区域得到扩大,当地群众之间的交流和民族的融合得到加强。适当建制的设立为推动海南岛经济发展和文化融合提供了良好的基础条件和氛围。特别是,1988年海南建省大大促进了海南文化的多样性和包容性。

二、城市更名:政府"经营城市"的工具

作为一种可视化的文化景观,地名向人们直接展示地区的形象,是社会、经济和文化发展的产物和信息的载体,具有深厚、独特的历史和乡土文化。城市的名称往往蕴含着地理环境、历史人文、乡土风情等内涵,反映了该地历史文化发展的渊源以及区域独特的历史沿革、民俗民情和文化风韵。城市文化的资源、品质与影响力及其形成的文化产业链,不仅是构成城市竞争力的要素之一,也因成为城市的标志而具有独特的旅游吸引力,对地区社会、经济的发展具有重要影响。卢盛峰等(2018)发现:基于历史文化价值发掘的城市更名,带来了显著的城市名片效应。具体而言,城市更名后的夜间灯光总强度年均提高超过3.10%。更为重要的是,历史名片效应通过促进旅游服务产业发展、推动城市交通网络建设和本地轻工业产品国内销售规模的扩张来实现。当然,城市更名策略要慎重选择,只有基于历史渊源和文化价值的更名才能发挥积极影响。

(一)城市更名的动因和类型

在历史上,地名的变更主要出于君主喜好或朝代变革。中华人民共和国成立后,国家逐步建立健全了地名管理体系和标准,对不符合国家方针政策的地名、"不雅"的地名以及有民族争议的地名等进行了整顿和更改。改革开放后,城市地名变更频繁,这既有城镇化进程的加快、地方政府发展逻辑的客

观原因,也有重大决策正当程序理念缺失和地名管理行政法治滞后的主观原因(章志远,2016)。由于城市地名具有实用定位、历史文化和经济收益等方面的价值,不少地方政府采用城市更名的手段来"经营城市",以期通过改名来提高城市知名度和促进地方经济的发展。因此,在不同时期或不同地方,城市更名的原因并不完全一样。

近几十年来,"啃老""吃山""傍大款"成为我国城市更名的主要动因(卢盛峰等,2018)。所谓"啃老",是指挖掘城市地名的历史文化价值,打造人文历史的招牌。比如,湖北省襄樊市更名为襄阳市;湖北省蒲圻市经过与多地争夺"赤壁之战"的归属地最终成功更名为赤壁市;湖南新晃、贵州赫章、贵州水城争抢"夜郎自大"的归属权和"夜郎市"名称。所谓"吃山",是指充分挖掘城市旅游资源,打造风景名胜效应。典型例子如,四川省灌县更名为都江堰市;湖南省大庸市更名为张家界市;福建省崇安县更名为武夷山市;四川省南坪县更名为九寨沟县;安徽省徽州地区的大部分县市组成黄山市;海南省通什市更名为五指山市。所谓"傍大款",是指利用相关名牌的热度,为自己贴上知名招牌。比如:云南中甸县更名为香格里拉县;云南思茅市更名为普洱市。

从类型来看,我国的城市更名主要有三种类型:第一类是撤地设市的城市更名。改革开放后,各省份逐步进行行政区划调整,对以前的"地区"或"专区"通过"撤地设市"进行了更名。在"撤地设市"改革中,全国不少城市被设立或切割、兼并,涉及大量的地区更名。第二类是新成立城市的命名。这是对无固定隶属的地区成立新城市并进行命名,如河南省的平顶山市和驻马店市。平顶山市在历史上无固定的区划,在中华人民共和国成立前被反复划归不同地方,新中国成立后政府以平顶山矿区对其进行命名。"驻马店"的名称则来源于其境内的驻马店镇。第三类是设市时恢复历史原名。恢复古名可以增加城市的历史和人文气息,有利于弘扬传统文化,增强人们对传统文化的认同感(卢盛峰等,2018)。如果说这三种类型主要是新设市的命名或更名,那么本来就是城市的地方出于各种不同的原因改名,比如前文提到的襄樊市更名为襄阳市、大庸市更名为张家界市等,也可以按照更名的原因进行分类。

在部分地方,县改市也涉及城市名称的变更。在一般情况下,撤县地区的专名保持不变,把通名中的"县"改为市即可。以2017—2021年的县改市为例,2017年的浙江玉环,2018年的江苏海安、湖北京山、黑龙江漠河、山西怀仁、贵州兴仁、安徽潜山,2019年的四川射洪、河南长垣、湖南邵东、安徽广德、黑龙江嫩江、陕西子长,2020 年江西龙南、青海同仁、安徽芜湖、湖北监利以及 2021 年新疆沙湾、四川会理、云南禄丰等地区的撤县设市调整都采取"专名保持不变,通名直接改为市"的形式。但也有不少地方原县名为单名,在县改市的时候需要对专名进行变更,如 2018 年贵州盘县改市后更名为盘州市、2018 年陕西彬县改市后更名为彬州市、2021 年广西横县改市后更名为横州市等。

（二）城市更名的风险

并非所有的城市更名都能带来城市繁荣。城市更名其实是一种冒险行为,有可能"一改成名",但也可能"一改致命"。成功的更名,在传承历史文化的同时促进了城市的发展,而失败的更名容易让市民"找不到家",甚至出现城市文化记忆的"断层"或"碎片化"。总的来说,不当的城市更名蕴藏着以下几个社会和文化风险:

第一,城市更名可能会淹没城市历史文化,割断城市现实与历史的关联,遮蔽区域内其他文化遗产。如 1987 年,安徽省徽州地区的大部分县（市）组成地级黄山市,本意是期待更名后放大黄山风景区的旅游效用,但随着时间的流逝,人们越来越认识到黄山市的命名未能反映出恢宏的徽文化,更名对"徽州文化"产生了巨大的遮蔽效应。所以,借用一种历史文化或名胜古迹对城市进行更名,需要考虑其是否会掩盖该区域其他的历史文化价值。

第二,城市更名会增加社会管理成本,提高政府行政支出。城市更名不仅仅是名字的更改,还涉及当地机关事业单位、各类社会组织和企业牌匾、公章等的变更,道路交通车站名称、指示牌等的更改,出版涉及该地名称的各级地图也要修改重印。2009 年,河北省石家庄市区划地名办称,如果石家庄进行地名变更将至少需要 10 亿元。[①] 2010 年"襄樊"更名为"襄阳",行政成本据估至少要上亿元。[②] 因此,城市在更名之前,政府必须考虑更名可能带来的管理成本和行政支出。

第三,城市更名也会给居民和社会带来一系列隐性成本。地名变更后,相关居民可能需要重新办理户口信息以及身份证等各种证件,在增加行政管

---

① 河北青年报. 石家庄若改名 损失将超 10 亿. (2009-08-17)［2021-03-20］. https://news. sina. com. cn/c/2009－08－17/071916135630s. shtml.

② 新浪网. 湖北襄樊更名为襄阳 一字之改成本被指过亿. (2011-01-08)［2021-03-28］. https://news. sina. com. cn/o/2011-01-08/115721781877. shtml.

理成本的同时,还造成社会资源浪费,给居民对外交流带来不便。此外,地名的变更,还可能加重企业的负担(比如修改手册、更换名称等),给企业的投资经营带来不便。因此,城市更名策略要慎重选择,避免无历史渊源的随意更名。

三、文化风险:城市空间开发的"副产品"

所谓城市文化风险,是指城市化和城市现代化的过程中,城市文化和自然地理空间受资本逻辑和认知局限等因素的影响,出现城市文化衰败甚至危机。城市在大规模扩张和追求尺度升格的同时,促进了城市空间的开发和新空间的生产,但也可能带来城市历史文化的衰落。换言之,城市文化风险是城市空间开发的"副产品"。

(一)大规模城市开发的文化风险

大规模城市开发的文化风险是指城市开发中的各项目在实施建设过程中对城市居民生活方式、城市文脉传承和城市特色塑造等方面会产生一定的负面影响,是一种对原城市物质形态和城市空间形态带来改变或恶化的风险。大规模城市开发的文化风险要素主要包括城市开发中的价值体系、城市结构、城市肌理、空间尺度、建筑风格、空间色彩等。这些风险主要体现在以下 4 个方面:第一,导致历史断裂、文化抽离化。大规模的城市开发使城市历史空间被弱化、切割、消解,造成了历史断裂与文化的抽离化。第二,冲击了居民心理和生活方式。千篇一律的城市空间,割裂了居民原有的生活方式,对居民心理造成一定程度的打击。第三,导致文化趋同。遵循"更高、更大、更宽阔"的基调,中国城市空间逐渐失去传统特色。第四,导致文化认同缺失。受经济全球化和城市开发国际化的影响,我国的文化认同更容易缺失(夏凯南,2016:296-312)。

在市域行政区划的改革中,县(市)改区、撤县设市、区县重组等深受部分地方政府的青睐。这些改革扩大了城市空间,激发了大规模的城市开发,在带来区域经济社会发展、城市空间增长和城市更新的同时,需要提防城市畸形发展、城乡规划失衡、传统文化流失、原有城乡生活韵味逐渐消失。

(二)城市文化风险的具体表现

与大规模城市开发的文化风险相比,城市文化风险具有更普遍性的特征,表现为城市建筑均质化、传统文化空间消亡、城市景观商品化,以及城市特色和文化记忆消失。

首先,城市文化空间让位于城市经济发展。基于城市发展的逻辑,城市政府为了腾出更多的土地和提高招商引资的吸引力,大规模地进行旧城改造、城市更新和房屋拆迁,造成城市历史空间被切割和消解,许多具有民族特色和历史记忆的古老村落、古城墙、古城门和牌楼等不复存在,对历史文化遗产的保护造成极大威胁(谢宝剑,2017;潘泽泉、刘丽娟,2019)。在城市的开发过程中,很多具有城市历史特色的小尺度街区已被国际投资和商业开发瓦解。城市文化活力逐渐让位于资本权力支配下的经济发展,城市空间生产逐渐呈现"千城一面"的景象。

其次,城市人文景观的历史和文化价值逐渐被消解,日益成为一种商品符号。居住建筑不单单是物质的空间,还是居民通过外在物质形式活动而内在创造的文化形式,反映了居民的不同生活态度和习惯(夏南凯,2016:297)。在城市的开发中,各类文化遗产、博物馆和纪念馆等项目被商业开发,城市人文景观逐渐纳入资本增殖逻辑。城市文化多样性逐渐丧失,历史文脉的传承发生断裂,导致城市居民文化体验不佳。整齐划一、浅表性、物质性和商业化的文创产业正逐渐消解城市的历史文化价值。

最后,"去生活化"的城市空间生产使"留住乡愁"成为当务之急。在城镇化的过程中,出现了"建新镇,毁古村""建新城,毁古镇""建新街,毁老街"的现象,导致许多极具历史文化价值、地方文脉的建筑以及古村、古镇被无情摧毁,传统村镇文化遗产和风貌受到破坏(刘沛林,2015),"钢筋水泥森林"与挣钱"工厂"的城市空间逐渐蔓延。城乡文化差异在城镇化进程中逐渐裂变,村民从乡土文化中脱域,被裹挟进入现代化时空,导致乡土文化既从封闭走向开放,从稳定走向风险,亦从大地伦理走向功利与征服(张霁雪,2014)。"去生活化"的城市逐渐挤压"诗意栖居"的乡村生活,"留住乡愁"在城乡文化的碰撞与冲突下显得尤为迫切。

第二节　市域行政区划改革的文化排异

人们常说的"三里不同风,五里不同俗",是指生活在不同地域空间的人们,具有不同的生活习惯和风俗传统,形成了不同的地域文化。不同政区的人们,可能具有不同的文化基因。历史传统为地方文化提供连续的记忆,不同的地名也承载着文化的记忆与遗产的痕迹。在行政区划调整过程中,地名变更容易产生文化排异、文化隔离等问题。政区更名忽视地名的历史传承,可能导致"名实分离";区界重组忽视文化因素,可能引起新老居民文化隔离,加剧地方融合难题。因此,行政区划调整既要重视地名变更的文化传承,还要注意新老居民的文化适应和文化融合。

一、文化遮蔽:政区更(命)名的文化传承"副作用"

地名既包括自然地理实体名称和具有功能意义的文化名称,还包括行政区划名称。地名凝结和保留地方的区域文化历史,是行政区域、地理实体和群众定居点的标识,是地域文化、文脉传承和服务社会的重要载体。保护与开发地名文化不仅是民政、文旅等行政管理部门的常规工作,还是充分挖掘文化资源、优化行政区划调整的新时代任务。政区名称本身就是一种文化遗产,是对外交流的文化标志。如果地名变更不当,可能会湮没或稀释本地域内原有的历史文化传承。

(一)政区名称的含义与形式

政区名称,是国家和地方政府赋予行政区域的专有名称,常以语言、文字为表现形式。政区名称反映了行政区域内的历史、地理、民族文化和区域功能,体现了行政区域的地理位置、所属类别和行政等级,具有时代性、社会性、指位性、层级性、稳定性和公共性的特征。政区名称能直观反映当地区域文化的内涵和精髓,在各类地名中占有重要地位。它不仅是人们认识和理解区域文化的窗口、对外交流的区域文化名片(李金龙、张琦,2014),还是"人文地理实体名称"的最重要成员(刘丽丽、徐蕊,2010)。政区名称反映区域文化的独特魅力,有助于提升地区知名度,帮助树立地方良好形象,为区域发展提供较好的人文环境。因此,政区名称在各类地名中使用范围最广,是人们日常工作、生活不可缺少的工具,同时还具有经济、管理、服务和传承的重要功能。

我国政区的名称由区域文化和政区层级共同决定,一般以"专名＋通名"的形式进行组合。专名反映一定历史时期内该政区的区域文化、人文历史、自然地理环境、政治经济的发展状况等,形成以自然景观描绘、人文历史叙述、思想情感寄托和原始地名移用为主的四大类型。通名反映政区的行政建制和层级情况,如"省""市""县""区""乡"等。政区更名包括专名的变更、通名的变更以及专名和通名的同时变更。通常所讲的政区更名，主要是指专名的变更。2019 年施行的《行政区划管理条例》规定，我国变更行政区划名称应体现当地历史、文化和自然地理特征。这意味着，在对政区进行命名或更名时，需要充分考虑、挖掘城市的历史文化价值。政区名称不能随意确定，也不能随意变更，它是历史传承保留下来的精神财富。

（二）政区命（更）名对历史文化价值的遮蔽

政区专名是传承历史文化的重要载体，频繁变更会给文化遗产保护带来挑战。以区县重组或合并为代表的市域行政区划调整，在兼并或撤销部分政区的同时，需要对新政区进行命（更）名。在原区域地名的保留问题上，存在一定的竞争或取舍，其文化传承的完整性和标识度也会面临挑战。不当的政区命（更）名，还会影响当地历史文化价值的开发与利用。也就是说，政区命（更）名在历史文化价值的传承方面可能存在遮蔽效应。

首先，多区合并的政区命名使被撤并地区的地名面临消失的风险。北京、天津、广州、深圳、南京、上海等国内大城市，早已通过县（市）改区逐步进入"无县"时代。开展多区合并之后，当地不少历史悠久、地域特色鲜明的老地名，不断被弱化、弃用并消失于人们的视野。这些与当地居民心理紧密相连的传统地名的消失，给居民的文化归属造成了一定的干扰，容易激发群众的逆反心理，不利于当地历史文化价值的传承与利用。

其次，区县重组的政区更名可能会破坏政区文化的完整性和标识度。市域内区域间的微调也可能带来文化传承和融合方面的挑战。比如，2020 年，杭州市政府对部分区划调整进行了专项风险评估，调查发现新的上城区、临平区和余杭区在各自文化传承的完整性和标识度等方面存在一定的困难：①原上城区和江干区合并为新的上城区后，江干区的钱塘江文化和原上城区的南宋文化，面临着如何完整传承的难题；②原余杭区拆分为临平区和新的余杭区后，将原余杭区域西部的良渚遗址和径山禅茶等文化以及东部以博物馆为代表的文化设施进行了割裂和拆分。伴随着区县重组的盛行，城市规模急剧扩张，历史文脉可能相伴而"亡"。区县重组后各辖区内代表性历史文化价值的保留与传承，对行政区划改革提出了更高的要求。

最后，不当的政区命名不利于城市文化的传承和表征。就地名本身的公共性而言，地名会直接影响凝结于其上的历史文化的传承，进而影响当地历史文化价值的开发与利用。以大同市为例,在 2018 年 2 月前,其市辖区分别叫城区、南郊区、矿区和新荣区。不难发现,除新荣区稍微具有文化内涵外,其他区的名称依然延续计划经济的特点,未继承大同市历史文化的特色,被网友戏谑为"全球最奇葩的行政区划",造成市辖区区名与大同市深厚的历史文化完全不匹配(王开泳,2012)。2009 年,大同市政府为改变这一状况,着手市辖区行政区划调整,并在汲取历史上大同最辉煌时代地名的基础上,对城区干道开展命名或更名工作。经过十来年的努力,2018 年 2 月 9 日,国务院批复同意撤销大同市城区、南郊区、矿区,同意设立大同市平城区、云冈区、云州区。新命名的市辖区充分挖掘了城市的历史文化价值,对大同的历史文化进行了一定的表征。

二、名实分离:政区更名的非物质文化遗产开发风险

非物质遗产保护的原真性和完整性深受行政区划调整的影响(龙太江、黄明元,2014;范今朝等,2009)。如果文化遗产名称与其所在辖区的专名不匹配,会对非物质文化遗产的原真性和完整性产生破坏。得益于行政区划调整的旅游开发效应,政区更名常与非物质文化遗产的保护和利用相关联。但在推进行政区划调整的过程中,部分行政区更名导致非物质文化遗产出现了"名实分离"。

(一)遗产的原真性

"原真性"是英语 authenticity 的汉译名,源自希腊语、拉丁语的"权威的"(authoritative)和"起源的"(original)。国内对 authenticity 的译名经历了由"真实性"到"原真性"的转变。作为学术术语,authenticity 常应用于语言学、文学艺术、传播学等领域,并成为遗产保护和旅游社会学的热门研究话题(王晓晓、张朝枝,2007;阮仪三、林林,2003;闫红霞,2013)。"原真性"概念在遗产界最早以定语方式出现于 1964 年《威尼斯宪章》(徐嵩龄,2008),在 1977 年的《实施世界遗产公约操作指南》中作为遗产保护的判断标准之一,而其最详细解释则来自 1994 年的《关于原真性的奈良文献》。"原真性"概念在国际遗产界的演进过程参见表 5.1。

表 5.1　"原真性"概念在国际遗产界的演进

文献名		对原真性的阐述解释
《威尼斯宪章》(1964)		体现和落实于遗产保护实践的操作层面： · 第 5 款强调"不能改变布局和装饰"； · 第 6 款和第 7 款强调"要保护古迹周围环境"； · 第 8 款强调"作为古迹组成部分的雕塑、绘画或装饰品是不可移动的"； · 第 11 款强调，不仅要保护"最早的状态"，而且要保护"所有时期的正当贡献"； · 提出一系列古迹原真性保护的技术举措，它们后来为联合国世界遗产委员会的《实施世界遗产公约操作指南》(1997—2002)所采纳。
《奈良文献》(1994)		较为完整的概念框架： · 将理解与处理"原真性"的基点定位于文化多样性； · 强调"原真性"认证和评价的标准不应固定不变，而应根据不同文化的特征、原始信息的可信度，以及遗产所处的文化环境，进行多学科评价； · 扩展了原真性的信息内容，包括"形态与设计、材料与材质、使用与功能、传统与技术、位置与环境、精神与情感、其他内部因素与外部因素"。
《实施世界遗产公约操作指南》	1997—2002年版	主要采纳《威尼斯宪章》中的"原真性"思想，并归纳为：设计、材料、工艺，环境。
	2005 年版	接纳了《奈良文献》关于原真性概念的全部思想，并作了更准确和细致的表述和拓展： · 文化遗产的价值判断的首要依据是它所隶属的文化； · 对遗产价值的认识取决于"信息源"的可信性与真实性程度，并明确界定了"原真性"的信息源包括"所有的物质型、书面型、口头型和图像型的信息来源"； · 对《奈良文献》中有关"原真性的信息内容"部分做了新的扩充，概括为"形态与设计，材料与材质，使用与功能，传统、技术和管理制度，位置与环境，语言和其他非物质遗产，精神与情感，其他内部因素与外部因素"； · 将另一个重要概念——"完整性"引入遗产保护。它被视为"对自然和文化遗产的整体性与未受破坏状况的测度"，并具体定义为：①包含表达遗产通常的"普世价值"的所有要素；②有着为完整说明遗产意义的特征和过程的恰当面积；③能够承受开发和/或忽视的负面影响； · 将"原真性"与"完整性"一视同仁地应用于文化遗产保护和自然遗产保护。

资料来源：徐嵩龄(2008)。

"原真性"是世界遗产领域主要原则和核心理念的重要组成部分,是世界遗产申报、遗产价值评估、遗产保护和环境整治的重要依据,也是文化遗产认证、评价的标准和文化遗产保护和管理的基本原则。李向明等(2020)结合《奈良文献》,提出文化遗产的"原真性"主要体现在以下 5 个方面:①文化遗产的物质与技术构成,包括设计、材料和工艺;②文化遗产的"环境",包括自然空间的"环境"和文化氛围、传统民居和风俗习惯等文化空间的"环境";③历史变迁过程中文化遗产构成要素的传承和发展;④构成遗产地和遗产自身的相关无形要素的整体性,包括社会、科学、历史和艺术等方面的无形要素;⑤与文化遗产关联性较强的原生性主体等。

遗产地历来深受国际关注,《实施世界遗产公约操作指南》(1988)首次就遗产地问题提出了完整性的要求。此外,《奈良文件》第 13 款在原真性的具体框架下,将"位置与环境"作为遗产"原真性"具体内容之一。不论是物质遗产还是非物质遗产,都源自地方并存在于地方,具有特定渊源的文化遗产亦然。非物质文化遗产与其所在地具有内在联系,一旦脱离本土环境,其真实性就会受到损害。因此,遗产地名的延续关乎非物质文化遗产的原真性保护。当然,这个问题异常复杂。一方面,原真是指初始的、历史首创的,或者恪守了某种传统。另一方面,原真又是指独特的、史上最新的、有创新精神或是有创意的(佐金,2015:3)。不同年代、阶级、背景的人群站在各自不同的角度为其自认为的城市"原真性"发声。特别是近年来,在城市更新这场控制城市场所的争夺赛战场上,"原真性"作为一项文化权利,成为不同利益者强有力的工具(周遵逸,2020)。

(二)政区更名对非物质文化遗产原真性保护的挑战

名称与地域之间存在着对应关系,人们可以通过"名"与"地"的联系望"名"知实、望"名"生义。"以名举实"和"制名指实"等指位的作用是地名的主要功能。在行政区划调整的实践中,部分政区更名后出现了"名实分离"的现象,导致地名的"指位"功能失灵。龙太江和黄明元(2014)指出,政区更名的"名实分离"存在以偏概全、名实错位和政区名称与驻地不一致 3 种情况。

1. 以偏概全。这是指地区用某处风景名胜或自然地理实体来更名,造成政区辖域与地理实体不符,出现"帽"小"头"大或"帽"大"头"小的现象(刘丽丽、徐蕊,2010)。如 1988 年福建省崇安县更名为武夷山市,而作为实体的"武夷山"纵贯闽、赣两省边界,作为政区地名的"武夷山"却只是县级政区,出现了"帽"小"头"大的现象。再如,1987 年安徽省撤销徽州地区、屯溪市和县级黄山市,成立地级黄山市。改名后作为政区地名的"黄山"辖 3 区 4 县,让点状的"黄山"景观代表面状的黄山市地级政区,地名跨度过大,超出了人们对黄山的地名约定范围,出现"帽"大"头"小的现象,造成"黄山"成了一顶金帽子,"皖南处处皆黄山"(范今朝等,2009)。

2. 名实错位。这是指政区更名后出现政区范围和界线未包含地理实体的现象。以江苏省为例,2000 年苏州将郊区更名为虎丘区,而实体"虎丘山"却属于姑苏区,造成虎丘山风景区不在虎丘区辖区范围内的现象。此外,苏州还存在不少行政区划名实错位的地方:枫桥景区不在枫桥街道,金门、阊门不在金阊区,彩香一村不属于彩香街道等。同年,锡山市被撤销,成立锡山区和惠山区,而地理实体锡山和惠山却都在无锡市北塘区境内(范今朝等,2009;范今朝,2011:242-250)

3. 政区名称与驻地不一致。在行政区划调整的实践中,还存在以非驻地名称进行行政区更名的现象。例如 2001 年地级淮阴市更名为淮安市,原淮阴市的县级淮安市改为淮安市楚州区,原淮阴县更名为淮阴区。淮安原是地级淮阴市下属的一个县级市的专名,是淮阴市历史文化名城核心区,有周恩来故居、"下草湾文化"和"青莲岗文化"遗址等。2001 年的行政区划调整后,新淮安、楚州区和淮阴区的政府驻所都留在原地。也就是说,新淮安市政府驻地不在原"淮安"的地理范围内,现"淮阴"仅为新淮安的一个辖区名称,而原享有历史盛名的"淮安"则更名为"楚州区"。这样一改,淮安市及其几个辖区的名、城全部错位。县级市专名"淮安"取代地级市专名"淮阴"后,外地人去淮安市旅游却发现找不到周恩来故居(刘丽丽、徐蕊,2010)。2012 年,楚州区重新更名为淮安区。此外,原淮阴的命名是因为地级市淮阴城坐落于淮河之南,用淮阴来命名具有清晰的指位性功能。

除上述 3 种情况外,遗产的政区附着性与地名的派生性也会导致政区出现"名实分离"。地名的派生性使得附着在政区内的诸多遗产资源失真或被分割到不同区域,政区一旦更名或消失,冠以政区名称的遗产资源的原真性将受损害。如六安瓜片、南丰蜜橘、西湖龙井等这些冠有地标的遗产资源,如若对其冠名地的专名进行变更或替换,将会淡化或模糊这些区域地标资源所指向的核心产区,对遗产的真实性产生不良影响,进而导致这些区域品牌的名誉和质量受到质疑。

值得一提的是,倘若一个地区自然遗产比较出名但尚未形成足够的路径依赖,出于行政管理的便利或区域协调发展的需要,可以对其部分区域进行整合或调整。这种情况下的调整,可以起到保护和利用遗产的作用。在地域重组时,行政区划调整会形成新的政区权力结构,对区域经济、社会和文化产生广泛影响。所以,行政区划的调整应控制在一定的范围内,并充分考虑地方文化特性的维系和文化遗产的保护。

三、文化脱序:城市新居民的社会融入"内卷化"

伴随城镇化进程,城市更新和边界拓展吸引了大量人力资源,同时也带来了新居民市民化和社会融入的问题。农民的市民化问题,已得到了不少学者的关注。它不仅是指农民在经济和行政属性上的"身份进城",还应包括交往方式、身份认同、市民精神和角色认同等社会文化属性上的"文化进城"(郑杭生,2005;李江涛、汪大海,2021)。换而言之,以进城农民和外来人员为代表的新居民市民化缓慢的关键是存在"文化堕距"。

(一)城市发展中的身份认同与社会融入

1. 身份认同

身份认同,是指个人在特定的社会文化语境中,逐步确定自己在这一秩序中的角色,从而形成完整的自我认知与自我定义。身份是个人定义"我是谁"的方式,而认同则需在文化符号和隐喻的共同作用下进行建构(朱竑等,2012)。身份和地方密切相关,二者分别在原初、制度化、隐喻(想象)三个维度上对地方认同产生影响,而地方认同则反过来对身份和地方进行选择(见图5.1)。

在社会交往中,个人往往被鲜明地贴上地域标签。比如,人们经常问的"你是哪里人",就属于典型的区域来源问题。同样,这个问题也占据着个体身份认同的核心地位。作为社会角色自我感知的一部分,地方通过意义建构来促进个人或群体的文化与身份认同。通常来讲,来自同一地域的居民,对当地的风俗习惯、文化传统和价值理念呈现出较为明显的认同。这种认同会逐渐影响该地居民固有的思维习惯和行为方式,使个体行为、文化和价值观等融入本区域群体。在城市空间的发展变迁中,充满了地方意义与身份认同之间的相互关系。在任何城市空间内部,都存在基于地方意义的身份认同。

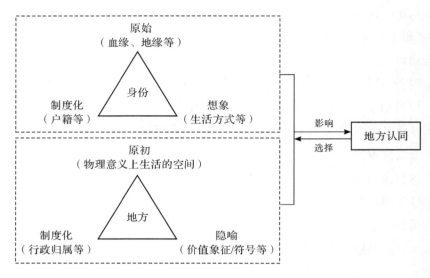

图 5.1　地方认同的概念分析

资料来源:马凌等(2019).

在快速城镇化的背景下,市域行政区划调整改变了原有社会秩序和公共空间,形成了介于城与乡之间的异质空间。在这些异质空间中,生活着大量的"农转非"和"外来人员"。在政府的主导下,城市地域蔓延式拓展,城市空间被不同的社会团体所占据、重构或放弃,城市空间的地方意义与地方认同不断地碰撞与融合(Dowling,2009;朱竑等,2012)。然而,行政区划改革使得部分管理领域产生了介于城乡之间的"真空"状况,如城乡医保问题、教育资源分配问题、公共产品同城化问题、交通管制政策等。由于这些"真空"管理领域的存在,"农转非"人员、外来人员等并未感受到实际福利的增加,或并未获得他们期望的城市福利。基于政策导向的"新居民"群体对自己是"城市人"的身份认同感不强。虽然新居民的行政归属和身份发生了变化,但他们坚持原有身份的认同,对新的身份转换和认同存在焦虑感。事实上,从"农转非""外来人员"到"新居民",改变的不仅是身份和生活方式,更是价值认同、文化心理。

在某种程度上,城市的开发削弱了区域新居民的地方感和身份认同。一方面,"农转非"居民在身份上未能与城市市民、城市文化真正融合,"本地人"的文化身份并未随着户籍改变而同步转换。农民对于土地和自身农民身份的认同根深蒂固,农民和市民之间的符号边界与社会距离仍不同程度地存在(马凌等,2019)。城中村的"农转非"居民既拥有无需劳动也能衣食无忧的"坐地收租"自豪感与优越感,又有因在养老、医疗等方面与"真正的"城里人相比被区别化对待而产生的自卑感,其归属感飘摇不定。另一方面,新城新区开发涌入大量"外来人员",改变了当地人口结构,削弱了居民的身份认同。开发区往往建在城市的近郊,因而伴随着大量的农村居民点的拆迁、农地的开发、基础设施的新建、外来劳动力的涌入以及随之而来的环境污染,当地人口结构发生巨变,农村景观转变为工业和城镇景观,削弱了居民的总体地方感和身份认同。

2. 社会融入

不同的学者从不同的角度对社会融入进行定义。法国学者在研究贫困群体社会融入问题时,首次使用社会排斥概念。欧盟在相关报告中从社会公平、社会参与等视角对社会融入进行了界定。吉登斯(2000:107)从权利平等的包容性角度提出,全体成员有权参与社会公共空间和事务,社会成员之间在政治、民事等方面拥有同等的权利和相应义务。Parsons(1999)则认为,融入不是让个人去适应已经存在的补缺性或支持性的制度安排,而是要确保制度安排能够满足所有人的合法参与需求和希望从国家制度安排中受益的愿望。从广义角度来看,社会融入可以被理解为,某一群体或个体对新的生产、生活、行为、规范、习俗和文化等进行的调适过程及结果。与社会融入相对的社会排斥,则是指个体或群体由于条件、状况、地位的恶化,被排斥于正常的社会、经济、政治和文化生活之外,社会关系发生断裂,社会网络被分割或萎缩。

在社会融入问题上,最具代表性的群体为失地农民。伴随着城镇化建设和大规模城市开发,原依附于土地生产、生活、就业的农民,需要对城镇新环境的生活方式、行为规范、文化习俗和价值观念进行重新适应。这一适应和调适的过程及其结果,就是失地农民的社会融入。相较于其他群体,失地农民更具有脆弱性、敏感性和抗争性的特征。因此,失地农民的社会融入具有被动性、能动性、持续性、交互性以及社会性等特点。在快速城镇化过程中,由于缺乏必要的物质生活基础和就业岗位,大量的农业人口未融入城市生活,"城中村"居民的社会生活逐渐被边缘化。在后续的城市更新过程中,原

"城中村"居民会遭受来自劳动力市场、公共服务、文化心理和社会关系等方面的排斥(邵任薇,2014)。失地农民告别农业生存方式进入现代城市生活而引起的适应问题,从根本上来说就是一种文化的适应(叶继红,2010)。这些"农转居"人员丧失土地无法回到农民生活,却又不能享受完全的市民资格,逐渐成为特殊的群体,容易对主流社会产生"心理排斥"。这对"城中村"居民的文化认同和归属感构建十分不利。

(二)再领域化的新居民社会融入

地方不仅为人们生活提供了空间,还沉淀和汇集了人们的价值观念和生活经验。生活于同一地方的群体,长期相互作用,会产生一种特殊的人地关系。也就是说,人们对地方产生情感依附与认同,地方成为情感的空间化。当政府对某一空间进行规划、建构和赋权之时便有了领域化。领域化产生行政区划、学位片区、经济特区等,而行政区划的调整又带来了地方的再领域化。因此,空间、领域、人与地之间便联系起来,产生了地方融入的问题(见图5.2)。从特定角度来看,城市再领域化过程中的居民社会融入,实质是人地关系的重构。陈浩然等(2020)通过对广州市县(市)改区的研究,发现当地居民从旧领域的多数群体转变为新领域的少数群体,促使当地居民采取排他策略,并由此形成了新领域的抵抗空间。受水平方向上外显式的跨边界流动以及垂直方向上内敛式的跨阶层流动的影响,当地居民、旧领域和新领域之间的人地关系发生了重构(见图5.3)。在通常情况下,人一旦流动到新的地方就会进行社会身份的重构。除非能够形成规模效应,否则迁入移民很可能沦为新地方的弱势群体。因为本土居民会通过建构特定话语来实现对本土空间的垄断,进而达到对外来群体的排斥,以维护自身在空间中的权威。外来人员与本土人员的这种矛盾,外显为再领域化空间中不同群体的文化矛盾与冲突。简而言之,人的垂直流动是地方融入的过程,重点关注的是情感归属上的外来移民的地方融入问题,而地的垂直流动则是一种再领域化的过程,关注的往往是权力运作上的本地居民的再领域化融入问题。也就是说,人的垂直流动和地的垂直流动,都使"人"具有新的身份,共同塑造了"新居民"社会融入的问题。

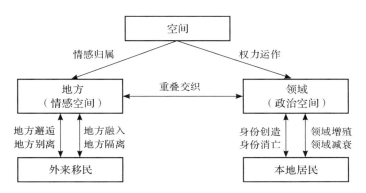

图 5.2　空间、领域、地方与人的关系

资料来源:陈浩然等(2020)。

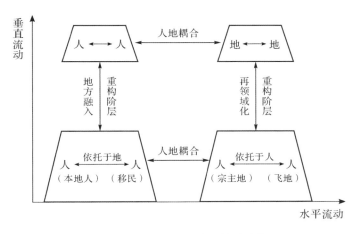

图 5.3　流动性下的人地关系重构

资料来源:陈浩然(2020)。

　　总体上,我国新居民的社会融入进程滞后于城市的再领域化过程。行政区划改革通过对城市权力体系重构实现了地的垂直流动,实现了对城市空间的再领域化。以县改区和县改市为代表的城市垂直流动,带来了城市“新增空间”的扩大,改变了县城本地居民的身份以及他们与县城、新城之间的关系,也带来了诸多新问题。第一,城镇新增空间将大规模的农村卷入城镇化进程,城镇新增空间成为各种矛盾和冲突的高发地区;第二,由于相关配套设施不齐全和公共服务不完善,城市新增空间入住率在一段时间中总体偏低;

第三,城镇新增空间的楼盘总体质量较差、物业管理水平相对较低以及居民文明程度参差不齐,阻碍新市民更好地融入新城区。这些再领域化的社会融入问题,归根到底还是由文化理念、文化价值的冲突以及城乡公共服务和社交方式差异造成的。

(三)"上楼农民"文化"进城"的滞后

学者一般采用过渡型社区、边缘社区、村改居社区、农民安置房社区和新型农村社区等概念,来探讨市域行政区划调整过程中因农民"上楼"集中居住而形成的"涉农社区"。以"县(市)改区""县改市"为代表的行政区划调整,为我国城市的开发与建设带来了大量的"城中村""城乡接合部",涌现了大批"涉农社区"。对城市空间进行重塑与开发时,不能忽视因失去土地而"上楼"居住农民的"市民化"问题。"上楼农民"市民化的突出问题是失地农民的社会融入。社会融入是保障失地农民获取生活必要资源和经济机会的重要过程。然而,在失地农民市民化过程中,地方政府行为表现出了明显的悖论:一方面,地方政府将征地所得收益大量用于新土地开发和城市建设,而失地农民急需的社会保障等基本公共服务却被忽视;另一方面,政府或开发商能够一次性给予被征地农民现金作为补偿,却没有足够资金来解决失地农民的养老保险、再就业以及后续安置等问题(杨磊,2016)。

有关失地农民社会融入的研究成果十分丰富,许多学者从不同的角度进行了探讨。王娟(2017)从四个方面对当前失地农民社会融入困境进行概括:第一,征地后的总体规划缺失失地农民的政治参与;第二,固有的制度阻碍失地农民享受与市民同等的基本公共服务;第三,征地补偿标准和分配机制均缺乏法律依据;第四,失地农民的就业和社会保障存在困难。杨磊(2016)认为,失地农民的土地利益遭受侵害、失地农民缺乏融入城市的社会资本、农民身份的制度性歧视以及失地农民的后续安置不合理,是我国尚未成功地促进失地农民市民化的主要原因。唐云锋等(2019)则基于"场域—惯习"视角,提出影响失地农民城市融入困难的主要原因为交往场域缺失、文化场域融合困难以及参与场域行为障碍所导致的失地农民社区归属感不强。

当前研究普遍认为失地农民的市民化是沿着"迁移—适应—融入"的线性轨迹发展。大多数学者认为只要未预设障碍以及边界保持开放,随着时间的推移,作为整体的失地农民最后能打破制度壁垒与阶层壁垒,重塑新城镇化社会结构,顺利完成"再社会化"。然而,农民对于自身身份和农民群体的认同根深蒂固,城乡文化在"理性—感性""流动—稳定""陌生—熟悉""异质性—同质性""多元化—单一化"等特性上完全不同(李倩,2014)。因而,失地农民的社会融入既需要传统性的解构,又需要现代性的重构。在实践中,失地农民的社会融入不一定遵循经典理论预设的线性轨道演绎,可能沿着"缓冲适应—快速融入—融入转折(路径异化)—融入内卷化"的轨迹进行(江维国、李立清,2018)。也就是说,以失地农民为代表的"上楼农民"的社会融入发生了内卷。此外,在"上楼农民"的社会融入问题上,还应注意以下两个问题。

1. "上楼农民"社会融入的心理阻碍问题日益凸显

快速城镇化的显著特征是农业用地被征用为城市发展用地,大量的农民失去土地。土地征收给农民带来了重要影响,降低了失地农民的健康水平(秦立建等,2012),瓦解、断裂了失地农民原有生活的场域和社会秩序。"上楼农民"群体以城郊地区的失地农民为主,虽然处于城市辐射范围之内,但是在市民化过程中并未表现出城市融入的优势。由于各种因素的影响,"上楼农民"社会融入的心理障碍问题反而日益凸显。

失地农民社会融入的心理障碍主要表现为公平感、满足感和归属感的缺乏。唐云锋、解晓燕(2018)运用扎根理论的方法,对杭州市两个失地农民安置社区 40 位失地农民进行深度访谈,发现城郊失地农民在城市融入过程中存在着相对剥夺感、自我满足感不足、安全感不足、归属感不足等心理问题(见图 5.4)。第一,土地收益分配权受损、社会保障不力和政治参与受阻,导致城郊失地农民产生了相对剥夺感;第二,就业困难以及原有价值观念和行为习惯不适应新环境,造成城郊失地农民自我满足感不足;第三,城市生活的高消费与低收入的矛盾、城乡文化的差异、就业的歧视和不公正待遇,使城郊失地农民的安全感不足;第四,政治权利受损、社会责任意识淡薄、价值观念差距大,制约了失地农民对城市的认同与归属感。

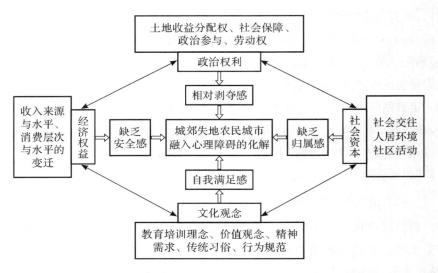

图 5.4　城郊失地农民城市融入心理障碍化解的结构模型

资料来源:唐云锋、解晓燕(2018)。

2. 城市文化的"脱序"是阻碍"上楼农民"市民化的关键因素

乡村生活习惯的延续,导致"上楼农民"城市文化的脱序。不少农民虽然早已搬进新社区,但在小区里种地养鸡、占用消防通道堆放杂物、红白喜事在小区搭建大棚等行为屡见不鲜,大部分"上楼农民"依然延续乡村生活习惯和生活方式。以"撤乡并街、撤村建居"改造为背景的"涉农社区"为例,农民在搬入城市社区并居住很长一段时间后,很大程度上仍然保留着农村的生活方式和生活习惯,对农村管理体制和乡村治理模式具有较强的路径依赖。县(市)改区的调整也不容乐观,以长沙望城的县改区为例,居住于社区的新市民存在融城困难问题:大量农村住户在小区内养家禽,甚至还有人养烈性犬;在小区内私自打井,在绿化带种植蔬菜瓜果;逢年过节时,甚至有居民在楼道里熏腊肉(吴晓林、李咏梅,2016)。乡村的生活习惯并不会因为县改区而自动消失,"上楼农民"城市文化的滞后严重影响其市民化进程。常以庆典性和公共性等形式呈现的乡村文化,主要建立在地缘和血缘的基础上,寄托着农民的精神追求。短期内"涉农社区"的居民依然延续农村熟人社会的交往方式,难以建立起以对外开放和异质化为特征的城市社会关系网络。

"上楼农民"城市文化的"脱序",在很大程度上影响了其市民化进程。按照相关政策,失地农民一般被集中安置于城市的回迁小区,与城市居民共同组成了新的生活社区。另外,也存在分散回迁安置失地农民的做法。分散回迁的政策虽然打破了之前基于血缘、地缘而居村落的物理边界,但是以村落为边界的文化场域和交往场域并未消失,分散居住的失地农民依然以原村落的场域作为身份认同的边界,出现"农民上楼""农民进城"速度加快而农民"文化进城"缓慢的矛盾。一方面,"上楼农民"城市融入的本质是一种文化的适应,但其乡土文化根深蒂固;另一方面,在城乡二元管理体制下,"涉农社区"居民内部之间的利益和文化心理处于一种隔离状态(范晓光、金卉,2009)。这就造成了"涉农社区"有机体的文化紊乱。

简而言之,新居民市民化的"内卷"受多种因素影响,既有来自城乡文化的冲突,也有地方认同感缺失和社会保障制度不健全的影响,而乡土文化的黏性以及城市文化适应的滞后,是阻碍"上楼农民"市民化的关键。

第三节　市域行政区划改革文化风险的防范策略

在一定的条件下,文化差异可能转化为文化疏离,进而降低人们之间的信任水平。相反,文化相同或相似的地区,人群之间相对容易建立信任关系。文化差异和不信任,可能会对经济发展和生产要素的自由流动产生阻碍。以"县(市)改区""县改市"为代表的行政区划调整,快速推进了中国的城镇化进程,制造了大量的"混合社区",部分历史文化建筑或街区被拆除,村落文化被裹挟着进入现代化时空,与城市文化短兵相接于城郊。城乡的文化记忆和文化特色遭到破坏之后,村落文化与城市文化双向演进于不断扩增的城市边缘空间,给遗产资源保护和"上楼农民"的城市文化融入带来了挑战。如何在市域行政区划改革的背景下,预防由城市扩张带来的文化风险是行政区划调整和城市管理实践亟须思考的问题。各级政府在推进行政区划改革时,应当将防范各类文化风险摆在更加重要的位置上。

一、规范地名变更,充分挖掘政区历史文化价值

地名既是地域文化的载体,也是引导城市经营和基层社会治理的重要工具。党的十八大以来,以习近平同志为核心的党中央高度重视地名管理工

作,在 2014—2018 年启动并完成了第二次全国地名普查。2017 年 1 月,中共中央办公厅、国务院办公厅印发《关于实施中华优秀传统文化传承发展工程的意见》,对保护和传承历史文化遗产作出要求,提出要"推进地名文化遗产保护",以及"加强历史文化名城名镇名村、历史文化街区、名人故居保护和城市特色风貌管理"。

然而,在地名文化遗产保护工作的推进上,我国的地名管理还存在以下突出问题:第一,管理体制不畅。根据《地名管理条例》,我国地名管理的中央机构为"中国地名委员会",地方管理机构则是各级地名委员会。1993 年 7 月 9 日,国务院办公厅发布《关于部分已撤销的国务院非常设机构其原工作移交有关部门承担问题的通知》,确定"中国地名委员会"撤销后的工作由民政部承担。但是在具体实践中,地名行政主管部门和各专业主管部门的分工还不甚明确,地名管理工作缺乏顺畅的协调机制。第二,相关法律法规不完善。我国地名管理的最高法律依据是 1986 年颁布实施的《地名管理条例》。该行政法规只有 13 条内容,在操作性、监督条款和责任条款方面存在明显不足,且实施至今 30 多年都未进行修改。虽然民政部于 1996 年制定了具有 37 条内容的《地名管理条例实施细则》,并相继与相关部门联合发布了《关于进一步加强地名管理工作的通知》《关于开展城市地名规划工作的通知》等规范性文件,但是受法律位阶的限制,在规范地名的管理方面依然不能提供充足的法律规范依据,难以满足地名管理的发展需求(章志远,2016;熊樟林,2020)。第三,决策程序中地方参与不足。地名具有指位性和公共性,地名的变更属于地方重大事项,对当地居民的切身利益具有较大影响。虽然《地名管理条例》要求地名变更须征得当地群众同意,但地名变更程序坚持"各级决定行政区划调整及更名"的原则,坚持行政部门的主导,地方人大和公众几乎被排斥在地名变更决策程序之外,地名变更存在任性运行的潜在风险(章志远,2016)。

为保护地名文化遗产,充分挖掘政区的历史文化价值,防范政区更名的文化风险,需要政府从地名管理的地名规划、管理体制、法律法规、程序机制和技术标准等方面进一步努力。

①做好地名规划工作。科学、合理的政区命名需要提前制定规划。地名规划是引导城市经营的重要工具,是文化和技术集成的复合工作,反映了地方的基层治理能力和水平。在制定地名规划时,应注意以下几方面:一是非

必要坚决不进行地名变更。对能通过其他办法解决的、可改可不改、一时拿不准的等情况,都先不进行地名变更,非改不可的要在现行法律法规范围内开展变更工作;二是充分挖掘地方历史文化资源,鼓励地方根据实际情况制定地名文化的保护规划;三是将地名规划与当地建设规划紧密结合。根据地方建设规划布局、历史文化遗迹和各类设施的布局与规模等情况来确定地名规划的方向,发挥地名规划在地方建设中的积极作用;四是在新一轮地名规划工作中协调好地名的稳定性、继承性和创新性。规划中的新地名要尊重历史和习惯,采取继承与创新并举的措施,选取合适的词语。

②理顺地名管理体制。基于"中国地名委员会"被撤、各地方地名委员会运行不畅的现状,应尽快完善管理体制,强化组织建设,建立健全地名管理工作的协调机制。由于地名变更不单涉及民政事宜,还与城乡规划、交通、水利、住房、旅游等部门相关,因而地名管理体制的完善,可以从建立民政部门与相关部门的协调机制入手。比如,由各地的民政部门牵头,集结文旅、交通、规划、测绘和国土等有关部门,成立地名文化领导小组,负责本辖区地名文化遗产保护的综合协调和常态化管理。在领导小组的人员配备方面,组长可由本级分管民政工作的领导兼任,副组长成员由民政、文旅、交通、规划、测绘和国土等部门领导兼任,具体办事则以民政部门地名管理的工作人员为主。此外,还要注意整合线性和块状地名文化遗产保护的工作,打破行政区划壁垒,推进跨区域协作,防止按照政区进行人为割裂式的地名保护与开发。

③完善地名变更的法律法规。化解行政区划调整过程中的地名变更乱象,保护区域地名文化遗产,最终还需回归到地名变更的法治轨道。一方面,更新地名立法理念,将地名立法理念从"重审批、轻规划与监管""重管理轻服务"转变为"规划、审批与监管并重""管理与服务并重"(章志远,2016),并确立"政府主导与社会协同结合"的基本理念。另一方面,完善相关法律法规,建立地名变更的原则规制和事由限定机制。将《地名管理条例》频繁出现的"保持地名相对稳定""尊重当地地名的历史和现状""可改可不改的不得更名"等原则性规定,进一步提炼为"以维护地名稳定为原则、以变更地名为例外"的基本原则。在"地名变更为例外"原则的指引下,可以考虑将地名变更事由限定在以下三个方面:一是出现法律明确禁止地名重名的情形;二是现有地名存在损害国家主权、民族尊严和公共利益等违反法律强制性规定的情形;三是现有地名容易引起社会不良反应的情形(章志远,2016)。地名的变

更应遵循"地名确定后无特殊理由不得更名"的强制性规定,避免频繁启动地名变更申请程序,以保持地名的相对稳定性,促进地名历史文化遗产的传承。

④健全地名变更的程序机制。章志远(2016)提出可以从公众参与论证机制和地名变更专家决策咨询系统两个方面,化解地名变更决策程序的公众参与不足问题。一是建立"有序"和"有效"的地名变更公众参与论证机制。在地名变更之前,建立民意调查、公众意见征集、座谈会、论证会、协商会和听证会等多种形式的公众参与机制,广泛征询和听取民意,并注意参与群体的广泛性和代表性,以及参与群体意见的采纳程度和反馈机制,切实解决好"有序"和"有效"上的参与问题。二是建立"独立"和"专业"的地名变更专家决策咨询系统。建立不同专业的地名更名专家库,发挥专家、研究机构和社会的力量,吸收不同专业的专家参与更名决策过程,并围绕"独立"和"专业"的维度,设计专家咨询论证机制,进而保障地名变更程序的科学性。

⑤提高地名变更标准的技术水平。标准化、规范化地进行政区地名管理,才能更好地服务社会,减少因地名管理不善带来的麻烦。行政区划名称的命名和变更需要慎之又慎,既要建立相应的技术规范,推进地名文化遗产保护工作的科学化,还要符合地方社会习俗,体现区域的文化内涵。因区划重组或新析出政区而确实需要更(命)名的,要建立地名变更的技术规范,遵循地名更名经验中的禁止性原则和建议性原则。可以从汉语表达习惯、地名通用技术规范和地方习俗三个方面对地名标准进行技术规范。

整合《地名管理条例》和地名变更的历史经验,地名变更的禁止性原则可以概括为:一是在全国范围内,县市及以上行政区不能出现同名或同音,省域内要避免形似或音近的名字。若因历史原因出现县市重名的,在后续区划变更中,必须按照相应程序对其中一个进行更名。二是跨政区的山脉、河流、湖泊等自然地理实体名称,不宜作为某一政区的专名,禁用与本地无关的异地地名。三是从当地的历史和现状出发,保持地名的相对稳定,尊重历史地名和历史时期的政区通名。四是禁用境外乡镇专名、有损领土主权完整和民族团结的地名、侮辱劳动人民和极端庸俗的地名,以及违背国家方针和政策的地名。

因区划调整而新成立市的命名,可以参考以下建议:一是县(市)改区的调整最好不更改专名,原则上使用原驻地名称以保护地名文化遗产。因区县重组而新组建的市,则尽量不以驻地专名为新市名。二是尽量不改较早、沿用较久的历史地名,以保护优秀历史文化。三是选用历史政区地名作为新市地名,应尽量考虑与地域范围的吻合情况。四是不应出现单名市,不要叠加政区通名,或将通名专名化。

二、重塑城市观念,着力推动城乡文化和谐交融

短短几十年来,随着我国城市开发和市域行政区划改革的推进,城郊接合部诞生了不少"涉农社区"。居住于"涉农社区"的居民大部分为失地农民。受乡土文化的影响,他们虽已成为社区居民多年,但表现出的行为与城市文化不太一致。

造成"涉农社区"居民行为失范的关键因素是城市文化的脱序。一方面,进入社区的农民深受乡土文化影响。"上楼农民"从村庄进入城市社区,受原村落的乡土文化系统与城市新型社区文化约束,容易出现文化断层、文化混沌的"脱序"现象(吴业苗,2013),导致"涉农社区"成员出现诸如在社区道路旁和花坛边种菜等失范行为。另一方面,规范"涉农社区"的价值理念存在偏差。不少"涉农社区"的规范仅重视日常的稳定工作,忽视"上楼农民"群体的特殊性。例如有些社区的管理规范叫"村规民约",且大量篇幅用在社会治安、消防安全、民风民俗、邻里关系、婚姻家庭等方面,对"涉农社区"建设与管理的现代理念缺少重视,致使社区成员仍把自己视为农民,完全没有意识到要与现代城市生活理念接轨。"涉农社区"成员应该有"城市性"的心理状态、生活方式和市民人格(帕克等,1987:273),而不应该只是一群受政策影响而集中"上楼"的农民。

为解决"农民上楼"和"农民进城"速度加快与农民文化属性短期难以转变的矛盾,政府和社区应在农民"文化进城"的问题上发挥好引导作用。

第一,转变"上楼农民"的文化理念。政府和社区应当承担"上楼农民"文化理念转变的引导者责任。政府需要借助"涉农社区"平台本身的作用,通过组织形式多样的社区活动,提高社区对农民的城市文化渗透。在"上楼农民"城市文化知识的教育上,要注意结合农民群体特点和个人发展意愿,注重与失地农民进行有关城市生活的交流,以便了解其城市适应情况,进而转变"上楼农民"对本土市民群体的偏见。在新的小区,政府和社区可以定期邀请学者和社会工作者开展城市文化周末讲堂、精神文明建设巡演和心理健康咨询等活动,提高"上楼农民"对城市文化的认识。这些活动的开展,可以帮助"上

楼农民"逐渐形成市民思维,强化其城市文化理念,进而逐步消除其对城市生活的排斥感。

第二,培育"上楼农民"的公共精神。"涉农社区"的社会治理依然带有精英治理的路径依赖。受城市开发和新型城镇化的影响,我国不少"涉农社区"出现居住群体结构倒挂现象,不少本地乡贤或精英存在户籍地与居住地的分离,导致"涉农社区"的公共性衰落甚至瓦解(张霁雪,2014)。因此,需要政府和社区通过定期开展讲座或组织开展社区会议等形式,对"上楼农民"进行公共意识和公共伦理教育,帮助"上楼农民"了解和熟悉城市社区的规章制度,明晰个人和社区的产权边界,明确个人的权利以及对社区应该承担的公共义务,增强其对社区事务的参与热情,进而提高其群体意识和责任意识。

第三,合理利用乡土文化的治理功能。"涉农社区"在文化转型、革故鼎新之际,应充分发挥原乡土礼俗文化与情感资源的治理功能,塑造新的"家园"认同,使社区成员逐渐共治、共享和安居乐业,从而推进社区文化的再生产,进一步完善"涉农社区"的公共生活体系。在"涉农社区"良好生活秩序的构建中,传统礼俗有较强的约束和引导作用,既要培育民间组织的公共性,引导社区成员参与社区公序良俗的建构,又要尊重群众生活的自主性,减少对居民习俗、仪式等的直接干预。通过在"涉农社区"适当营造村落习俗的空间与场景,如在"涉农社区"成立红白理事会,并加大对城市婚丧礼仪的宣传教育,充分发挥乡土文化在新社区中的凝聚作用,在"留住乡愁"的同时,体现新的公序良俗,"共建、共治、共享"新的社区生活秩序。

三、构建交流平台,推进混合社区文化重构

伴随我国城市开发和市域行政区划改革,一种失地农民、外来人员和本土市民共同居住的"混合社区"形成了。由于城乡和地域之间存在文化场域差异,虽然农民实现了"上楼"、外来人员取得了本地居民身份,但其内化的记忆与习惯还停留于以前的文化场域,造成部分非本土居民难以有效融入城市的社区文化,"混合社区"出现了一定程度的生活失序。倘若不提供一个新的文化场域给非本土居民,就会阻碍他们的城市融入进程,并割裂其社区归属,进而影响其市民化进程。所以,在行政区划改革和大规模城市开发之后,要破除"混合社区"市民化进程缓慢的难题,就必须构建居民身份认同的文化场域,完善社区公共文化服务,促进农村文化和城市文化的融合,培养适应"混

合社区"的文化新形态。

构建"混合社区"身份认同的文化场域，可以从以下三个方面入手。

首先，完善社区公共文化服务，组织开展多元文体活动。具有开放性和包容性的公共文化生活，是居民社会融合最合适的营造载体，可以扩大社区成员间的交往，为不同群体提供社区凝聚力量。"混合社区"居委会应鼓励支持非本土居民建立兴趣小组，不定期开展以小区广场、公园等为主的室外活动或大型文体活动。在传统节假日或特殊纪念日，居委会可以组织开展节日庆典，多设置老少皆宜、人人能参与的活动，才艺表演则可以邀请社区成员自愿展示。社区居委会还可定期组织广场舞、打腰鼓、下棋牌、书友会、读书沙龙等大众文娱活动，增加社区成员的情感交流，提高非本土居民对新环境的认同，从而促进非本土居民的精神文化建设。也就是说，通过完善社区公共文化服务，来提高非本土居民的自我身份认同，进而引导其市民化生活秩序的转型。

其次，构建以趣缘、业缘和新老市民等关系为主的交往场域，在增强社区居民归属感的同时，帮助他们适应城市的社区文化。"混合社区"可以通过成立互助互惠小组、志愿服务队以及开展新老居民"结对子"和技能培训等形式，在重构社区成员交往领域以及优化"上楼农民"交往网络的同时，推进"上楼农民"新生活方式的形成（叶继红，2010），帮助他们逐渐建立正确的市民价值观。通过社区搭建新老市民对接交流平台，鼓励理念先进、思想活跃的非本土居民通过现身说法，带领引导被动融入的那批居民，逐步实现"混合社区"的安置农民和外来人员对市民身份和城市社区文化的认同。

最后，建立社会融入的社区支持系统，帮助"上楼农民"和外来人员适应城市社区文化。帮助非本土居民获得情感交流、心理认同的最理想平台，是其所在的社区。社区支持系统的构建能够为他们提供兜底式的支撑，帮助他们顺利实现城市生活的融入。一方面，政府在"混合社区"基础设施的规划上，要注重文化广场、休闲亭阁、运动场所和图书馆的布局，满足非本土居民对社会交往空间的需求和提高精神文化层次的追求。另一方面，在党建引领下，利用社区宣传栏等途径，传递城市文化理念，扶持、指导社会融入互助小组的成立，利用中青年在社会融入方面的优势，帮助和带动老年非本土居民顺利融入城市社区文化。

第六章　市域行政区划改革的生态风险及防范

生态环境与国家政治经济制度密切相关（Hu et al.，2021）。作为国家一项重要的政治经济制度变革，市域行政区划改革将直接或间接影响区域生态环境（Burgess et al.，2012）。《行政区划管理条例实施办法》第九条指出，地方政府向上级政府提交的风险评估报告需考虑行政区划变更对一定区域范围内资源环境的影响，这折射出国家对行政区划改革生态风险的关切。生态风险的形成过程与人类经济社会活动密切相关，而市域行政区划改革会重塑区域内的制度结构，从而影响人们的经济社会行为。本章首先介绍市域行政区划改革中生态风险的类型表征、形成机制与经验案例。其次通过构建中国县域面板数据，实证检验撤县设市对区域空气污染的影响，为生态风险的防范提供学理性依据。最后，从政策、评估、激励等角度，提出防范行政区划改革生态风险的几点建议。

第一节　市域行政区划改革的生态风险

所谓市域行政区划改革的生态风险，是指因市域行政区划改革直接或间接引发的生态环境方面的负面影响。这与通常意义的生态风险具有相当多的共同之处。本节首先介绍生态风险的类型表征，勾勒生态风险的基本形式；其次分析生态风险的形成机制，梳理生态风险爆发的潜在诱因；最后介绍生态风险的现实案例，丰富对生态风险的经验感知。

一、生态风险的类型表征

生态风险指的是某事件或灾害可能对生态系统及其组成部分产生不确

定性的影响,特指对非人类的生物体、种群和生态系统造成的风险(刘晨宇等,2020),或指生态系统及其组成部分受到外界压力而产生不利生态影响的可能性(Ve & Calow,2013),核心都在于对生态环境潜在的、不确定的负面影响。从过程视角看,生态风险包含风险源(source)—传导途径(pathway)—受体(receptors)三者之间的关系。例如暴雨(风险源)引起水位上涨,出现溃坝、洪水等灾害(传导途径),淹没基础设施、造成人员伤亡(受体)(Breitenstein et al.,2021)。生态风险的现有研究主要从风险源与景观格局入手(彭建等,2015),基本范式为概率与损失的综合表征(曹祺文等,2018)。风险源的研究倾向关注具体的风险源在哪儿,往往从宏观和微观两个角度分析。景观格局的研究则引入空间角度分析区域生态风险,从整体结构与动态过程关注具体流域、行政区、城市地域等。在分析市域行政区划改革的生态风险时,需要首先识别潜在的风险源,然后从整体结构上评估潜在的生态风险。

整体而言,风险源可以分为两类:一类以重金属、有机物等污染物中的一种或多种为风险源,另一类是宏观层面的风险源,以泥石流、龙卷风等自然灾害与植被破坏、水土流失等人为灾害为风险源(刘晨宇等,2020)。以污染物为风险源的研究,常从生态毒理学的角度关注污染物对生态环境的毒性效应。宏观层面的风险源则由多种因素交织生成,涵盖广义上的生态破坏、资源枯竭等。具体而言,重金属污染源多来自工业生产活动。它们进入水体、土壤、大气环境后难以自行分解,易渗透入食物链中,在人体某些器官中积累,造成慢性中毒(Zhuang et al.,2009)。有机物源于多种类型的社会经济活动,如工农业废水废气排放、城市废水等,具有不易分解、有毒性、生物积累性的特征,最终通过生物链的传导影响区域内的生物健康。宏观层面的风险源也主要由人类经济社会活动产生,主要指自然资源的过度利用与污染物的过度排放可能会导致多重生态破坏。常见的风险源及其评价研究如表 6.1 所示。

表 6.1　常见生态风险源及其评价研究

风险源类型	详细内容	主要影响	研究举例
重金属	Cr(铬)、Cu(铜)、Zn(锌)、Pb(铅)、Ni(镍)、As(砷)、Hg(汞)	土壤环境 水体环境 大气环境	Ke et al.(2017);Sartipi & Ansari(2018)
	Fe(铁)、Sb(锑)、Tl(铊)、Bi(铋)、Be(铍)、Cd(镉)	水体环境 土壤环境	Shi et al.(2016);Zhuang et al.(2018)

续表

风险源类型	详细内容	主要影响	研究举例
有机物	有机农药	土壤环境 水体环境	Heffernan et al.（2015）；Lyndall et al.（2017）
	多环芳烃（PAHs）	土壤环境 水体环境 大气环境	Pérez-Fernández et al.（2019）；Riaz et al.（2019）
	抗生素	土壤环境 水体环境	Hernando et al.（2006）；Yalçin et al.（2020）
宏观风险	水土流失、泥石流等	土壤环境 水体环境	李博等（2013）；时宇、史明昌（2014）
	植被破坏	土壤环境 水体环境 大气环境	段艺芳等（2020）；肖华斌等（2020）
	土地破坏	土壤环境 水体环境	虞燕娜等（2016）；余敦等（2020）
	旱涝	土壤环境 水体环境	李辉霞、蔡永立（2002）；汪疆玮、蒙吉军（2014）

注：上表以列举为主，更多详尽的分类需依据具体的研究目标而定。研究举例是生态风险评价方法在不同领域的运用。

资料来源：根据刘晨宇等（2020）总结概括并加以补充。

中国国土面积辽阔，区域间地理条件千差万别。同时，城镇化与工业化的快速发展对生态环境会产生巨大压力。市域行政区划改革既包含区划界限调整，也内含权属关系变更，将深刻影响改革区域内原有的政治经济关系，也可能诱发各类生态风险。生态系统各组成部分关联紧密，具体的生态风险难以完全剥离。这里以大气环境、水体环境、土壤环境三个主要的生态子系统为切入点进行分析。

首先是大气环境中的生态风险。大气由干洁大气、水汽和气溶胶粒子三种主要成分构成，除氧气、氮气等气体外，还有相应的悬浮物，如水滴、冰晶和固体微粒。悬浮物通常称为气溶胶质粒，而没有水汽与悬浮物的空气则称为干洁大气（董玉瑛、白日霞，2019：36）。因此，大气环境中的生态风险主要来自气体成分比例与气溶胶两种类型。

气体成分比例的焦点之一在于温室气体风险。人类的经济社会发展特别是工业化过程消耗了大量的自然资源。一方面,化石燃料的使用导致大量温室气体的排放,另一方面,森林植被的锐减破坏了地表对温室气体的吸附功能,两者共同增加了以二氧化碳为主的温室气体浓度,诱发全球气候变暖效应。气候变暖不仅容易诱发洪涝、干旱等自然灾害,还通过影响降水、积温、日照等方式影响农业产量,扰乱农作物的生长周期,威胁全球粮食产量供应。同时,区域范围内温室气体的排放还会加剧重污染天气的影响,恶化污染物的扩散条件,影响区域内的人体心理与生理健康(Zaidi & Saidi,2018)。除温室气体外,气体化合物比例过高也是潜在的生态风险。随着城镇化与工业化的发展,各种废气的排放导致硫氧化合物、含氮化合物、碳的化合物、碳氢化合物、含卤素化合物等气体化合物在大气中的比重增加,从而诱发酸雨与光化学烟雾问题。酸雨不仅会酸化各类水体,破坏水体生态系统,还侵蚀土壤,改变土壤的物理化学性质,并将直接影响人体健康、腐蚀建筑物和材料。光化学烟雾则会直接刺激人体的呼吸道与眼部,诱发视力衰退、肺气肿等问题,也会破坏植物与农作物的生长。

大气环境中的另一种生态风险为气溶胶污染。气溶胶组成成分复杂,从单一的土壤粒子、海盐粒子,到由污染气体之间的光化学氧化反应而形成的颗粒物,例如 PM2.5、PM10 颗粒等。气溶胶污染一方面直接危害人体的心血管与肺部,短期内损害呼吸道黏膜、肺泡,引起支气管和肺部炎症,长期则导致心肺系统疾病;另一方面则加速区域内建筑物材料的风化、土壤和水体污染,影响植物的生长,破坏植被和森林的生态平衡(董玉瑛、白日霞,2019:44)。

其次是水体环境中的生态风险。水体环境是指液态和固态水体所覆盖的地球空间,上界直达大气对流层顶部,下界可划至深层地下水水位,通常是对地球表层水体的总称(董玉瑛、白日霞,2019:69)。水体环境中的生态风险主要来源于水体污染与水资源的开发利用。

水体污染是指污染物含量超过水体自净能力,降低水体的使用价值与使用功能。污染的主要来源有工业废水、生活污水与农业退水,其主要的水体污染物不仅包含重金属、氟化物、氰化物等无机有毒物质,还有多环芳烃、多氯联苯等有机有毒物质。水体污染程度可从化学需氧量、生化需氧量、总需氧量、溶解氧、总有机碳、悬浮物、有毒物质、酸碱值、大肠菌群数、水的电阻度及硬度等方面评估。常见的水体污染有水体富营养化,如"赤潮""水华",既影响水质破坏水生生态,还威胁人类健康、破坏水产养殖与捕捞业;还有水中有毒有害物质污染,如持久性有机污染物、重金属及其金属有机化合物和新型污染物等,它们难以自然分解,易通过食物链富集于人体内,造成不可逆的健康影响。除水体污染外,水资源的开发利用也可能产生生态风险。经济社会的发展需要大量的水资源,而我国人均水资源不足,各个行政区域内水资源分配不均,存在空间与时间上的水资源错配等问题。同时,水体污染的存在也加剧了水资源开发利用的问题。在水体污染的情况下部分区域出现水质性缺水,进一步诱发过量开采地下水,造成地下水枯竭、地面沉降、海水倒灌等次生灾害。

最后是土壤环境中的生态风险。土壤实际上由固体、液体和气体三种物质组成,是一个多相体系(土壤固相、土壤液相、土壤气相),有其特定的结构与物理化学性质。土壤环境中的生态风险可大致分为地表上的植被破坏与地表下的土壤污染。

植被破坏主要源于人类不合理的经济社会活动,如过度放牧、过度耕作、过度开垦、水资源利用不当等,导致地表上的植被快速消失,从而诱发土地荒漠化问题。由于各行政区域地理位置存在差异,植被破坏后诱发的土地荒漠化类型各不相同,如沙质荒漠化(沙漠化)、盐渍荒漠化、石质荒漠化(石漠化)、高寒荒漠化等。植被破坏一方面引起土地荒漠化,破坏土地肥力,造成农牧业减产,另一方面则破坏地表植被的水源涵养功能,诱发水土流失及洪涝灾害,同时也破坏动植物的栖息地,造成生物多样性的锐减。

地表下的土壤污染不易被感知,而且其生态风险一旦产生,修复时间较长、成本较高且可能存在不可逆的破坏。作为一种隐蔽性强的生态风险,土壤污染可大致分为无机污染物与有机污染物两大类。它们在土壤中不断积累,含量超过土壤的自净能力时,就引起土壤结构与功能的变化,并通过"土壤—水/植物/动物—人体"的方式危害健康。当前,常见的土壤污染主要有重金属污染与农药污染。两者主要来源于工农业、城市生活的废水废物排放,存在滞后性与隐蔽性。而且,不容易像大气与水环境中的污染物一样通过扩散而稀释。

二、生态风险的形成机制

市域行政区划改革不仅可能影响行政区边界,而且会改变区域内的经济社会关系,成为生态风险的潜在导火索。在改革过程中,人为划分的行政边界常常与大自然的地理边界相矛盾。社会发展需要从生态环境中开发资源,自然资源的开采与利用又与行政边界的划分息息相关。在地方经济发展过程中,过度开采、资源浪费、生态破坏等现象比比皆是。在这些现象背后,还潜藏着行政边界所附着的复杂权力关系。市域行政区划改革重塑行政边界,边界重塑带来空间中权力关系的变化,权力关系引发生态资源供需失衡、资源争夺、污染外溢等一系列问题。在多重因素的作用下,生态风险成为行政区划改革不可忽视的重要问题。

(一)行政区划与区域环境的空间错配

行政区划是一种"权力的空间配置",于地理空间上映射国家的权力结构,是国家内部次级的地理单元与权力单元的统一(范今朝,2011:64)。它不仅是对国家空间的划分,也是国家治理范围及单元的空间安排(Krishan,1988),具有空间定位、资源配置、权力载体三大基本功能(谢来位,2016:33-37)。区域环境更多由地理位置、气候条件等自然因素塑造而成,如河流流域、淡水湖、森林区域等,具有内在的循环流通机制与外在的空间邻近关系,是一定区域范围内自成一体的生态子系统。系统的边界更多因地理空间属性塑造,相对模糊不定,可能会随气象条件的变化而来回移动,如季风移动下草场与森林的进退、地球自转下海面与滩涂的涨落、雨季变化下河床与河道的变动等。同时,其边界大致可基于地理环境条件划定,如水系流域、森林边界、山脉分割等,具有显著的自然特征与物理属性。行政区划边界则是一种制度的边界,折射国家权力的范围,是人为裁定而非天然形成。随着历史的变迁,中国行政区划边界划分并未依据"山川形便",而是以"犬牙相入"的原则为基础(贾玉英,2006),导致行政区划与区域环境存在空间错配。两者在面积大小、边界划分上并不一致,例如汉中地区与四川省地理条件更为相似,但属于陕西省,行政管辖范围与区域生态系统不匹配。

行政区划横向上互不隶属,纵向上则依据行政层级划分。但区域生态环境更多是横向上的空间相关,存在极强的地理关联特征,例如矿藏资源、渔业资源可能横跨多个行政边界乃至超越国界。在环境子系统中,水环境与大气环境存在跨越行政区边界的溢出效应(Wilson,2002)。溢出效应一方面可指自然资源的产权归属问题,即横向行政区划之间对于地下或移动自然资源的归属争议,另一方面可指存在污染的外溢性及其治理问题,即环境污染跨越行政边界而造成的外部性问题(Duvivier & Xiong,2013;Kahn et al.,2015)。行政区划范围与区域生态系统的不匹配难以有效应对溢出效应。依赖政府横向的合作或者纵向的行政裁决,存在巨大的交易成本。并且,部分生态破坏事后难以弥补。在市域行政区划改革中,空间边界的划分如果不符合区域生态环境范围,在自然资源的利用与污染排放上,溢出问题极可能被放大,潜在的资源过度开发与污染扩散问题将可能被激化,从而诱发潜在的生态风险。

(二)区域发展与自然资本的供需矛盾

市域行政区划改革与区域发展密切相关,两者互为因果。一方面,促进区域发展是行政区划改革的直接动因(李世峰、朱国云,2019;匡贞胜,2020b;王禹澔、张恩,2021)。以省管县改革为例,市管县体制导致地级市政府对所属县级政府具有强大的控制能力,在人事、行政、财政等方面的隶属关系限制了部分县级地区的发展(薄贵利,2006;李明强、庞明礼,2007;汤伶俐,2009)。为促进县域经济社会发展,在中央政策指导下,各省推动省管县改革的试点,从财政体制、经济社会管理权、人事权等方面对县级政府进行赋权,以期通过管理层级的扁平化与管理权限的扩大推动县域经济社会的发展(Li et al.,2016;Liu & Alm,2016;吴金群,2017)。另一方面,行政区划改革又可通过相应制度变革助推区域发展(王贤彬、聂海峰,2010;叶林、杨宇泽,2017;殷冠文、刘云刚,2020)。以县(市)改区为例,地级市政府将下辖县(市)改为市辖区后,在财税体制与经济社会管理上强化了对下级政府的控制力度(邵朝对等,2018),增强了市级政府的资源整合能力。具体而言,地级市政府通过控制土地出让、编制区域发展规划、吸引外来企业入驻等方式带动当地工业化与城镇化的发展(唐为、王媛媛,2015;唐为,2019;庄汝龙等,2020),同时也影响公共服务一体化进程(梁志艳、赵勇,2019;段龙龙、王林梅,2019),最终作用于区域经济社会的发展。

区域发展除了依赖资本、劳动力、技术等要素外,亦需要自然资本的支撑。区域发展中工业化与城镇化需要消耗大量的化石燃料,并且有赖于足够的土地资源与水资源。自然资本可被定义为土地的所有禀赋以及我们可以获得的资源,包括空气、水、土地、森林、渔场、矿产资源以及生态生活支持系统(Polasky & Daily,2021)。自然资本与其他生产要素类似,具有相应的再生能力,主要体现在污染的自净能力与资源的再生能力上。但某些特定的自然资本,如化石燃料、矿藏资源等,是不可再生的。自然资本的再生能力决定其供给能力,而自然资本的供给能力又受空间地理环境的影响,呈现区域分布不均的状态。在行政区划改革后,区域发展需要大量的自然资本投入,如土地资源、水资源等,并且工业化与城镇化产生的大量废水废气废物,又影响自然资本的再生能力。因此,可能存在严重的供需不平衡问题。一方面,区域发展产生的污染物极有可能超出区域环境的自净能力,诱发潜在的污染问题;另一方面,为追求区域发展,可能会降低对现有自然资本的贴现率,导致资源的过度开发与利用,诱发潜在的资源枯竭问题。在矛盾的供需关系中,生态风险逐渐产生。

（三）制度转轨与环境治理的激励转向

市域行政区划改革包含一定范围的制度转轨,意味着改革过程中存在新旧制度的转换。比如在财政维度上,省管县改革在收支范围划定、预决算管理、转移支付、资金调度、政府债务、财政决算等十个方面增强了县级政府的财政自主权(蔡嘉瑶、张建华,2018);在经济社会管理权维度上,在计划上报、项目报批、土地报批、资质认证、价格管理、统计监测等领域赋予部分地级政府的权限,诸多事项可直接由省审批,在市备案,而非原来的由市审批。也就是说,省管县改革使试点县(市)在财政与经济社会管理上拥有更多的自主权。与省管县相反,县(市)改区则极大降低了被撤并县(市)在财政与经济社会管理中的权限,部分职能部门需改成市级政府的派出机构,区域经济社会发展也要服从市的统一规划,受市政府的制约与管控更为明显。可见在市域行政区划改革中,制度转轨是一个紧密伴随的过程。

环境治理与地方政府密切相关,也是国家治理现代化的重要组成部分(昌敦虎等,2019)。地方政府具有保护区划内生态环境的职责,但也需完成经济社会发展的考核目标。虽然国家对地方政府环境治理的考核权重日益加大,并主要采取"督政模式"(黄冬娅、杨大力,2016),但地方政府在有限的资源约束下,需要平衡环境治理与地方经济发展(Chen et al.,2018)。在"压力型"政治激励模式下,环境治理的绩效不如经济社会发展绩效能提高官员的晋升概率(冉冉,2013),导致地方政府缺乏足够的激励向环境治理投入资源。同时,行政区划改革所带来的制度转轨为部分层级的地方政府提供了更多财税资源,反而可能进一步恶化对环境治理的投入,更多关注地方经济增长。比如,省管县后县级政府获取额外的财税资源可能更多被投入生产性支出以刺激地方经济发展(蔡嘉瑶、张建华,2018)。因此,在相应的经济发展激励下,行政区划改革有可能诱发潜在的生态风险,对区域内的生态环境造成损害。

三、生态风险的经验案例

相较于经济风险或社会风险的案例,市域行政区划改革中生态风险的案例整体偏少。在案例选择上,本书采取两个标准进行筛选:一是生态风险与行政区划改革密切相关,二是有足够的资料展现案例的前因后果。因此,选择洪泽湖四县对换、扬州部分地区划入泰州这两个案例来叙述实践中的生态风险。洪泽湖四县对换是为了预防潜在生态风险的爆发,而扬州部分地区划入泰州则是对现存生态风险的应对。

(一)风险预防:洪泽湖四县对换

洪泽湖地处淮河流域,是中国第四大淡水湖。全湖现属江苏省,位于江苏西北部,其经纬度约在北纬 33°06′~33°40′,东经 118°10′~118°52′之间。在 12.5 米水位时,水面面积 2069 平方千米,南边为低山丘陵,北靠废黄河,东临大运河,西接岗波状平原(叶正伟、李宗花,2010)。在水系分布上,洪泽湖西纳淮河,南注长江,东贯黄海,北连沂沭水系,是淮河中游、支流与下游河道的联结点(叶正伟等,2005a)。在行政区划上,洪泽湖涉及宿迁市的泗洪县、泗阳县、宿城区和淮安市的洪泽区、盱眙县、淮阴区。

洪泽湖所在的淮河流域位于南北气候过渡地带,容易受极端天气影响。据《洪泽湖志》记载,洪泽湖洪涝灾害不断,如表 6.2 所示。一旦淮河流域出现大范围降水,洪泽湖一方面需要承接过境洪水,另一方面还需要应对本地降雨的叠加,容易形成较大的洪涝灾害。由表 6.3 可见,1954 年洪泽湖水位高达 15.23 米,对周边地区产生了较大影响。

表 6.2　洪泽湖历史洪涝灾害统计

年份	较大洪涝年数	平均年次	备注
154—1194	126	8	
1194—1278	7	12	黄河夺淮
1279—1367	18	4.9	其中黄河洪水 6 年
1367—1643	111	2.5	黄河单独成灾 17 年
1644—1855	149	1.4	1855 黄河北徙

资料来源:洪泽湖志编纂委员会(2003):88.

表 6.3　洪泽湖不同水位所对应的面积及代表年份

水位/m	相应面积/km²	代表年份	最高水位/m	相应面积/km²
12.5(常年水位)	2275	1921	15.93	3650.2
		1931	16.25	3880.1
12.5(常年控制水位)	2680	1954	15.23	3380.1
		1963	13.66	2247.5
14.5(最高蓄水位)	3080	1968	13.17	2135.3
		1977	13.59	2268.5
		1982	13.45	2245.6
16(最高蓄水位)	3775	1991	14.21	2339.1
		2003	14.37	2337.4

资料来源:根据叶正伟等(2005)分析摘录整理。

　　清初沿袭明朝建制,洪泽湖所在的淮安府、凤阳府隶属江南布政司。1667 年江南分省,淮安府与凤阳府分属江苏安徽两省,洪泽湖的管辖权因行政区划调整而一分为二,为后续防洪问题留下隐患。近代以来,洪泽湖所在的周边县域也经历数次变更。1949 年 4 月,洪泽湖边的盱眙县属于皖北滁县专区,泗阳、淮宝等县划归苏皖第六行政区。4 月 25 日,宿县专署又将泗宿、泗南、泗阳县各一部分及洪泽湖管理局共 16 个区(局)合并,成立泗洪县(洪泽湖志编纂委员会,2003:173)。1950 年,洪泽湖北部成子湖大部及东岸区域分属苏北行署下辖的泗阳县与县级清江市,西部、南部、北部大部分则属于皖北行署下辖的泗洪县与盱眙县。在地理位置上,泗洪县位于淮河中游北岸,洪泽湖西畔;盱眙县地处淮河中下游,洪泽湖南岸;泗阳县则在洪泽湖东北岸;县级清江市在东岸(陈潮、陈洪玲,2003:9-10)。1952年,苏北苏南两个行署区合并为江苏省,皖北皖南则合并为安徽省。在洪泽湖划分上,安徽占据大半,位于洪泽湖上游,江苏则有小部分面积,位于洪泽湖下游,洪泽湖成为安徽与江苏的分界湖。此次改革为两省协调应对洪涝问题埋下了隐患。

洪泽湖的形成与黄河夺淮密不可分,也因泥沙沉积形成"悬湖"。在防洪问题上,两省经常出现分歧。明清时期长期奉行"蓄清刷黄"政策,修筑堤坝束水攻沙。虽然帮助冲刷黄河下游河道,但也造成黄河巨大的泥沙沉积在洪泽湖湖底,进而抬高湖底,使得周边区县不得不持续加固加高堤坝以防止洪泽湖决堤。洪泽湖整体上地势西北高东南低,防决堤主要依赖东岸的洪泽湖大堤(洪泽湖志编纂委员会,2003:233)。淮河洪水进入洪泽湖后,受东岸大堤阻挡不能泄洪,可能会倒灌西岸的皖北地区,威胁安徽省。1951年,为整治淮河,当地修建苏北灌溉总渠进行泄洪。但根据当年水利条件,若东岸决堤不仅会直接冲击当时废黄河的周边区县,还会影响高邮湖周边,对江苏省造成巨大的威胁。

历史上淮河多次泛滥的教训,使安徽与江苏两省在洪泽湖蓄洪泄洪问题上存在不同意见。早在1913年时,北洋政府就授权张謇督办导淮事宜,成立导淮总局,并制定《江淮水利施工计划书》,主张降低洪泽湖水位,设置活动坝以调节水量(褚英杰、方一兵,2019)。张謇主张"三分入海、七分入江"(东海与长江)的政策,而洪泽湖是重要的缓冲区域。但安徽方面则希望洪泽湖汛期的排水量提高,以免洪水反灌安徽。对于具体的方案,当时安徽的地方官员认为其有损安徽利益而加以阻挠。时任安徽督军的倪嗣冲强烈反对并下令禁止张謇派人入皖测量(庄安正,1995),因行政区划分割导致的洪泽湖潜在的生态风险一直被悬置。1954年的洪涝灾害,则将区划分割的问题暴露得更为明显。

1954年5月下旬,淮河流域出现大范围降雨,导致洪泽湖上游各水系水位暴涨,汛期入湖流量为648.1亿立方米,出湖则为645亿立方米,即便东岸三河闸泄洪全开,最大泄洪量也远超设计排水流量。在此期间,安徽省淮北大堤普遍漫决,在淮北平原形成大片洪泛区,江苏省也有102.7万公顷的成灾面积(洪泽湖志编纂委员会,2003:310)。洪泽湖东岸一旦决堤,将进一步重创江苏省,江苏安徽就洪泽湖的蓄洪与泄洪产生分歧。安徽希望境内的过境洪峰可以快速通过,主张洪泽湖周边各水闸尽全力泄洪。江苏方面则担心苏北灌溉总渠大堤新筑,冻土尚未夯实,泄洪能力存在不足。在 1954 年 7 月 16 日暴雨后,总渠大小跌塘 3350 个,脱坡 570 多处,堤坡脚窨潮达 15 公里左右(洪泽湖志编纂委员会,2003:311)。考虑到洪泽湖东岸大堤存在溃坝风险,江苏希望安徽能够在盱眙与泗洪两县适当蓄洪降低入湖洪量,以减轻洪泽湖东岸大堤的压力。一旦蓄洪减少入湖量,泗洪与盱眙两县可能遭受巨大损失,安徽方面并不愿意,导致双方难以协调。所幸江苏全力动员,防汛与抢修并行,洪泽湖大堤最终安全度过汛期。

此次洪涝灾害充分暴露了因行政区划分割而导致洪泽湖蓄洪泄洪难以协调的矛盾。为预防未来围绕洪泽湖管辖权之争而产生的生态风险,1955 年国务院决定将洪泽湖全部划给江苏省,从而减少在蓄洪泄洪上的区划纠纷。洪泽湖西岸的泗洪县与盱眙县转归江苏,作为补偿,原属江苏的萧县、砀山县划给安徽(洪泽湖志编纂委员会,2003:39)。至此,洪泽湖全部归属江苏省,由江苏全权协调淮河下游的水利工程,从而最大化地降低因区划分割而造成的生态风险。虽然洪泽湖依旧在管理上存在非法围占、过度开发、水污染严重等问题[①],但整体的问题都可以在江苏省内解决,降低了原省际沟通中的巨大成本。

(二)风险应对:扬州部分地区划入泰州

2019 年 11 月 21 日,《江苏省政府关于同意变更扬州市江都区和泰州市海陵区部分行政区划的批复》(苏政复〔2019〕63 号)正式将扬州市江都区浦头镇引江新村东野、永兴 2 个村民小组划入泰州市海陵区,由泰州市海陵区寺巷街道大王居委会管理,在行政区划层面上结束了扬州"飞地"的管辖问题,从而为解决当地潜在的生态风险奠定了权责划分的基础。两个村民小组原来虽属扬州,但位于引江河的泰州一侧。引江河于 1995 年 11 月正式开挖,1996 年全面推进施工。河道全长 24 千米,底宽 80 米,高程 -5.5 米,平均挖深 10 米,1999 年 9 月底河道全面建成通水(扬州市地方志编纂委员会,2014:513)。1996 年 8 月,经国务院批准,县级泰州市改为地级泰州市,原扬州市下属的泰

---

① 江苏省人大常委会. 关于加强洪泽湖生态保护、制定洪泽湖管理条例的议案处理意见的报告(2018-07-24)[2021-10-08]. http://www.jsrd.gov.cn/zyfb/hygb/1303/201807/t20180724_501744.shtml.

兴、姜堰、靖江、兴化四个县级市归属泰州(扬州市地方志编纂委员会,2014:112)。该条引江河大致成了扬州市与泰州市的界河。

东野、永兴2个村民小组在行政区划上属于扬州市的江都区,距江都城区约30公里,距扬州市主城区则超过50公里。事实上,两个村民小组更靠近作为泰州市主城区的海陵区(海陵区由原县级泰州市改制而成),因此在经济社会关联上与泰州更为紧密。随着泰州经济的迅速发展,两个村民小组周边的泰州区域进驻了大量工厂,污染排放的生态风险由此产生。

泰州市将东野、永兴两个村民小组周边的泰州区域划定为光电产业园区。该产业园区于2009年建成,两个村民小组与泰州市相邻,被泰州光电产业园三面环围。2014年,园区内的可胜科技(泰州)有限公司化工产品投产,潜在的污染问题开始爆发[1]。虽然污染排放系统监测显示,周边工厂的排污水平达标,但实际上废水废气废物问题存在溢出效应,影响到两个村民小组的生产生活。该区域虽属扬州,但周边的光电产业园属于泰州管辖,导致扬州无法直接解决两个村民小组反映的污染问题,而泰州方面也没有权限对两个小组进行整体"搬迁"以降低对当地村民的影响。潜在的生态风险问题日益严重,当地居民的上访次数日益增加。

为应对潜在的生态风险,江苏省决定将这两个小组从扬州划入泰州,从而界定当地生态问题的权属关系。由此,泰州有了两个小组所在区域的行政管辖权,可以在区域发展规划、企业入驻选址、环境治理投入方面统一规划协调,尽可能减少周边企业污染排放对当地村民的影响,从而最大程度降低潜在的生态风险。

第二节　市域行政区划改革对生态环境的影响

市域行政区划改革不仅导致地方政府在行政建制上发生转变,而且会重塑地方政府的制度结构,由此可能对当地的生态环境产生负面影响。本节以撤县设市为例,分析市域行政区划改革对当地空气污染的影响。一方面,空

---

[1]　国家信访局. 江苏省扬州市江都区栾某信访事项督查情况. (2019-07-22)[2021-10-08]. https://www.gjxfj.gov.cn/gjxfj/xfgj/dcsx/webinfo/2019/07/1565320387193234.htm.

气污染始终影响地方经济社会发展,是急需预防的生态风险;另一方面,撤县设市改革的政策初衷不在于空气污染防治,同时该改革促使地方政府的制度产生变革。因此,以撤县设市为例,分析市域行政区划改革对空气污染的影响及传导机制,有助于为生态风险的防范提供相应的学理依据。

一、问题的提出

空气污染是当前发展中国家备受关注与急需解决的重要挑战之一,也是近年来重要的学术研究焦点(Chen et al.,2016;邵帅等,2016)。生态环境部2018 年的公报显示,中国空气污染天数占比约为 20%,影响经济社会的发展质量。在宏观层面,空气污染会降低经济发展质量(陈诗一、陈登科,2018)、影响城市化进程(Au & Henderson,2006)、破坏人力资本的积累(Greenstone & Rema,2014;Chang et al.,2016)、影响社会劳动生产率(Chang et al.,2019;李卫兵、张凯霞,2019;陈帅、张丹丹,2020);在微观层面,长期或短期暴露于空气污染中将影响死亡率(Tanaka,2015;He et al.,2016;Fan et al.,2020)与精神健康(Chen et al.,2018;Zheng et al.,2019)、降低人均预期寿命(Chen et al.,2013;陈硕、陈婷,2014;Ebenstein et al.,2015,2017)、影响人们的迁移选择(Chen et al.,2020,2021;李卫兵、杨欢,2021)。可见,如何改善空气质量是未来经济社会可持续发展的重要议题。

中国空气污染的形成因素众多,如人口聚集引发对私人交通与电力的需求、汽车尾气等(Guan et al.,2014;Zheng & Kahn,2013;Xu et al.,2019)。以污染源划分,可分为工业污染源、农业污染源、生活污染源、集中式污染治理设施、移动源。虽然企业是污染物的主要排放者,但环境污染的外部性导致企业实际上缺乏激励主动参与治理(Saltari & Travaglini,2011;胡珺等,2019),并且治污设备的投入无法直接提升企业产出(He et al.,2020)。因此,企业治污行为受到外部激励结构的影响(McRae,2015)。现有研究发现,政府制度及其行为对污染治理具有重要的影响(Jiang et al.,2014;Zhou et al.,2020;Hu et al.,2021)。改善空气污染不仅需要在技术层面寻求可行方案,还需要重新回归对政府制度及其作用机制的探寻(谢贞发,2020;Hu et al.,2021)。

本节研究撤县设市如何影响空气污染治理。与之相关的文献主要有两类:一类关注分权与环境治理之间的关系,并从不同角度剖析分权如何影响环境治理;另一类则关注行政区划改革的绩效,分析具体的改革措施可能产生的影响。

根据经典的分权理论,地方政府可以更好地提高辖区居民的社会福利。地方政府具有信息优势、根据当地居民偏好作决策,并且"用脚投票"会限制地方政府行为(Hayek,1945;Tiebout,1956;Qian & Roland,1998),对地方政府的分权有助于提高环境治理效率(Wellisch,1995;Kunce & Shogren,2002)。然而,分权使得地方政府官员更有可能腐败或者被地方利益集团俘获,从而导致环境规制的松懈(Bardhan & Mookherjee,2000;Bandiera et al.,2009;Zhou et al.,2020)。换言之,分权可能与其他政治因素相关联从而产生截然相反的结果(Fredriksson & Wollscheid,2014;Ran et al.,2020)。

在分权如何影响环境治理的研究中,有以财政分权与环境分权为主要代表的两种文献。前者关注财政分权如何在制度设计上激励地方政府强化环境治理投入。有研究发现财政分权可以促使地方政府加大污染设备投入并充分发挥其信息优势从而改善环境治理效果(Adam et al.,2014;He,2015;Wen & Lee,2020;Zhang et al.,2020)。但是,财政分权下地方政府也有可能为追求财税资源而放松对企业的监管,导致"逐底竞争"现象的出现(Cai et al.,2016;Zhang et al.,2017;Que et al.,2018)。在环境分权的研究中也存在相互冲突的观点。支持环境分权的一方认为,环境分权使得地方政府可以充分发挥信息优势并更好地回应民众的环境诉求(Revesz,2001;Dijkstra & Fredriksson,2010)。但反对一方指出,环境污染的外部性与"逐底竞争"依旧挑战环境分权的有效性(Fomby & Lin,2006;Shobe,2020)。整体而言,对于分权能否带来环境治理绩效,学界依旧争论不休(Segerson,2020)。两类研究都有各自的理论框架与经验证据支持,但依旧存在不足。首先,分权化改革通常混杂其他内生性因素,导致因果推断效果不佳(Hu et al.,2021);其次,截然相反的结论表明可能存在关键性的情景条件差异(Zhang et al.,2017);最后,需更多关注发展中国家的制度因素如何影响分权化的环境治理绩效(Lovo,2018;Zhang et al.,2018)。

另一类文献则关注行政区划改革的绩效。行政区划改革在国外对应的概念为领土改革(Territorial Reforms)(Swianiewicz,2018),相关研究主要关注经济效率、管理影响和民主结果三个方面(Tavares,2018;何鉴孜,2022),直接涉及环境治理的研究相对较少。有研究指出,印尼与巴西的改革不同程度地恶化了当地的环境(Burgess et al.,2012;Lipscomb & Mobarak,2017)。中国行政区划改革的绩效研究相对丰富(吴金群、游晨,2022),从经济影响到环境治理不一而足。在环境治理领域,现有研究主要从行政区划改革方式出发分析改革的影响。比如,基于省管县改革观察到改革能够降低空气污染水平(张华,2020;王小龙、陈金皇,2020),但存在恶化水质(蔡嘉瑶,2018)与改善水质(Song et al.,2020;Zhang et al.,2020)的争论。现有研究关注到重庆直辖降低了边界区域企业二氧化硫的排放(Yang & Shi,2022)。不过政府驻地迁移会提高迁入地企业的污染水平(徐志伟等,2020)。现有文献大多从撤县设市的经济与社会视角加以研究(Li,2011;Fan et al.,2012;刘晨晖、陈长石,2019),较少关注撤县设市的政策背景和权限变化。

相较于已有研究,本书的贡献在于:第一,撤县设市的政策目标不在于空气污染防治,而撤县设市在土地管理、招商引资、财政税收等方面予以分权,为评估行政区划改革及其行政扩权的影响提供合适的制度背景,从而最大化缓解潜在的内生性问题;第二,重新评估撤县设市对环境的影响,从而弥补现有文献分析撤县设市对环境绩效研究的不足。

二、制度背景与理论分析

(一)制度背景

当代中国的地方行政层级由省—市—县—乡四级组成,整体表现为经济分权与政治集权相结合(Xu,2011)。不同层级的管理权限自上而下逐渐递减,相同层级不同建制的管理权限也存在较大差异。例如,县、县级市和市辖区的行政层级一般相同但行政权力不同。在中国,地方官员主要向自己的上级负责,由此构成了垂直且多层级的行政系统(Wu & Chen,2016)。上级通常对下属进行多维度的考核并决定下属的职业发展。虽然在实践中已摈弃唯GDP主义,但经济发展依然在晋升锦标赛中占据较大的权重。地方官员具有较强的激励去调动资源促进地方经济发展(Chen et al.,2005;Li & Zhou,2005),甚至在经济增长目标上也会"层层加码"。因此,扩张经济社会管理权限以竞争生产性要素,成为地方官员行为的重要特征。对县而言,改为县级市意味着可获取更多的行政自主权及其潜在收益,进而在县域竞争中获取更多优势。如表6.4所示,撤县设市后地方政府的经济社会管理权限有所扩大。相较于一般的县,县级市在行政审批、土地配额、财政收益等领域具有更大的自主性。这就为地方政府谋求更快的经济发展提供了良好的制度基础。

表 6.4　县改县级市的潜在收益

类型	收益	文献来源
行政权限	县级市享有更多经济社会管理权限,如更高的投资审批上限、更灵活的地方机构设置、更独立的城市发展计划等。	唐为,2019;Wang & Yeh,2020
财政收益	县级市更容易从省级政府获取财政补助,并且在预算规划与税费制定中享有更多权限。例如城市建设税,县级市的税率是 7%,而县是 5%。	Lichtenberg & Ding,2009;Fan et al.,2012;刘晨晖、陈长石,2019
土地权限	县级市有更多的建设用地指标与管理权限,并且可保留更多的土地出让分成。	Li,2011
政策优惠	县级市更容易获得政策优惠与投资项目。	Shen,2007;Wang & Yeh,2020
干部等级	市委书记更可能成为上级党委的常委。	Li,2011
城市声誉	县级市的声誉更好,更容易吸引投资者。	Chung & Lam,2004

　　二十世纪八九十年代,我国曾广泛开展撤县设市改革。1993 年,还公布了详细的撤县设市标准。由于意识到撤县设市对城镇化、土地利用、固定资产投资等方面造成了不良影响,1997 年后国务院暂停了撤县设市的审批(Fan et al.,2012;刘君德,2014)。在随后的较长时间中,仅同意批复了少量的撤县设市改革。2016 年以后,逐渐放开了相应的审批流程。1979—2019 年新设县级市的数量变化如图 6.1 所示。

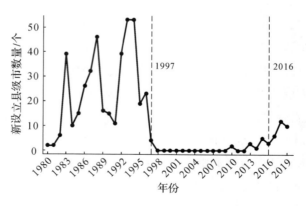

图 6.1　1979—2019 年新设县级市的数量变化

资料来源:民政部官网公开资料。

（二）理论分析

在自上而下的科层体系中,地方主政官员的晋升主要受上级主要领导的影响。地方官员需要在政绩考核中与周边的官员竞争,而且经济指标依旧是考核内容的重要部分(Li & Zhou,2005;Li et al.,2019)。因此,地方政府有相应的激励促进地方经济发展,以最大化地获取晋升的可能性(Chen et al.,2018)。撤县设市之后,地方政府的管理权限和自主性有所扩大。但是,并没有设置对应的制度约束,更没有"退出机制"的压力,只是要求不得随意增加编制与"三公"消费等财政支出。所以,地方政府可能偏重经济发展战略,相对忽略当地的环境治理投入。具体而言,可能从土地利用与企业引入两个方面推动经济发展而导致空气质量的恶化。

分税制改革以来,地方政府更多通过经营土地促进地方发展并获取相应的财政收入(Lichtenberg & Ding,2009;周飞舟,2010)。一方面,根据《中华人民共和国土地管理法》《招标拍卖挂牌出让国有土地使用权规定》《招标拍卖挂牌出让国有建设用地使用权规定》等,县级及以上地方政府在土地市场交易中具有相应的垄断地位。而且,土地使用指标自上而下层层分配,使土地供应规模也受地方政府调控,在客观上赋予了地方政府利用土地指标影响地方经济社会发展的能力(周飞舟,2007;陶然等,2007)。另一方面,土地指标的交易不仅可以为地方政府获取预算外的政府性基金收入用于各类基础设施建设(孙秀林、周飞舟,2013),而且还能通过协议出让、挂牌出让、划拨等交易方式决定土地使用权的归属,用于招商引资、城市发展规划等项目建设(耿曙、陈玮,2015;Chen & Kung,2019),由此足见土地指标的重要性。撤县设市后,地方政府在土地管理上的自主权得以扩大。在土地指标上可以得到省市两级政府相应的倾斜,同时也可以在土地出让收益中保留更多的分成(Li,2011)。需注意的是,地方政府可以通过规划土地的利用方式与空间分布来促进地方经济发展,而如何利用土地与环境污染密切相关(Arnott et al.,2008;Kyriakopoulou & Xepapadeas,2017);地方政府可以通过土地的转让吸引目标企业入驻,并带动地方产业与人口的积聚,而相应经济社会活动可能会导致潜在的空气污染(Guan et al.,2014)。

地方政府不仅在经济发展中依赖引进与培养企业,而且在上级考核中招商引资也占据较大的权重(李俊清,2007;步丹璐、狄灵瑜,2018),如何与其他地区竞争以吸引企业入驻成为地方政府的重要工作(耿曙、陈玮,2015)。企业的生产经营活动虽然可以提供就业与税收,推动地方经济社会发展,但部分企业的生产与废弃物处理可能导致环境污染的加剧(Dasgupta et al.,2000;Gray & Shimshack,2011;Shao et al.,2019),企业经济活动的集聚也可能进一步加剧当地污染(Grimm et al.,2008;Wu,2019)。撤县设市前,县政府可能缺乏足够的投资优惠政策,项目金额也受限于上级政府的审批管辖。撤县设市后,管理权限的扩大使县级市在投资项目审批、财政税收政策、工业发展规划等方面具有更多的自主性。因而,在竞争潜在项目时更具有竞争力,能够在土地供给、人才政策、基础设施配套方面提供更多便利,从而推动各类基础投资项目与新企业的落地。在吸引企业的过程中,由于各地环境保护标准存在差异,部分资本密集型的污染企业可能在区域间搬迁,而县级市为了经济发展,可能倾向于将此类企业吸引至辖区范围以获得稳定的就业机会与财政税收(熊竞,2020c),从而诱发潜在的空气污染。

三、研究设计与实证结果分析

(一)模型设定

撤县设市作为行政区划改革的重要方式之一,在各省份不同年份存在试点数量的差异。因此,借鉴已有研究(Li et al.,2016),以双重差分法(DID)设定基准回归模型,用以估计"撤县设市"对空气污染的影响。模型如下:

$$Y_{ct} = \beta_0 + \beta_1 Policy_{ct} + year_t \times Control_c + Weather_{ct} + \alpha_c + \gamma_t + \varepsilon_{ct} \quad (1)$$

其中,c 和 t 分别代表县域和年份;Y_{ct} 代表县域空气污染水平;β_0 为常数项;$Policy_{ct} = Treatment_c \times Reform_{ct}$,代表县域 c 在 t 年是否发生了撤县设市的改革,发生当年及以后取 1,否则为 0;$Treatment_c$ 为分组标识,若县域 c 在 2006—2019 年任意一年发生撤县设市,则取 1,否则为 0;$Control$ 为一组控制变量,是既可能影响撤县设市又可能影响空气污染的因素,而 $year_t \times Control_{ct}$ 则参考已有文献(Lu et al.,2019),以控制变量样本观测期初始值与年份变量的交乘项纳入基准回归中;$Weather_{ct}$ 是一组气象因素变量,包含气温、降水、风速;α_c 为县域固定效应,γ_t 为年份固定效应;ε_{ct} 代表随机误差项。由于长时间段 DID 估计可能因为时间序列相关导致偏误,故设定标准误聚类(Cluster)到地级市层面以控制在最严格的层级。其中,β_1 为本研究关心的估计系数。若 $\beta_1 > 0$ 且显著,说明撤县设市恶化了空气污染程度;若 $\beta_1 < 0$ 且显

著,则说明撤县设市降低了空气污染程度;若 β_1 不显著,则说明撤县设市对空气污染的影响不明显。

（二）数据与变量说明

依据数据的纵向连贯性与横向可比性要求,本研究采用了 2006—2019 年中国县域面板数据。同时,对部分样本数据进行了排除:(1)港澳台地区;(2)北京、天津、上海与重庆四个直辖市下辖的县(区),它们与其余县(市)的可比性较差;(3)部分县级单位在样本年份升格为地级市,因为与原县级特征差异较大,也予以排除(Wang & Yeh,2020);(4)在观测期之前已经是县级市的样本。

1. 因变量:空气污染

空气污染种类繁多,存在多种污染类型。鉴于数据的客观性与连续性,本节选择空气污染中较为重要的 PM2.5 作为因变量。该数据源于华盛顿大学圣路易斯分校大气成分分析组(atmospheric composition analysis group),是基于卫星图像与地面监测站数据结合形成的卫星遥感图片,分辨率为 1km,已用于诸多空气污染研究之中(Van Donkelaar et al., 2019,2021)。结合全国地理信息资源目录服务系统的行政区划矢量图,使用 ArcGIS 的空间分析模块,提取县级层面的 PM2.5 数据。也就是说,空气污染程度以 PM2.5 地表浓度的年平均值来衡量。

2. 自变量:撤县设市

撤县设市的数据来自民政部历年县级以上行政区划的变更情况。其中,发生撤县设市的县域为处理组,未发生的县域为对照组。

3. 控制变量

经济社会发展状况不仅影响当地是否能够撤县设市,而且地方经济水平与产业结构也影响当地的污染物排放(宋弘等,2019)。同时,地理位置、地形条件也会影响改革政策与空气污染。将事前变量作为控制变量纳入回归方程中(江艇,2022),即构建 2006 年县级人均 GDP、二三产业增加值占 GDP 比重、总人口、财政收入、城镇化率与年份交互项用以控制经济社会发展水平,同时生成地形起伏度、与所在地级市的距离和年份的交互项用于控制地理位置、地形条件。县级经济社会数据来源于《中国县域统计年鉴》《中国县市社会经济统计年鉴》与分省统计年鉴;县域与所在地级市的距离则基于行政区划矢量图,采用 R 语言计算获得。考虑到自然因素的可能影响,将县级层面的气温、降水、风速数据纳入控制变量当中。这主要是因为三者是影响空气污染的集聚与扩散条件。原始数据来源于国家气象科学数据共享服务平台——中国地面气候资料日值数据集(V3.0)。基于 R 与 ArcGIS 等软件将观测站点的数据采用 IDW 方法插值至县级层面,获得县级层面的气象数据。上述变量的描述性统计结果如表 6.5 所示。

表 6.5　主要变量描述性统计

变量	变量含义	处理组			对照组		
		均值	标准差	样本量	均值	标准差	样本量
$mean$	PM2.5 年度均值	38.84	17.63	588	41.82	20.66	20621
pp	撤县设市	0.231	0.422	588	0	0	20634
$pgdp00$	初始人均 GDP	12553	8646	588	9237	7987	19637
$gdp200$	初始第二产业占比	0.442	0.179	588	0.371	0.161	19511
$gdp300$	初始第三产业占比	0.343	0.111	588	0.329	0.0867	19525
$pop00$	初始人口规模	49.62	34.71	588	40.23	31.34	20589
$rev00$	初始财政收入	27407	28578	588	12098	15194	20575
$u00$	初始城镇化率	0.203	0.135	532	0.167	0.119	18237
$Instance1$	与所在地级市距离	70.09	58.02	588	65.49	47.65	20621
$temp$	风速	13.07	5.734	588	13.25	5.367	20593
$rain$	气温	955.7	371.3	588	919	440.6	20621
$wind$	降水	2.131	0.574	588	2.018	0.537	20593

(三)基准回归结果分析

1.基本回归结果

本书检验撤县设市对县域 PM2.5 的影响,表 6.6 报告了基准回归结果。从(1)到(4)列逐步加入人均 GDP、与所在地级市距离、初始第二产业占比、初始第三产业占比等控制变量,发现撤县设市后当地的 PM2.5 浓度显著提高,表明撤县设市增加了当地的空气污染程度。基于列(4)的估计值进行解释,撤县设市对空气污染的估计作用约为 1.9719,即与未发生改革的县域相比,撤县设市使得改革县域的空气污染增加了 1.9719。改革县域的 PM2.5 年度均值为 38.84(见表 6.5),该系数表明撤县设市增加了改革县域空气污染 5.07 个百分点。

表 6.6 基准回归结果

变量	(1) PM2.5	(2) PM2.5	(3) PM2.5	(4) PM2.5
pp	2.1111**	2.1711***	2.1549***	1.9719***
	(2.123)	(2.631)	(3.058)	(2.756)
$pgdp00y$	−0.0000	0.0000***	0.0000	−0.0000
	(−0.893)	(3.888)	(.590)	(−1.569)
$Instancey$	0.1836***	0.1403***	0.0907***	0.0737***
	(6.419)	(5.390)	(4.164)	(3.383)
$gdp200y$		−1.6104***	−1.7428***	−1.7148***
		(−7.344)	(−8.459)	(−8.627)
$gdp300y$		−0.1515	−0.6761**	−0.6310**
		(−0.461)	(−2.432)	(−2.309)
$pop00y$			−0.0082***	−0.0077***
			(−11.572)	(−10.071)
$rev00y$			0.0000**	0.0000***
			(2.589)	(2.949)
$u00y$				1.6738***
				(6.954)
$temp$				−0.0516
				(−0.240)
$rain$				−0.0025***
				(−7.802)
$wind$				−2.4547***
				(−2.597)
$Observations$	20215	20075	20075	17667
R^2	0.9571	0.9590	0.9610	0.9634
县域固定效应	是	是	是	是
时间固定效应	是	是	是	是

注:括号内为聚类地级市层面的稳健性标准误;***、**、*分别表示在1%、5%和10%的显著性水平上显著;省略常数项;由于部分控制变量系数过小,保留小数点后四位。

双重差分法的关键前提在于,政策发生前处理组与对照组之间的空气污染程度不存在显著差异。参考现有研究(Liu & Mao,2019),构造式(2):

$$Y_{ct} = \beta_0 + \sum_{k=-4}^{k} \beta_k D_{ct}^k + year_t \times Control_c + Weather_{ct} + \alpha_c + \gamma_t + \varepsilon_{ct} \qquad (2)$$

其中,D_{ct}^k 为撤县设市的虚拟变量。假定 t 为年份,t_c 为县域 c 撤县设市的时间,若 $t-t_c = k(k \in [-4,5])$,则 $D_{ct}^k = 1$,否则为 0。同时以 $k=-1$ 为基期,系数 β_k 用于衡量改革县域与非改革县域空气污染程度的差异。当 $k \leqslant -2$

时,如果系数 β_k 不显著,则意味平行趋势假设成立,其他变量的设定与式(1)相同。具体结果如图 6.2 所示,撤县设市前系数不显著异于 0,而撤县设市后的系数大多显著异于 0,表明处理组与对照组在撤县设市前并不存在系统性差异,满足平行趋势要求,并且存在一定的滞后效应。

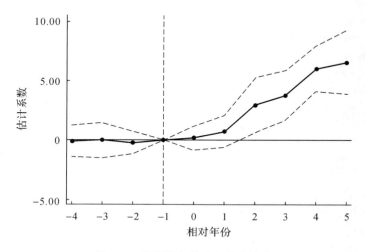

图 6.2　撤县设市的动态效应检验

2. 稳健性分析

（1）更换因变量

考虑到不同图像数据可能存在测量差异,选取哥伦比亚大学版本的PM2.5 卫星图像数据（Hammer et al. ,2020）,采用相同方法提取县级层面空气污染数据,纳入式(1)进行回归。表 6.7 列(1)显示,结果依旧显著为正。

（2）排除省会城市与副省级城市样本

相较于一般县域,省会城市与副省级城市的下属县（市）在行政管理、财税资源、政策优惠等方面具有较大的自主权。在回归中排除相应样本,结果如表 6.7 列(2)所示,依旧显著为正,并且与基准回归结果相差较小。

（3）排除样本期内没有撤县设市的省份样本

2006—2019 年内,西藏、广东、福建、内蒙古、宁夏、辽宁、海南六个省区没有发生撤县设市改革。为减少潜在的异质性问题,排除这六个省份的样本进行回归。结果如表 6.7 列(3)所示,系数有所增加并显著为正。

（4）聚类到省级层面

在 2006—2019 年，不同于省管县或县（市）改区，每个省份每年获批的撤县设市一般只有一至两个。各省有自己的内部把关标准，省级政府实际决定哪些县可以申请设市。因此，参考已有文献（赵仁杰等，2022），将标准误聚类到省级层面以最大化减少不同县域之间残差项可能的相关性。表 6.7 列（4）的回归结果表明，系数及其显著性并没有发生变化。

（5）排除潜在政策干扰

2006 年的"十一五"规划将污染物排放目标纳入地方官员的考核体系，改变了官员的激励函数（Shi & Xu，2018）。从 2010 年空气污染联防联控，到 2013 年空气污染防治行动计划，再到 2018 年蓝天保卫战三年行动计划，中央及各省份都制定了相应的空气污染治理政策。基于式（1），参考现有文献（谭之博等，2015；陈登科，2020），在固定效应中控制省份与年份的交互项，用以排除潜在的政策干扰。表 6.7 列（5）的回归结果表明，系数依旧显著为正。

表 6.7　稳健性检验

变量	（1） PM2.5	（2） PM2.5	（3） PM2.5	（4） PM2.5	（5） PM2.5
pp	2.9193** (2.305)	2.0391** (2.791)	2.3190*** (3.227)	1.9719*** (3.057)	0.9201** (2.208)
$Observations$	13860	13860	14377	17639	17639
R^2	0.9692	0.9692	0.9648	0.9640	0.9821
控制变量	是	是	是	是	是
县域固定效应	是	是	是	是	是
年份固定效应	是	是	是	是	是

注：括号内为 T 值，***、**、* 分别表示在 1%、5% 和 10% 的显著性水平上显著；省略常数项。

（6）排除空间溢出效应

空气污染存在空间溢出效应（邵帅等，2016）。同时，经济活动与空气污染的相关性随地理范围的扩大而缩减，即非改革县域与改革县域的距离越远，空气污染的溢出效应影响越低。因此，利用 R 语言计算改革处理组与对照组之间的邻近关系，排除存在地理邻近（Queen 矩阵）与距离 100km、200km 以内的控制组样本后，其回归结果见 6.8 列（1）至列（3）。可见，排除空间溢出效应后改革效应仍旧显著为正。

表 6.8　排除空间溢出效应

变量	(1) 地理邻近	(2) 100km	(3) 200km
pp	2.0601*** (2.792)	1.8410** (2.408)	1.3425* (1.724)
$Observations$	15749	14293	8274
R^2	0.9630	0.9643	0.9633
控制变量	是	是	是
县域固定效应	是	是	是
年份固定效应	是	是	是

注:括号内为聚类地级市层面的稳健性标准误;***、**、* 分别表示在 1%、5% 和 10% 的显著性水平上显著;省略常数项。

4. 安慰剂检验

考虑到撤县设市可能受到其他遗漏因素影响,通过对所有县域样本随机分配处理组与控制组进行安慰剂检验。参考已有文献(Cai et al.,2016;Li et al.,2016),随机生成 500 次自变量纳入式(1)中回归。随机生成的撤县设市意味着自变量对空气污染没有影响,图 6.3 报告了 500 次结果的系数分布。X 轴表示来自 500 个自变量随机分组的估计系数,曲线是估计的核密度分布,点是随机取值的估计系数。垂直线是表 6.6 列(4)的真实估计值。随机估计系数整体呈现正态分布并且集中于 0,而基准回归结果 1.9719 是明显的异常值,进一步支持了前文结论。

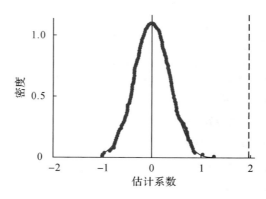

图 6.3　安慰剂检验

四、机制分析与异质性探究

(一)机制分析

1.土地效应。高投资是中国经济增长的重要源泉之一(舒元、徐现祥,2002;Song et al.,2011)。撤县设市的目标之一是促进地方经济发展,而土地资源是地方政府影响经济发展的重要砝码。土地出让可以体现地方政府发展经济的行动意愿,而出让面积、出让方式、土地用途等具体出让行为不同程度地映射出地方政府资源投入的方向与决心。地方政府将利用撤县设市后的管理权限争夺潜在的投资项目与入驻企业,而土地资源是吸引投资的关键要素(张莉等,2019)。同时,工业领域土地资源的倾向性配置将可能产生相应的雾霾污染(韩峰等,2021),土地的使用方式与布局也将影响环境污染(Regnier & Legras,2018)。撤县设市后,地方政府不仅在土地征收、出让中享有更大自主权限,而且能够获得更多的土地指标(Li,2011;唐为,2019)。因而,地方政府极有可能以土地出让换取企业投资,从而带动经济增长。其中,工业投资是重要的组成部分(陶然等,2009;范剑勇、莫家伟,2014)。

囿于县级土地出让数据并无正式统计年鉴,本研究利用软件爬取了中国土地市场网中“供地结果”板块的土地出让信息。2006年开始,《招标拍卖挂牌出让国有土地使用权规范》要求土地出让结果上报并公示于中国土地市场网。参考已有文献(金刚等,2022),结合基准回归的样本时间,我们整理了2007—2019年的土地出让微观数据,并删除供地方式为“划拨”的地块。根据地块位置、行政区划等信息对地块进行地理编码定位至具体的区县,再将相关信息加总至区县一级,构成县级土地出让的面板数据。

整体而言,撤县设市使地方政府的工矿用地出让总额与总面积呈现增加趋势,见表6.9列(1)与列(2)。并且,工矿用地占所有土地出让的比重也有所增加,如表6.9列(3)所示。这表明,地方政府在改革后用不断扩大工矿用地的供应来换取相关工业企业的投资。在土地出让方式中,地方政府在协议出让与挂牌出让时具有较大的自由裁量权,对最终供地结果的影响较大(Cai et al.,2013;张莉等,2013)。回归结果表明,撤县设市后,地方政府的确在工矿用地出让中增加了协议出让与挂牌出让的面积,见表6.9列(4)。也就是说,撤县设市后地方政府利用土地出让吸引工业企业的投资。

表 6.9　土地效应

变量	(1) 工矿用地 出让总额	(2) 工矿用地 出让总面积	(3) 工矿用地 出让占比	(4) 工矿用地中协议出 让与挂牌出让面积
PP	0.2892* (1.682)	0.2634** (2.051)	0.0732** (2.212)	0.8904** (2.129)
$Observations$	13401	13436	13436	4010
R^2	0.5729	0.5290	0.2857	0.4258
控制变量	是	是	是	是
县域固定效应	是	是	是	是
年份固定效应	是	是	是	是

注:括号内为聚类地级市层面的稳健性标准误;*** 、** 、* 分别表示在1%、5%和10%的显著性水平上显著;省略常数项。

2.企业效应

空气污染的重要来源之一是工业企业的污染排放(蔡海静等,2019)。撤县设市使地方政府在税费政策、招商引资、监管审批等领域拥有更多自主权限。在经济增长的目标驱动下,地方政府一方面加大招商引资力度吸引工业企业投资入驻,另一方面则有可能通过放松审批、监管、执法使污染企业扩大生产。由此,当地工业企业的数量与产值不断上升,在带动地方经济增长的同时,也加剧了空气污染。

基于中国工业企业数据库(2006—2013)的原始数据,首先,参考现有文献(Cai & Liu,2009;Brandt et al.,2012)对企业数据进行匹配清理,删除关键变量缺失的样本;其次,根据2011年国民经济分类代码统一企业的行业代码划分污染行业;最后,基于2019年民政部行政区划代码统一企业所属地区的区划代码将所有企业匹配至区县一级。根据两次全国污染源普查公报的披露信息,将电力、热力生产和供应业(44),非金属矿物制品业(30),黑色金属冶炼和压延加工业(31),煤炭开采和洗选业(6),化学原料和化学制品制造业(26),石油、煤炭及其他燃料加工业(25),橡胶和塑料制品业(29),有色金属冶炼及压延加工业(32),造纸及纸制品业(22),农副食品加工业(13),木材加工及木竹藤棕草制品业(20)等11个行业划分为空气污染行业,并将企业相关指标加总至县级层面。

整体而言,撤县设市使当地规模以上工业企业数量增加,如表6.10列(1)

所示,地方政府的招商引资促使大量工业企业进驻;污染企业的数量也随之增加,见表 6.10 列(2)结果,地方政府放松对污染企业的审批监管执法以换取更多企业落地投资;污染企业产值占当地 GDP 比重也显著增加,见表 6.10 列(3)。因此,撤县设市后地方工业企业及其污染企业的增加与产值的提高,导致当地的空气污染程度加重。

表 6.10　企业效应

变量	(1) 工业企业数量	(2) 污染企业数量	(3) 污染企业产值 占 GDP 比重
pp	12.4831** (1.970)	0.2380** (2.089)	0.7908** (2.392)
$Observations$	17280	17639	17466
R^2	0.9089	0.8764	0.6595
控制变量	是	是	是
县域固定效应	是	是	是
年份固定效应	是	是	是

注:括号内为聚类地级市层面的稳健性标准误;***、**、*分别表示在 1%、5% 和 10% 的显著性水平上显著;省略常数项。

（二）异质性分析

地理位置的不同可能导致同样的政策在不同地区产生差异化的效果(唐为、王媛媛,2015)。环境污染的外部性使得各类边界污染、跨域污染问题尤为突出(Kahn et al.,2015;金刚等,2022)。我们基于中国的行政区划矢量图,利用 R 语言计算样本县域是否位于省界或市界,进行分组回归,讨论撤县设市改革的异质性效果。结果如表 6.11 列(1)与列(4)所示,位于省界或市界的县域,改革加剧了当地的空气污染。这可能是因为此类县域位于行政区边界,空气污染的外部性责任较省内或市内县域更难以厘清,并且当地对污染企业的监管相对较弱。撤县设市的权限下放进一步刺激当地招商引资发展经济,空气污染程度随之加重。

表 6.11　异质性分析

变量	(1) 省界县域	(2) 非省界县域	(3) 非市界县域	(4) 市界县域
pp	3.1553*** (2.609)	1.1461 (1.393)	0.0963 (.108)	3.0100*** (3.092)
$Observations$	7476	10163	8763	8876
R^2	0.9680	0.9618	0.9614	0.9669
控制变量	是	是	是	是
县域固定效应	是	是	是	是
年份固定效应	是	是	是	是

注:括号内为聚类地级市层面的稳健性标准误;***、**、*分别表示在1%、5%和10%的显著性水平上显著;省略常数项。

五、研究结论

行政区划改革是否以及如何影响环境治理效果,长期以来并没有引起学界的足够重视。在少数相关研究中,结论也存在一些争议。本研究以撤县设市为例,分析行政区划改革以及伴随的行政扩权对生态环境的影响。研究发现,撤县设市导致了空气污染的加剧。相较于未改革的县域,改革县域的空气污染程度增加了约5.07个百分点。经过因变量置换、平行趋势检验、安慰剂检验、排除空间溢出效应等,结论依旧成立。机制分析表明,撤县设市后地方政府的管理权限和自主性扩张,在经济目标考核下,地方政府一方面在土地出让上强化招商引资功能,增加工矿土地出让面积,并通过更多的协议出让与挂牌出让,吸引工业投资;另一方面,经济社会管理权限的下放强化了地方政府对企业的吸引力,在地方经济发展的同时集聚了大量的工矿企业,使潜在的空气污染源增加。异质性分析显示,在省边界或者地级市边界地区的县域空气污染恶化更为明显。这表明行政边界的污染问题依旧严重,污染的外部性问题有待解决。在未来的行政区划调整中,决策者需要从整体性视角来思考改革的绩效,为地方政府设定合理的行为边界或激励机制,使地方政府在发展经济的同时兼顾环境治理。事实上,这也是当下中国大力建设生态文明的应有之义。

第三节　市域行政区划改革生态风险的防范策略

生态风险具有潜藏周期较长、精准识别困难、多重因素叠加等特点,容易在市域行政区划改革中被忽略。然而,生态风险一旦爆发,则可能对区域生态系统造成不可逆的伤害。因此在市域行政区划改革中,亟须健全防范生态风险的政策体系。一方面,明确生态风险的责任分配;另一方面,为解决生态风险的外部性问题提供多方协作的架构。同时,要构建科学的生态风险评估机制,以规范化、流程化的方式对潜在生态风险进行评估,并通过构建生态风险评估指标体系,为生态风险的事前预警与事后处置提供参考标准,从而为风险防范提供明确的行动指南与经验参考。在改革中及改革后,则需要改进区域内地方政府的激励机制,引导地方政府主动参与环境治理,并且激活社会的监督作用,推动生态风险防范政策落地。

一、健全防范生态风险的政策体系

作为一项重要的政策,市域行政区划改革的目标之一是促进经济社会发展。在多数情况下,地方政府对生态风险的注意力分配不足,需要在其他层面尝试新的政策工具加以弥补。也就是说,需要健全防范市域行政区划改革生态风险的政策体系,最小化生态风险的负面影响。结合市域行政区划改革的实际,一是借鉴领导干部自然资源资产离任审计制度,试点行政区划改革领导干部生态责任审计制度,落实生态责任至具体个人;二是在市域行政区划改革中,构建地方政府区域生态协作机制,防范生态风险中潜在的外溢性问题。

(一)行政区划改革的领导干部生态风险责任审计制度

领导干部是市域行政区划改革的决策者,在缺乏生态责任审计的制度约束下,可能会在决策过程中热衷经济社会发展而忽视潜在的生态风险。审计作为委托代理关系中事后检查代理人是否履行责任的重要工具(Flint,1988),有助于减少代理人潜在的投机行为。在2015年《生态文明体制改革总体方案》中,自然资源资产离任审计作为一项重要的制度安排在全国试点和推广。在该制度中,"离任"的内涵相对广泛,不仅是离任必审,也包括对领导干部任职期间的审计(黄溶冰等,2019)。因此,为更好地防范生态风险,需要尝试针对市域行政区划改革生态风险的特征,制定领导干部生态风险责任审计制度(见表6.12),从而推动地方政府在改革中分配注意力资源于生态风险防范之中。

表6.12　行政区划改革的领导干部生态风险责任审计制度

审计领域	大气环境、水环境、土壤环境、自然资源利用效率
时间范围	根据不同类型的行政区划改革方式,从改革起一至五年内
审计组织	由上两级审计机关负责,省级审计县级、地市级审计乡镇级
审计对象	行政区划改革中负责决策的党委、政府主要领导干部
审计内容	生态环境的变化程度、自然资源开发利用情况、风险预案制定情况、风险危机应对处置情况
责任主体	对主要领导干部在生态风险防范中的表现作总体评价
硬性指标	结合市域行政区划改革的实际,在雾霾浓度、森林草场覆盖率、水质指标上进行划定
等级标准	可以分为优秀、良好、一般、较差、差五个等级

资料来源:基于黄溶冰等(2019)关于自然资源资产离任审计(试点)的基本要求修改而成。

不同于自然资源资产离任审计由省级审计机关统一组织,市域行政区划改革应当采取下审两级的政策安排。一是市域行政区划改革中的改革层级所在政府及其上级政府,通常是改革政策的发起人,受共同利益驱使有上下合谋的可能性。例如乡镇撤并、撤乡建镇不仅需要乡镇层面的领导干部发起,还需要县级领导干部支持,才能将改革请示按照既定流程不断向上流转。因此,由上两级政府的审计机关展开审计可最小化干扰行为,确保生态风险审计的客观性;二是地方政府存在多层级的组织架构,信息的传递链条较长且容易出现信息不对称,下审两级可适当减少信息传递的层级,有利于减少信息隐瞒导致的审计偏差问题。在时间范围上,由于不同类型市域行政区划改革的影响存在时间差异,可依据层级的差异选定时间范围。整体而言,改革层级越高,审计周期越长。在高层级的市域行政区划改革中,改革生态风险的综合审计判定需要更多的信息来源以明确潜在的责任主体,从而确保生态风险责任审计的有效性与针对性。

(二)行政区划改革的地方政府区域生态协作机制

生态风险不仅存在潜伏期,而且具有严重的外溢效应。例如,空气污染随着气象条件的变化而飘散至周边区域;水体污染沿着水系分布向下游扩散;地下煤炭资源开采跨越行政边界等。在缺乏明确的法律法规下,特定行政区划内的地方政府无权干涉周边区域的地方政府。并且,在某些特定的情况下,生态风险的溢出难以明确划分污染责任,比如大气的跨域污染。为防范改革中潜在的生态风险,亟须建立生态协作机制。

第一,制定生态风险防范的多主体合作体系。明确在改革中防范生态风险的参与主体,各自承担的义务、责任以及相应的权力,并搭建合作的制度框架。在市域行政区划改革中,党政主要领导是重要的责任主体,是多主体合作最主要的行动者。可以建立生态风险防范的联席会议机制,区域内地方政府可通过交流平台沟通信息,节约横向或纵向的交易费用,促进彼此之间的决策协调。这也有助于及时反馈市域行政区划改革中生态风险的演变,便于信息的更新迭代,从而可依据具体生态风险采用对应政策工具加以处置。

第二,明确防范生态风险的量化指标。市域行政区划改革生态风险的防范需要相应的量化指标,即基于环境工程技术判定潜在风险的值域范围,从而为地方政府的行动提供明确的目标指导。例如,PM2.5平均浓度控制在某个区间范围;规定污染天数不得超过特定比例;流域内水质指标不能超过特定值等。基于明确的量化指标,改革中的生态风险才能被衡量,从而为多主体的协作提供具体的行动参考。

二、构建防范生态风险的评估体系

生态风险评估可用定量方法测度环境所受潜在风险的大小,并提前预判风险来源,帮助降低潜在生态风险的危害(任景明等,2013)。在市域行政区划改革中,构建生态风险的评估体系,一方面可以在源头上识别潜在的风险来源,避免生态风险给环境与人类带来的负面影响;另一方面则可以指导生态危机爆发蔓延时的应对,为多元主体协作提供量化指标参考。具体而言,一是建立生态风险评估的流程步骤,二是构造生态风险评估的指标体系。

(一)建立生态风险评估的流程步骤

美国环境保护署曾于1998年颁布《生态风险评价指南》,将风险评估分为三个阶段:问题形成、分析、风险表征(刘晨宇等,2020)。在问题形成中,强调整合已获取的信息,构建概念模型与评价终点,从而制定相应的分析计划;在风险分析阶段,需要判断生态系统及其受体受影响程度,可从暴露程度与影响程度两个方面分析,在方法上则需要暴露分析与生态响应分析加以支撑;在风险表征阶段,根据分析进行风险估算与风险描述。在这三个过程中,数据信息的收集、校验和监测始终都在进行。该风险评估方法强调数据信息的收集以及分析方法的改进,还有流程步骤的重要性。因此,根据市域行政区划改革的制度背景,可以构建如图6.4所示的生态风险评估的流程步骤。

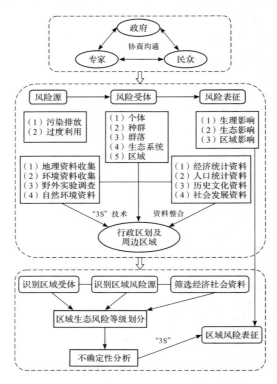

图 6.4 生态风险评估的流程步骤

资料来源:改编自董玉瑛、白日霞(2019)。

风险源可简要分为污染排放与过度利用。风险受体是指受到生态风险影响的对象,不局限于人类社会。风险表征是指对具体受体的影响表现,而区域风险表征则是诸多风险的混合呈现。"3S"技术主要是指遥感(RS)、全球定位系统(GPS)和地理信息系统(GIS)三种空间分析技术。上述流程步骤可作为行政区划改革前生态风险评估的参考。最关键的是,使用精确的测量手段获得丰富的生态环境信息,从而进行综合判断。

（二）构建生态风险评估的指标体系

指标体系有助于明确生态风险的阈值，帮助决策者在市域行政区划改革中厘清某种生态风险爆发的临界范围。一方面，提供生态风险的预警；另一方面，提供潜在的处置方式。对于具体生态风险的评估，可利用经典的"风险＝概率×损失"的二维框架（刘迪等，2020）。利用数据测量潜在生态风险的大小，并基于当地的生态环境与经济社会发展水平构建一个标准值，作为生态风险评估的参考指标。该指标可根据改革的不同方式及其地理位置差异制定。表6.13为构建该指标体系提供了一个可能的参照。

表 6.13　生态风险评估指标体系

一级指标	二级指标		单位	临界值范围设定
资源开发利用风险	单位 GDP 能耗		吨标煤/万元	
	单位工业增加值新鲜水耗		m³/万元	
	农业灌溉水有效利用系数			
	主要农产品中有机、绿色及无公害产品种植面积所占的比重		%	
	农村生活用能中清洁能源所占比重		%	
	森林覆盖率	山区	%	
		丘陵区		
		平原地区		
	受保护地区占国土面积比例	山区及丘陵区	%	
		平原地区		
	城镇人均公共绿地面积		m²	
	化肥施用强度（折纯）		千克/公顷	
	人口自然增长率		‰	
	秸秆综合利用率		%	

续表

一级指标	二级指标	单位	临界值范围设定
环境污染风险	城市空气质量达标率	%	
	二氧化硫（SO_2）排放强度	千克/万元（GDP）	
	雾霾（PM2.5）超标天数占比	%	
	城镇污水集中处理率	%	
	工业用水重复率	%	
	城镇生活垃圾无害化处理率	%	
	工业固体废物处置利用率	%	
	规模化畜禽养殖场粪便综合利用率	%	
	集中式饮用水源水质达标率	%	
	村镇饮用水卫生合格率	%	
	农村卫生厕所普及率	%	
	环境保护投资占 GDP 的比重	%	
	噪声达标区覆盖率	%	

资料来源：改编自夏南凯（2016）：122 以及生态环境部①关于生态环境的指标体系。

　　临界值范围并未在表中给出，可由各级政府根据实际情况设定，从而为防范生态风险提供具体指引。基于临界值范围，可以设定对应的风险程度。比如，可分为 1 至 4（从小到大）的风险等级排序。在改革过程中，密切关注生态风险程度的变化，提前为解决生态风险做好准备。

三、改进防范生态风险的激励机制

　　生态风险难以精确衡量，可能在不知不觉中对当地环境造成不可逆的损失，从而削弱市域行政区划改革的政策效果。而且，生态风险具有极强的负外部性，在缺乏适当激励机制时，区域内的多方主体可能没有风险防范的动力。因此，需改进原有的地方政府考核机制，将防范处置生态风险灵活"内嵌"于目标责任体系，并辅以生态补偿机制引导地方政府间协作，从而实现地方政府的激励兼容。同时，激活社会力量，发动专家学者和居民主动参与风

---

　　①　生态环境部. 关于印发《生态县、生态市、生态省建设指标（修订稿）》的通知. （2007-12-26）［2021-10-08］. http://www. mee. cn/gkml/zj/wj/200910/t20091022_172492. htm.

险防范过程,从而撬动社会力量以补充政府资源的不足。

（一）实现生态风险防范的激励兼容

市域行政区划改革发生于省级以下,地方政府是主要发起者与执行者。在实践中,地方政府的行动逻辑主要由上级的考核机制塑造,即政治激励与经济激励。政治激励更多指科层体系中上级对下级在政治层面的奖励,如职位晋升、荣誉颁发等（O'Brien & Li,1999;冉冉,2013）,经济激励则更多表现在财政层面。原有考核机制较多聚焦于地方的经济社会发展,这意味着地方政府需要集中资源推动区域的工业化与城镇化,以便实现区域发展目标（Li & Zhou,2005）。区域发展需要利用各种资源并排放污染物,而地方自然资本的再生能力又取决于地理区位。地方政府侧重于区域发展目标,可能会快速消耗自然资本,诱发潜在的生态风险。因此,一方面,需要在考核层面将生态责任融入考核体系,促使地方政府配置更多资源在生态风险的防范上。另一方面,则可以在生态补偿机制上调动地方政府参与生态风险防范的积极性,缩减市域行政区划改革对生态的负面影响。

在考核层面上,首先,在行政区划改革的考核中适当增加生态风险防范的比重。设立资源环境考核指标,如万元地区生产总值用地量、年度造林合格面积任务完成率、城市建成区绿化覆盖率、万元规模以上工业增加值能耗、万元规模以上工业增加值能耗降低率、水资源利用综合指数（包括万元工业增加值用水量、农田实灌面积、地下水位升降幅度等内容）、环境综合指数（包括环境空气质量及二氧化硫、化学需氧量、氨氮、氮氧化物、烟尘、工业粉尘等6项主要污染物排放削减率）等。通过详尽的量化指标设定,督促地方政府在改革中考虑资源利用与污染排放问题。其次,对不同改革方式或改革区域采取分类考核,平衡经济社会指标与资源环境指标的冲突,兼顾经济社会发展与生态环境保护两大目标。由于不同的改革方式和改革区域存在差异,在指标的权重设定上应当突出分类考核。根据中央或省级政府的政策,对区域功能进行差异性定位,从而分类设定相应的指标权重。比如,山西将全省119个县域划分为重点开发县域、限制开发的农产品主产县域、限制开发的重点生态功能县域三种类型;云南将全省区县划分为重点开发区县、农产品主产区县、重点生态功能区县。在指标权重上,生态功能县域更关注资源环境指标,避免县域政府在考核中采取投机行为。最后,对生态环境指标进行动态考核,即进行月度抽查与年度审查。传统的考核方式主要集中在年末,可能会导致改革区域内的地方政府在日常运转中选择性忽视,在年末集中资源突击完成相应生态风险防范指标,而忽略了生态风险自身的累积性问题。月度抽查则可以督促地方政府时刻关注生态风险防范问题,减轻生态风险的累积程度,尽可能防范生态风险的集中爆发。

生态风险的防范不仅需要投入财政资金,还可能影响企业布局和地方经济发展。需要基于相应法律法规,测算不同地方政府在合作中的潜在成本与预期收益,以区域间转移支付的方式进行生态补偿。首先,建立生态风险损失的核算机制。在市域行政区划改革中,生态风险有待基于评估体系一以货币形式核算。并且,要基于环境工程知识对生态风险的潜在影响主体进行核算,从而明确区域内各主体的潜在损失,为生态补偿提供客观标准。市域行政区划改革后,部分区域需要在发展规划上对产业选择进行自我约束,以免造成地方的潜在经济损失。比如,流域上游需要限制本地化工、金属冶炼等产业的发展,以确保不对下游水质产生太大影响。下游地方政府则需要根据核算情况进行横向的生态补偿,通过财政转移、定向购买等方式弥补上游的损失,实现利益的平衡与协调。其次,强化高层级政府的主动引导。在市域行政区划改革中,生态风险的潜在影响主体可能在行政等级、政治资源上存在较大差异,或者彼此之间并没有行政上的隶属关系。所以,生态补偿协作需要高层级政府加以引导。例如,从一个县域切出一块设立县级市之后,新县级市与原县级单位的行政等级相同,彼此互不隶属,需要地级市层面引导生态补偿机制的运作。最后,构建多样化的生态补偿机制。这可以为市域行政区划改革生态风险的防范提供多种政策工具。例如在改革中,上游政府与下游政府就水质质量设置对赌协议,倘若行政区边界断面的水质指标(污染指标)在某一时间段内均值超过一定数值,上游政府需要向下游政府赔偿,反之则由下游政府对上游政府给予相应补偿。针对改革后行政区边界调整导致的矿藏资源或林业资源的重新分配,可考虑由相应的地方政府联合出资成立开发公司,根据生态资源的地理分布或友好协商各占不同的股份,从而避免地方政府在改革前后对生态资源的过度利用与开发,鼓励地方政府之间合作防范生态风险。

（二）激活社会主体监督的补充作用

不同群体对生态风险的感知程度与承受能力存在差异,同样的生态风险对不同社会群体的威胁也各不相同。在实践中,"邻避运动"屡见不鲜。例如废水处理厂的选址,对地方政府与排污企业而言,只要污水处理满足国家规定的指标即可。但对周边居民而言,却是可感知可接触的污染风险。因此,彼此存在诉求差异。在行政区划改革中,虽有上级政府的纵向考核监督以防范生态风险,但仍需适当激活社会力量,用社会群体的感知差异与地方知识弥补政府防范生态风险的潜在不足。

一是构建专家智库,夯实生态风险防范的科学基础。生态风险防范是一个涉及环境工程等多学科交叉的过程,需要专业知识来进行科学论证与方案规划。在改革前后,地方政府应强化与高校、公司、智库等方面的合作,成立相应的专家和专班团队,根据潜在生态风险进行方案论证,做好应急预案,从而最大限度地降低生态风险。二是发挥地方人大、政协、党代会等制度化表达渠道的作用。生态风险的复杂性意味着信息存在极大的非对称性,风险防范难以做到全局最优,而当地企业或民众可为风险防范提供补充信息。通过人大、政协等制度化渠道,地方民众在表达利益诉求的同时,传递相应信息,促使地方政府意识到生态风险防范中的缺漏。三是鼓励专业社会组织参与防范生态风险。在部分领域,一些专业社会组织(如绿色环保组织)具有较强的技术优势。地方政府可采取政府购买服务的方式,将部分生态风险防范工作转移给专业的社会组织承担。一方面,利用专业化分工提升生态风险防范效率;另一方面,塑造契约合作关系,共同应对潜在的生态风险。

第七章 结论与展望

行政区划本身就是一种重要的资源。市域行政区划改革承载着国家和地方治理的多重目标,已成为进一步提升城市与区域综合竞争力的重要手段。本书在系统梳理市域行政区划及其改革实践的基础上,对改革可能产生的经济风险、政治风险、社会风险、文化风险、生态风险及其相应的防范策略,进行了系统的阐述。

第一节 主要结论

【结论1】"市域"既包括直辖市、地级市的城区,也包括直辖市与地级市下辖的县(市)和乡镇(街道)。近几年来,我国市域行政区划改革具有四个典型的特点:(1)通过财政省管县和行政市管县的协调并举,在活跃县域经济的同时,强化中心城市的统筹作用;(2)以县(市)改区为主增加市辖区的数量,或以区界重组为主,调整市辖区规模,优化中心城市空间结构;(3)深入推进新型城镇化建设,将具备条件的县和特大镇有序设置为市,推动大中小城市协调发展;(4)通过乡镇街道撤并或改设,精简政府机构并理顺职能,实现基层治理体系和治理能力的现代化。

【结论2】由于信息不对称、地区差异大和利益关系错综复杂等,当前市域行政区划改革面临着五大风险:(1)经济绩效不确定;(2)公众参与不充分;(3)社会秩序不稳定;(4)历史文化不延续;(5)生态保护不全面。为有效防范这五类风险,需要将防控意识贯穿到市域行政区划改革的全过程中:在改革前,统筹协调各利益相关者的责权利关系,充分评估改革可能引发的各类风险,提前做好防范;在改革中,应以渐进有序的方式推进各项举措,降低区划调整和体制转轨对生产、生活和生态的冲击;在改革后,科学全面地评估改革绩效,围绕经济、政治、社会、文化、生态形成高效的反馈修正机制。

【结论3】绩效悬疑存在于两个层面:其一,在实践层面上,行政区划改革能否促进经济增长是存疑的;其二,在理论层面上,对行政区划改革与经济增长两者关系的研究结果是存疑的。在改革中,成本与收益的经济算术、激励与控制的政治平衡、数据与方法的学术分歧贯穿改革绩效悬疑和经济风险的产生。实证结果表明,行政区划改革对经济发展的影响存在诸多不确定性,其经济绩效受制于具体的改革措施以及当地的经济社会条件。通过构造准自然实验,研究发现:县(市)改区对被撤并县(市)经济发展的影响具有不确定性;行政区划改革和管理体制之间的互动共同作用于县(市)的发展;受到区位异质性和市县强弱关系等因素影响,东部和东北地区的强县保留省管县财政体制的意愿和能力更强,且对经济发展具有更为显著的促进作用。通过选取杭州、宁波、南京、苏州作为研究对象,利用其下辖区(县、市)1999年至2019年的面板数据,采用双重差分法(DID),探索县(市)改区对产业结构的影响及其机制。结果显示:县(市)改区在总体上没有对产业同构产生显著影响;在时间效应方面,县(市)改区对产业同构的影响存在8年滞后期;这一影响具有异质性,只有杭州的县(市)改区对产业同构产生了显著正向影响。机制分析认为,政府行为与市场机制共同影响了产业同构程度。如果地级市政府倾向于在新设区布局第二产业,且在市场机制下出现产业转移,那么,被撤县(市)易走向与主城区的产业分工或产业不同构;如果地级市政府倾向于在新设区布局第三产业,且在市场机制下出现产业扩散,则被撤县(市)易走向与主城区的产业同构。

【结论4】在现有研究中,行政区划改革绩效评估结果参差不一,甚至大相径庭。造成这一矛盾现象的原因很大程度上来自测量指标的选择。在未来的学术研究中,需要不断改进测量方式,推进不同视角下的绩效评估研究的理论对话。样本改良是尽量减少测量偏差、实现绩效清晰化的基石,可以从校正样本偏误、寻求替代数据、拓展样本数据范围三个方面入手。计量方法将直接影响评估的准确性,因而方法优化是绩效清晰化的重要措施,比如:多种方法结合,提高识别策略的有效性;增加RDD与SCM的使用;Meta-Analysis方法的引入。在改革的决策中,一是充分汲取地方知识,引入专家群体强化改革方案的科学论证;二是重视制度转轨过程,防范由制度摩擦造成的经济风险。在市域行政区划改革中,还需要未雨绸缪,再造风险管理流程,尽可能规避相关改革产生的经济风险。

【结论 5】市域行政区划改革是一个政治过程,涉及市域范围内权力关系的重大调整和利益资源的大规模重置,包含中央政府与地方政府、上级政府与下级政府、政府与市场、政府与社会等各方的复杂博弈。改革中的政治风险主要表现为:决策封闭导致公众参与不足,引发政治合法性风险;政府间的博弈关系复杂,引发政治目标偏移风险;经济社会等各类风险传导,造成叠加性政治风险。在宏观层面上,压力型体制成为市域行政区划改革封闭决策的制度背景;在中观层面上,弹性治理给予市域行政区划改革封闭决策的可操作空间;在微观层面上,改革性质决定了市域行政区划封闭决策具有一定合理性。实践中,封闭决策呈现出四重"参与悖论":为避免风险而排斥公众参与,反而提升了公众对抗的风险;人民民主内含公众广泛参与,但制度效能未充分彰显;公众参与少的部分改革决策,却依然拥有良好的实践绩效;地方政府拥有三种不同角色,反而造成其改革话语权残缺。另外,在上下级政府的博弈中,下级政府基于"理性人"选择,会在行政区划调整中采取相应的策略维护自身利益,而忽略行政区划本应具备的维护政治统治、提供公共服务、保护生态环境等功能,从而造成行政区划调整的目标扭曲,比如政治属性相对弱化、过于强调经济导向、热衷追求行政级别等问题。

【结论 6】在市域行政区划改革决策过程中,应充分发扬全过程人民民主,广泛听取各方意见建议,防止因参与不足而引发政治合法性风险,为市域行政区划改革走向民主化、科学化、法治化奠定坚实的基础。具体地看:一是要在市域行政区划改革中践行全过程人民民主。全过程人民民主是社会主义民主政治的本质属性,具有主体的全民性、范围的全域性、形式的全面性、环节的全程性等特点。将全过程人民民主嵌入行政区划改革过程中来,可以从强化全过程人民民主融入市域行政区划改革的意识、完善市域行政区划改革接纳公众参与的制度设计、提高市域行政区划改革主体的公众接触能力三个方面展开。二是要在市域行政区划改革中嵌入治理理念与机制。政府、企业、社会组织和公众等多元行动主体,通过参与、协商、信任、合作的网络化机制,助推国家和区域的善治。行政区划治理的基本架构是一种"非对称性网络治理"结构。需要进一步明确行政区划改革的流程,明确不同层级政府的权限,探索建立更加公开透明、社会广泛参与的行政区划改革制度。在实践中,应将治理理念融入市域行政区划改革的整个流程,通过弹性化设计增加多元主体之间的协商空间,从低层级区划调整入手为整体制度设计积累经验。

【结论7】社会风险是指由区划改革导致的,社会期望收益未能得到满足而产生的社会冲突和危及社会稳定的可能性。行政区划以空间治理为载体,对公共权力和利益进行再分配。通过作用于人口流动、城乡融合、公共服务等方面,行政区划改革对社会发展产生复合影响。区划调整若开展不当,在实施过程中偏离预期或者政策出台前未进行风险评估,就可能导致一系列潜在的不稳定因素爆发,极易引发集体"散步"、社会骚乱、群体性事件等危害社会秩序的行动。本书通过对20个冲突事件的模糊集定性比较研究,探讨了文化冲突、实力冲突、调整强度、意见征求、尺度降格和驻地变迁对社会风险的联动效应及影响路径,识别出高社会风险的"强调整—强降格"和"强调整—强迁移"的驱动路径以及"强参与—弱迁移"、弱调整和强互补的抑制路径。研究发现:非意见征求是高社会风险的单因素路径,其他五个条件具有多重并发性,形成驱动高社会风险的不同路径;各条件对社会风险的影响存在差异,高/非高社会风险的因果机制存在非对称性。

【结论8】确保区划调整的社会稳定是有序推动市域行政区划改革的先决条件。行政区划调整的社会风险防范,既要回应诉求和惠及民生,还要尊重行政区划的本质,从社会稳定风险评价、意见征求、公众参与、资源配置、调整手段和基层政务服务等方面着手。一是健全"稳评"机制,提高"稳评"效力;二是完善意见征求机制,拓宽公众参与渠道;三是打破行政区经济模式,逐步改变资源配置方式;四是尽量减少高位区划变更,深入推进都市圈和新型城镇化建设;五是谨慎稳妥开展基层区划调整,严谨细致做好"后半篇"文章。

【结论9】文化是动态和有机的整体。伴随着城市发展和文化演变,人们在努力消除外部困境和不确定性的过程中,又会造成新的风险和危机。过去一段时期,地方政府及开发商对具有地方特色印记的文化资源认识不足,导致不少地方特色文化湮灭在区划调整和城市开发建设浪潮中,大量人文景观的历史文化价值被过度商品化,出现不同城市"千城一面"的空间风貌。换言之,城市文化风险是城市空间生产的"副产品"。在行政区划调整过程中,地域空间的重组带来了地名变更和社会融合等问题。人们对地名的保护以及对生活在"本地"居民身份的认可,容易引致文化排异。如果政区更名忽视了对地名历史的传承,则可能出现"名实分离"。区界重组忽视文化因素的话,可能会引起原住居民排斥新居民,或新居民找不到归属感。所以,市域行政区划改革既要重视地名变更的文化传承,还要注意新居民的文化适应。

【结论10】为积极稳妥地优化空间治理秩序,各级政府在推动行政区划改革时,应当充分重视防范各类文化风险。一是进一步规范地名的变更,充分挖掘政区的历史文化价值。这需要做好地名规划工作,理顺地名管理体制,完善地名变更的法律法规,健全地名变更的程序机制,提高地名变更标准的技术水平。二是培养城市观念意识,促进"上楼农民"城乡文化价值的和谐内嵌。政府和社区应在农民"文化进城"的问题上发挥好引导作用,即转变"上楼农民"的文化理念、培育"上楼农民"的公共精神、合理利用乡土文化的治理功能。三是构建身份认同的文化场域,为"混合社区"的文化重构提供交流平台。完善社区公共文化服务,组织开展多元文体活动;构建以趣缘、业缘和新老市民等关系为主的交往场域,在增强社区归属感的同时,帮助他们适应城市的社区文化;建立社会融入的社区支持系统,帮助"上楼农民"和外来人员适应城市社区文化。

【结论11】市域行政区划改革将直接或间接影响区域生态环境。在改革过程中,人为划分的行政边界常常与大自然的地理边界相矛盾。社会发展需要从生态环境中开发资源,自然资源的开采与利用又与行政边界的划分息息相关。在地方经济发展过程中,过度开采、资源浪费、生态破坏等现象比比皆是。在这些现象背后,还潜藏着行政边界所附着的复杂权力关系。市域行政区划改革重塑了行政边界,边界重塑带来空间中权力关系的变化,权力关系引发生态资源供需失衡、资源争夺、污染外溢等一系列问题。研究发现,撤县设市导致了空气污染程度的加剧。相较于未改革的县域,改革县域的空气污染程度增加了约5.07个百分点。经过因变量置换、平行趋势检验、安慰剂检验、排除空间溢出效应等,结论依旧成立。机制分析表明,撤县设市后地方政府的管理权限和自主性扩张,在经济目标考核下,一方面,地方政府在土地出让上强化招商引资功能,增加工矿土地出让面积,并通过更多的协议出让与挂牌出让,吸引工业投资;另一方面,经济社会管理权限的下放强化了对企业的吸引能力,在地方经济发展的同时集聚了大量的工矿企业,使潜在的空气污染源增加。异质性分析显示,在省边界或者地级市边界地区的县域空气污染加剧更为明显。

【结论12】在市域行政区划改革中,需要健全防范生态风险的政策体系,为区域内多方行动主体提供制度框架。一方面,明确生态风险的责任分配,建立领导干部生态风险责任审计制度;另一方面,解决生态风险的外部性问题,建立地方政府区域生态协作机制。同时,要构建科学的生态风险评估机制,以规范化、流程化的方式对潜在生态风险进行评估,并通过构建生态风险评估指标体系,为生态风险的事前预警与事后处置提供参考标准,从而为风险防范提供明确的行动指南与经验参考。在改革中及改革后,则需要改进区域内地方政府的激励机制,引导地方政府主动参与环境治理,并且激活社会的监督作用,推动生态风险防范政策落地。

第二节　未来展望

上海世博会的主题"城市,让生活更美好",人们耳熟能详。从历史演进的角度看,城市是人类文明的象征。所以,这一主题很有号召力。但在实践中,人们经常发现,城市并不一定会让生活更美好。交通拥堵、环境污染、住房困难等诸多城市病,长期困扰着城市政府和居民。事实上,上海世博会的英文主题"Better City,Better Life",能传递出更真切的内在逻辑,即"更好的城市,更好的生活"。也就是说,只有好的城市才会有好的生活,城市让生活更美好是有条件的。市域行政区划是对市域范围进行的纵向分层和横向划分,是塑造"好的城市"的空间基础和逻辑起点。

城市是人口居住和工商贸易的聚集地,各种生产要素高度集中且相互交织在一起。但城市最本质的特性,是一定区域内公共权力和公共服务的空间集聚之所。而且,各种生产要素的集聚和权力、公共产品的集聚是个"相互奔赴"的过程。当前,城市与区域治理研究已经出现了"空间转向",即从空间中的生产,到作为产品的空间,然后到空间的生产。市域空间不仅是静态的"容器",其本身是空间生产的结果,它被人类行为塑造,同时又反过来影响人类生活。在市域空间中,弥漫着各种各样的社会关系,行政区划改革的重点不是"在市域中"生产了什么,而是主要关注为何、如何生产出"新的市域空间"。"如何生产"关注行政区划改革的过程,"为何生产"回答行政区划改革背后的逻辑。面对市域行政区划改革可能面临的绩效悬疑、参与不足、社会失序、文化排异、生态破坏等风险,空间治理的现代化也需要统筹发展与安全。

　　中国城市风险化实质是普惠型的城市空间权益体系尚未成熟所引发的社会结构性问题。城市空间发展、调整和修复过程中的不公平、不均衡导致空间结构失衡、功能紊乱及生态失序。因而，可以借助"空间治理创新"解决中国的城市风险化问题（陈进华，2017）。在空间生产的视角下，行政区划改革不仅包括地域层面上对城市空间的重新划分，而且包括尺度层面上对社会关系和制度结构的系统重塑。可以将政府、市场与社会的行动，权力、资本、权利的三重逻辑整合起来，进行系统性分析。在实践中，合作与互制是政府（权力）和市场（资本）的互动逻辑，监督与回应是政府（权力）和社会（权利）的互动逻辑，嵌入与互渗是市场（资本）和社会（权利）的互动逻辑。市域行政区划改革不仅是政府、市场、社会主体相互博弈的结果，而且会不断重塑三类主体自身及其相互关系。这一三元互动逻辑（见图 7.1），可以为未来市域行政区划改革的研究提供独特的分析框架。另外，伴随大数据、人工智能等新一代信息技术的发展，未来可以进一步提升风险评估的精确性和系统性，也可以尝试构建大数据和人工智能技术驱动下的风险防控体系。

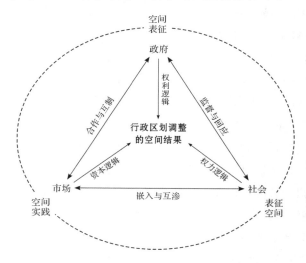

图 7.1　市域行政区划改革的三元互动框架

资料来源：吴金群、巢飞（2022）。

参考文献

[1]安塞尔,加什.协同治理:理论与实践//王浦劬,臧雷振.治理理论与实践:经典议题研究新解.北京:中央编译出版社,2017:330-357.

[2]包国宪,王智孝.政府迁移能否带动区域经济绩效？——基于双重差分法的实证分析.公共行政评论,2020(4):2-21.

[3]鲍宗豪,赵晓红.现代性视域下的中国社会秩序重建.社会科学,2014(5):84-92.

[4]博曼、雷吉.协商民主:论理性与政治.陈家刚,译.北京:中央编译出版社,2006.

[5]薄贵利.稳步推进省直管县体制.中国行政管理,2006(9):29-32.

[6]步丹璐,狄灵瑜.官员交流与地方政府职能转变——以地区招商引资为例.财经研究,2018(9):137-152.

[7]才国伟,黄亮雄.政府层级改革的影响因素及其经济绩效研究.管理世界,2010(8):73-83.

[8]才国伟,张学志,邓卫广."省直管县"改革会损害地级市的利益吗?.经济研究,2011(7):65-77.

[9]蔡海静,汪祥耀,谭超.绿色信贷政策、企业新增银行借款与环保效应.会计研究,2019(3):88-95.

[10]蔡嘉瑶,张建华.财政分权与环境治理——基于"省直管县"财政改革的准自然实验研究.经济学动态,2018(1):53-68.

[11]蔡嘉瑶.中国式财政分权与环境治理.武汉:华中科技大学学位论文,2018.

[12]曹祺文,张曦文,马洪坤,等.景观生态风险研究进展及基于生态系统服务的评价框架:ESRISK.地理学报,2018(5):843-855.

[13]昌敦虎,武照亮,刘子刚,等.推进中国环境治理体系和治理能力现代化——PACE2019学术年会会议综述.中国环境管理,2019(5):135-138.

[14]陈潮,陈洪玲.中华人民共和国行政区划沿革地图集1949-1999.北京:中国地图出版社,2003.

[15]陈成文,陈静,陈建平.市域社会治理现代化:理论建构与实践路径.江苏社会科学,2020(1):41-50.

[16]陈登科.贸易壁垒下降与环境污染改善——来自中国企业污染数据的新证据.经济研究,2020(12):98-114.

[17]陈刚,李潇.行政区划调整与重庆市经济发展的再检验——基于劳动生产率视角的分析.中国经济问题,2017(4):40-51.

[18]陈浩然,安宁,朱竑.城市的垂直流动:广州再领域化中的人地关系重构.地理科学,2020(10):1627-1635.

[19]陈浩,孙斌栋.城市区界重组的政策效应评估——基于双重差分法的实证分析.经济体制改革,2016(5):35-41.

[20]陈进华.中国城市风险化:空间与治理.中国社会科学,2017(8):43-60.

[21]陈军亚.国家建制设置的双重功能与城乡融合发展.学海,2020(4):107-112.

[22]陈科霖.中国县(市)改区40年:回顾与思考.地方治理研究,2019(1):2-19.

[23]陈林,伍海军.国内双重差分法的研究现状与潜在问题.数量经济技术经济研究,2015(7):133-148.

[24]陈那波,李伟.把"管理"带回政治——任务、资源与街道办网格化政策推行的案例比较.社会学研究,2020(4):194-217.

[25]陈诗一,陈登科.雾霾污染、政府治理与经济高质量发展.经济研究,2018(2):20-34.

[26]陈帅,张丹丹.空气污染与劳动生产率——基于监狱工厂数据的实证分析.经济学(季刊),2020(4):1315-1334.

[27]陈硕,陈婷.空气质量与公共健康:以火电厂二氧化硫排放为例.经济研究,2014(8):158-169.

[28]陈思霞,卢盛峰.分权增加了民生性财政支出吗?——来自中国"省

直管县"的自然实验.经济学(季刊),2014(4):1261-1282.

[29]陈思霞,卢盛峰."省直管县"弱化了资源的城市偏向性配置吗?——财政转移支付视角.上海财经大学学报,2014(1):87-95.

[30]陈小华.试论我国行政区划调整制度的重构.人民论坛,2013(17):62-64.

[31]陈一新.新时代市域社会治理理念体系能力现代化.社会治理,2018(8):5-14.

[32]陈一新.以新思路新方式开展市域社会治理现代化试点.法制日报,2020-01-03(1).

[33]陈妤凡,王开泳.撤县(市)设区对城市公共服务配置和空间布局的影响与作用机理.经济地理,2019(5):76-86.

[34]陈越柳.分类与秩序:群体认同的行为基础与现代困境.中南民族大学学报(人文社会科学版),2020(4):46-51.

[35]陈振明,公共政策分析导论.北京:中国人民大学出版社,2015.

[36]陈周旺.全方位民主:中国特色社会主义民主的理论体系与制度选择[J].学术月刊,2020(2):68-75.

[37]成伯清.市域社会治理:取向与路径.南京社会科学,2019(11):10-16.

[38]褚英杰,方一兵.从杨庄活动坝看中国近代水位控制工程的设计与实施.工程研究—跨学科视野中的工程,2019(2):180-194.

[39]戴纲.洪江群体性事件处置引发的思考.公安研究,2001(7):65-68.

[40]戴天仕,徐文贤.文化差异与区域协调发展——基于撤地设市自然实验的证据.中山大学学报(社会科学版),2018(4):162-173.

[41]戴伊.理解公共政策.北京:中国人民大学出版社,2009.

[42]邓恩.公共政策分析导论(第四版).北京:中国人民大学出版社,2011.

[43]丁烈云.危机管理中的社会秩序恢复与重建.华中师范大学学报(人文社会科学版),2008(5):2-8.

[44]丁肇启,萧鸣政.省管县新模式"全面直管"改革政策效果分析——基于河南省的研究.公共管理学报,2017(2):14-25.

[45]董光龙,张红旗.基于市域的中国城乡一体化发展水平评价.中国农

业资源与区划,2016(4):69-76.

[46]董玉瑛,白日霞.环境学.北京:科学出版社,2019.

[47]杜运周,贾良定.组态视角与定性比较分析(QCA):管理学研究的一条新道路.管理世界,2017(6):155-167.

[48]段龙龙,王林梅.县(市)改区改革有助于改善地方公共服务供给质量吗?.公共管理评论,2019(2):44-64.

[49]段艺芳,任志远,周晓,等.延安市土地生态风险时空格局演变研究.国土资源遥感,2020(1):120-129.

[50]樊福卓.长江三角洲地区工业分工:1998-2008——省级层面与市级层面比较.产业经济研究,2011(4):8-16.

[51]范逢春,周淼然.撤县设市政策的变迁:历程、逻辑与展望——基于历史制度的分析.北京行政学院学报,2021(5):64-71.

[52]范剑勇,莫家伟.地方债务、土地市场与地区工业增长.经济研究,2014(1):41-55.

[53]范今朝.仁政必自经界始:中国现当代城市化进程中的行政区划改革若干问题研究.杭州:浙江大学出版社,2011.

[54]范今朝,斯灵芝,蒋瑶璐.试论"地方(政区)"的文化意蕴与"合法性"意义——以"县"在中国政区体系中的地位和作用为例.科学·经济·社会,2011(4):186-192.

[55]范今朝,王剑荣,蒋瑶璐.试论中国当代城市化进程中的行政区划"逆向调整"现象——以永康市芝英镇的行政区划调整过程为例.经济地理,2011(11):1798-1804.

[56]范今朝,张锦玲,刘盈军.行政区划的调整与遗产"原真性"的保护——以遗产(地)所在政区的更名对区域遗产保护的负面影响为例.经济地理,2009(9):1558-1563.

[57]范楠楠,虞阳.重启县级市设置:深层难题及其治理策略.社会科学,2017(7):11-17.

[58]范晓光,金卉.隔离与整合:城乡结合部的社区建设——以杭州上城区X社区为例.浙江学刊,2009(2):169-174.

[59]范子英,赵仁杰.财政职权、征税努力与企业税负.经济研究,2020(4):101-117.

［60］方创琳.中国城市发展方针的演变调整与城市规模新格局.地理研究,2014a(4):76-88.

［61］方创琳.中国城市群研究取得的重要进展与未来发展方向.地理学报,2014b(8):1130-1144.

［62］方大春,裴梦迪.我国省际高技术产业同构性的网络结构特征研究.当代经济管理,2020(2):59-65.

［63］方叶林,黄震方,陆玮婷,等.中国市域旅游经济空间差异及机理研究.地理与地理信息科学,2013(6):100-104.

［64］费斯廷斯泰因.协商、公民权与认同//陈家刚.协商民主.上海:上海三联书店,2004:313-333.

［65］冯兰瑞.城镇化何如城市化?.经济社会体制比较,2001(4):6-10.

［66］冯云廷.小城镇化战略的反思与我国城市化发展的战略取向.中国软科学,2000(11):120-124.

［67］干春晖,郑若谷,余典范.中国产业结构变迁对经济增长和波动的影响.经济研究,2011(5):4-16.

［68］高峰.社会失序的机理探析.北京工业大学学报(社会科学版),2014(4):27-30.

［69］高军,王晓丹."省直管县"财政体制如何促进经济增长——基于江苏省2004—2009年数据的实证分析.财经研究,2012(3):4-14.

［70］高琳.快速城市化进程中的"县(市)改区":主动适应与被动调整.经济地理,2011(4):573-577.

［71］高玲玲,孙海鸣.行政区划调整如何影响区域经济增长——来自中国地级以上行政区划调整的证据.经济体制改革,2015(5):66-71.

［72］高祥荣.撤县(市)设区过程中的政府职能关系研究——以浙江省为例.广东行政学院学报,2015(6):23-30.

［73］高祥荣."撤县(市)设区"与政府职能关系的协调.甘肃行政学院学报,2015(3):29-40.

［74］耿曙,陈玮.政企关系、双向寻租与中国的外资奇迹.社会学研究,2015(5):141-163.

［75］耿卫军."县(市)改区"能促进区域发展吗?——基于浙江省1993—2013年县际面板数据的分析.特区经济,2014(9):36-37.

[76]耿艳芳."撤县（市）设区"与经济关系的协调.经济研究导刊,2017（2）:31-33.

[77]顾朝林.论我国空间规划的过程和趋势.城市与区域规划研究,2018（1）:60-73.

[78]顾朝林,邱友良,叶舜赞.建国以来中国新城市设置.地理科学,1998（4）:29-36.

[79]顾元.市域社会治理的传统中国经验与启示.中共中央党校（国家行政学院）学报,2020（4）:111-121.

[80]郭峰,汤毅.地域性城市与县域经济发展:"市领导县"体制再评估.经济与管理研究,2017（3）:43-52.

[81]郭其友,汪阳."县（市）改区"的区域经济平衡增长效应的研究.南京社会科学,2020（9）:39-48.

[82]郭庆旺,贾俊雪.财政分权、政府组织结构与地方政府支出规模.经济研究,2010（11）:59-72.

[83]郭帅新.特大城市新旧城区产业协同发展的动因与作用机制——以南京为例.上海经济,2018（5）:71-88.

[84]郭艳娇,王振宇.省直管县是否能够显著影响经济增长?——基于荟萃回归分析方法.财政研究,2018（6）:32-41.

[85]韩峰,余泳泽,谢锐.土地资源错配如何影响雾霾污染?——基于土地市场交易价格和PM2.5数据的空间计量分析.经济科学,2021（4）:68-83.

[86]韩万渠.政民互动平台推动公众有效参与的运行机制研究——基于平台赋权和议题匹配的比较案例分析.探索,2020（2）:149-160.

[87]杭州市政协文史委员会.一江春水穿城过——杭州市市区行政区划调整史料（1996-2017）.杭州:杭州出版社,2018.

[88]何鉴孜.全球范围内行政区划调整实证研究的述评——主题、理论与发现.公共行政评论,2022（4）:175-194.

[89]何李.市制回调:行政区划改革的弹性因素.理论与现代化,2016（2）:80-85.

[90]何李.政治使命引入市制改革的原因与风险分析.内蒙古社会科学（汉文版）,2019（6）:26-33.

[91]何品伟,虞浔,夏草.城市社会风险防控.上海:同济大学出版

社,2019.

[92]何显明.市场化进程中的地方政府行为逻辑.北京:人民出版社,2008.

[93]何艳玲,赵俊源.差序空间:政府塑造的中国城市空间及其属性.学海,2019(5):39-48.

[94]何艳玲,赵俊源.国家城市:转型城市风险的制度性起源.开放时代,2020(4):178-200.

[95]贺大兴.乡镇撤并改革对农村公共品供给影响实证研究.农业现代化研究,2014(5):568-572.

[96]贺大兴.乡镇撤并改革和农村经济增长.南方经济,2012(10):51-62.

[97]洪泽湖志编纂委员会.洪泽湖志.北京:方志出版社,2003.

[98]侯景新,浦善新,肖金成.行政区划与区域管理.北京:中国人民大学出版社,2006.

[99]胡德,刘君德.政区等级、权力与区域经济关系——中国政府权力的空间过程及其影响.中国行政管理,2007(6):11-13.

[100]胡珺,汤泰劼,宋献中.企业环境治理的驱动机制研究:环保官员变更的视角.南开管理评论,2019,22(2):89-103.

[101]胡森林,滕堂伟.江淮城市群产业结构特征及其优化路径研究.华东经济管理,2016(6):25-31.

[102]胡伟.民主反对参与:现代民主理论的张力与逻辑.天津社会科学,2015(1):99-107.

[103]胡晓玲,徐建刚,童江华,等.快速转型期老工业基地工业用地调整研究——以武汉为例.城市规划,2007(5):40-46.

[104]黄冬娅,杨大力.考核式监管的运行与困境:基于主要污染物总量减排考核的分析.政治学研究,2016(4):101-112.

[105]黄桂婵,胡卫东.我国传统城镇化的特征与新型城镇化的路径探讨.农业现代化研究,2013(6):672-675.

[106]黄惠,何雨.土地财政的历史、逻辑与前景研究.现代城市研究,2018(3):39-42.

[107]黄亮雄,韩永辉,舒元."撤县建市"提升了地方绩效吗——基于广东省73个县(市)的实证分析.学术研究,2013(6):69-74.

[108]黄溶冰,赵谦,王丽艳.自然资源资产离任审计与空气污染防治:"和谐锦标赛"还是"环保资格赛".中国工业经济,2019(10):23-41.

[109]黄晓春.当代中国社会组织的制度环境与发展.中国社会科学,2015(9):146-164.

[110]吉登斯.第三条道路——社会民主主义的复兴.郑戈,译.北京:北京大学出版社,2000.

[111]吉黎,邹埴埸.县(市)改区后地方财力增强了吗?.财政研究,2019(12):61-74.

[112]计小青,赵景艳,乔越.慕"名"而来的经济效应存在吗?——基于合成控制法对县市更名经济效果的分析.旅游科学,2020(5):17-39.

[113]纪小乐,魏建,李欣泽.县(市)改区 VS.切块扩区:地级市扩大市辖区经济发展效应的实证研究.广东社会科学,2018(6):46-57.

[114]贾点点.中国"土地财政"性质及历史作用的政治经济学研究.政治经济学评论,2018(5):170-188.

[115]贾俊雪,宁静.纵向财政治理结构与地方政府职能优化——基于省直管县财政体制改革的拟自然实验分析.管理世界,2015(1):7-17.

[116]贾俊雪,张永杰,郭婧.省直管县财政体制改革、县域经济增长与财政解困.中国软科学,2013(6):22-29.

[117]贾玉英.唐宋时期"道""路"制度区划理念变迁论略.中州学刊,2006(6):147-151.

[118]简新华,曾卫.中国城市化道路之争的辨正——评贺雪峰、文贯中、张曙光的相关论著.学术月刊,2016(11):57-69.

[119]江艇.因果推断经验研究中的中介效应与调节效应.中国工业经济,2022(5):100-120.

[120]江维国,李立清.失地农民社会融入路径异化与内卷化研究.华南农业大学学报(社会科学版),2018(1):59-68.

[121]蒋伏心,苏文锦.长三角高技术产业同构对区域经济增长影响的研究——基于空间计量经济的实证分析.江苏社会科学,2012(3):77-82.

[122]蒋建忠,钟杨.合成控制法及其在国际关系因果推论中的应用.国际观察,2018(4):84-103.

[123]金刚,沈坤荣,李剑."以地谋发展"模式的跨界污染后果.中国工业

经济,2022(3):95-113.

[124]金太军,鹿斌.社会治理新常态下的地方政府角色转型.中国行政管理,2016(10):11-15.

[125]金中坤,徐伟.行政区划调整与区域服务业发展——基于拟合实验法的苏州、常州两市比较研究.经济地理,2015(12):63-69.

[126]景跃进,等.当代中国政府与政治.北京:中国人民大学出版社,2016.

[127]克拉克.牛津世界城市史研究.陈恒等,译.上海:上海三联书店,2019.

[128]孔繁斌.发展全过程人民民主:民主认同的新取向.探索与争鸣,2022(4):12-15.

[129]孔繁斌.全过程民主:政策参与过程优化的新情景.探索与争鸣,2020(12):20-23.

[130]库伊曼,詹托夫特.元治理:价值观、规范、原则及治理选择//王浦劬,臧雷振.治理理论与实践:经典议题研究新解.北京:中央编译出版社,2017:195-216.

[131]匡贞胜,申立,肖莎.资源型地区的结构变迁与行政区划改革——以伊春市为例.经济社会体制比较,2021(4):129-139.

[132]匡贞胜,孙斌栋.新国家空间框架解读中国空间转型现象的再审视.地理科学进展,2021(3):511-523.

[133]匡贞胜,虞阳.中国行政区划改革的内卷化风险及其生成机制.人文地理,2020(2):93-101.

[134]匡贞胜.职能转变、资源配置与特大镇行政体制改革.中国行政管理,2020a(6):19-24.

[135]匡贞胜.中国近年来行政区划调整的逻辑何在?——基于 EHA-Logistic 模型的实证分析.公共行政评论,2020b(4):22-40.

[136]李宝礼,邵帅.行政资源重配、区域市场整合与城市经济增长——来自巢湖市并入合肥市的经验证据.江西财经大学学报,2019(5):22-33.

[137]李宝良,郭其友.因果关系的实地实验与新实证发展经济学的贫困治理之道——2019 年度诺贝尔经济学奖得主主要经济理论贡献述评.外国经济与管理,2019(11):136-152.

[138]李博,石培基,金淑婷.石羊河流域植被生态系统生态风险评价研究.水土保持通报,2013(1):201-205.

[139]李丹."省直管县"改革对市、县经济利益格局分配的研究.财经论丛,2013(5):27-33.

[140]李郇,徐现祥.中国撤县(市)设区对城市经济增长的影响分析.地理学报,2015(8):1202-1214.

[141]李辉霞,蔡永立.太湖流域主要城市洪涝灾害生态风险评价.灾害学,2002(3):92-97.

[142]李佳琪,李嘉瑞,付子龙,王惠玉."县(市)改区"与地区产业结构升级——来自1995-2012年县域数据的证据.中国经贸导刊,2016(17):26-27.

[143]李江涛,汪大海."文化进城":社会组织嵌入与"合村并居"社区农民的市民化.中共福建省委党校(福建行政学院)学报,2021(3):127-137.

[144]李金龙,刘巧兰.防范乡镇撤并中网络舆情风险的话语赋权研究——基于后现代公共行政话语理论的分析.电子政务,2020(2):55-65.

[145]李金龙,闫倩倩.我国乡镇行政区划调整中的激进现象及其消弭.甘肃社会科学,2017(6):219-224.

[146]李金龙,张琦.区域文化:我国行政区划体制改革的重要因素.江西社会科学,2014(4):220-226.

[147]李瑾.托马斯关键公众接触法的启示.人民论坛,2010(32):98-99.

[148]李军丽.行政区划工作应做到"两坚持""一强化".中国社会报,2019-12-02(2).

[149]李俊清.地方政府招商引资绩效考核制度研究——以某自治州为实例的考察.国家行政学院学报,2007(4):75-77.

[150]李丽雅.特大城市边缘地区城市化与行政区划体制改革研究——对特大城市边缘地区"撤县(市)改区"模式的透视.经济地理,2002(4):460-464.

[151]李猛."省直管县"改革的经济影响.经济学家,2012a(3):55-58.

[152]李猛."省直管县"能否促进中国经济平稳较快增长?——理论模型和绩效评价.金融研究,2012b(1):91-102.

[153]李明强,庞明礼."省管县"替代"市管县"的制度分析.财政研究,2007(3):59-61.

[154]李澎,刘若阳,李健.中国城市行政等级与资源配置效率.经济地理,2016(10):46-51.

[155]李倩.消失的村落,存在的农民.北京:中国农业大学,2014.

[156]李强,陈宇琳,刘精明.中国城镇化"推进模式"研究.中国社会科学,2012(7):82-100.

[157]李世峰,朱国云.城市化进程中的行政区划调整机制.南京社会科学,2019(11):25-29.

[158]李琬,孙斌栋,刘倩倩,等.中国市域空间结构的特征及其影响因素.地理科学,2018(5):672-680.

[159]李王鸣,江勇.基于城市流要素的区域城市内外部功能联系研究——以浙江省台州市域为例.经济地理,2012(2):59-65.

[160]李卫兵,杨欢.空气污染对人口迁移的影响——基于断点回归的估计.华中科技大学学报(社会科学版),2021(1):118-130.

[161]李卫兵,张凯霞.空气污染对企业生产率的影响——来自中国工业企业的证据.管理世界,2019(10):95-112.

[162]李蔚,何海兵.定性比较分析方法的研究逻辑及其应用.上海行政学院学报,2015(5):92-100.

[163]李文钊.因果推理中的潜在结果模型:起源,逻辑与意蕴.公共行政评论,2018(1):124-149.

[164]李文钊.政策评估中的DID设计:起源、演进与最新进展.甘肃行政学院学报,2019(2):36-44.

[165]李向明,吴峰,李文明.基于原真性原则与文化空间视角的海昏侯国大遗址保护路径研究.南昌大学学报(人文社会科学版),2020(4):52-58.

[166]李晓琳.适应城镇化未来发展需要的行政区划调整研究.区域经济评论,2021(2):116-124.

[167]李姚姚,彭宗超.社会稳定风险事件的系统演化视角分析.学海,2019(4):135-141.

[168]李一飞,王开泳.改革开放以来我国建制市的分类演进过程与规律分析.经济地理,2019(11):49-59.

[169]李一花,李齐云.县级财政分权指标构建与"省直管县"财政改革影响测度.经济社会体制比较,2014(6):148-159.

[170]李云新,杨磊.快速城镇化进程中的社会风险及其成因探析.华中农业大学学报(社会科学版),2014(3):6-11.

[171]里豪克斯,拉金.QCA设计原理与应用:超越定性与定量研究的新方法.杜运周,李永发等,译.北京:机械工业出版社,2017.

[172]溧阳市政协城建交通组.溧阳市被撤并乡镇建设管理问题的调查与建议.江苏政协,2010(7):23-26.

[173]联合国工业发展组织.世界各国工业化概况和趋向.中国对外翻译出版公司,译.北京:中国对外翻译出版公司,1980.

[174]梁琦,李晓萍,吕大国.市场一体化、企业异质性与地区补贴——一个解释中国地区差距的新视角.中国工业经济,2012(2):16-25.

[175]梁琦.中国制造业分工、地方专业化及其国际比较.世界经济,2004(12):32-40.

[176]梁志艳,赵勇.县(市)改区是否提高了城市公共服务水平?——基于双重差分倾向得分匹配法的评价.城市与环境研究,2019(1):49-59.

[177]廖建江,祝平衡.湖南"省直管县"财政体制改革对县域经济发展影响实证分析.经济地理,2017(4):52-57.

[178]林鸿潮.论社会稳定风险评估的效力.北京行政学院学报,2019(2):44-52.

[179]林拓,申立.我国城乡区县重组:风险及其超越.中国行政管理,2012(11):72-76.

[180]林拓,申立.行政区划优化:与国家治理同行.经济社会体制比较,2016(4):77-86.

[181]林拓,申立.在新格局入口处:国家战略与政区改革——2014年度中国行政区划变动的分析.经济社会体制比较,2015(4):20-31.

[182]林拓,申立.中国行政区划改革再出发.北京:人民出版社,2019.

[183]刘晨晖,陈长石.撤县设市、行政扩权与经济增长——基于断点回归方法的估计.经济评论,2019(2):154-168.

[184]刘晨宇,田爱民,孙菲,等.生态风险评价方法与应用研究进展.科技管理研究,2020(2):79-83.

[185]刘冲,乔坤元,周黎安.行政分权与财政分权的不同效应:来自中国县域的经验证据.世界经济,2014(10):123-144.

［186］刘迪,陈海,耿甜伟,等.基于地貌分区的陕西省区域生态风险时空演变.地理科学进展,2020(2):243-254.

［187］刘福敏,刘伟."省直管县"体制改革对县域经济发展的影响测度——基于浙江省和四川省的数据.经济体制改革,2019(2):68-75.

［188］刘航,张娟.新时期县域城镇化的特征、困境与对策探讨.小城镇建设,2021(5):81-86.

［189］刘佳,马亮,吴建南.省直管县改革与县级政府财政解困——基于6省面板数据的实证研究.公共管理学报,2011(3):33-43.

［190］刘佳,吴建南,吴佳顺.省直管县改革对县域公共物品供给的影响——基于河北省136县(市)面板数据的实证分析.经济社会体制比较,2012(1):35-45.

［191］刘建平,杨磊.中国快速城镇化的风险与城市治理转型.中国行政管理,2014(4):45-50.

［192］刘君德,范今朝.中国市制的历史演变与当代改革.南京:东南大学出版社,2015.

［193］刘君德.论中国建制市的多模式发展与渐进式转换战略.江汉论坛,2014(3):5-12.

［194］刘君德.中国行政区划的理论与实践.上海:华东师范大学出版社.1996.

［195］刘君德.中国转型期"行政区经济"现象透视——兼论中国特色人文－经济地理学的发展.经济地理,2006(6):897-901.

［196］刘俊杰.我国城乡关系演变的历史脉络:从分割走向融合.华中农业大学学报(社会科学版),2020(1):84-92.

［197］刘丽丽,徐蕊.改革开放以来中国县级以上政区名称变更及其问题探讨.人文地理,2010(4):77-81.

［198］刘沛罡.产业同构与产业选择:理论综述.技术经济,2017(10):92-99.

［199］刘沛林.新型城镇化建设中"留住乡愁"的理论与实践探索.地理研究,2015(7):1205-1212.

［200］刘叔申,吕凯波."省直管县"财政改革的公共卫生服务水平提升效应——基于江苏省2004－2009年县级面板数据的分析.经济与管理评论,

2012(4):67-71.

[201]刘素姣.基于城乡协调发展的"省直管县"体制改革研究.上海交通大学,2017.

[202]刘小康.行政区划改革:视角、路径及评价.北京行政学院学报,2006(3):21-25.

[203]刘小康."行政区经济"概念再探讨.中国行政管理,2010(3):42-47.

[204]刘勇政,贾俊雪,丁思莹.地方财政治理:授人以鱼还是授人以渔——基于省直管县财政体制改革的研究.中国社会科学,2019(7):43-63.

[205]刘云中,何建武.中国区域制造业结构同构的变化及分析.经济纵横,2019(10):74-83.

[206]刘志军.论城市化定义的嬗变与分歧.中国农村经济,2004(7):58-65.

[207]刘志鹏."后撤并时代"被调整乡镇的治理现代化:困境与策略选择——以广东为重点的考察.学术研究,2018(2):44-51.

[208]龙宁丽.从政治主义走向管理主义:中国行政区划变迁的行动逻辑.观察与思考,2015(5):51-60.

[209]龙太江,黄明元.改革开放以来城市政区更名问题研究.华中科技大学学报(社会科学版),2014(2):99-105.

[210]卢盛峰,陈思霞,张东杰.政府推动型城市化促进了县域经济发展吗.统计研究,2017(5):59-68.

[211]卢盛峰,陈思霞.政府偏袒缓解了企业融资约束吗?——来自中国的准自然实验.管理世界,2017(5):51-65.

[212]卢盛峰,王靖,陈思霞.行政中心的经济收益——来自中国政府驻地迁移的证据.中国工业经济,2019(11):24-41.

[213]卢盛峰,吴一平,谢潇.历史名片的经济价值——来自中国城市更名的证据.经济学(季刊),2018(3):1055-1078.

[214]陆大道.我国的城镇化进程与空间扩张.城市规划学刊,2007(4):47-52.

[215]吕凯波,刘小兵.城市化进程中地方行政区划变革的经济增长绩效——基于江苏省"县改区"的个案分析.统计与信息论坛,2014(7):47-53.

[216]罗若愚,赵洁.成渝地区产业结构趋同探析与政策选择.地域研究

与开发,2013(5):41-45.

[217]罗小龙,殷洁,田冬.不完全的再领域化与大都市区行政区划重组——以南京市江宁撤县(市)设区为例.地理研究,2010(10):1746-1756.

[218]罗震东,汪鑫,耿磊.中国都市区行政区划调整——城镇化加速期以来的阶段与特征.城市规划,2015(2):44-49.

[219]罗震东.中国当前的行政区划改革及其机制.城市规划,2005,29(8):29-35.

[220]罗植,杨冠琼,赵安平."省直管县"是否改善了县域经济绩效:一个自然实验证据.财贸研究,2013(4):91-99.

[221]马怀德.行政区划变更的法治问题.行政法学研究,2016(1):57-64.

[222]马凌,张媛媛,朱竑,等.城市行政区划调整背景下城郊居民地方认同的重构与机制研究——以广州番禺小龙村为例.地理研究,2019(8):2044-2057.

[223]马天航,熊觉.理解"国家自主性":基于概念的考察.学术月刊,2018(8):80-92.

[224]马祖琦."行政区经济"的弊端及其解决方略.城市问题,2010(6):79-84.

[225]芒福德.城市发展史:起源、演变与前景.宋俊岭,宋一然,译.北京:人民出版社,1996.

[226]毛捷,赵静静."省直管县"财政改革促进县域经济发展的实证分析.财政研究,2012(1):38-41.

[227]孟捷,吴丰华.制度—垄断地租与中国地方政府竞争:一个马克思主义分析框架.开放时代,2020(2):160-179.

[228]米勒,波格丹诺.布莱克维尔政治百科全书.邓正来,译.北京:中国政法大学出版社,2022.

[229]倪志良,宗亚辉,郭玉清."省直管县"改革、土地融资激励与地区经济增长.现代经济探讨,2018(10):21-29.

[230]年猛.中国城乡关系演变历程、融合障碍与支持政策.经济学家,2020(8):70-79.

[231]聂伟,陆军.县(市)改区改革与地级市经济增长——整县设区和拆县设区的比较研究.经济问题探索,2019(2):95-101.

[232]聂伟,陆军,周文通.县(市)改区改革影响撤并县域人口城镇化的机制研究——基于中心－外围城区资源配置视角.人口与发展,2019(3):2-13.

[233]宁静,赵国钦,贺俊程.省直管县财政体制改革能否改善民生性公共服务.经济理论与经济管理,2015(5):77-87.

[234]宁越敏.中国城市化特点、问题及治理.南京社会科学,2012(10):19-27.

[235]帕克,等.城市社会学.宋峻岭等,译.北京:华夏出版社,1987.

[236]潘泽泉,刘丽娟.空间生产与重构:城市现代性与中国城市转型发展.学术研究,2019(2):46-53.

[237]庞明礼,李永久,陈翻."省管县"能解决县乡财政困难吗?.中国行政管理,2009(7):39-44.

[238]庞兹.中世纪城市.刘景华,孙继静,译.北京:商务印书馆,2015.

[239]彭飞,韩增林.区域一体化背景下的环渤海地区制造业产业同构性分析.世界地理研究,2012(1):121-130.

[240]彭建,党威雄,刘焱序,等.景观生态风险评价研究进展与展望.地理学报,2015(4):664-677.

[241]浦善新,等.中国行政区划概论.北京:知识出版社,1995.

[242]浦善新.中国行政区划改革研究.北京:商务印书馆,2006.

[243]亓光.全过程民主:中国共产党治国理政的思维变革与政治逻辑.社会科学研究,2021(2):1-8.

[244]钱金保,邱雪情."县(市)改区"如何影响财政收支?——基于激励视角的再研究.南方经济,2019(8):72-84.

[245]乔俊峰,齐兴辉.省直管县改革缩小了城乡收入差距吗?——基于PSM-DID方法的研究.商业研究,2016(9):78-86.

[246]秦立建,陈波,蒋中一.我国城市化征地对农民健康的影响.管理世界,2012(9):82-88.

[247]秦晓蕾,李延伟.治理效能提升视阈下公民参与治理创新的制度化之路——基于南京市机关作风群众评议18年演变历程的分析.治理研究,2020(4):67-76.

[248]冉冉."压力型体制"下的政治激励与地方环境治理.经济社会体制

比较,2013(3):111-118.

[249]任景明,李天威,黄沈发.区域开发生态风险评价理论与方法研究.北京:中国环境科学出版社,2013.

[250]容志.从失序到有序:大城市城乡结合地区社会治理困境的成因与对策分析.上海行政学院学报,2016(1):29-38.

[251]阮仪三,林林.文化遗产保护的原真性原则.同济大学学报(社会科学版),2003(2):1-5.

[252]邵朝对,苏丹妮,包群.中国式分权下县(市)改区的增长绩效评估.世界经济,2018(10):101-125.

[253]邵任薇.城市更新中的社会排斥:基本维度与产生逻辑.浙江学刊,2014(1):117-123.

[254]邵帅,李欣,曹建华,等.中国雾霾污染治理的经济政策选择——基于空间溢出效应的视角.经济研究,2016(9):73-88.

[255]申建林,姚晓强.公共治理的中国适用性及其实践限度.湖北行政学院学报,2016(4):21-26.

[256]时宇,史明昌.基于 GIS 的北京市水土流失生态风险评价.生态科学,2014(6):1100-1105.

[257]史宇鹏,周黎安.地区放权与经济效率:以计划单列为例.经济研究,2007(1):17-28.

[258]舒元,徐现祥.中国经济增长模型的设定:1952－1998.经济研究,2002(11):3-11.

[259]宋弘,孙雅洁,陈登科.政府空气污染治理效应评估——来自中国"低碳城市"建设的经验研究.管理世界,2019(6):95-108.

[260]宋美喆,刘寒波,叶琛.财政分权对全要素生产率的影响——基于"省直管县"改革的准自然实验.经济地理,2020(3):33-42.

[261]苏东坡.新型城镇化与行政区划调整的或然走向.改革,2013(12):144-153.

[262]孙崇明,叶继红."等级制"下的城镇化治理风险与改革路径——基于"反梯度理论"的探讨.学习与实践,2018(9):60-67.

[263]孙发锋.制度环境:中国公民社会政策参与的制约因素.云南行政学院学报,2012(2):21-24.

[264]孙久文,张翱.论区域协调发展视角下"行政区经济"的演变.区域经济评论,2020(6):25-29.

[265]孙平.把握新时代行政区划优化设置的着力点.中国社会报,2020-12-14(8).

[266]孙平.打造高质量县域行政区划新格局.中国社会报,2021-01-25(7).

[267]孙秀林,周飞舟.土地财政与分税制:一个实证解释.中国社会科学,2013(4):40-59.

[268]孙展.质疑中国分省传闻.新闻周刊,2004(17):30-32.

[269]谭之博,周黎安,赵岳.省管县改革、财政分权与民生——基于"倍差法"的估计.经济学(季刊),2015(3):1093-1114.

[270]汤伶俐.政府行政成本的内在机理:省管县与市管县财政体制比较.改革,2009(10):90-93.

[271]唐为.分权、外部性与边界效应.经济研究,2019(3):103-118.

[272]唐为.经济分权与中小城市发展——基于撤县设市的政策效果分析.经济学(季刊),2018(1):123-150.

[273]唐为,王媛媛.行政区划调整与人口城市化:来自县(市)改区的经验证据.经济研究,2015(9):72-85.

[274]唐云锋,解晓燕.城郊失地农民城市融入的心理障碍归因及政策干预——基于扎根理论的分析.经济社会体制比较,2018(6):148-161.

[275]唐云锋,刘涛,徐小溪.公共场域重构、社区归属感与失地农民城市融入.中国农业大学学报(社会科学版),2019(4):78-85.

[276]陶然,陆曦,苏福兵,等.地区竞争格局演变下的中国转轨:财政激励和发展模式反思.经济研究,2009(7):21-33.

[277]陶然,袁飞,曹广忠.区域竞争、土地出让与地方财政效应:基于1999-2003年中国地级城市面板数据的分析.世界经济,2007(10):15-27.

[278]田穗生,罗辉,曾伟.中国行政区划概论.北京:北京大学出版社,2005.

[279]佟德志,王旭.全过程人民民主的要素与结构.探索,2022(3):42-49.

[280]涂文学.市制建立与中国城市现代化的开启——基于20世纪二三

十年代武汉(汉口)建市的历史考察.江汉大学学报(社会科学版),2017(4):46-63.

[281]涂志华,汤伯贤,王珂,等."县(市)改区"型新市区城乡规划体系构建研究——以南京市六合区为例.城市规划,2011(S1):152-156.

[282]万筠,王佃利.中国邻避冲突结果的影响因素研究——基于40个案例的模糊集定性比较分析.公共管理学报,2019(1):66-76.

[283]万陆,李璐瑶.中国县(市)改区政策的区域一体化效果评估.郑州大学学报(哲学社会科学版),2018(6):77-81.

[284]汪疆玮,蒙吉军.漓江流域干旱与洪涝灾害生态风险评价与管理.热带地理,2014(3):366-373.

[285]汪雪,刘志鹏.广东省被撤并乡镇的建设管理:问题分析与对策探讨.南方农村,2012(9):42-44.

[286]王德祥,李建军.人口规模、"省直管县"对地方公共品供给的影响——来自湖北省市、县两级数据的经验证据.统计研究,2008(12):15-21.

[287]王丰龙、刘云刚.中国行政区划调整的尺度政治.地理学报,2019(10):2136-2146.

[288]王丰龙,张传勇.行政区划调整对大城市房价的影响研究.地理研究,2017(5):913-925.

[289]王海,尹俊雅,陈周婷.政府驻地迁移的产业升级效应.财经问题研究,2019(1):28-35.

[290]王海,尹俊雅,陈周婷.政府驻地迁移对企业融资约束的影响.经济社会体制比较,2020(2):11-21.

[291]王海,尹俊雅.政府驻地迁移的资源配置效应.管理世界,2018(6):60-71.

[292]王婧,乔陆印,李裕瑞."省直管县"财政体制改革对县域经济影响的多维测度——以山西省为例.经济经纬,2016(2):1-6.

[293]王娟.促进失地农民社会融合的实践路径研究.中国行政管理,2017(4):66-71.

[294]王开泳,陈田,刘毅."行政区划本身也是一种重要资源"的理论创新与应用.地理研究,2019(2):195-206.

[295]王开泳,陈田."十四五"时期行政区划设置与空间治理的探讨.中

国科学院院刊,2020(7):867-874.

[296]王开泳.历史文化名城保护视角下大同市行政区划调整思路研究.中国名城,2012(11):23-27.

[297]王丽.全球风险社会下的公共危机治理:一种文化视域的阐释.北京:社会科学文献出版社,2014.

[298]王庆华,张海柱.决策科学化与公众参与:冲突与调和——知识视角的公共决策观念反思与重构.吉林大学社会科学学报,2013(3):91-98.

[299]王贤彬,聂海峰.行政区划调整与经济增长.管理世界,2010(4):42-53.

[300]王贤彬,谢小平.区域市场的行政整合与经济增长.南方经济,2012(3):23-36.

[301]王小钢.贝克的风险社会理论及其启示——评《风险社会》和《世界风险社会》.河北法学,2007(1):8-12.

[302]王小龙,陈金皇.省直管县改革与区域空气污染——来自卫星反演数据的实证证据.金融研究,2020(11):76-93.

[303]王小龙,方金金.政府层级改革会影响地方政府对县域公共教育服务的供给吗?.金融研究,2014(8):80-100.

[304]王晓晓,张朝枝.遗产旅游真实性理解差异与遗产地管理.旅游科学,2007(1):13-16.

[305]王旭.公民参与行政的风险及法律规制.中国社会科学,2016(6):112-132.

[306]王雪丽.中国"省直管县"体制改革研究.天津:天津人民出版社,2013.

[307]王垚,王春华,洪俊杰,等.自然条件、行政等级与中国城市发展.管理世界,2015(1):41-50.

[308]王禹澔,张恩."县(市)改区"研究刍议与展望.中国行政管理,2021(2):116-122.

[309]王志华,陈圻.测度长三角制造业同构的几种方法——基于时间序列数据的分析.产业经济研究,2006(4):35-41.

[310]王志华,焦海霞,郑宝华.考虑类型差异的长三角制造业结构趋同的现实考查.当代经济管理,2016(12):57-65.

［311］王志凯,史晋川.行政区划调整与城市化经济空间——杭州、萧山地方政府博弈的实证.浙江大学学报(人文社会科学版),2015(3):103-111.

［312］魏后凯,白联磊.中国城市市辖区设置和发展评价研究.开发研究,2015(1):1-7.

［313］魏后凯.中国城市行政等级与规模增长.城市与环境研究,2014(1):4-17.

［314］魏继昆.习近平关于新时代中国共产党抵御重大风险的思想论析.社会主义研究,2019(1):1-10.

［315］文贯中,柴毅.政府主导型城市化的土地利用效率——来自中国的实证结果.学术月刊,2015(1):11-23.

［316］吴辉.切实把握防范政治风险的着力点.前线,2020(12):8-11.

［317］吴江,王斌,申丽娟.中国新型城镇化进程中的地方政府行为研究.中国行政管理,2009(3):88-91.

［318］吴金群,巢飞.空间生产视角下我国城市行政区划调整的三元互动逻辑.人文地理,2022(3):110-117.

［319］吴金群,巢飞.行政区划治理何以可能——治理嵌入行政区划调整的意涵、条件及其限度.治理研究,2021(5):41-50.

［320］吴金群,陈思瑾.“区(市)直管社区”为何大都回潮?——兼论龙港市扁平化改革的经验.福建师范大学学报(哲学社会科学版),2023(2):70-81.

［321］吴金群.从市管县到省管县:历史制度主义视角下的变迁逻辑.中共杭州市委党校学报,2016(2):36-42.

［322］吴金群,等.省管县体制改革:现状评估及推进策略.南京:江苏人民出版社,2013.

［323］吴金群.交错的科层和残缺的网络:省管县改革中的市县关系困局.北京行政学院学报,2017(1):1-8.

［324］吴金群,廖超超,等.尺度重组与地域重构——中国城市行政区划调整40年.上海:上海交通大学出版社,2018.

［325］吴金群,廖超超.我国城市行政区划改革中的尺度重组与地域重构——基于1978年以来的数据.江苏社会科学,2019(5):90-106.

［326］吴金群.省管县改革进程中市县竞合关系的演变与比较.江苏行政学院学报,2016(6):102-106.

[327]吴金群.市县协调发展何以可能:基于区域主义理论的反思.社会科学战线,2016(3):186-193.

[328]吴金群.市县协调发展何以可能:省管县改革后的区域治理体系研究.杭州:浙江大学出版社,2017.

[329]吴金群.统筹城乡发展中的省管县体制改革.经济社会体制比较,2010(5):133-141.

[330]吴金群,游晨.改革开放以来镇(街)行政区划改革的政策驱动机制——基于浙江省的数据.治理研究,2018(6):28-34.

[331]吴金群,游晨,田传浩.垂直监管改革与空气污染——来自县(市)改区的证据.中国人口·资源与环境,2023(2):11-18.

[332]吴金群,游晨.中国行政区划改革的绩效:近二十年定量研究述评与展望.江海学刊,2022(5):138-145.

[333]吴康.城市收缩的认知误区与空间规划响应.北京规划建设,2019(3):4-11.

[334]吴康,戚伟.收缩型城市:认知误区、统计甄别与测算反思.地理研究,2021(1):213-229.

[335]吴帅."省管县"改革的维度与进度:基于政策文本的分析.北京行政学院学报,2010(6):12-16.

[336]吴小坤.重构"社会联结":互联网何以影响中国社会的基础秩序.东岳论丛,2019(7):33-39.

[337]吴晓林,李咏梅.旧乡村里的新城区:城市"新增空间"的社区风险治理.北京行政学院学报,2016(4):9-16.

[338]吴业苗.农民转身:新型农村社区的适应处境与公共服务建设.浙江社会科学,2013(1):98-107.

[339]吴意云,朱希伟.中国为何过早进入再分散:产业政策与经济地理.世界经济,2015(2):140-166.

[340]吴勇,高振扬,武琳.自利性与公共性之间:地方政府发展高新技术产业的困境及治理.中国行政管理,2017(11):68-72.

[341]吴志刚.国务院、省级政府行政区划变更决策机制法治化问题研究.江西社会科学,2019(4):155-166.

[342]夏南凯.大规模城市开发的风险管理.北京:中国建筑工业出版

社,2016.

[343]夏怡然,陆铭.城市间的"孟母三迁"——公共服务影响劳动力流向的经验研究.管理世界,2015(10):78-90.

[344]肖华斌,安淇,盛硕,等.基于生态风险空间识别的城市山体生态修复与分类保护策略研究——以济南市西部新城为例.中国园林,2020(7):43-47.

[345]肖建华,陈楠.基于双重差分法的"省直管县"政策的效应分析——以江西省为例.财经理论与实践,2017(3):97-103.

[346]谢宝剑.城市化进程中行政区划调整的风险分析——基于制度性风险理论的视角.行政论坛,2017(3):80-85.

[347]谢浩,张明之.长三角地区产业同构合意性研究——基于产业中类制造业数据的分析.世界经济与政治论坛,2016(4):156-168.

[348]谢来位.行政区划优化论.北京:中国社会科学出版社,2016.

[349]谢谦,薛仙玲,付明卫.断点回归设计方法应用的研究综述.经济与管理评论,2019(2):69-79.

[350]谢守红,谭志美,周驾易.中国县级市经济发展的空间差异及影响因素.经济地理,2015(1):38-43.

[351]谢贞发,张玮.中国财政分权与经济增长——一个荟萃回归分析.经济学(季刊),2015(2):435-452.

[352]谢贞发.政府间环境事权划分研究:一个综述.公共财政研究,2020(1):84-96.

[353]熊竞,胡德,何文举,等.治理区划:我国特大城市基层政区改革新理念.城市发展研究,2017(12):38-44.

[354]熊竞.基层政区治理视角下的基本公共服务均等化研究——以上海基本管理单元为例.城市发展研究,2020a(4):21-29.

[355]熊竞,罗翔,沈洁,等.从"空间治理"到"区划治理":理论反思和实践路径.城市发展研究,2017(11):89-93,124.

[356]熊竞,孙斌栋.超大城市政区治理:演进逻辑、制度困境与优化路径.上海行政学院学报,2020(5):51-62.

[357]熊竞.应急管理中政区治理的关联逻辑及其内在困境.上海交通大学学报(哲学社会科学版),2020b(5):68-77.

[358]熊竞.政区三要素框架下的中国当代市制:演进逻辑与优化路径.学术月刊,2020c(7):81-92.

[359]熊万胜,袁中华.城市与地方关系视角下的城乡融合发展.浙江社会科学,2021(10):55-62.

[360]熊樟林.依法而为 让地名变更不再"任性".中国地名,2020(1):5-6.

[361]徐汉明.市域社会治理现代化:内在逻辑与推进路径.理论探索,2020(1):13-22.

[362]徐绿敏.省直管县制度实施成效实证研究——基于 F 省的数据.中南财经政法大学学报,2015(3):50-55.

[363]徐嵩龄.遗产原真性·旅游者价值观偏好·遗产旅游原真性.旅游学刊,2008(4):35-42.

[364]许宝健.为顺德改区再遗憾.中国县域经济报.2011-02-14(1).

[365]许矛.中华民国政治制度史.上海:上海人民出版社,1992.

[366]薛东前,段志勇,贺伟光.关中城市群工业分工协调及密集带规划研究.干旱区地理,2013(6):1125-1135.

[367]闫红霞.遗产旅游"原真性"体验的路径构建.河南社会科学,2013(10):55-57.

[368]闫坤,于树一.新中国政府间财政关系研究 70 年:分级财政从萌芽到兴盛.财贸经济,2019(10):5-16.

[369]严成樑.现代经济增长理论的发展脉络与未来展望——兼从中国经济增长看现代经济增长理论的缺陷.经济研究,2020(7):191-208.

[370]扬州市地方志编纂委员会.扬州市志(1998－2005).北京:方志出版社,2014.

[371]杨爱平.论区域一体化下的区域间政府合作——动因、模式及展望.政治学研究,2007(3):77-86.

[372]杨光斌.观念的民主与实践的民主:比较历史视野下的民主与国家治理.北京:中国社会科学出版社,2015.

[373]杨光斌.中国决策过程中的共识民主模式.社会科学研究,2017(2):39-49.

[374]杨海华.尺度重组视角下中国城市群空间重构探究.区域经济评

论,2019(2):140-146.

[375]杨磊,许晓东.市域社会治理的问题导向、结构功能与路径选择.改革,2020(6):19-29.

[376]杨磊.资源、支持与适应:失地农民市民化的影响因素研究——基于多样本的扎根理论分析.华中科技大学学报(社会科学版),2016(2):122-129.

[377]杨龙见,尹恒.县级政府财力与支出责任:来自财政层级的视角.金融研究,2015(4):82-98.

[378]杨桐彬,朱英明,周波.行政区划调整对城市化发展失衡的影响——基于县(市)改区的准自然实验.现代财经(天津财经大学学报),2020(8):88-99.

[379]杨雪冬.县级官员与"省管县"改革(Ⅱ)——基于能动者的研究路径.北京行政学院学报,2012(5):19-25.

[380]杨之刚,张斌.中国基层财政体制改革中的政府级次问题.财贸经济,2006(3):10-16.

[381]姚尚建.我国行政区划改革的四个前提.学术探索,2005(3):49-52.

[382]姚尚建.作为公共政策的城市规划——政治嵌入与利益整合.行政论坛,2015(5):8-13.

[383]叶兵,黄少卿,何振宇.省直管县改革促进了地方经济增长吗?.中国经济问题,2014(6):3-15.

[384]叶初升,高洁.行政区划调整的经济绩效——来自县改区的证据.广西社会科学,2017(1):61-68.

[385]叶冠杰,李立勋.行政区划调整与管理体制改革对经济强县经济发展的影响——以广东省佛山市顺德区为例.热带地理,2018(3):394-404.

[386]叶继红.城市新移民的文化适应:以失地农民为例.天津社会科学,2010(2):62-65.

[387]叶林,杨宇泽.行政区划调整中的政府组织重构与上下级谈判——以江城撤县(市)设区为例.武汉大学学报(哲学社会科学版),2018(3):164-176.

[388]叶林,杨宇泽.中国城市行政区划调整的三重逻辑:一个研究述评.公共行政评论,2017(4):158-178.

[389]叶正伟,李宗花.1951年来洪泽湖流域面雨量变化特征与趋势分析.长江流域资源与环境,2010(12):1392-1396.

[390]叶正伟,朱国传,江波.过去100年来洪泽湖洪涝灾害特性分析.水利水电技术,2005(3):62-65.

[391]殷冠文,刘云刚.区划调整的城市化逻辑与效应.经济地理,2020(4):48-55.

[392]殷洁.大都市区行政区划调整:地域重组与尺度重构.北京:中国建筑工业出版社,2018.

[393]殷洁,罗小龙.从县(市)改区到区界重组——我国区县级行政区划调整的新趋势.城市规划,2013(6):9-15.

[394]尹来盛.辖区合并与经济绩效——基于京津冀、长三角、珠三角的经验研究.经济体制改革,2016(1):50-56.

[395]游士兵,祝培标.行政区划改革对地区经济发展影响的实证分析.统计与决策,2017(2):79-83.

[396]余敦,梁珍宝,肖志娟,等.基于景观生态思维的南昌市土地生态风险时空特征分析.水土保持研究,2020(1):213-220.

[397]余靖雯,孙文莉,龚六堂.省管县改革对公共教育供给的影响——基于双重差分模型的估计.经济评论,2017(6):38-52.

[398]余静文,王春超.新"拟随机实验"方法的兴起——断点回归及其在经济学中的应用.经济学动态,2011(2):125-131.

[399]虞燕娜,朱江,吴绍华,等.多风险源驱动下的土地生态风险评价——以江苏省射阳县为例.自然资源学报,2016(8):1264-1274.

[400]郁建兴,高翔.地方发展型政府的行为逻辑及制度基础.中国社会科学,2012(5):95-112.

[401]袁博.新生代农民工的参与意识与权利表达.重庆社会科学,2013(4):24-30.

[402]袁航,朱承亮.国家高新区推动了中国产业结构转型升级吗.中国工业经济,2018(8):60-77.

[403]袁锦贵.我国公共服务资源的行政区层级配置空间格局及影响机制研究.上海:华东师范大学学位论文,2019.

[404]詹新宇,曾傅雯.行政区划调整提升经济发展质量了吗？——来自

"县(市)改区"的经验证据.财贸研究,2021(4):70-82.

[405]张琛,周振,孔祥智.撤县(市)设区与农村劳动力转移——来自江苏省的经验证据.农业技术经济,2017(7):18-30.

[406]张春颜,阎耀军.社会稳定风险评估中的"自风险"问题及破解策略.学习论坛,2018(11):56-60.

[407]张海柱.科技论争与公众参与:环境风险研究中的公民身份议题.公共行政评论,2017(5):86-104.

[408]张华.省直管县改革与雾霾污染:来自中国县域的证据.南开经济研究,2020(5):24-45.

[409]张霁雪.城乡结合部"撤村建居"型社区的文化转型与再生产.社会科学战线,2014(8):174-181.

[410]张践祚,李贵才,王超.尺度重构视角下行政区划演变的动力机制——以广东省为例.人文地理,2016(2):74-82.

[411]张践祚,刘世定,李贵才.行政区划调整中上下级间的协商博弈及策略特征——以SS镇为例.社会学研究,2016(3):73-99.

[412]张紧跟.区域公共管理视野下的行政区划改革:以珠三角为例.中山大学学报(社会科学版),2007(5):91-96.

[413]张京祥,吴缚龙.从行政区兼并到区域管治——长江三角洲的实证与思考.城市规划,2004(5):25-30.

[414]张可云,李晨.新中国70年行政区划调整的历程、特征与展望.社会科学辑刊,2021(1):118-128.

[415]张克.政治竞争与财政分权决策:来自省直管县财政改革的证据.甘肃行政学院学报,2019(4):34-44.

[416]张蕾,张京祥.撤县(市)设区的区划兼并效应再思考——以镇江市丹徒区为例.城市问题,2007(1):36-40.

[417]张莉,高元骅,徐现祥.政企合谋下的土地出让.管理世界,2013(12):43-51.

[418]张莉,黄亮雄,刘京军.土地引资与企业行为——来自购地工业企业的微观证据.经济学动态,2019(9):82-96.

[419]张莉,皮嘉勇,宋光祥.地方政府竞争与生产性支出偏向——撤县(市)设区的政治经济学分析.财贸经济,2018(3):65-78.

[420]张明,杜运周.组织与管理研究中 QCA 方法的应用:定位、策略和方向.管理学报,2019(9):1312-1323.

[421]张乾友.官僚制组织的两副面孔.北京行政学院学报,2016(1):62-69.

[422]张强.区域文化研究的若干理论问题.江海学刊,2016(5):14-20.

[423]张帅,王成新,王敬,等.中国城市收缩的综合测度及其时空分异特征研究.中国人口·资源与环境,2020(8):72-82.

[424]张文彬,张理芃,张可云.中国环境规制强度省际竞争形态及其演变——基于两区制空间 Durbin 固定效应模型的分析.管理世界,2010(12):34-44.

[425]张文显.法治与国家治理现代化.中国法学,2014(4):5-27.

[426]张永杰,耿强.省直管县、财政分权与中国县域经济发展——基于长三角地区县级数据的 GMM 实证分析.学习与实践,2011(11):16-26.

[427]张永森.中国县级财政体制及其改革研究.北京:中共中央党校学位论文,2018.

[428]张媛媛.京津冀和长三角经济圈产业同构程度及影响因素研究.改革与战略,2015(9):129-132.

[429]张占斌.省直管县改革新试点:省内单列与全面直管.中国行政管理,2013(3):11-15.

[430]张占斌.省直管县体制改革的实践创新.北京:国家行政学院出版社,2009.

[431]张卓颖,石敏俊.中国省区间产业内贸易与产业结构同构分析.地理学报,2011(6):732-740.

[432]章志远.地名变更的法律规制.法商研究,2016(4):4-14.

[433]赵鼎新.国家合法性和国家社会关系.学术月刊,2016(8):166-178.

[434]赵骅,施美娟.西南地区制造业专业化与产业同构及对策研究.工业技术经济,2016(7):43-50.

[435]赵建吉,吕可文,田光辉,等.省直管能提升县域经济绩效吗?——基于河南省直管县改革的探索.经济经纬,2017(3):1-6.

[436]赵建吉,王艳华,王珏,等.省直管县改革背景下地级市空间溢出效应对县域产业结构的影响.地理学报,2020(2):286-301.

[437]赵聚军.公共服务:行政区划调整中应予关注的一个基本变量.中共天津市委党校学报,2012(3):54-60.

[438]赵聚军.行政区划调整如何助推区域协同发展?——以京津冀地区为例.经济社会体制比较,2016(2):1-10.

[439]赵聚军.中国行政区划研究60年:政府职能转变与研究导向的适时调整.江海学刊,2009(4):118-122.

[440]赵俊源,何艳玲.规模红利与公共服务:中国城市治理过程的"双维互构"及其演进.同济大学学报(社会科学版),2020(3):48-59.

[441]赵仁杰,钟世虎,张家凯.非意图的后果:政府扁平化改革与空气污染治理.世界经济,2022(2):162-187.

[442]赵绍阳,周博."扩权强县"改革的经济效应评估——以四川为例.财经科学,2019(7):122-132.

[443]郑海松,石培基,康靖.河西地区产业结构趋同及其合理性分析.资源开发与市场,2017(10):1171-1175.

[444]郑杭生.农民市民化:当代中国社会学的重要研究主题.甘肃社会科学,2005(4):4-8.

[445]郑文平,张杰."省直管县"能否促进经济增长?——来自河南省企业层面的经验证据.当代财经,2013(8):83-98.

[446]郑新业,王晗,赵益卓."省直管县"能促进经济增长吗?——双重差分方法.管理世界,2011(8):34-44.

[447]中共河南省委办公厅课题组.关于推动河南省直管县政策红利充分释放的调查与思考.学习论坛,2015(1):42-44.

[448]中国城市规划设计研究院《市域规划编制方法与理论研究》课题组.市域规划编制方法与理论.北京:中国建筑工业出版社,1992.

[449]周飞舟.大兴土木:土地财政与地方政府行为.经济社会体制比较,2010(3):77-89.

[450]周飞舟.生财有道:土地开发和转让中的政府和农民.社会学研究,2007(1):49-82.

[451]周加来.城市化·城镇化·农村城市化·城乡一体化——城市化概念辨析.中国农村经济,2001(5):40-44.

[452]周军.官僚制控制体系的失灵与变革——通过任务型组织的建构

寻求出路.公共管理与政策评论,2015(3):21-28.

[453]周黎安."官场＋市场"与中国增长故事.社会,2018(2):1-45.

[454]周黎安.中国地方官员的晋升锦标赛模式研究.经济研究,2007
(7):36-50.

[455]周羚敏.乡镇合并背后的检视与反思——基于浙江省J县H镇等
三镇合并的实证研究.成都行政学院学报,2012(1):72-76.

[456]周伟林,郝前进,周吉节.行政区划调整的政治经济学分析——以
长江三角洲为例.世界经济文汇,2007(5):82-91.

[457]周雪光.中国国家治理的制度逻辑——一个组织学视角.北京:生
活·读书·新知三联书店.2017.

[458]周振鹤.体国经野之道.上海:上海人民出版社,2019.

[459]周振鹤.行政区划史研究的基本概念与学术用语刍议.复旦学报
(社会科学版),2001(3):31-36.

[460]周振鹤.行政区划通史·总论.上海:复旦大学出版社.2017.

[461]周振鹤.中国历史上自然区域、行政区划与文化区域相互关系管
窥.历史地理,2003(1):1-9.

[462]周志坤.广东再力挺顺德试水省直管县.南方日报.2011-02-14
(A1).

[463]周遵逸.工业遗产原真性保护探索——以遂宁锦华厂更新改造为
例.重庆建筑,2020(10):11-14.

[464]朱德米.重大决策事项的社会稳定风险评估研究.北京:科学出版
社,2018.

[465]朱光磊,何李.从竞争到伙伴:中国市制改革的政治逻辑.南开学报
(哲学社会科学版),2017(1):1-11.

[466]朱竑,钱俊希,吕旭萍.城市空间变迁背景下的地方感知与身份认
同研究——以广州小洲村为例.地理科学,2012(1):18-24.

[467]朱竑,司徒尚纪.行政建置变更对海南岛区域文化历史发展的影响
研究.地理科学,2006(4):490-496.

[468]朱建华,陈田,王开泳,等.改革开放以来中国行政区划格局演变与
驱动力分析.地理研究,2015(2):247-258.

[469]朱建华,陈曦,戚伟,等.行政区划调整的城镇化效应——以江苏省

为例.经济地理,2017(4):76-83.

[470]朱建江.从"广域型市制"到"聚落型市制":协调平衡发展下的城乡管理体制优化研究.南京社会科学,2019(1):89-93.

[471]朱进芳."省直管县"体制改革的反功能及其消解.理论导刊,2015(9):8-12.

[472]朱秋霞.行政区划与地方财政体制:几个相关的理论问题.经济社会体制比较,2005(1):35-39.

[473]朱志伟.分散式协商:行政区划调整中政府与社会参与的行动策略研究.城市发展研究,2020(5):80-86.

[474]庄安正.对张謇导淮几个问题的探讨.南通师专学报(社会科学版),1995(4):45-50.

[475]庄汝龙,李光勤,梁龙武,等.县(市)改区与区域经济发展——基于双重差分方法的政策评估.地理研究,2020(6):1386-1400.

[476]邹东升,陈昶."数据式"社会稳定风险评估:困境、逻辑与路径.情报杂志,2020(5):129-136.

[477]佐金.裸城:原真性城市场所的生与死.丘兆达,刘蔚,译.上海:上海人民出版社,2015.

[478]Abadie A,Diamond A,and Hainmueller J. Comparative Politics and the Synthetic Control Method. American Journal of Political Science,2015,59(2):495-510.

[479]Abadie A,and Cattaneo MD. Econometric Methods for Program Evaluation. Annual Review of Economics,2018,10(1):465-503.

[480]Adam A,Delis M D,and Kammas P. Fiscal Decentralization and Public Sector Efficiency:Evidence From OECD Countries. Economics of Governance,2014,15(1):17-49.

[481]Arnott R,Hochman O,and Rausser GC. Pollution and Land Use:Optimum and Decentralization. Journal of Urban Economics,2008,64(2):390-407.

[482]Au C,and Henderson J V. Are Chinese Cities Too Small?. The Review of Economic Studies,2006,73(3):549-576.

[483]Bandiera O,Prat A,and Valletti T. Active and Passive Waste in

Government Spending: Evidence from a Policy Experiment. American Economic Review, 2009, 99(4): 1278-1308.

[484]Bardhan P K, and Mookherjee D. Capture and Governance at Local and National Levels. American Economic Review, 2000, 90 (2): 135-139.

[485]Beck T, Levine R, and Levkov A. Big Bad Banks? The Winners and Losers from Bank Deregulation in the United States. The Journal of Finance, 2010, 65(5): 1637-1667.

[486]Bo S, Wu Y, and Zhong L. Flattening of Government Hierarchies and Misuse of Public Funds: Evidence from Audit Programs in China. Journal of Economic Behavior & Organization, 2020, 179: 141-151.

[487]Bo S. Centralization and Regional Development: Evidence from a Political Hierarchy Reform to Create Cities in China. Journal of Urban Economics, 2020, 115: 103182.

[488]Boarnet M, and Haughwout A. Do Highways Matter? Evidence and Policy Implications of Metropolitan Development. Washington, DC: Brookings Institution, Center on Urban and Metropolitan Policy, 2000.

[489] Boyne G A. Local Government Structure and Performance-Lessons from America. Public Administration, 1992, 70(3): 333-357.

[490]Brandt L, Biesebroeck J V, and Zhang Y. Creative Accounting or Creative Destruction? Firm-level Productivity Growth in Chinese Manufacturing. Journal of Development Economics, 2012, 97(2): 339-351.

[491]Breitenstein M, Nguyen D K, and Walther T. Environmental Hazards and Risk Management in the Financial Sector: A Systematic Literature Review. Journal of Economic Surveys, 2021, 35(2): 512-538.

[492]Burgess R, Hansen M, Olken B A, et al. The Political Economy of Deforestation in the Tropics. The Quarterly Journal of Economics, 2012, 127(4): 1707-1754.

[493]Cai H, and Liu Q. Competition and Corporate Tax Avoidance: Evidence from Chinese Industrial Firms. The Economic Journal, 2009, 119 (537): 764-795.

［494］Cai H，Henderson J V，and Zhang Q. China's Land Market Auctions：Evidence of Corruption?. The RAND Journal of Economics，2013，44(3)：488-521.

［495］Cai H，Chen Y，and Gong Q. Polluting Thy Neighbor：Unintended Consequences of China's Pollution Reduction Mandates. Journal of Environmental Economics and Management，2016，76：86-104.

［496］Carr J B，and Feiock RC. Metropolitan Government and Economic Development. Urban Affairs Review，1999，34(3)：476-488.

［497］Carr J B，Bae S，and Lu W. City-County Government and Promises of Economic Development：A Tale of Two Cities. State and Local Government Review，2006，38(3)：131-141.

［498］Cartier C . Territorial Urbanization and the Party-State in China. Territory Politics Governance，2015，3(3)：294-320 .

［499］Cartier C. A Political Economy of Rank：The Territorial Administrative Hierarchy and Leadership Mobility in Urban China. Journal of Contemporary China，2016，100(3)：529-546.

［500］Chan K W. Misconceptions and Complexities in the Study of China's Cities：Definitions，Statistics，and Implications. Eurasian Geography&Economics. 2007，48(4)：383-412.

［501］Chang T Y，Zivin J G，Gross T，et al. The Effect of Pollution on Worker Productivity：Evidence from Call Center Workers in China. American Economic Journal：Applied Economics，2019，11(1)：151-172.

［502］Chang T Y，Zivin J G，Gross T，et al. Particulate Pollution and the Productivity of Pear Packers. American Economic Journal：Economic Policy，2016，8(3)：141-169.

［503］Chen S，Oliva P，and Zhang P. Air Pollution and Mental Health：Evidence from China. National Bureau of Economic Research，2018.

［504］Chen S，Chen Y，Lei Z，et al. Chasing Clean Air：Pollution-Induced Travels in China. Journal of the Association of Environmental and Resource Economists，2021，8(1)：59-89.

［505］Chen S，Chen Y，Lei Z，et al. Impact of Air Pollution on Short-term Movements: Evidence from Air Travels in China. Journal of Economic Geography, 2020, 20(4): 939-968.

[506]Chen T, and Kung J K. Busting the "Princelings": The Campaign Against Corruption in China's Primary Land Market. The Quarterly Journal of Economics, 2019, 134(1): 185-226.

[507]Chen X, and Nordhaus WD. Using Luminosity Data as a Proxy for Economic Statistics. Proceedings of the National Academy of Sciences, 2011, 108(21): 8589-8594.

[508]Chen Y, Li H, and Zhou L. Relative Performance Evaluation and the Turnover of Provincial Leaders in China. Economics Letters, 2005, 88 (3): 421-425.

[509]Chen Y, Nie H, Chen J, et al. Regional Industrial Synergy: Potential and Path Crossing the "Environmental Mountain". Science of The Total Environment, 2021, 765: 142714.

[510]Chen Y, Ebenstein A, Greenstone M, et al. Evidence on the Impact of Sustained Exposure to Air Pollution on Life Expectancy from China's Huai River Policy. Proceedings of the National Academy of Sciences, 2013, 110(32): 12936-12941.

[511]Chen Y J, Li P, and Lu Y. Career Concerns and Multitasking Local Bureaucrats: Evidence of a Target-based Performance Evaluation System in China. Journal of Development Economics, 2018, 133 (4): 84-101.

[512]Chen Z, Barros C P, and Gil-Alana L A. The Persistence of Air Pollution in Four Mega-cities of China. Habitat International, 2016, 56: 103-108.

[513]Chung J H, and Lam T. China's "City System" in Flux: Explaining Post-Mao Administrative Changes. The China Quarterly, 2004, 180: 945-964.

[514]Offe C. Governance: An "Empty Signifier"?. Constellations, 2009, 16(4): 550-563.

[515]Dasgupta S, Hettige H, and Wheeler D. What Improves

Environmental Compliance? Evidence from Mexican Industry. Journal of Environmental Economics and Management, 2000, 39(1): 39-66.

[516]Davenport C, Soule S A, and Armstrong D A. Protesting While Black? The Differential Policing of American Activism, 1960 to 1990. American sociological review, 2011, 76(1): 152-178.

[517]Dijkstra B R, and Fredriksson P G. Fredriksson. Regulatory Environmental Federalism. Annual Review of Resource Economics, 2010, 2 (1): 319-339.

[518]Dolan D A. Local Government Fragmentation: Does it Drive up the Cost of Government?. Urban Affairs Quarterly, 1990, 26(1): 28-45.

[519]Donabedian A. Evaluating the Quality of Medical Care, Milbank Memorial Fund Quarterly. Health and Society, 1966, 44(3): 166-203.

[520] Dowling R. Geographies of Identities: Landscapes of Class . Progress in Human Geography, 2009, 33(6): 833-839.

[521] Duranton G, and Puga D. Micro-foundations of Urban Agglomeration Economies//Henderson V, and Thisse J F. Handbook of Regional and Urban Economics. Elsevier, 2004: 2063-2117.

[522]Duvivier C, and Xiong H. Transboundary Pollution in China: A Study of Polluting Firms' Location Choices in Hebei Province. Environment and Development Economics, 2013, 18(4): 459-483.

[523]Ebenstein A, Fan M, Greenstone M, et al. Growth, Pollution, and Life Expectancy: China from 1991-2012. American Economic Review, 2015, 105(5): 226-231.

[524]Ebenstein A, Fan M, Michael G, et al. New Evidence on the Impact of Sustained Exposure to Air Pollution on Life Expectancy from China's Huai River Policy. Proceedings of the National Academy of Sciences, 2017, 114(39): 10384-10389.

[525]Fan M, He G, and Zhou M. The Winter Choke: Coal-Fired Heating, Air Pollution, and Mortality in China. Journal of Health Economics, 2020, 71: 102316.

[526]Fan S, Li L, and Zhang X. Challenges of Creating Cities in

China: Lessons from a Short-lived County-to-city Upgrading Policy. Journal of Comparative Economics, 2012, 40(3): 476-491.

[527]Fang C, and Yu D. Urban Agglomeration: An Evolving Concept of an Emerging. Phenomenon Landscape and Urban Planning, 2017, 162: 126-136.

[528]Faulk D G, and Hicks M J. Local Government Consolidation in the United States. New York: Cambria Press, 2011.

[529]Faulk D, and Georg G. City-county Consolidation and Local Government Expenditures. State and Local Government Review, 2012, 44 (3): 196-205.

[530]Feiock R C, and Carr J B. A Reassessment of City/County Consolidation: Economic Development Impacts. State & Local Government Review, 1997, 29(3): 166-171.

[531]Fiss P C. Building Better Causal Theories: A fuzzy Set Approach to Typologies in Organization Research. Academy of Management Journal, 2011, 54(2): 393-420.

[532]Flint D. Philosophy and Principles of Auditing: An Introduction. New York: Palgrave Macmillan Press, 1988.

[533]Fomby T B, and Lin L. A Change Point Analysis of the Impact of "Environmental Federalism" on Aggregate Air Quality in the United States: 1940-98. Economic Inquiry, 2006, 44(1): 109-120.

[534]Forbes K F, and Zampelli E M. Is Leviathan a Mythical Beast?. The American Economic Review, 1989, 79(3): 568-577.

[535] Fredriksson P G, and Wollscheid J R. Environmental Decentralization and Political Centralization. Ecological Economics, 2014, 107(11): 402-410.

[536]Fujita M, Krugman P, and Tomoya M. On the Evolution of Hierarchical Urban Systems. European Economic Review, 1999, 43(2): 209-251.

[537] Gray W B, and Shimshack J P. The Effectiveness of Environmental Monitoring and Enforcement: A Review of the Empirical

Evidence. Review of Environmental Economics and Policy，2011，5（1）：3-24.

［538］Greenstone M，and Rema H. Environmental Regulations，Air and Water Pollution，and Infant Mortality in India. American Economic Review，2014，104（10）：3038-3072.

［539］Grimm N B，Faeth S H，Golubiewski N E，et al. Global Change and the Ecology of Cities. Science，2008，319（5864）：756-760.

［540］Grix J，and Phillpots L. Revisiting the "Governance Narrative"，"Asymmetrical Network Governance" and the Deviant Case of the Sports Policy Sector. Public Policy and Administration，2011，26（1）：3-19.

［541］Guan D，Su X，Zhang Q，et al. The Socioeconomic Drivers of China's Primary PM2.5 Emissions. Environmental Research Letters，2014，9（2）：024010.

［542］Hammer M S，Donkelaar A V，Li C，et al. Global Estimates and Long-Term Trends of Fine Particulate Matter Concentrations（1998-2018）. Environmental Science & Technology，2020，54（13）：7879-7890.

［543］Häußermann H，and Siebel W. Die Schrumpfende Stadt und die Stadtsoziologie//Friedrichs J.（E）ds. Soziologische Stadt-forschung. Opladen：Westdeutscher Verlag，1988：78-94.

［544］Hawkins B W，Ward K J，and Becker M P. Governmental Consolidation as a Strategy for Metropolitan Development. Public Administration Quarterly，1991，15（2）：253-267.

［545］Hayek F A. The Use of Knowledge in Society. American Economic Review，1945，35（4）：519-530.

［546］He G，Fan M，and Zhou M. The Effect of Air Pollution on Mortality in China：Evidence from the 2008 Beijing Olympic Games. Journal of Environmental Economics and Management，2016，79：18-39.

［547］He G，Wang S，and Zhang B. Watering Down Environmental Regulation in China. The Quarterly Journal of Economics，2020，135（4）：2135-2185.

［548］He Q. Fiscal Decentralization and Environmental Pollution：

Evidence from Chinese Panel Data. China Economic Review, 2015, 36: 86-100.

[549]Heffernan A L, Baduel C, Toms L M L, et al. Use of Pooled Samples to Assess Human Exposure to Parabens, Benzophenone-3 and Triclosan in Queensland, Australia. Environment International, 2015, 85: 77-83.

[550] Henderson J V, Storeygard A, and Weil D N. Measuring Economic Growth from Outer Space. American Economic Review, 2012, 102(2): 994-1028.

[551] Hernando M D, Mezcua M, Fernández-Alba A R, et al. Environmental Risk Assessment of Pharmaceutical Residues in Wastewater Effluents, Surface Waters and Sediments. Talanta, 2006, 69(2): 334-342.

[552]Hodler R, and Raschky P A. Regional Favoritism. The Quarterly Journal of Economics, 2014, 129(2): 995-1033.

[553] Holz C A. The Quality of China's GDP Statistics. China Economic Review, 2014, 30: 309-338.

[554]Hu H, Chen D, Chun-Ping C, et al. The Political Economy of Environmental Consequences: A Review of the Empirical Literature. Journal of Economic Surveys, 2021, 35(1): 250-306.

[555] Huang B, Gao M, Xu C, et al. The Impact of Province-Managing-County Fiscal Reform on Primary Education in China. China Economic Review, 2017, 45: 45-61.

[556] Hudnut W H, and Rosentraub M S. The Hudnut Years in Indianapolis, 1976-1991. Bloomington: Indiana University Press, 1995.

[557]Jean C. State and Peasant in China: The Political Economy of Village Government. Berkeley: University of California Press, 1988.

[558]Jia J, Ding S, and Liu Y. Decentralization, Incentives, and Local Tax Enforcement. Journal of Urban Economics, 2020, 115: 103225.

[559]Jia J, Liang X, and Ma G. Political Hierarchy and Regional Economic Development: Evidence from a Spatial Discontinuity in China. Journal of Public Economics, 2021, 194: 104352.

[560] Jiang L，Lin C，and Lin P. The Determinants of Pollution Levels：Firm-level Evidence from Chinese Manufacturing. Journal of Comparative Economics，2014，42(1)：118-142.

[561] He J，and Jaros K. The Multilevel Politics of County-to-District Mergers in China. Journal of Contemporary China，2022：1-19.

[562] Johnson L S，and Carr J B. Making the Case for(and Against) City-County Consolidation. Carr J B，and Feiock R C. City-County Consolidation and Its Alternatives：Reshaping the Local Government Landscape：Reshaping the Local Government Landscape. New York：Routledge，2004.

[563] Jones C I，and Romer P M. The New Kaldor Facts：Ideas，Institutions，Population，and Human Capital. American Economic Journal：Macroeconomics，2010，2(1)：224-245.

[564] Kahn M E，Li P，and Zhao D. Water Pollution Progress at Borders：The Role of Changes in China's Political Promotion Incentives. American Economic Journal：Economic Policy，2015，7(4)：223-242.

[565] Ke X，Gui S，Huang H，et al. Ecological Risk Assessment and Source Identification for Heavy Metals in Surface Sediment from the Liaohe River Protected Area，China. Chemosphere，2017，175：473-481.

[566] Krishan G. The World Pattern of Administrative Area Reform. The Geographical Journal，1988，154(1)：93-99.

[567] Krugman P. Geography and Trade. Massachusetts：MIT Press，1991.

[568] Kunce M，and Shogren J F. On Environmental Federalism and Direct Emission Control. Journal of Urban Economics，2002，51(2)：238-245.

[569] Kyriakopoulou E，and Xepapadeas A. Atmospheric Pollution in Rapidly Growing Industrial Cities：Spatial Policies and Land Use Patterns. Joural of Economic Geography，2017，17(3)：607-634.

[570] Leland S，and Thurmaier K. When Efficiency is Unbelievable：Normative Lessons from 30 Years of City-county Consolidations. Public

Administration Review，2005，65（4）：475-489.

［571］Li H，and Zhou L. Political Turnover and Economic Performance：The Incentive Role of Personnel Control in China. Journal of Public Economics，2005，89（9）：1743-1762.

［572］Li K T. Statistical Inference for Average Treatment Effects Estimated by Synthetic Control Methods. Journal of the American Statistical Association，2020，115（532）：2068-2083.

［573］Li L. The Incentive Role of Creating "Cities" in China. China Economic Review，2011，22（1）：172-181.

［574］Li P，Lu Y，and Wang J. Does Flattening Government Improve Economic Performance? Evidence from China. Journal of Development Economics，2016，123（6）：18-37.

［575］Li X，Liu C，Weng X，et al. Target Setting in Tournaments：Theory and Evidence from China. The Economic Journal，2019，129（623）：2888-2915.

［576］Lichtenberg E，and Ding C. Local Officials as Land Developers：Urban Spatial Expansion in China. Journal of Urban Economics，2009，66（1）：57-64.

［577］Lipscomb M，and Mobarak A M. Decentralization and Pollution Spillovers：Evidence from the Re-drawing of County Borders in Brazil. The Review of Economic Studies，2017，84（1）：464-502.

［578］Liu X，Zeng J，and Zhou Q. The Chosen Fortunate in the Urbanization Process in China? Evidence from a Geographic Regression Discontinuity Study. Review of Development Economics，2019，23（4）：1768-1787.

［579］Liu Y，and Alm J. "Province-Managing-County" Fiscal Reform，Land Expansion，and Urban Growth in China. Journal of Housing Economics，2016，33：82-100.

［580］Liu Y，and Mao J. How Do Tax Incentives Affect Investment and Productivity? Firm-Level Evidence from China. American Economic Journal：Economic Policy，2019，11（3）：261-291.

［581］Lloyd M. Principles and Applications of Economic Geography. Economy, Policy, Environment, 1999, 18(1): 108-110.

［582］Lovo S. Effect of Environmental Decentralization on Polluting Firms in India. Economic Development and Cultural Change, 2018, 67(1): 55-94.

［583］Lu Y, Wang J, and Zhu L. Place-Based Policies, Creation, and Agglomeration Economies: Evidence from China's Economic Zone Program. American Economic Journal: Economic Policy, 2019, 11(3): 325-360.

［584］Lyndall J, Barber T, Mahaney W, et al. Evaluation of Triclosan in Minnesota Lakes and Rivers: Part I—Ecological Risk Assessment. Ecotoxicology and Environmental Safety, 2017, 142: 578-587.

［585］Ma G, and Mao J. Fiscal Decentralisation and Local Economic Growth: Evidence from a Fiscal Reform in China. Fiscal Studies, 2018, 39 (1): 159-187.

［586］Ma L J C. Urban Administrative Restructuring, Changing Scale Relations and Local Economic Development in China. Political Geography, 2005, 24(4): 477-497.

［587］Martin L L, and Schiff J H. City-County Consolidations: Promise Versus Performance. State and Local Government Review, 2011, 43(2): 167-177.

［588］Martinez-Fernandez W T, and Fol S C, et al. Shrinking Cities in Australia, Japan, Europe and the USA: From a Global Process to Local Policy Responses. Progress in Planning, 2016, 105: 1-48.

［589］McKay R B. Reforming Municipal Services After Amalgamation: The Challenge of Efficiency. International Journal of Public Sector Management, 2004, 17(1): 24-47.

［590］McRae S. Infrastructure Quality and the Subsidy Trap. American Economic Review, 2015, 105(1): 35-66.

［591］Nelson A C, Foster K A. Metropolitan Governance Structure and Income Growth. Journal of Urban Affairs, 1999, 21(3): 309-324.

［592］O'Brien K J., and Li L. Selective Policy Implementation in Rural

China. Comparative Politics，1999，31(2)：167-186.

［593］Oates W E. Fiscal Decentralization and Economic Development. National Tax Journal，1993，46(2)：237-243.

［594］Oi J C. Fiscal Reform and the Economic Foundations of Local State Corporatism in China. World Politics，1992，45(1)：99-126.

［595］Parsons C. Social Inclusion and School Improvement. Support for Learning，2010，14(4)：179-183.

［596］Pedhazur E J，and Schmelkin L P. Measurement，Design，and Analysis：An Integrated Approach. Hillsdale，N. J：Lawrence Erlbaum Associates，1991.

［597］Pérez-Fernández B，Viñas L，and Bargiela J. New Values to Assess Polycyclic Aromatic Hydrocarbons Pollution：Proposed Background Concentrations in Marine Sediment Cores from the Atlantic Spanish Coast. Ecological Indicators，2019，101：702-709.

［598］Polasky S，and Daily G. An Introduction to the Economics of Natural Capital. Review of Environmental Economics and Policy，2021，15(1)：87-94.

［599］Qian Y，and Weingast B R. China's Transition to Markets：Market-Preserving Federalism，Chinese Style. The Journal of Policy Reform，1996，1(2)：149-185.

［600］Qian Y，and Roland G. Federalism and the Soft Budget Constraint. The American Economic Review，1998，88(5)：1143-1162.

［601］Que W，Zhang Y，Liu S，et al. The Spatial Effect of Fiscal Decentralization and Factor Market Segmentation on Environmental Pollution. Journal of Cleaner Production，2018，184：402-413.

［602］Ran Q，Zhang J，and Hao Y. Does Environmental Decentralization Exacerbate China's Carbon Emissions? Evidence Based on Dynamic Threshold Effect Analysis. Science of The Total Environment，2020，721：137656.

［603］Regnier C，and Legras S. Urban Structure and Environmental Externalities. Environmental and Resource Economics，2018，70(1)：31-52.

［604］Revesz R L. Federalism and Environmental Regulation: A Public Choice Analysis. Harvard Law Review, 2001, 115(2): 553-641.

［605］Riaz R, Ali U, Li J, et al. Assessing the Level and Sources of Polycyclic Aromatic Hydrocarbons (PAHs) in Soil and Sediments Along Jhelum Riverine System of Lesser Himalayan Region of Pakistan. Chemosphere,2019, 216: 640-652.

［606］Rubin D B. Estimating Causal Effects of Treatments in Randomized and Nonrandomized Studies. Journal of Educational Psychology, 1974, 66(5): 688-701.

［607］Saltari E, and Travaglini G. The Effects of Environmental Policies on the Abatement Investment Decisions of a Green Firm. Resource and Energy Economics, 2011, 33(3): 666-685.

［608］Sartipi Y S, and Ansari M R. Ecological Risk Assessment of Heavy Metals(Zn, Cr, Pb, As and Cu) in Sediments of Dohezar River, North of Iran, Tonekabon City. Acta Ecologica Sinica, 2018, 38 (2): 126-134.

［609］Savitch H V, and Vogel R K. Metropolitan Consolidation versus Metropolitan Governance in Louisville. State and Local Government Review, 2000, 32(3): 198-212.

［610］Schminke A, and Johannes V B. Using Export Market Performance to Evaluate Regional Preferential Policies in China. Review of world economics, 2013, 149(2): 343-367.

［611］Schneider C Q, and Wagemann C. Set-theoretic Methods for the Social Sciences: A Guide to Qualitative Comparative Analysis. Cambridge: Cambridge University Press, 2012.

［612］Segerson K. Local Environmental Policy in a Federal System: An Overview. Agricultural and Resource Economics Review, 2020, 49(2): 196-208.

［613］Selden S C, and Campbell R W. The Expenditure Impacts of Unification in a Small Georgia County: A Contingency Perspective of City-county Consolidation. Public Administration Quarterly, 2000, 24 (2):

169-201.

［614］Seto K，Parnell S，and Elmqvist T. A Global Outlook on Urbanization. //Elmqvist T，Fragkias M. Goodness J. et. al. Urbanization，Biodiversity and Ecosystem Services：Challenges and Opportunities. Cham：Springer，2013：1-12.

［615］Shao L，Yu X，and Feng C. Evaluating the Eco-efficiency of China's Industrial Sectors：A Two-stage Network Data Envelopment Analysis. Journal of Environmental Management，2019，247：551-560.

［616］Shao S，Wang Y，Yan W，et al. Administrative Decentralization and Credit Resource Reallocation：Evidence from China's "Enlarging Authority and Strengthening Counties" Reform. Cities，2020，97：102530.

［617］Shen J. Scale，State and the City：Urban Transformation in Post-reform China. Habitat International，2007，31(3-4)：303-316.

［618］Shi X，and Xu Z. Environmental Regulation and Firm Exports：Evidence from the Eleventh Five-Year Plan in China. Journal of Environmental Economics and Management，2018，89：187-200.

［619］Shi Y，Wang R，Lu Y，et al. Regional Multi-compartment Ecological Risk Assessment：Establishing Cadmium Pollution Risk in the Northern Bohai Rim，China. Environment International，2016，94：283-291.

［620］Shobe W. Emerging Issues in Decentralized Resource Governance：Environmental Federalism，Spillovers，and Linked Socio-Ecological Systems. Annual Review of Resource Economics，2020，12(1)：259-279.

［621］Smith R M，and Afonso W B. Fiscal Impact of Annexation Methodology on Municipal Finances in North Carolina：Annexation Methodology on Municipal Finances in NC. Growth and Change，2016，47(4)：664-681.

［622］Solow R M. A Contribution to the Theory of Economic Growth. The Quarterly Journal of Economics，1956，70(1)：65-94.

［623］Song D，Zhang Q，and Yang L. Environmental Effect of

Flattening Administrative Structure on Local Water Quality: A County-level Analysis of China's County-Power-Expansion Reform. Journal of Cleaner Production, 2020, 276: 123256.

[624]Song Z, Storesletten K, and Zilibotti F. Growing Like China. American Economic Review, 2011, 101(1): 196-233.

[625]Sridhara K S, and Wan G. Firm Location Choice in Cities: Evidence from China, India, and Brazil. China Economic Review, 2010, 21(1): 113-122.

[626]Stansel D. Local Decentralization and Local Economic Growth: A Cross-sectional Examination of US Metropolitan Areas. Journal of Urban Economics, 2005, 57(1): 55-72.

[627]Stoker G. Public Value Management: A New Narrative for Networked Governance?. American Review of Public Administration, 2006, 36(1): 41-57.

[628]Swanson B E. Quandaries of Pragmatic Reform: A Reassessment of the Jacksonville Experience. State and Local Government Review, 2000, 32(3): 227-238.

[629]Swianiewicz P. If Territorial Fragmentation is a Problem, is Amalgamation a Solution? - Ten Years Later. Local Government Studies, 2018, 44(1): 1-10.

[630]Swianiewicz P. If Territorial Fragmentation is a Problem, is Amalgamation a Solution? An East European Perspective. Local Government Studies, 2010, 36(2): 183-203.

[631]Tanaka S. Environmental Regulations on Air Pollution in China and Their Impact on Infant Mortality. Journal of Health Economics, 2015, 42: 90-103.

[632]Tang W, and Hewings G J D. Do City-county Mergers in China Promote Local Economic Development?. Economics of Transition, 2017, 25(3): 439-469.

[633]Tavares A F. Municipal Amalgamations and Their Effects: A Literature Review. Miscellanea Geographica, 2018, 22(1): 5-15.

[634] Taylor E B. The Origins of Culture. New York: Harper and Row, 1958.

[635] Tiebout C M. A Pure Theory of Local Expenditures. Journal of Political Economy, 1956, 64(5): 416-424.

[636] Van Donkelaar A, Hammer M S, Bindle L, et al. Monthly Global Estimates of Fine Particulate Matter and Their Uncertainty. Environmental Science & Technology, 2021, 55(22): 15287-15300.

[637] Van Donkelaar A, Martin R V, Li C, et al. Regional Estimates of Chemical Composition of Fine Particulate Matter Using a Combined Geoscience-Statistical Method with Information from Satellites, Models, and Monitors. Environmental Science & Technology, 2019, 53(5): 2595-2611.

[638] Ve F, and Calow P. Developing Predictive Systems Models to Address Complexity and Relevance for Ecological Risk Assessment. Integrated Environmental Assessment and Management, 2013, 9(3): 75-80.

[639] Wang J, and Yeh A G. Administrative Restructuring and Urban Development in China: Effects of Urban Administrative Level Upgrading. Urban Studies, 2020, 57(6): 1201-1223.

[640] Wang J. The Economic Impact of Special Economic Zones: Evidence from Chinese Municipalities, Journal of Development Economics. 2007, 101(1): 133-147.

[641] Wellisch D. Locational Choices of Firms and Decentralized Environmental Policy with Various Instruments. Journal of Urban Economics, 1995, 37(3): 290-310.

[642] Wen H, Lee C. Impact of Fiscal Decentralization on Firm Environmental Performance: Evidence from a County-level Fiscal Reform in China. Environmental Science and Pollution Research, 2020, 27 (29): 36147-36159.

[643] Whiting S H. Power and Wealth in Rural China. Cambridge: Cambridge University Press, 2000.

[644] Wilson J A. Scientific Uncertainty, Complex Systems, and the Design of Common-Pool Institutions. National Research Council. The

Drama of the Commons. Washington, DC: The National Academies Press, 2002.

[645] Wu J. Agglomeration: Economic and Environmental Impacts. Annual Review of Resource Economics, 2019, 11(1): 419-438.

[646] Wu M, and Chen B. Assignment of Provincial Officials Based on Economic Performance: Evidence from China. China Economic Review, 2016, 38: 60-75.

[647] Xu C. The Fundamental Institutions of China's Reforms and Development. Journal of Economic Literature, 2011, 49(4): 1076-1151.

[648] Xu W, Sun J, Liu Y, et al. Spatiotemporal Variation and Socioeconomic Drivers of Air Pollution in China During 2005-2016. Journal of Environmental Management, 2019, 245: 66-75.

[649] Yalçin S S, Güneş B, and Yalçin S. Incredible Pharmaceutical Residues in Human Milk in a Cohort Study from Şanlıurfa in Turkey. Environmental Toxicology and Pharmacology, 2020, 80: 103502.

[650] Yang H, and Zhao D. Performance Legitimacy, State Autonomy and China's Economic Miracle. Journal of Contemporary China, 2014, 24(91): 64-82.

[651] Lu Y, Wang J, and Zhu L. Do Place-Based Policies Work? Micro-Level Evidence from China's Economic Zone Program. SSRN Electronic Journal, 2015, 47: 1-26.

[652] Young A. The Razor's Edge: Distortions and Incremental Reform in the People's Republic of China. The Quarterly Journal of Economics, 2000, 115(4): 1091-1135.

[653] Yu H, Deng Y, and Xu S. Evolutionary Pattern and Effect of Administrative Division Adjustment During Urbanization of China: Empirical Analysis on Multiple Scales. Chinese Geographical Science, 2018, 28(5): 758-772.

[654] Yang Z, and Shi D. The Impacts of Political Hierarchy on Corporate Pollution Emissions: Evidence from a Spatial Discontinuity in China. Journal of Environmental Management, 2022, 302: 113-988.

［655］Zaidi S, and Saidi K. Environmental Pollution, Health Expenditure and Economic Growth in the Sub-Saharan Africa Countries: Panel ARDL Approach. Sustainable Cities and Society, 2018, 41: 833-840.

［656］Zhang B, Chen Z, and Guo H. Does Central Supervision Enhance Local Environmental Enforcement? Quasi-experimental Evidence from China. Journal of Public Economics, 2018, 164(8): 70-90.

［657］Zhang K, Zhang Z, and Liang Q. An Empirical Analysis of the Green Paradox in China: From the Perspective of Fiscal Decentralization. Energy Policy, 2017, 103: 203-211.

［658］Zhang L, and Zhao S X B. Re-examining China's "Urban" Concept and the Level of Urbanization. The China Quarterly, 1998, 154: 330-381.

［659］Zhang Q, Yang L, and Song D. Environmental Effect of Decentralization on Water Quality Near the Border of Cities: Evidence from China's Province-managing-county Reform. Science of the Total Environment, 2020, 708: 135154.

［660］Zheng S, Sun W, Wu J, et al. The Birth of Edge Cities in China: Measuring the Effects of Industrial Parks Policy. Journal of Urban Economics, 2017, 100: 80-103.

［661］Zheng S, and Kahn M E. Understanding China's Urban Pollution Dynamics. Journal of Economic Literature, 2013, 51(3): 731-772.

［662］Zheng S, Wang J, Sun C, et al. Air Pollution Lowers Chinese Urbanites' Expressed Happiness on Social Media. Nature Human Behaviour, 2019, 3(3): 237-243.

［663］Zheng Y, and Huang Y. Market in State: The Political Economy of Domination in China. Cambridge, UK; New York, US: Cambridge University Press, 2018.

［664］Zhou M, Wang B, and Chen Z. Has the Anti-corruption Campaign Decreased Air Pollution in China?. Energy Economics, 2020, 91: 104878.

［665］Zhuang P, Zou H, and Shu W. Biotransfer of Heavy Metals

Along a Soil-plant-insect-chicken Food Chain: Field Study. Journal of Environmental Sciences, 2009, 21(6): 849-853.

[666] Zhuang W, Wang Q, Tang L, et al. A New Ecological Risk Assessment Index for Metal Elements in Sediments Based on Receptor Model, Speciation, and Toxicity Coefficient by Taking the Nansihu Lake as an Example. Ecological Indicators, 2018, 89: 725-737.

[667] UN Habitat. Global Urban Indicators - Selected Statistics. (2009-11) [2021-03-25]. http://www. unhabitat. org/downloads/docs/global _ urban_indicators. pdf.

后　记

　　这是我主持的第三个国家社科项目的结题成果，也是独立或牵头完成的第六本著作。如果说，《省管县体制改革：现状评估及推进策略》《市县协调发展何以可能：省管县改革后的区域治理体系》《尺度重组与地域重构：中国城市行政区划调整 40 年》是城市与区域治理三部曲的话，《我国市域行政区划改革的风险及防范研究》则属于这一系列的第四部。十多年来，我们团队一直致力于城市与区域治理、地方政府管理与创新、行政区划改革等领域的教学和研究。在《政治学研究》《公共管理学报》和 *Journal of Urban Affairs* 等中英文期刊发表了诸多成果，跟本书密切相关的论文就有 20 多篇。值此著作出版之际，一并求教于各位方家。

　　行政区划改革需要稳妥审慎，一般不是经济社会发展的热点。但是，"行政区划本身也是一种重要资源，用得好就是推动区域协同发展的更大优势，用不好也可能成为掣肘"。中央深改委《关于加强和改进行政区划工作的意见》提出，"加强行政区划设置的统筹规划，确保行政区划同国家发展战略、经济社会发展、国防建设需要相适应"。可见，行政区划改革与中国式现代化建设密切相关。加强对我国市域行政区划改革风险及防范的研究，不仅恰逢其时，而且是"统筹发展和安全"的题中应有之义。

　　有人云：一个世界有你，一个世界没你。让两者的不同最大，就是你一生的意义。同样，一个团队做了研究，一个团队没做研究，让两者的不同最大，就是团队的意义；一个团队有你，一个团队没你，让两者的不同最大，就是你对团队的意义。当我们把理性奉献给社会、把激情留给自己的时候，有价值的研究就成为每个人内心最柔软深处的"硬核"。全书由吴金群负责拟定框架、统一协调和统稿定稿，写作的具体分工如下：前言，由吴金群负责；第一章，由廖超超、吴金群负责；第二章，由游晨、陈思瑾、毛家楠负责；第三章，由巢飞、吴金群负责;第四章、第五章,由刘花花、吴金群负责;第六章,由游晨、吴金群负责;第七章,由吴金群负责。在校稿过程中,巢飞做了大量实质性工作。"成功需要天赋,重复需要品格",合作者的优秀是一系列表现的总和。和谐快乐的团队,是我引以为傲的资本。过往不只是纪念,我们将延续一个已经开启的进程。

每一件作品,都像写给自己的情书。我们珍惜它,爱护它,并期待它有一个好的归宿。满怀期待的背后,是因为有一支令人感动的力量。感谢国家社科基金的立项和结项评审人的建议,感谢浙江大学文科精品力作出版资助计划的资助,感谢浙江大学公共管理学院"面向 SDGs 的绿色低碳转型治理"创新团队的支持,感谢浙江大学公共管理学院同仁特别是陈国权教授和张蔚文教授的帮助。浙江大学出版社的陈佩钰老师和责编葛超为书稿的顺利出版,付出了很多努力。一直深藏心底的感恩,献给我的父母、妻子和儿子。幸福一家人的秘诀之一,是我们每个人都很努力。正是因为父母的努力,培养和造就了我,妻子和儿子的努力,则让我们更加相互珍惜。

吴金群

2024 年 11 月 6 日